简　介

《植物化学调控》是植物生产相关专业的重要选修课，主要系统学习植物化学调控的发展及其在现代农业生产中的作用；各类植物生长物质与化学调控的效应，植物信号系统与激素作用机理；植物化学调控的技术原理与调控方法，包括植物化学调控与生产条件的关系，植物生长调节物质的施用方法、相互作用、吸收残留以及如何正确合理应用化学调控技术等。同时，本书还对植物化学调控技术在粮棉油、蔬菜、果树、花卉、林木等方面的实用技术作了具体介绍，并且以网络增补内容的方式收录了1000多个相关案例，具体介绍了各种植物生长调节物质的使用方法、使用剂量、使用时间、效果、注意事项等。

本书是作者多年教学与科研实践的结晶，本书的编写参考了国内外相关领域的最新成果，以及管理部门最新修订通过的相关政策法规，注重把握植物化学调控发展的趋势，生物技术前沿与现代农业生产的密切联系，理论联系农业生产实践及考虑相关专业教学的特点，将理论基础与生产实践有机地融为一体，重点突出，脉络清晰。本书适合有关专业各种类型学员学习使用，也可作为农学、林学、园艺、生命科学、生态环境等领域教学科研人员的参考资料。

扫码获取本书数字资源

全国高等院校“新农科”建设系列规划教材

·植物生产类·

植物化学调控

ZHIWU HUAXUE TIAOKONG

主　　编　宗学凤（西南大学）

　　　　　王三根（西南大学）

副 主 编　万华方（西南大学）

　　　　　吕　俊（西南大学）

　　　　　杨丙贤（浙江理工大学）

参编人员（按姓氏笔画排序）

　　　　　王晓宇（贵州大学）

　　　　　刘　雷（四川农业大学）

　　　　　范曾丽（西华师范大学）

　　　　　高启国（西南大学）

　　　　　高焕晔（贵州大学）

西南师範大學出版社

国家一级出版社　全国百佳图书出版单位

图书在版编目（CIP）数据

植物化学调控 / 宗学凤, 王三根主编. — 重庆：西南师范大学出版社, 2021.7
ISBN 978-7-5697-0987-2

Ⅰ. ①植… Ⅱ. ①宗… ②王… Ⅲ. ①植物生长－化学调控－高等学校－教材 Ⅳ. ①Q945.3

中国版本图书馆CIP数据核字(2021)第131640号

植物化学调控

主　编　宗学凤　王三根

副主编　万华方　吕　俊　杨丙贤

责任编辑：赵　洁
责任校对：杨光明
装帧设计：汤　立
排　　版：吴秀琴
出版发行：西南师范大学出版社
印　　刷：重庆市正前方彩色印刷有限公司
幅面尺寸：185 mm×260 mm
印　　张：17.5
字　　数：405千字
版　　次：2021年7月 第1版
印　　次：2021年7月 第1次印刷
书　　号：ISBN 978-7-5697-0987-2

定　　价：48.00元

前言

植物化学调控(Plant Chemical Regulation)是指将植物生长调节物质作用于植物，通过信号转导改变植物基因表达及植物内源激素系统，从而调节植物生长发育与代谢过程，使其按照人们预期的方向和程度发生变化的技术。

20世纪中叶以来，随着植物激素的陆续发现以及各种植物生长调节剂的问世，人们一直在探索研究其在农业上的应用，并提出“化学调控”的概念。植物化学调控技术在控制生长、增加产量、改善品质、贮藏保鲜、增强抗性、提高效率等方面发挥了独特的作用，取得了显著的成绩。

如今用植物生长调节物质控制植物的生长发育已成为国内外发展迅速的研究领域，也是将科研成果迅速转化为生产力的活跃领域。我国是农业大国，植物种类丰富，人均耕地不足是种植业最根本的资源制约，植物化学调控为农、林、园艺等生产的发展开辟了新的技术途径。与传统方法相比，植物化学调控技术具有成本低、收效快、效益高、省劳力等优势，正被广泛应用于种子处理、生根发芽、矮壮防倒、促蘖控芽、性别分化、开花坐果、整形催熟、抗逆保鲜等诸多领域，已成为现代农业的重要措施之一，有不可替代的功能和广阔的前景。

我国地域辽阔、地形复杂、气候多变、生态环境各异，生产实践中常会遇到许多具体问题，加之植物生长调节物质的作用复杂，其施用效果与试剂类型、浓度与使用方法、植物种类、生长时期、部位与长势、环境气候、水肥条件、生产措施等密切相关，因而产生的效果差异很大。同样是植物生长调节物质，既能促进种子萌发、生根分蘖，又能延长种子休眠、抑制生长；既能引起顶端优势，又能促进侧芽发生；既能刺激分裂分化，又能促进衰老脱落；既能保绿保鲜，又能催熟疏果……这就要求使用者对植物化学调控的原理有深入的理解，对各种植物生长调节物质的基本性质、主要功能、适用范围、应用方法等有所了解，以避免应用不当所造成的损失，同时也能提高效益，促进植物化学调控技术的健康发展。

本书作者长期从事相关方面教学、科研和推广应用工作，广泛收集了国内外相关研究进展、理论前沿和实用技术资料，希望本书能对促进植物化学调控技术在生产上的应用起积极的推进作用，为现代农业的发展做出贡献。

本书共9章，分为两部分。其中第一章到第四章为基础篇，主要介绍植物化学调控的概念、发展及其在现代农业生产中的作用;各类植物生长调节物质与化学调控的效应,植物信号系统与激素的作用机理;植物化学调控的技术原理与调控方法,如植物化学调控与生产条件的关系,植物生长调节物质的剂型、配制和施用方法,植物生长调节物质的相互作用、吸收和残留以及如何正确合理应用植物化学调控等。第五章到第九章为应用篇,分别就植物化学调控技术在粮棉油、蔬菜、果树、花卉、林木等方面的调控策略、化学调控特点、实用技术进行了介绍。同时,作者精心收集选编了1000多个化学调控案例作为网络增补内容,其中包括使用方法、剂量、时期、效果、注意事项等,这些数字资源可以扫码查询学习,方便实用。

全书内容紧跟植物化学调控发展的趋势,注重生物技术前沿与现代农业生产的密切联系,理论联系农业生产实践并充分考虑相关专业教学的特点,将理论基础与生产实践有机地融为一体,重点突出,脉络清晰,操作性、实用性强,适合相关专业各种类型学员学习使用,也可作为农学、林学、园艺、生命科学、生态环境等领域教学科研人员的参考资料。

本书的出版得到了西南师范大学出版社编辑的帮助及参编学校教务部门的支持。另外,本书在编写过程中参考和引用了国内外及若干兄弟院校教材的一些图片资料,在此一并表示衷心感谢。由于编者水平有限,教材中定有一些缺点和错误,恳请广大同仁和读者批评指正,以便今后修改完善。

编者

2021年3月

CONTENTS

目录

第一章 植物化学调控的概念与发展

第一节 植物化学调控的概念及内容

一、植物化学调控与植物生长物质

(一)植物化学调控与植物激素

植物化学调控(Plant Chemical Regulation)是指将植物生长物质作用于植物,通过信号转导改变植物基因表达及植物内源激素系统,从而调节植物生长发育与代谢过程,使其按照人们预期的方向和程度发生变化的技术。

植物在生长发育过程中,除了需要水分、矿质元素和各种有机物作为细胞生命的结构和营养物质外,还需要微量的植物生长物质参与调控植物体内的新陈代谢过程,以适应植物体内和外界不断变化的环境。植物生长物质(Plant Growth Substances)是指能调节植物生长发育的微量化学物质,包括植物激素和植物生长调节剂等。

植物激素(Plant Hormone,Phytohormone)是指在植物体内合成的、通常从合成部位运往作用部位、对植物的生长发育产生显著调节作用的微量(1μmol/L以下)小分子有机物。因此,植物激素的特点是内生的、能在植物体内运转的、极低浓度就有调节效应的有机物质。据国际植物生长物质研究专家的建议,要确定一个植物内源物质的激素地位,除了满足上述定义外,还应符合下列3个条件:①该物质在植物中广泛分布,而不是特定植物所具有;②该物质是植物完成基本的生长发育及生理功能所必需的,并且不能被其他物质代替;③必须和相应的受体(Receptor)蛋白结合才能发挥作用(这是激素的一个重要特征)。

生长素(Auxin)、赤霉素(Gibberellin)、细胞分裂素(Cytokinin)、脱落酸(Abscisic Acid)、乙烯(Ethylene)和油菜素内酯(Brassinolide)是六大类植物激素。近年,也有许多学

者将茉莉素(Jasmonates,JAs)、水杨酸类(Salicylates,SAs)和独脚金内酯类(Strigolactones,SLs)等也归入植物激素中。

(二)植物激素与植物生长调节剂

植物体内的激素含量甚微,如7000~10000株玉米幼苗顶端只含有1μg生长素。植物激素虽然能调节控制个体的生长发育,但本身并非营养物质,也不是植物体的结构物质。由于其在调控植物生长发育中广泛、有效的生理效应,从植物激素发现伊始便有人想到将其用于生产实践。但植物体内激素含量非常少,难以提取,无法大规模在农业生产上应用。随着研究的深入,目前已有许多人工合成(或从微生物中提取)的物质与植物激素有相似生理作用,被称为植物生长调节剂(Plant Growth Regulator),包括生长促进剂、生长抑制剂和生长延缓剂等。

植物激素与植物生长调节剂这两个名词常易混淆。植物激素是内生的、能从合成部位运往作用部位,且在极低浓度下即可调节植物代谢过程的有机化合物。而植物生长调节剂不仅指人工合成的具有生理活性的有机化合物,也包括一些天然的有机化合物甚至植物激素在内。当天然植物激素被提取出来施用于其他植物来诱导生理反应时就成为生长调节剂了。因此,植物生长调节剂中包含一些分子结构和生理效应与植物激素相同或类似的有机化合物,如吲哚丙酸、吲哚丁酸、赤霉酸等;还有一些结构与植物激素完全不同,但具有类似生理效应的有机化合物,如萘乙酸、矮壮素、乙烯利、多效唑等。此外,生长调节剂与除草剂和农药之间也没有截然的界限。例如,有些化合物(如2,4-D、2,4,5-T)在高浓度时起除草剂作用,但在低浓度时有调节植物生理过程的作用;有些杀虫剂(如西维因)和杀菌剂(如甲基氨基甲酰)也有类似生长调节剂的作用。所以,植物生长调节剂是由多种多样化合物组成的并无明确范围的一类化合物,只是因为当它们以低浓度施用于植物时,具有调节植物生长发育的作用,才被人们叫作植物生长调节剂。

值得注意的是尽管植物生长调节物质具有很多生理作用,但它并不能代替植物的营养物质,二者之间存在着根本的区别。植物营养物质是指那些供给植物生长发育所需的矿质元素,如氮、磷、钾等,是植物生长发育不可缺少的,直接参加植物的各种新陈代谢活动,或是植物体内许多有机物的组成成分,参与植物体的结构组成。植物的生长发育对营养物质的需要量较大,由土壤供给或施肥补充。而植物生长调节剂不提供植物生长发育所需的矿质元素。它是一类辅助物质,主要通过调节植物的各种生理活动来影响植物的生长发育,一般不参与植物体的结构组成,其效应的大小不取决于其必要元素的含量,植物对它们的需要量很小,用量过大反而会影响植物正常生长发育,甚至导致植物死亡。可见,植物生长调节物质与植物矿质营养物质是完全不同的两类物质,二者不能混为一谈。有些产品如微肥属于植物营养物质,并不是植物生长调节物质。

当然，也有一些制剂是将微肥与植物生长调节剂混合在一起的。

此外，还有一类产品即生物制剂，如增产菌、根瘤菌种等。生物制剂本身就是一类微生物，如细菌、真菌等，是有生命的东西，高温、强酸、强碱等不良条件可降低或使其失去生物活性，因此在贮藏和使用过程中需要特别小心。生物制剂是利用微生物与植物之间的共生关系，相互依赖、互相促进，从而影响植物的生长发育的。因此生物制剂也不是植物生长调节物质，同样的道理，一些生物制剂里也可能含有植物生长物质，有调节植物生长发育的效应起到植物生长调节剂的作用。

二、植物生长调节剂的类型

植物生长调节剂有多种分类方法。如根据与植物激素的类似性，可以分为生长素类化合物、赤霉素类化合物、细胞分裂素类化合物、乙烯释放剂等。也可根据应用的效果，分为生根剂、壮秧剂、矮化剂、保鲜剂、催熟剂、脱叶剂、抗旱剂等。

根据植物生长调节剂作用于茎尖的方式，可分为植物生长促进剂、植物生长抑制剂、植物生长延缓剂等。

（一）植物生长促进剂（Growth Promoter）

这些生长调节物质可以促进细胞分裂、分化和伸长生长，也可促进植物营养器官的生长和生殖器官的发育。植物生长促进剂的种类很多，如生长素类就包括与生长素结构类似的吲哚衍生物，吲哚丙酸（Indolepropionic Acid，IPA）和吲哚丁酸（Indolebutyric Acid，IBA）；萘酸衍生物，α-萘乙酸（α-naphthaleneacetic Acid，NAA）、萘乙酸钠、萘乙酰胺等；氯化苯衍生物，2，4-二氯苯氧乙酸（2，4-dichlorophenoxyacetic Acid，2，4-D）、2，4，5-三氯苯氧乙酸（Naphthoxyacetic Acid，2，4，5-T）、4-碘苯氧乙酸（4-iodophenoxyacetic Acid，商品名增产灵）等。还有很多其他生长促进剂，如激动素、6-苄基腺嘌呤、二苯基脲（DPU）、长孺孢醇等，类型较多。

（二）植物生长抑制剂（Growth Inhibitor）

植物生长抑制剂抑制植物顶端分生组织的生长，使茎顶端分生组织细胞的核酸和蛋白合成受阻，影响分生组织细胞的伸长和分化，从而破坏顶端优势，使植株生长矮小，但侧枝数目增加。外施生长素等可以逆转这种抑制效应，而外施赤霉素则无效，因为这种抑制作用不是由于缺少赤霉素而引起的。常见的生长抑制剂有三碘苯甲酸、青鲜素、水杨酸、整形素等。

(三)植物生长延缓剂(Growth Retardor)

植物生长延缓剂抑制植物亚顶端分生组织的生长,使节间缩短,叶和节数不变,株形紧凑、矮小,生殖器官不受影响或影响不大。亚顶端分生组织中的细胞主要是伸长,由于赤霉素在这里起主要作用,而该类抑制剂能抑制赤霉素的生物合成,所以外施赤霉素往往可以逆转这种效应。这类物质包括矮壮素、多效唑、比久(B_9)等。

植物生长抑制剂与植物生长延缓剂不是截然分开的,有些化合物兼具二者的作用。

(四)植物生长调节剂种类与作用的多样性

植物生长调节剂的种类很多,而且每一种生长调节剂的作用往往也是多种多样的,且在不同用途、不同的处理器官或不同浓度下可能表现出不同的效应。比如,2,4-D是生长素类物质,可以促进植物生长和细胞分裂,但所需浓度很低;如果浓度增加,可以防止落花落果,诱导产生无籽果实和果实保鲜;如果再提高浓度,则抑制植物生长,甚至会杀死植物(杂草)。又如,脱落酸是典型的植物生长抑制剂,促进叶片脱落,诱导种子和芽休眠,抑制种子发芽和侧芽生长,但在适当浓度条件或与其他物质适当配合下,又可以促进发芽、促进植物体再生和增长、促进花芽分化、果实和根系作物的肥大等。因此,将常用植物生长调节剂分为几类主要是为了叙述的方便,方便使用者对该调节剂最主要和最典型的作用加以了解。实际施用中应据使用说明、产品介绍、施用目的、前人的实践经验和自己的探索来决定取舍。

在农林生产中应用植物生长调节物质的研究成果极丰,包括促进插条生根、打破休眠、促进发芽、防止徒长、控制分枝、矮化株形、疏花疏果(及保花保果)、控制抽薹开花、控制花芽分化及性别表现、促进果实发育、产品保鲜以及增强抗逆性等。

第二节
植物化学调控的发展与作用

一、植物化学调控的发展

(一)植物化学调控的早期研究

自从20世纪初科学家发现植物激素以来,人们一直在探索了解植物激素及相关植物生长调节剂在农业上的应用。这些研究早期被称为“植物生长调节剂应用技术”；1965年日本学者提出“化学调控”的概念；我国专家在20世纪70年代也提出“作物化学控制”概念，并在理论与实践方面开展了大量卓有成效的研究。

如上所述，植物激素是植物体内源产生的活性物质，它可以由合成的器官或组织运转到别的器官或组织，这些物质在植物体内含量极微，但起的作用很大，参与调节植物的各种生理活动。它与碳水化合物、蛋白质、脂肪等同为植物生命活动中不可缺少的物质。植物的发芽、生根、生长、器官分化、开花、结果、成熟、脱落、休眠等无不受到植物激素的调节控制。如果缺少了这些活性物质，植物便不能正常生长发育，甚至会死亡。

人们在探索植物激素作用机理时发现，植物激素的生理效应是多方面的，既能促进植物的生长发育，也可抑制或阻碍植物的生长发育。植物从种胚的形成、种子萌发、营养体生长、开花结实到植株衰老、死亡，都受到植物激素的调控。不同的植物激素具有不同的生理功能，同一激素往往又具有多种生理作用，植物的同一生理过程一般又受多种植物激素的调控。植物激素间既相互促进、相辅相成，又相互对抗，它们共同协调并控制整个植株的生长发育。

如今，全世界面临着人口、食物、能源、环境和资源问题的挑战。有关资料显示，全球人口以每年9000万到1亿的水平增长，而平均每人拥有的可耕地从1950年的0.45 hm^2降到1968年的0.33 hm^2，又降至2000年的0.23 hm^2，预计到2055年将降至0.15 hm^2。全球本来适合耕作的土地就不多，仅占22%左右。我国的形势也很严峻，人口总数为世界之最，人均耕地则很少。由于人口的增加和人们对高质量食物的需求，到2025年谷物产量需求将要在现在每年2×10^{11} t的基础上增加50%，并且这个额外的产量将要在比现存土地资源更少，淡水、化学品和劳动力更紧张的基础上生产出来。面对新世纪的挑战，在培养更高产和稳产的作物品种的同时，还需要对植物生长进行更精细有效的调控，通过传统方法和生物技术相结合去发展可持续农业生产，植物化学调控技术方法在其间有着重要的作用。

（二）植物化学调控的现代发展

因为植物的生长发育是受体内激素控制的。最初，人们用各种植物生长调节剂是通过调节植物体内的植物激素含量和活性，以达到控制植物生长发育的目的。这些工作是必不可少的，有利于生产的发展。影响作物生长发育的内外因素很多，只有控制或维持环境条件不变，才能看出生长调节剂的作用。只有通过个别环节（如打破休眠、防止倒伏等）的试验，才能总结出整体效应。

个别环节试验是综合整体效应的基础。但是一些个别环节试验又是初步的，水平有待提高。第一，大多数试验材料是个别器官甚至是离体器官。不少试验是在室内进行或盆栽，与田间的群体生态条件相差甚远。虽然群体是由个体组成，但个体和群体中的个体所处的环境不同，生态生理不同，反应不同，要求解决的问题也不同，所以研究对象最终要落实到田间群体，以群体为对象。第二，大多数个别环节试验着眼于直接效应（如发芽、不倒伏），这些效应有增加产量的可能或潜力，但不一定会将可能变成事实，不一定能将潜力延伸到收获。因为作物生长发育是一个复杂的过程，产量形成需要多个时期的演变才能实现。例如防止倒伏有可能增产，但还需要看花芽分化、开花结实是否正常。所以，一定要从播种到收获全过程都处于最佳状态，才能达到高产稳产的目的。

因此，有学者提出"植物生长发育的化学调控"（简称植物化学调控或植物化控）的概念。如农作物化学控制栽培工程就是采用一系列的生长调节剂来控制作物生长发育的栽培工程。具体来说，就是把植物生长调节物质的应用作为一项必备常规措施导入种植业，使其与栽培管理、良种推广结合为一体，调动肥水和品种等一切栽培因素的潜力，以获得高产优质，并产生接近于目标设计和可控生产流程的工程。

植物化学调控是从种子处理开始到下一代新种子形成的不同生育阶段，适时适量地运用各种生长调节剂来影响植物基因表达、维持植物体内激素水平，以达到协调植株生长与发育、个体与群体、群体与土壤气候之间的关系，最终实现高产稳产、优质高效的目的。植物生长调节物质在植物化控中的作用很多。对作物性状进行"修饰"，如变高秆为矮秆，变晚熟为早熟。改变栽培措施：由于生长调节剂可使作物矮化，株形紧凑，所以可改稀播稀植为密播密植，可改高肥水会减产为高肥水仍可安全充分发挥肥效。推动多熟复种制：生长延缓剂培育水稻秧苗可解决连作晚稻秧龄长、秧质差的难题；生长延缓剂培育油菜矮壮苗，成为长江流域稻—稻—油三熟制的一项突破性新技术。提高作物的抗逆性，可使作物安全度过不良环境，少受伤害，或品种能向北种植，扩大栽培区域。果蔬的生长发育调控、储藏保鲜调控使得南果北运、北蔬南品成为常态。总之，植物化控工程使农业生产获得更高的效益。

通常的中耕除草、灌溉施肥、合理密植等栽培措施，在某种意义上是改善作物的外界条件，以控制生长发育。将植物生长调节物质导入植物体内，则可通过调节植物体内激素水平，以控制植物生长发育，形成外部条件和内部激素双重控制作物生长发育的模式。外界环境条件经常变化，有时波动甚大，例如天气干旱多雨，温度过高或过低，不符合作物生长发育的需要，从而导致植物生长过旺或迟滞不长等现象，这时就需要用植物生长调节物质对作物进行化学调控，减少或避免不良环境伤害，以便做到"天促人控，天控人促"。近年来，在棉花、小麦、油菜、番茄等作物中，不断有植物化控取得成功的案例。

如今植物化控研究的技术成果越来越多，在植物生产中发挥了克服环境限制、缓和遗传限制、改善品质、提高产量、改善收获与贮藏条件等积极作用。以前，国内外农药市场上只有杀菌剂、杀虫剂与除草剂三大类，现植物生长调节物质已成为其中的一员。

二、植物化学调控的作用

植物化学调控已经贯穿于植物生长的方方面面，在生产中发挥着巨大的作用。

（一）促进插条生根与苗木繁育

利用生长素类物质可促进插条生根，特别是对于一些难以生根、较为名贵的植物种类，以生长素促根，可以加快繁殖速度，有较大的经济价值。生长素类调节剂中，2，4-D、α-萘乙酸、萘乙酰胺、吲哚乙酸、吲哚丁酸等，都具有不同程度促使插条形成不定根的作用。由于生长素类在植物体内可极性运输，所以在生长素的参与下，插条维管形成层和基部组织的韧皮部、木质部的薄壁细胞形成愈伤组织，分化根的原基，使之成为具有分生能力的细胞，最后形成不定根，从而提高插条的成活率。应用植物生长调节剂促使插条生根，在花卉苗木、园林、果树苗木的繁殖上已被广泛应用。

（二）促使种子、块根、块茎的发芽

种子发芽，除了需要适宜的温度、水分和氧气等先决条件外，还必须打破种子的休眠。种子的发芽须经过一系列酶促过程，首先种子糊粉层和胚乳组织中的淀粉被水解为还原糖，蛋白质被水解为氨基酸，再将糖和氨基酸运输至胚，从而供其生长所需。而胚乳外的糊粉层是有生命的细胞，其在休眠期间受多种内源激素的制约。当用赤霉素、细胞分裂素等植物生长调节剂处理种子后，会诱导各种水解酶的活性，从而使种子萌发。利用植物生长调节剂，如赤霉素、细胞分裂素、油菜素内酯、三十烷醇等，在打破种子休眠、提高发芽率等方面取得了很大的成功。如马铃薯的秋播催芽，稻麦良种的繁殖催芽，玉米浸种催芽，桃、柑橘、甜橙、榛子、葡萄和番木瓜等种子的催芽。植物生长调节剂还用于促进马铃薯、甘薯等块根、块茎的发芽。

（三）调控细胞的分裂和伸长

生长素、赤霉素、细胞分裂素、油菜素内酯等都有促进细胞伸长的作用。生长素可促进细胞的纵向伸长，使细胞壁疏松，增加可塑性，同时对幼嫩细胞反应灵敏，而对成熟细胞反应不灵敏，所以在农业生产上多用于防止器官脱落。赤霉素可促进茎、叶生长，在蔬菜（如芹菜、菠菜、莴苣）、麻类、甘蔗等作物上已有大量应用，特别是在杂交水稻制种技术上，其已成为一项重要的增产措施加以应用。细胞分裂素除了促进细胞伸长，使细胞体积加大外，更重要的是促进细胞分裂，它和生长素配合，能控制植物组织的生长和发育，它是植物组织分化的物质基础之一，能抑制茎的伸长，使茎向横轴方向扩大、增粗，其应用于农业生产，主要是促进组织分化，抑制衰老、防止果树生理落果等。

（四）诱导花芽分化与无籽果实的形成

当向植株施用细胞分裂素之后，由于细胞分裂素具有对养分的动员作用和创造“库”的能力，可促使营养物质向应用部位移动。例如，叶面喷施细胞分裂素类物质，可使其他部位的代谢物质向处理部位移动，并可改变新合成的纤维素微纤丝在细胞壁上沉淀的方向，使之更多地沉淀于与细胞长轴平行的方向，这样就抑制了细胞的纵向伸长而允许横向扩大，因而可促进侧芽的萌发，这对于利用侧枝增大光合面积和结果的作物效果甚为显著。例如，对茶树施用细胞分裂素之后，可以增加茶芽密度，同时也可提高西瓜、柑橘、葡萄等作物的坐果率、增加含糖量、改善果实品质等。生长素、赤霉素类物质还能够诱导无籽果实的形成。

（五）保花保果与疏花疏果

植物从开花结果到成熟，是一个受多种因素干扰的复杂生长过程，而利用植物生长调节剂，可调节和控制果柄离层的形成，防止器官的脱落，达到保花、保果的目的。生长素、细胞分裂素、赤霉素等植物生长调节剂，多具有防止器官脱落的功能，它们都以自己独有的生理功能在农业生产上发挥作用，如防止棉花蕾、铃脱落，防止果树生理落果，提高茄果类蔬菜的坐果率等。吲哚丁酸、萘乙酸、2,4-D、赤霉素等被广泛应用于蔬菜、果树、棉花等作物的保花、保果，从而达到增产目的。同样，也可以利用植物生长调节剂来疏花疏果，克服果树生产中的大小年现象，保护树势，提高果实的品质。

（六）调控雌雄比例

调控植物花的雌雄性别是植物生长调节剂特有的生理功能之一，其中乙烯利和赤霉素应用广泛、效果显著。乙烯利的作用在于当瓜类植株的发育处于“两性期”时，可抑制雄蕊的发育，促进雌蕊的发育，引起植株花序性别改变，使雄花转变为雌花。赤霉素调控花的性别与乙烯利相反，它抑制雌花的发育，促进雄花的发生，因此，用赤霉素处理后，花的性别表现为每节都不生雌花，而只生雄花。在农业生产上，应用乙烯利和赤霉素来调控雌雄性别都有成功的经验。如利用乙烯利控制瓠瓜、黄瓜雌花的发生，利用赤霉素诱导雄花产生。在黄瓜的育种上，使“全雌株”的黄瓜产生雄花，然后进行自交或杂交，为黄瓜品种保存和培育杂种一代提供有效的措施。

（七）抑制植物徒长与矮化整形

环境因素，诸如气候（日照、雨水、温湿度），肥料（偏施氮肥），灌溉（长期积水或灌深水）等，以及植物品种的内在因素都会引起植株的徒长。如果营养生长过旺，则影响生殖生长，会造成光合产物的消耗而减产。运用植物生长调节剂进行化学调控，抑制徒长，调整株形可收到良好的效果。在抑制植株徒长的植物生长调节剂中，无论是导致顶端优势丧失的抑制剂，还是只抑制近顶端分生组织区细胞分裂和扩大的延缓剂，都以不同的形式对植株的徒长起抑制作用。如控制水稻秧苗徒长的多效唑，防止棉花蕾、铃期徒长的助壮素，抑制花生徒长的比久，调整大豆株形的三碘苯甲酸等，都以不同的作用方式使植物株形矮化紧凑，提高光合作用强度，加速光合产物的运输和贮存，为生殖生长提供充分的营养，进而提高作物产量。这些抑制剂还在果树矮化、花卉整形等方面具有明显效果。

（八）增强植物的抗逆力

植物生长调节剂的应用还可克服异常气候和环境条件对农业生产造成的不利影响，同时其在防灾、避灾等方面也具有独特的作用和效果。北方冬麦区的"干热风"、江浙稻区的"寒露风"、西南地区的"倒春寒"都是严重影响粮食生产的障碍因子，而在小麦的扬花期和灌浆期喷施环烷酸钠或三十烷醇后，能提高小麦光合效率，加快灌浆速度和干物质积累，有明显的防"干热风"的作用。在晚稻孕穗阶段，若遇"寒露风"时，喷施赤霉素可促使水稻抽穗，提高花粉细胞的活力，有利于水稻正常抽穗扬花，提高结实率。棉花秋季遇低温会影响吐絮，使产量和品质降低，我国北方棉区在临收获或低温来临时，喷施乙烯利可提高纤维素酶的活性，使棉铃早熟开絮。在西南地区"倒春寒"前用生长调节剂可促进水稻秧苗健壮、多发根、早返青，提高水稻对低温的抗性。在北方为预防"倒春寒"对冬小麦的冻害，可在有降温趋势之前喷施矮壮素来缓解冻害对小麦的危害。在林木、果树、花卉等方面，都已有许多用植物生长调节剂提高植株抗逆性的成功例子。

（九）促使早熟丰产与改善品质

除了采用一系列传统农艺手段之外，运用植物生长调节剂促使农作物提早成熟，改善品质已成为农业生产上广泛应用的技术措施。在水稻的乳熟期喷施乙烯利，可使早稻提早成熟3～5 d，有利于后季稻争季节。在番茄转色期用乙烯利处理后，可使番茄提早成熟6～8 d，同时可增加早期产量并改善果实风味。用细胞分裂素浸泡西瓜种子及在西瓜花期喷施，可使西瓜提前成熟3～7 d，并使其含糖量提高0.5～1.0度。玉米用细胞分裂素处理，可提早成熟4～6 d。植物生长调节剂在促进粮食、果蔬的成熟，改善品质等方面起重要作用。

植物生长调节剂还可辅助采收。如对干果和加工用的水果用机械采收可提高劳动效率，大幅度降低成本。机械采收之前用生长调节剂可以促进果柄离层产生，降低果实的固着力，可以只用较小的震动便能将果实摇落，以减轻震动对树体造成的伤害。

(十)贮藏保鲜防衰老

植物生长调节剂可用于延长水果、蔬菜、花卉在采收后的保鲜期,防止衰老、变质和腐烂,提高食用品质和商品价值,减少运输和贮藏过程中的损失。细胞分裂素类物质有延缓衰老的功能:首先它可以阻止核酸酶和蛋白酶等一些水解酶的产生,从而保证核酸、蛋白质和叶绿素等不被破坏;其次,它不仅可以阻止营养物质向外流动,而且可使营养物质向细胞分裂素所在的部位运输。例如,用6-苄基腺嘌呤处理甘蓝、抱子甘蓝、花椰菜、芹菜、莴苣、菠菜、萝卜、胡萝卜等都能有效地保持采收后的新鲜状态,对提高食用品质和商品价值十分有利。应用比久、矮壮素、2,4-D等植物生长调节剂处理大白菜、洋葱、大蒜、马铃薯等作物可防止作物在贮藏期间变质、变色、发芽。此外,植物生长调节剂还可用于切花保鲜,延长瓶插切花的寿命,提高观赏价值等。

第三节

植物化学调控与现代农业生产

植物化学调控从诞生迄今之所以受到人们的重视,就在于它将基础理论与农业生产实际相结合,持续不断地指导生产实践,为栽培植物、改良和培育植物提供理论依据,并不断提出控制植物生长的有效方法。

人们对植物的认识从群体、植株、细胞到分子不断全面深入。如各种植物的基因组计划,包括对其遗传图的构建、物理图的构建和DNA全序列测定,叶绿体基因的结构和表达的探究;植物细胞图谱(Plant Cell Atlas, PCA)计划的提出,整合了包含分子、亚细胞、细胞和组织水平多层次、跨尺度的核酸、蛋白和代谢物信息的数据资源库;多种模式植物突变库的建立,为人们在物理图谱、遗传图谱和基因组全序列的基础上开展功能基因组学(Funcational Genomics)、蛋白质组学(Proteomics)、代谢组学(Metabonomics)、细胞组学(Cytomics)、表观基因组学(Epigenomics)等整体性研究奠定了良好的基础。人们对植物细胞信号转导及激素作用机制的了解越来越多,植物化学调控的理论基础和方法技术也将更加成熟。

如今植物化学调控在农业生产中得到了广泛的应用,包括在粮棉油、蔬菜、果树、花卉、林木等方面,都取得了巨大的成果。据统计,我国每年植物化学调控技术的应用面积约为1300万公顷。如将赤霉素用于杂交水稻制种,调节其花期,解决花期不遇问题,可以增产10%~20%,这一技术在全国推广面积达100多万公顷。于水稻秧苗与油菜幼苗上喷施多效唑，可提高其抗性，培育壮苗，这一技术的推广面积超过600万公顷。缩节安系统化控技术成功解决了棉花徒长和株形控制难题，稳定增产10%以上，每年应用面积约为250万公顷。ABT生根粉在300多种植物上进行试验，提高扦插生根率，在全国30余个省市进行示范推广。

一、生长素类物质的调控应用

长期以来，生长素促进插枝生根成效丰硕，特别在园艺、林业上已普遍应用。当生长素处理插枝基部后，处理部位的薄壁细胞恢复分裂，产生愈伤组织，然后长出不定根，促使其成活，特别是对不容易生根、成活率低的插枝更为有效。农业上常用的促进插枝生根的人工合成生长素有萘乙酸(NAA)、吲哚乙酸(IAA)、吲哚丁酸(IBA)、2,4-D等。其中吲哚乙酸易分解，效果不稳定，吲哚丁酸不易被氧化分解，效果好，但价格贵；萘乙酸比较便宜，效果也较好，生产上应用较多。

生长素能促进果实膨大，减少花果脱落。受精前，子房和花粉粒中很少有生长素，受精后，子房内生长素大量增加，能刺激子房迅速膨大。人们利用这一原理，对花、果补以外源生长素类物质，可以促使更多的营养物质迅速地输入幼果中，从而加快幼果生长，减少脱落。如生产上常用2,4-D或防落素防止番茄和茄子落花落果就是很典型的例子。

疏花疏果是果树生产上改善果实品质、克服大小年结果及保护树势的一项有效技术措施。对苹果、梨、柑橘等使用萘乙酸或吲唑酯等，能疏去一部分花和小果，使留下的幼果发育得更好。

生长素诱导菠萝开花的效果很显著。当菠萝植株长到足够大时，用2,4-D或萘乙酸处理，能促使其现蕾、开花、结果，成熟一致，同时还能调节采收期，提高产量。

生长素还能抑制发芽。马铃薯收获后过一定的时间会发芽，在发芽处还会产生有毒的龙葵素，影响食用。用生长素萘乙酸甲酯处理，可延长马铃薯的休眠期，防止发芽，不仅有利于长期贮藏，还能提高商品价值。

生长素对细胞分裂与分化也有一定作用，最典型的是用在组织培养上。为了使愈伤组织分化，在培养基中按一定比例加入生长素和激动素，能诱导出根和芽，逐渐长成植株。

二、赤霉素类物质的调控应用

生产上应用赤霉素来促进植物生长的例子很多，如杂交稻制种，用赤霉素促进母本抽穗，提高结实率，调节父母本花期相遇，已成为杂交稻的常规栽培措施。对蔬菜、绿肥、牧草、苎麻等使用赤霉素后，可以明显促进营养体生长，较大幅度地提高产量。

赤霉素能打破休眠，促进萌发。有些春天采收、秋天播种的马铃薯块茎，因在休眠期而难以发芽，用低浓度赤霉素处理，可以打破休眠，促进萌发，从而可提早出苗，延长生育期，增加薯块产量。另外，赤霉素也能打破水稻、麦类、蔬菜、果树、牧草等很多种子的休眠，促进其萌发。

果实脱落的主要生理原因是果柄基部产生离层，当脱落酸或乙烯含量增加时，果实脱落就会增加。由于赤霉素有颉颃脱落酸，生长素有颉颃乙烯的作用，所以对花或幼果使用赤霉素或生长素，就能防止花或果的脱落。生产上对柑橘、苹果、梨、山楂、枣、核桃等使用赤霉素，能有效地防止落果，提高坐果率；棉花开花时用赤霉素处理花冠，也能提高结铃率；某些有核葡萄开花前用赤霉素浸蘸花序，能使无籽粒增加；对新疆无核白葡萄施用赤霉素，能显著增大果粒，提高产量。赤霉素减少果实脱落及促进果实生长的原因之一是在果实发育过程中具有调配光合产物的作用，能加速光合产物向果实输送的速度和增加光合产物向果实输送的总量。

对必须经过一定时间低温的二年生长日照植物，如甘蓝、萝卜、白菜、甜菜等，用赤霉素处理可以代替或部分代替植物由营养生长转向生殖生长阶段对春化或光照的需要，使长日照植物在越冬前的短日照条件下抽薹开花。这对缩短生育期，加速繁殖种子颇有意义。此外，瓜类蔬菜在幼苗期使用赤霉素，能诱导多开雄花，这在选育种上也是很有意义的。

赤霉素能刺激淀粉酶形成，促进大麦胚乳内的淀粉水解，这在啤酒酿造工业中有很高的应用价值。

三、细胞分裂素类物质的调控应用

细胞分裂素最显著的效应就是促进细胞分裂和扩大。试验表明，将烟草髓、大豆子叶的愈伤组织和胡萝卜根的韧皮部组织培养在有生长素但没有细胞分裂素的培养基中，其生长极少，说明细胞很少分裂；若在培养基中同时加入生长素和细胞分裂素，则细胞迅速分裂，组织块长大。细胞分裂素还可以促使细胞体积增大，主要是使细胞扩大而不是伸长。

细胞分裂素是组织培养中诱导离体组织细胞分裂、调节其分化不可缺少的植物生长调节剂。组织培养时生长素和细胞分裂素的相互作用控制着愈伤组织根或芽的形成。当激动素/生长素的比值高时，可诱导芽的形成；两者比值低时，则有利根的形成；两者比值合理时，则保持生长愈伤组织。由此可知，愈伤组织究竟产生根还是芽，主要取决于激动素和生长素的比值。在芽的分化中，激动素起着重要作用。目前，人们利用这一生理作用，可将许多植物的愈伤组织诱导生长成完整的植株。

离体叶片由绿变黄，会逐渐衰老。细胞分裂素具有保持叶片鲜绿和延缓衰老的功能。其原因一方面是细胞分裂素能阻止核酸酶和蛋白酶等一些水解酶的产生，从而延缓核酸、蛋白质、叶绿素的降解；另一方面是由于细胞分裂素不仅能阻止营养物质向外流动，还能使营养物质向细胞分裂素处理部位移动，从而延缓了衰老。生产上对蔬菜、水果等施用细胞分裂素，能起到防衰保鲜、延长贮藏期和长途运输中防腐烂的作用。

把细胞分裂素直接施用于受抑制的侧芽上，可以使其萌发。如豌豆幼苗第一真叶内的侧芽一般都处于潜伏状态，不生长发育，把激动素溶液滴在第一真叶的叶腋上，则此处的腋芽便可发育生长。枣树、泡桐、柳树上发生的“丛枝病”，就是由于病菌侵入树体，产生许多具有细胞分裂素活性的物质，破坏了植物的顶端优势而发育成大量侧枝。

此外，细胞分裂素还能打破休眠，促进种子萌发；促进花芽形成和开花；控制花器官性别；诱导单性结实；提高瓜果坐果率并促进果实生长；提高植物的抗性等，在生产上应用非常广泛。

四、脱落酸及其他生长抑制物质的调控应用

以前脱落酸的应用主要限于实验室小范围的实验研究以及植物组织培养，主要是因为人工合成的脱落酸价格昂贵，数量少。现在脱落酸已实现了天然发酵的工业化生产，其应用范围正在逐渐扩大。

用于浸种、拌种、包衣等方法处理水稻种子，能提高其发芽率，促进秧苗根系发达，增加有效分蘖数，促进灌浆，增强秧苗抗病和抗春寒的能力。

用于拌棉种，能缩短种子发芽时间，促进棉苗根系发达，增强棉苗抗寒、抗旱、抗病、抗风灾的能力，使棉株提前半个月开花、吐絮。在烤烟移栽期施用，可使烤烟苗提前返青，须根数增加，烟叶产量提高。

油菜移栽期施用，可增强其越冬期的抗寒能力，使根茎粗壮，抗倒伏，结荚饱满，产量提高。蔬菜、瓜果、玉米、棉花、药材、花卉、树苗等在移栽期施用，都能提高抗逆性，改善品质，提高结实率。

可使玉米苗、小麦苗、蔬菜苗、树苗等度过短期干旱（10~20 d）而保持苗株鲜活；在寒潮来临前施用，可使蔬菜、棉花、果树等安全度过低温期；在植物病害大面积发生前施用，可不同程度地减轻病害的发生或降低染病的程度。

另外，高浓度的脱落酸表现为抑制生长的效应。可抑制地上部茎叶的生长，提高地下块根部分的产量和品质。显著降低杂交水稻制种时的穗发芽和白皮小麦的穗发芽，抑制土豆在储存期发芽，抑制茎端新芽的生长。此外，还有控制花芽分化、调节花期、控制株形等生理活性。

目前生产上还有许多类似于脱落酸生理效应的植物生长调节物质被广泛应用，这些大多是人工合成的生长抑制物质，这一类化合物种类很多，作用机理也各不相同，根据它们的作用方式大体分为两大类。一类是生长抑制剂，如青鲜素、增甘膦、三碘苯甲酸等，这类化合物对植物顶端有强烈的破坏作用，能使顶端停止生长，失去顶端优势，并

且其作用不为赤霉素所逆转。另一类是生长延缓剂，如矮壮素、比久、助壮素等，这类化合物不抑制植物顶端部分生长，而是对茎部亚顶分生组织区的细胞分裂和扩大有抑制作用，使节间缩短，植株矮小紧凑，但对节数、叶片数目及顶端优势无影响，其效应可被赤霉素所逆转。

五、乙烯及其类似物质的调控应用

乙烯虽然结构简单，但由于是气态物质，使用不方便，所以生产上常用的是施用后可释放出乙烯的试剂，如乙烯利。生产上也使用一些抑制乙烯生成的物质。

果实成熟过程中要发生许多变化，包括果皮变色（叶绿素分解、类胡萝卜素和花青素形成），果肉变软，糖分增加，酸度和涩味减少，香味产生等。在这些变化过程中，有很多果实（如香蕉、苹果、梨等）会出现呼吸增强的现象，称为“呼吸峰”或“呼吸跃变期”，在果实“呼吸峰”到来之前使用乙烯利，会加快“呼吸峰”的到来，从而加快果实成熟，这是乙烯利常常用于促进果实成熟的原理。当然，人们也用一些抑制乙烯生成的调节剂来达到延迟果实成熟或者切花保鲜等目的。

植物叶、花、果的脱落与乙烯密切相关。使用乙烯的释放剂乙烯利能引起落叶、落花和落果。根据这一作用，人们成功地将其应用于农业生产。如用乙烯利作为麻类、棉花的脱叶剂；茶树的疏花剂；梨、桃的疏果剂；枣果、山楂的采前落果剂等。

橡胶树乳胶的排泌受乙烯的影响。用乙烯利涂抹橡胶树的割切面，可刺激次生物质排泌，特别是对低产实生树，增产效果尤为显著。这一措施已被我国南方橡胶园采用。此外，乙烯利对漆树、松树、安息香树、吐鲁香、印度紫檀等经济植物也有刺激其次生物质排泌的作用，增产效果也都很显著。

黄瓜等是雌雄同株异花植物，在花芽形成前，具有雌蕊和雄蕊两种性别的原基容易受外界环境条件变化的影响而产生不同性别的花。试验表明，对黄瓜、瓠瓜、南瓜、甜瓜等作物在幼苗期喷洒乙烯利，可诱导雌花形成，增加结瓜数。配合充足的肥水条件，增产效果极为显著。

对菠萝使用乙烯利，能促进其现蕾开花，提前结果采收，缩短生育期，实现菠萝当年种植当年收获。在不同时期处理，可控制采果期，有利于调节市场供应并安排好罐头加工时间。这一技术在菠萝产区已大面积应用，其效果比过去使用萘乙酸、2,4-D和电石等都好。

乙烯对植物细胞具有抑制纵向生长和促进横向生长的作用，对一些植物使用乙烯利，可起到控制植株高度，培育壮苗的效果。如后季稻秧苗秧龄长、植株高、素质差，使用乙烯利后能延缓植株伸长生长，促进分蘖，达到培育矮壮秧，提高素质的目的。

利用杂种优势能大幅度提高农作物产量。为了减少去雄手续和克服利用雄性不育系制种必须三系配套的困难，使用化学杀雄是很有价值的。据研究，小麦孕穗期使用乙烯利,能使花粉皱缩、畸形,花粉粒中没有淀粉或者很少,失去活力,去雄效果明显。由于雌蕊的抗药性比雄蕊强,因此适宜的乙烯利浓度能达到化学杀雄的目的。

乙烯利还对水稻、花生、油菜、草莓等多种植物种子,以及块茎、鳞茎、球茎的休眠芽有打破休眠,促进萌发的效果。

六、油菜素内酯及其类似物质的调控应用

油菜素内酯是发现相对较晚的植物激素,但从发现伊始就较大规模地用于生产实践,并且有许多相关应用的专利问世。

油菜素内酯多用于促进细胞伸长和分裂,调节植株生长发育。油菜素内酯可明显促进绿豆、大豆上胚轴及油菜幼苗下胚轴的伸长,也可促进芹菜、菠菜和平菇等的生长,还可提高水稻、小麦、大豆、棉花等的产量。用BR溶液拌培养料栽培平菇,可促进平菇菌丝体生长和菌蕾形成,收菇时间提前,产量增加。以菜豆幼苗为材料,用油菜素内酯处理第二节间后,在数天内可使节间增长;几星期后,即可促进全株的生长,株高、株重、荚重、芽数等均比对照组显著增加。以桦树、榆树及野生酸苹果树的幼苗为材料,用油菜素内酯与羊毛脂的混合物处理节间,4~7 d后测量其生长情况,结果三种树苗的株高均比对照组增加,平均增长为对照组的2倍,油菜素内酯还可使榆树提早成熟。0.01 $mg\cdot L^{-1}$人工合成的表油菜素内酯(Epibrassinolide,EpiBR)水溶液喷雾在生产上取得了良好的效果,其中增产率为莴苣30%,萝卜15%,马铃薯25%,菜豆与青椒6%~7%,在温室试验中菜豆与青椒增产35%。

油菜素内酯对植物生殖生长有促进作用,可提高黄瓜、葡萄、西瓜、番茄的结果率,从而提高产量。用0.1 $mg\cdot L^{-1}$油菜素内酯处理西红柿,在自然坐果良好期(5~10月,露地)增产20%,在自然坐果不良期(11月~次年3月,薄膜温室)增产156%。葡萄进入开花盛期6 d后,用0.01 $mg\cdot L^{-1}$油菜素内酯处理果穗,着果数增加156%,子房重增加140%。在玉米抽丝初期开始用油菜素内酯(1×10^{0}~1×10^{4} $mg\cdot L^{-1}$)连续处理果穗3次,粒数和粒重增加10%~20%。用BR喷洒小麦叶面,可使旗叶可溶性糖含量降低,加速糖的转化和运输,提高旗叶叶绿素含量,增加穗粒数,提高千粒重。

BR还能通过对细胞膜作用,增强植物对干旱、病害、盐害、除草剂、药害等逆境的抵抗力,因此有人将其称为“逆境缓和激素”。用0.1~1 $mg\cdot L^{-1}$的油菜素内酯处理水稻幼苗,在人工控制低温区(15~18 ℃)生长1个月后,处理组较对照组叶长增加11% ~16%,茎叶干重增加15%。分别用1×10^{-2} $mg\cdot L^{-1}$和1×10^{-4} $mg\cdot L^{-1}$的油菜素内酯处理水稻种子(广陆矮4号),在早春播种条件下,于室外生长2周后调查表明:处理组较对照组成苗率增加12.8%,苗高增加11.8%,整株干重增加13.6%。BR可使稻谷抗寒能力增强,例如将稻种或刚发芽的种子(两片叶时)浸在1~10 $mg\cdot L^{-1}$ BR溶液中,可使植株的抗寒能力增强。水稻种子经表油菜素内酯浸种24 h,能促进水稻幼苗在18 ℃条件下生长并在低

温胁迫（5±1 ℃，48 h）后于28 ℃下迅速恢复生长，能有效地降低水稻幼苗在低温逆境时的相对电导率，维持较高的超氧化物歧化酶（Superoxide Dismutase，SOD）活性，减缓丙二醛（Malondialdehyde，MDA）的积累，保持较高的ATP水平。

在低温下用油菜素内酯处理过的西红柿、茄子、黄瓜等的幼果能正常地膨大，增强其抗寒性。油菜素内酯能够提高香蕉幼苗低温胁迫时和低温胁迫后恢复期叶片SOD的活性并相应降低其电导率，提高可溶性蛋白的含量，减缓叶片中MDA含量的升高，可溶性糖含量明显提高，可减少叶片萎蔫面积和降低死亡率，同时，明显减缓叶片中叶绿素降解的速度。

用表油菜素内酯对黄瓜种子进行浸种24 h处理能有效地降低幼苗在48 ℃热激时下胚轴和胚根的相对电导率，维持较高的SOD和过氧化氢酶（Catalase，CAT）活性，减缓MDA的积累，促进脯氨酸的积累，从而提高幼苗对热激的忍耐性。在45 ℃高温下，喷施表油菜素内酯可使烟草幼苗叶片和根系细胞膜中MDA含量和细胞膜的相对电导率均降低，SOD和CAT活性有一定程度增强，脯氨酸含量显著提高，表明BR可以增强和恢复烟草幼苗抗热激的能力，减轻膜脂过氧化伤害的作用，减轻由自由基引发的过氧化作用，保持膜结构及其功能的相对稳定性。BR对芫荽种子高温萌发（30 ℃）有显著影响。BR（0.005 mg/L、0.010 mg/L）浸种可以提高芫荽种子在高温下的发芽率、发芽势和发芽指数，提高种子活力。

在干旱条件下经表高油菜素内酯处理可提高玉米幼苗叶片SOD、过氧化物酶（peroxidase，POD）和CAT的活性。玉米幼苗体内MDA含量和相对电导率水平都远远低于对照，并且在复水后都能迅速恢复到正常水平。这说明表高油菜素内酯能降低逆境条件下的膜脂过氧化水平，提高膜的稳定性，从而提高抗逆性。

在大麦抽穗后用BR喷洒叶片，能使MDA含量和细胞膜透性明显降低，在一定程度上抑制了叶片MDA的积累和膜质过氧化作用的发生，提高了大麦的抗逆性。高油菜素内酯（hBR）能增加生长在干旱条件下小麦的叶面积、叶绿素含量和可溶性蛋白的含量，并能提高光合作用，增加小麦生物量和产量。

长效油菜素内酯（TS303）能提高干旱胁迫下花生叶片SOD、CAT的活性，增强活性氧清除能力，缓解膜系统的伤害，减少失水，维持较高的含水量，提高花生抗旱能力。

BR等能提高植株对水稻稻瘟病、纹枯病、黄瓜灰霉病、番茄火疫病、白菜软腐病等病害的抗病性。油菜素内酯可作为植物的抗病剂，用BR浸种处理后，在发根和发芽过程中无腐败死种现象，而对照区有1/3~1/2的种子腐败而死，在小麦上还表现出明显减轻青枯病的作用。小麦、烟草、花生喷施BR后，作物的病害明显减轻，如小麦的白粉病、锈病、赤霉病和丛矮病，烟草的叶斑病、赤星病，花生的叶斑病等都明显减轻。用BR处理草莓可以提高草莓果实对灰霉病的抗性，降低果实发病率。

表油菜素内酯对绿豆下胚轴切段有“保幼延衰”的作用。BR和6-苄基腺嘌呤（BA）对莴笋均有较强的保绿和抑制衰老的作用，但BR效果更好。BR和BA处理的叶片叶绿素、核酸和蛋白质含量相近，且明显高于对照，并随着处理浓度的增高而增加，三者的变化趋势基本一致。BR与BA处理的叶绿素最高含量相近，但BR浓度比BA低两个数量级。BR的保绿作用还可能与细胞膜的完整性有关。

国内外已有许多关于BRs制剂的专利和注册出售，包括水稻、玉米、土豆、薯类、大豆、瓜类、山药、葡萄、柑橘、桃、苹果、柿子及花卉等专用制剂。BRs在农业上的应用主要是促进作物生长、增加生物量和谷物产量，减少环境胁迫（温度、病害、农药等）的危害，促进插枝生根和花卉保鲜等。

本章小结

应用植物生长物质作用于植物，通过信号转导改变植物基因表达及植物内源激素系统，调节植物生长发育与代谢过程，使其按照人们预期的方向和程度发生变化的技术称为植物化学调控。植物生长物质参与调控植物体内的新陈代谢过程，以适应不断变化的环境，包括植物激素和植物生长调节剂等。

植物激素是指内生的、能在植物体内运转的、极低浓度就有调节效应的有机物质。外源的与植物激素有相似生理作用的物质为植物生长调节剂。

从20世纪初发现植物激素以来，人们一直在探索植物生长调节剂应用技术；后来提出"化学调控"的概念，国内外研究者在理论与实践方面开展了大量卓有成效的研究。为了面对新的挑战，需要对植物生长进行更精细有效的调控，通过传统方法和生物技术相结合去发展可持续农业生产，植物化学调控技术方法在其中发挥着重要的作用。

可将植物化学调控作为一项常规措施导入种植业，与栽培管理、良种推广结合，发挥肥水和品种等潜力，以获得高产优质的作物。如促进插条生根与苗木繁育，促使种子、块根和块茎的发芽，调控细胞的分裂和伸长，诱导花芽分化与无籽果实的形成，保花保果与疏花疏果，调控雌雄比例，抑制植物徒长与矮化整形，增强植物的抗逆性，促使早熟丰产与改善品质，贮藏保鲜防衰老等。

植物化学调控从诞生迄今之所以受到人们的重视，就在于它将基础理论与农业生产实际相结合，持续不断地指导生产实践，为栽培、改良和培育植物提供理论依据，并不断提出控制植物生长的有效方法。如今植物化学调控在农业生产中得到了广泛的应用，在粮棉油、蔬菜、果树、花卉、林木等方面，均取得巨大的成果。这些应用包括生长素类物质、赤霉素类物质、细胞分裂素类物质、脱落酸及其他生长抑制物质、乙烯及其类似物质和油菜素内酯及其类似物质的调控应用等。

复习思考题

1.什么是植物化学调控?

2.什么是植物生长物质?植物生长物质与植物化学调控有什么联系?

3.植物激素与植物生长调节剂各有什么特点?

4.植物生长调节剂有哪些类型?

5.从植物化学调控的发展你可以得到什么启示?

6.植物化学调控在生产中有什么作用?

7.举例说明植物化学调控与生产实践的关系。

8.谈谈植物化学调控在生产中的前景。

9.查阅文献,从分子机理角度探讨植物化学调控的作用。

第二章

植物生长物质与化学调控

第一节

生长素类及其调控效应

一、生长素的分布与运输

(一)生长素的发现

生长素(Auxin)是最早被发现的植物激素,是植物存活所必需的物质。英国科学家达尔文(Darwin)父子利用金丝雀虉草的胚芽鞘进行向光性实验时发现,在单方向光照射下,胚芽鞘发生向光弯曲现象;如果切去胚芽鞘的尖端或在尖端套以锡箔小帽,单侧光照便不会使胚芽鞘向光弯曲;如果单侧光线只照射胚芽鞘尖端而不照射胚芽鞘下部,胚芽鞘还是会发生向光弯曲。荷兰的温特后来将这种物质称为生长素(Auxin)(希腊语,促进的意思)。他创立了植物激素第一种定量的生物测定法——燕麦胚芽鞘弯曲试验法(Avena Curvature Test),这种相对定量测定生长素含量的方法推动了植物激素的研究。

1934年,荷兰的郭葛(F. Kogl)等人从人尿、根霉、麦芽中分离和纯化了一种刺激生长的物质,经鉴定为吲哚乙酸(Indole-3-acetic Acid,IAA),其分子式为$C_{10}H_9NO_2$,相对分子质量为175.19。此后,大量的实验证明IAA在高等植物体内广泛存在,是植物体内主要的生长素,是第一个被发现的植物激素。因此,IAA成为生长素类物质的代表与缩写符号。

除IAA外,科学家们还在大麦、番茄、烟草及玉米等植物中先后发现苯乙酸(Phenyl-acetic Acid,PAA)、4-氯吲哚乙酸(4-chloroindole-3-acetic Acid,4-Cl-IAA)及吲哚丁酸(Indole-3-butyric Acid,IBA)等其他生长素类物质(图2-1)。之后人工合成了多种生长素类的植物生长调节剂,如2,4-二氯苯氧乙酸(2,4-dichlorophenoxyacetic Acid,2,4-

D)、α-萘乙酸(α-naphthalene Acetic Acid,NAA)等。

尽管生长素类的化学结构不同,但有活性的生长素都具有共同的结构特征,其芳香环与羧基间的分子距离都是0.5 nm。

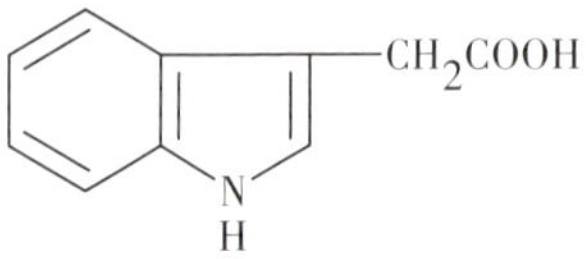

Indole-3-acetic Acid(IAA)
吲哚-3-乙酸

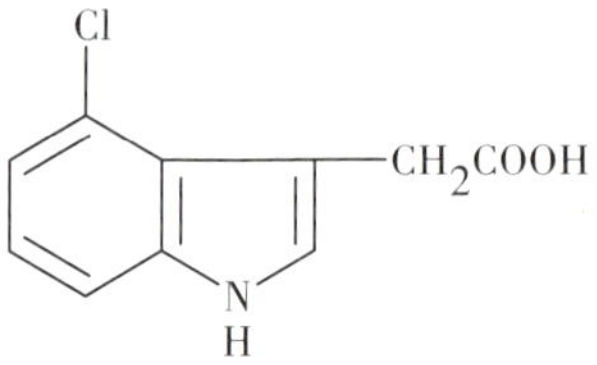

4-chloroindole-3-acetic Acid(4-Cl-IAA)
4-氯吲哚-3-乙酸

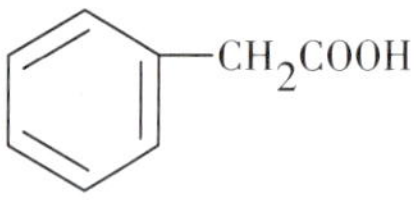

Phenylacetic Acid(PAA)
苯乙酸

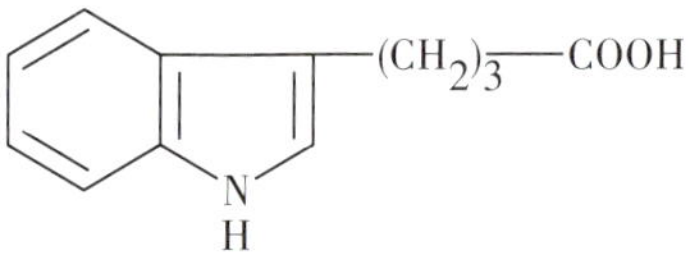

Indole-3-butyric Acid(IBA)
吲哚-3-丁酸

图2-1 几种天然存在的生长素的分子结构

(二)生长素的分布

植物体内生长素的含量一般为每克鲜重10~100 ng。各种器官中都有生长素的分布,但在生长旺盛的部位含量更高,如正在生长的茎尖和根尖(图2-2),正在展开的叶片,胚,幼嫩的果实和种子,禾谷类的居间分生组织等。而在衰老的组织或器官中生长素的含量则呈降低趋势。

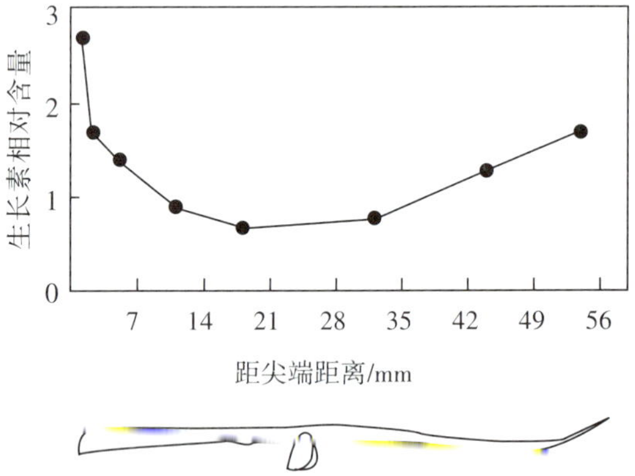

图2-2 黄化燕麦幼苗中生长素的分布

寄生和共生的微生物也可产生生长素,并对寄主的生长有一定影响。如豆科植物根瘤的形成就与根瘤菌产生的生长素有关。其他一些植物肿瘤的形成也与能产生生长素的病原菌的入侵有关,如致病农杆菌导致的植物冠瘿病。

(三)生长素的运输

生长素在植物体内的运输具有极性,即生长素只能从植物的形态学上端向下端运输,而不能向相反的方向运输,这称为生长素的极性运输(Polar Transport)。把含有生长素的琼脂小块放在一段切头去尾的燕麦胚芽鞘的形态学上端,把另一块不含生长素的琼脂小块接在下端,一段时间后,下端的琼脂中即含有生长素。但是,假如把这段胚芽鞘颠倒过来,把形态学的下端向上,做同样的实验,生长素则不能向下运输(图2-3)。这是生长素独有的运输特点,其他类植物激素则无此效应。

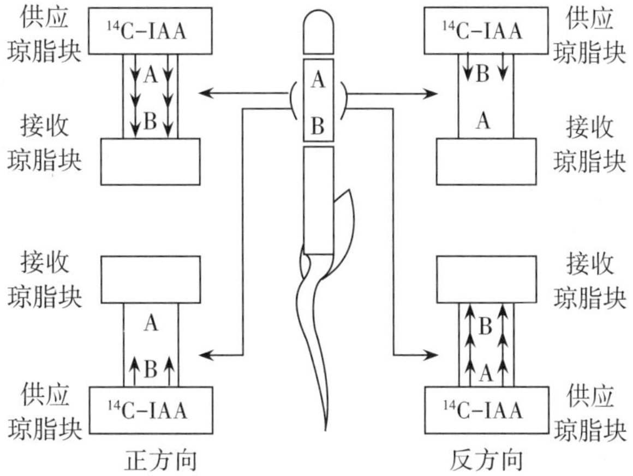

图2-3 燕麦胚芽鞘切段内IAA的极性运输

生长素的极性运输是一种可以逆浓度梯度的主动运输过程,因此,在缺氧条件下会严重阻碍生长素的运输。另外,一些抗生长素类化合物,如2,3,5-三碘苯甲酸(2,3,5-triiodobenzoic Acid,TIBA)和萘基邻氨甲酰苯甲酸(Naphthyphthalamic Acid,NPA)等也能抑制生长素的极性运输。

生长素的极性运输与植物的发育有密切的关系,如向性运动、扦插枝条不定根形成时的极性和顶芽产生的生长素向基运输所形成的顶端优势等。对植物茎尖用人工合成的生长素进行处理时,生长素在植物体内的运输也是极性的,且生长素活性越强,极性运输也越强。

除了极性运输方式之外,在植物体中还存在被动的、在韧皮部中无极性的生长素运输现象,如成熟叶片合成的IAA大多是通过韧皮部进行非极性的被动运输。大部分生长素结合物的运输也是通过韧皮部进行的,例如,萌发的玉米种子中生长素结合物就是通过韧皮部从胚乳运输到胚芽鞘顶端的。

生长素极性运输的速度为2~20 cm·h^{-1},比扩散快,但比在韧皮部的运输速度慢。

二、生长素的代谢

(一)生长素的生物合成

植物体中生长素的合成发生于细胞分裂旺盛和生长快速的部位,一般以茎端分生组织、嫩叶和发育中的种子为主。合成生长素的前体主要是色氨酸(Tryptophan)。色氨酸转变为生长素时,其侧链要经过转氨、脱羧、氧化等反应,其合成的途径如图2-4所示。锌是色氨酸合成酶的组分,缺锌会导致由吲哚和丝氨酸结合而形成色氨酸的过程受阻,使色氨酸含量下降,从而影响IAA的合成。此外,在玉米、拟南芥中还发现非色氨酸合成途径的存在。

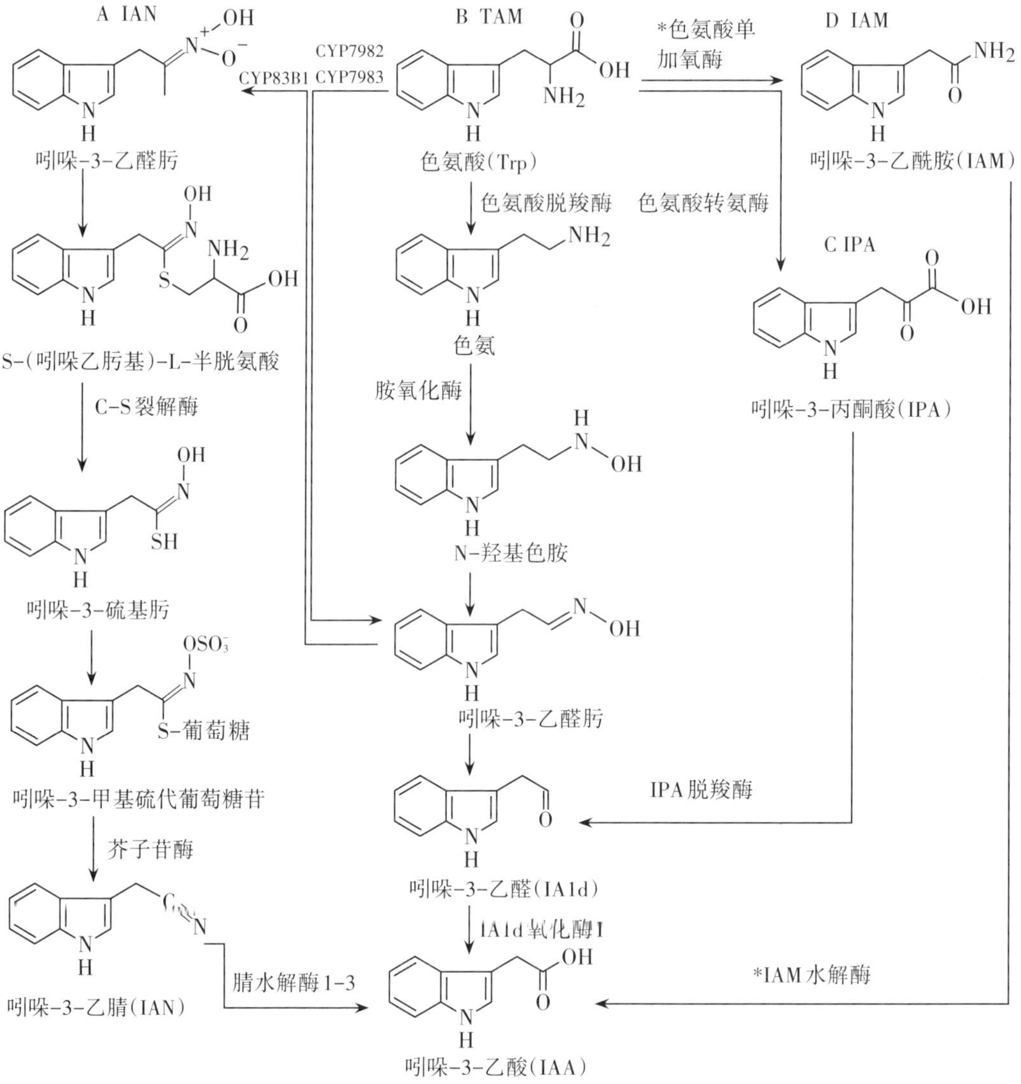

图2-4　IAA的色氨酸依赖合成途径(其中带*的只存在于微生物中)

(二)生长素的结合与降解

植物体内的IAA可与细胞内的糖、氨基酸等结合而形成束缚型生长素(Bound Auxin),反之,没有与其他分子以共价键结合的易从植物中提取的生长素叫游离型生长素(Free Auxin)。束缚型生长素是生长素的贮藏或钝化形式,约占组织中生长素总量的50%~90%。束缚型生长素无生理活性,在植物体内的运输也没有极性,当束缚型生长素再度水解成游离型生长素时,又表现出生物活性和极性运输。

生长素结合物包括低分子量结合物(甲基、葡萄糖、酰胺等)和高分子量结合物(葡聚糖、多肽、糖蛋白等)。

植物体内的生长素通常都处于比较适宜的浓度,以保持植物体在不同发育阶段对生长素的需要。束缚型生长素在植物体内可作为贮藏形式或运输形式,具有解毒,防止氧化,调节游离型生长素含量等作用。

吲哚乙酸的降解有两条途径,即酶解和光解。酶促氧化降解是IAA的主要降解途径,催化降解的酶是吲哚乙酸氧化酶(IAA Oxidase),它是一种含铁的血红蛋白。

IAA的酶促氧化包括释放CO_2和消耗等摩尔的O_2。IAA氧化酶的活性需要两个辅助因子,即Mn^{2+}和一元酚化合物,而邻二酚则起抑制作用。植物体内天然的IAA氧化酶辅助因子有对香豆酸、4-羟苯甲酸等;抑制剂有咖啡酸、绿原酸、儿茶酚等。IAA氧化酶在植物体内的分布与生长速度有关。一般生长旺盛的部位IAA氧化酶的含量比老组织中少,而茎中又常比根中少。

IAA的光氧化产物和酶氧化产物相同,都为亚甲基氧代吲哚(及其衍生物)和吲哚醛。IAA的光氧化过程需要相对较大的光剂量。在配制IAA水溶液或从植物体中提取IAA时要注意光氧化问题。人工合成的生长素类物质,如α-NAA和2,4-D等不受吲哚乙酸氧化酶的降解,能在植物体内保留较长时间,比外用IAA稳定性更强。所以,在生产中一般不用IAA,而是施用人工合成的生长素类生长调节剂。

由此可见,植物体内的自由生长素水平是通过生物合成、生物降解、运输、结合和区域化等途径来调节,以适应生长发育的需要。

生长素的含量和鉴定可以通过质谱、酶联免疫吸附测定等方法进行分析。

三、生长素的调控作用

生长素在植物生长发育很多过程中起调节作用,包括对细胞分裂、伸长和分化,营养器官和生殖器官的生长、成熟和衰老都有调控作用。

(一)促进生长

温特认为没有生长素就没有生长,可见生长素对生长的重要作用。生长素最明显的效应就是在外用时可促进茎切段和胚芽鞘切段的伸长生长，其原因主要是促进了细胞的伸长。在一定浓度范围内，生长素对离体的根和芽的生长也有促进作用。此外，生长素还可促进马铃薯和菊芋块茎、组织培养中愈伤组织的生长。

生长素对生长的作用有以下三个特点。

1.双重作用

生长素在较低浓度下可促进生长，而高浓度时则抑制生长。从图2-5可以看出，在低浓度的生长素溶液中，根切段的伸长随浓度的增加而增加；当生长素浓度大于1×10^{-10} mol·L^{-1}时，对根切段伸长的促进作用逐渐减少；当浓度增加到1×10^{-8} mol·L^{-1}时，则对根切段的伸长表现出明显的抑制作用。生长素对茎和芽生长的效应与根相似，只是浓度不同。因此，任何一种器官，生长素对其促进生长时都有一个最适浓度，低于这个浓度时称亚最适浓度，这时生长随浓度的增加而加快，高于最适浓度时称为超最适浓度，这时促进生长的效应随浓度的增加而逐渐下降。当浓度高到一定值后则抑制生长，这是由于高浓度的生长素诱导了乙烯的产生。

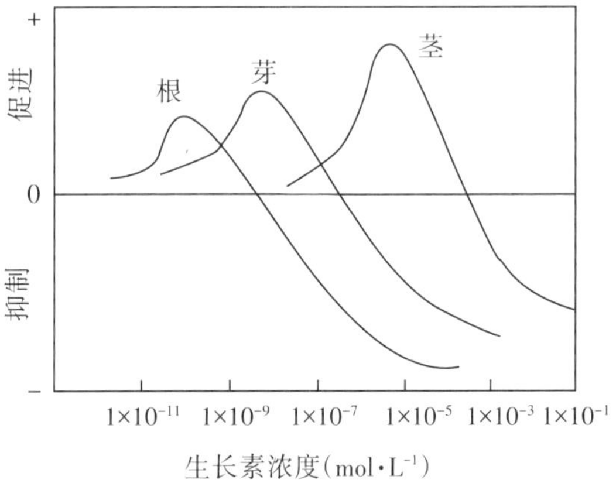

图2-5 植物不同器官对生长素的反应

2.不同器官对生长素的敏感性不同

从图2-5可以看出，根对生长素的最适浓度大约为1×10^{-10} mol·L^{-1}，茎为1×10^{-5} mol·L^{-1}，而芽则处于根与茎之间，最适浓度约为1×10^{-8} mol·L^{-1}。由于根对生长素十分敏感，所以浓度稍高就会超过最适浓度而起抑制作用。

不同年龄的细胞对生长素的反应也不同，幼嫩细胞对生长素反应灵敏，而老的细胞敏感性则下降。高度木质化和其他分化程度很高的细胞对生长素都不敏感。黄化茎组织比绿色茎组织对生长素更为敏感。

3.对离体器官和整株植物效应有别

生长素对离体器官的生长具有明显的促进作用，而对整株植物往往效果不太明显。

（二）促进插条不定根的形成

生长素可以有效促进插条不定根的形成，这主要是刺激了插条基部切口处细胞的分裂与分化，诱导了根原基的形成。用生长素类物质促进插条形成不定根的方法已在苗木的无性繁殖上广泛应用。

（三）对养分的调运作用

生长素具有很强的吸引与调运养分的效应。从在天竺葵叶片进行的试验中（图2-6）可以看出，^{14}C标记的葡萄糖向着IAA浓度高的地方移动。因此，用IAA处理可促使子房及其周围组织膨大而获得无籽果实。

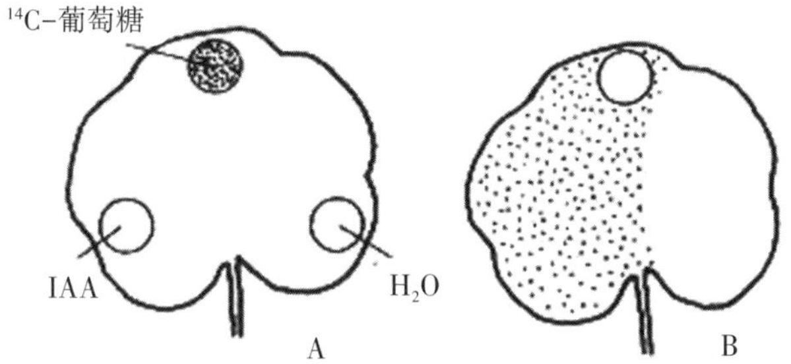

图2-6 生长素调运养分的作用

注：A.在天竺葵叶片不同部位滴上IAA、H_2O和^{14}C葡萄糖；B.48 h后同一叶片的放射性自显影。原来滴加^{14}C葡萄糖的部位已被切除，以免放射自显影时模糊。

（四）促进开花和雌花分化

生长素可以促进菠萝开花、黄瓜雌花的分化，这与生长素诱导乙烯的生成有关。生产中常用来促进茄科、葫芦科以及柑橘等的坐果及诱导单性结实。

（五）促进维管组织分化

生长素促进维管组织的分化，而且生长素的浓度也影响木质部和韧皮部的相对比例。

（六）生长素的其他效应

生长素还广泛参与调控许多其他生理过程。如引起顶端优势、促进形成层细胞向木质部细胞分化、促进光合产物的运输、叶片的扩大等。此外，生长素还可抑制花脱落、叶片老化，并与植物向性有关等。

第二节

赤霉素类及其调控效应

一、赤霉素的结构与代谢

(一)赤霉素的发现

赤霉素(Gibberellin,GA)是在研究水稻恶苗病时发现的,它是指具有赤霉烷骨架,能刺激细胞分裂和伸长的一类化学物质。

赤霉素的种类很多,广泛分布于植物界。现已发现约136种天然赤霉素,并按发现的先后顺序将其写为GA_1、GA_2、GA_3等。因此,赤霉素是植物激素中种类最多的一类激素。

(二)赤霉素的化学结构与活性

赤霉素的种类虽然很多,但都是以赤霉烷(Gibberellane)为骨架的衍生物。赤霉素是一种双萜,由四个异戊二烯单位组成,有4个环,其碳原子的编号如图2-7所示。A、B、C、D四个环对赤霉素的活性都是必要的,环上各基团的种种变化就形成了各种不同的赤霉素,但所有有活性的赤霉素的第7位碳均为羧基。赤霉素类有相似的化学结构,但生物活性有很大差别。

根据赤霉素分子中碳原子的不同,可分为20-C赤霉素和19-C赤霉素(图2-7)。前者含有赤霉烷中所有的20个碳原子(如GA_{15}、GA_{24}、GA_{19}、GA_{25}、GA_{17}等),而后者只含有19个碳原子,第20位的碳原子已丢失(如GA_1、GA_3、GA_4、GA_9、GA_{20}等)。19个碳的赤霉素在数量上多于20个碳的赤霉素,且活性也高。

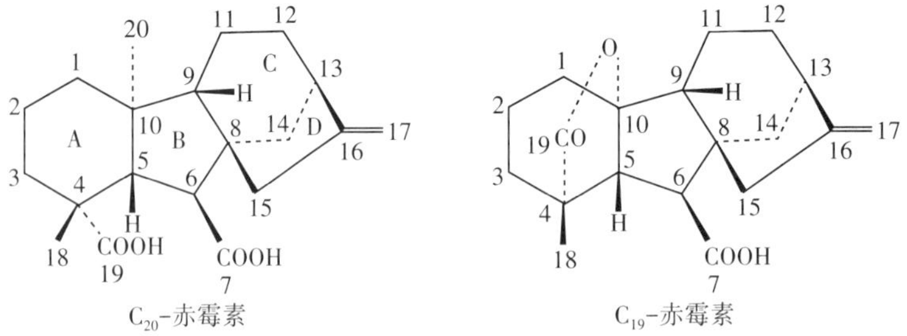

图2-7 C_{20}-GA和C_{19}-GA的结构

商品GA主要是通过大规模培养遗传上不同的赤霉菌的无性世代而获得的,其产品有赤霉酸(Gibberellic Acid , GA_3)及GA_4和GA_7的混合物等。GA_3是目前商品化使用最广的，GA_1和GA_{20}是目前活性最强的赤霉素。

(三)赤霉素的生物合成与运输

赤霉素的生物合成发生在植物的许多部位，包括萌发的胚、幼苗、茎尖和发育的种子。

种子植物中赤霉素的生物合成途径，根据参与酶的种类和在细胞中的合成部位不同，大体分为以下三个阶段(图2-8)。

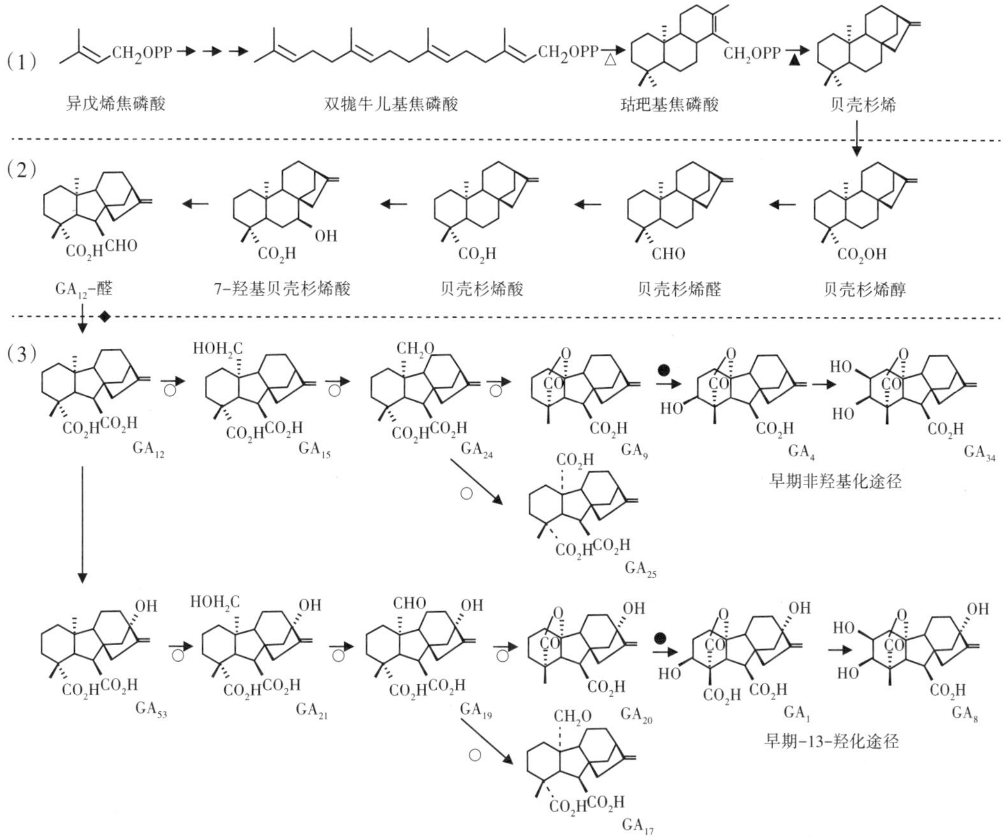

图2-8 种子植物赤霉素生物合成的基本途径

注：(1)(2)(3)阶段分别在质体、内质网和细胞质中进行。△为玷玔基焦磷酸合成酶(CPS)；▲为贝壳杉烯合成酶(KS)；◆为7-氧化酶；○为20-氧化酶；●为3β-羟化酶。

1. 从异戊烯焦磷酸(Isopentenyl Pyrophosphate)到贝壳杉烯(Ent-kaurene)阶段

此阶段在质体中进行，异戊烯焦磷酸是由甲瓦龙酸(Mevalonic Acid，MVA)转化来的，而合成甲瓦龙酸的前体物为乙酰-CoA。

2. 从贝壳杉烯到GA_{12}醛(GA_{12}-aldehyde)阶段

此阶段在内质网上进行。

3. 由GA_{12}醛转化成其他GA的阶段

此阶段在细胞质中进行。GA_{12}-醛第7位上的醛基氧化生成20-C的GA_{12}；GA_{12}进一步氧化可生成其他GA。GA_{12}或GA_{53}之后是两条平行途径，其中有三种重要的加氧酶，分别是GA_{20}加氧酶、GA_3加氧酶和GA_2加氧酶。其中，GA_2加氧酶可以钝化有生物活性的GA。

各种GA之间还可相互转化。所以，大部分植物体内都含有多种赤霉素。

植物体内合成GA的场所是顶端幼嫩部分，如根尖和茎尖，也包括生长中的种子和果实，其中正在发育的种子是GA的丰富来源。一般来说，生殖器官中所含的GA比营养器官中的高，前者每克鲜组织含GA几微克，而后者每克鲜组织只含1~10 ng。在同一种植物中往往含有多种GA，如在南瓜与菜豆种子中至少分别含有20种与16种GA。

GA在植物体内的运输没有极性，可以双向运输。根尖合成的GA通过木质部向上运输，而叶原基产生的GA则是通过韧皮部向下运输，其运输速度与光合产物相同，为50~100 $cm \cdot h^{-1}$。

（四）赤霉素的结合

植物体内的GA除了可以相互转化外，还可通过结合和降解来消除过量的GA。GA合成以后在体内的降解很慢，很容易转变成无生物活性的束缚型赤霉素（Conjugated Gibberellin），植物主要通过结合的方式来调控有活性的GA的含量。

植物体内的束缚型GA主要有GA-葡萄糖酯和GA-葡萄糖苷等。束缚型GA是贮藏和运输形式。在植物的不同发育时期，游离型与束缚型GA可相互转化。如在种子成熟时，游离型的GA不断转变成束缚型的GA而贮藏起来；而在种子萌发时，束缚型的GA又通过酶促水解转变成游离型，进而发挥其生理调节作用。

质谱技术能从少量的组织中准确地分离和定量各种不同的赤霉素。

二、赤霉素的调控作用

（一）促进茎的伸长生长

赤霉素最显著的生理效应就是促进植物的生长，这主要是它能促进细胞的伸长。GA促进生长具有以下特点。

1. 促进整株植物生长

用GA处理能显著促进植株茎的生长，尤其是对矮生突变品种的效果特别明显（图2-9）。但GA对离体茎切段的伸长没有明显的促进作用，而IAA对整株植物的生长影响较小，却对离体茎切段的伸长有明显的促进作用。

图2-9 GA_3对矮生玉米的影响

注：GA_3对正常植株的效应较小，但可促进矮生植株长高，GA_3处理后的植株几乎能达到正常植株的高度。

GA促进矮生植株伸长的原因是矮生种内源GA的生物合成受阻，体内有效GA含量比正常品种低，所以对矮生变种外源施用GA，其效果特别明显。

2. 促进节间的伸长

GA主要促进已有的节间伸长，而不是促进节数的增加。在叶茎类植物如芹菜、莴苣、韭菜、茶、苎麻的生产上，都可以使用GA增加产量。

3. 植物间差异

不同植物种和品种对GA的反应有很大差异。

(二)诱导开花

GA对植物开花的诱导效应视不同植物反应类型而异。某些高等植物花芽的分化是受日照长度(即光周期)和温度影响的。例如，对于二年生植物，需要一定日数的低温处理(即春化)才能开花，否则表现出莲座状生长而不能抽薹开花。若对这些未经春化的植物施用GA，则不经低温过程也能诱导开花，且效果很明显。此外，也能代替长日照诱导某些长日植物开花，但GA对短日植物的花芽分化无促进作用。对于花芽已经分化的植物，GA对其花的开放具有显著的促进效应。如GA能促进甜叶菊、铁树及柏科、杉科植物开花。

不同植物种类的成花诱导也可能需要不同的GA，如GA_4和GA_7促进松柏科植物花芽分化，GA_1和GA_3促进杉科植物花芽分化，GA_5促进十字花科油菜花芽分化。

（三）打破休眠

用2~3 $\mu g \cdot g^{-1}$的GA处理休眠状态的马铃薯能使其很快发芽，从而可满足一年多次种植马铃薯的需要。对于需光和需低温才能萌发的种子，如莴苣、烟草、紫苏、李和苹果等的种子，GA可代替光照和低温打破休眠，这是因为GA可诱导α-淀粉酶、蛋白酶和其他水解酶的合成，催化种子内贮藏物质的降解，以供胚的生长发育所需。在啤酒制造业中，用GA处理萌动而未发芽的大麦种子，可诱导α-淀粉酶的产生，加速酿造时的糖化过程，并降低萌芽的呼吸消耗，从而降低成本。

（四）促进雄花分化

对于雌雄异花同株的植物，用GA处理后，雄花的比例增加；对于雌雄异株植物的雌株，如用GA处理，也会开出雄花。GA在这方面的效应与生长素和乙烯相反。

（五）促进果实的形成和诱导单性结实

赤霉素可以促进坐果和果实的生长。赤霉素也能诱导单性结实。在葡萄中应用GA_3处理无核葡萄，能促进果实膨大。

（六）其他调控效应

GA还可加强IAA对养分的动员效应，促进花粉发育和花粉管的生长，延缓叶片衰老等。此外，GA也可促进细胞的分裂和分化，GA促进细胞分裂是由于缩短了G_1期（DNA合成准备期）和S期（DNA合成期）。但GA对不定根的形成起抑制作用，这与生长素又有所不同。

第三节

细胞分裂素类及其调控效应

一、细胞分裂素的种类与代谢

(一)细胞分裂素的发现

细胞分裂素(Cytokinin, CTK,CK)是以促进细胞分裂为主要功能的一类植物激素。

斯库格(F. Skoog)等在组织培养过程中寻找能促进细胞分裂的物质,发现生长素存在时腺嘌呤具有促进细胞分裂的活性。1955年,米勒(C. O. Miller)和斯库格等偶然将存放了4年的鲱鱼精细胞DNA加入烟草髓组织的培养基中,发现也能诱导细胞的分裂,且其效果优于腺嘌呤,但用新提取的DNA无促进细胞分裂的活性,如将其在pH < 4的条件下进行高压灭菌处理,则又可表现出促进细胞分裂的活性。他们分离出了这种活性物质,并命名为激动素(Kinetin,KT)。1956年,米勒等从高压灭菌处理的鲱鱼精细胞DNA分解产物中纯化出了激动素结晶,并鉴定出其化学结构(图2-10)为6-呋喃氨基嘌呤(N^6-furfurylaminopurine),分子式为$C_{10}H_9N_{50}$,相对分子质量为215.2,接着又人工合成了这种物质。

激动素并非DNA的组成部分,它是DNA在高压灭菌处理过程中发生降解后的重排分子。激动素只存在于动物体内,在植物体内尚未发现。

尽管植物体内不存在激动素,但实验发现植物体内广泛分布着能促进细胞分裂的物质。1963年,莱撒姆(D. S. Letham)从未成熟的玉米籽粒中分离出了一种类似于激动素的细胞分裂促进物质,命名为玉米素(Zeatin,Z,ZT),其化学结构于1964年被确定,分子式为$C_{10}H_{13}N_{50}$(图2-10),相对分子质量为129.7。玉米素是最早发现的植物天然细胞分裂素,其生理活性远强于激动素。

(二)细胞分裂素的种类和结构特点

1965年,斯库格等提议将来源于植物的、其生理活性类似于激动素的化合物统称为细胞分裂素。目前,在高等植物中已至少鉴定出了30多种细胞分裂素。

细胞分裂素都为腺嘌呤的衍生物,是腺嘌呤6位和9位上的N原子以及2位C原子上的H被取代的产物(图2-10)。

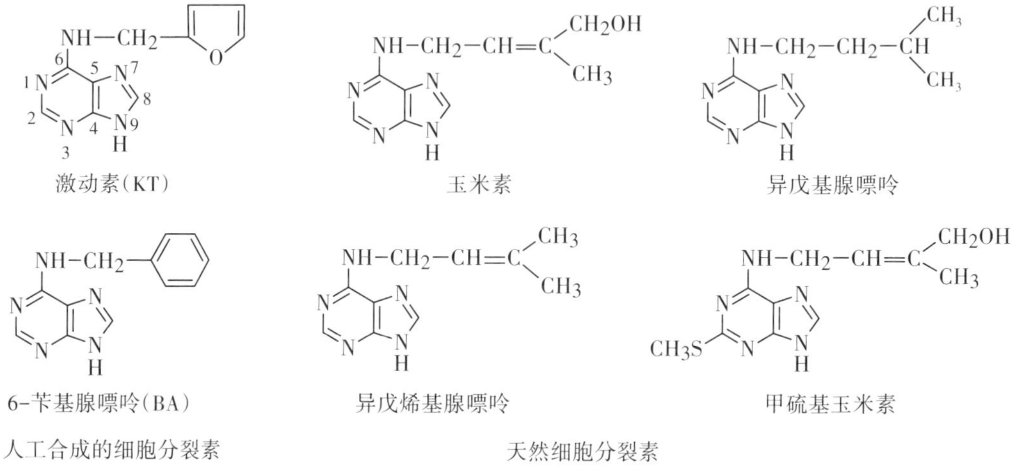

图2-10 常见的天然细胞分裂素和人工合成细胞分裂素的结构式

腺嘌呤环对细胞分裂素的活性是基本的，环结构成分的微小变化(如以C代替N，或以N代替C)会导致其活性降低。对于与环连接的原子，只有在N_6位上取代的化合物(即R_1取代化合物)活性最高，R_2和R_3取代的化合物活性很低或无活性。

天然细胞分裂素可分为两类。一类为游离态细胞分裂素，除最早发现的玉米素外，还有玉米素核苷(Zeatin Riboside)、二氢玉米素(Dihydrozeatin)、异戊烯基腺嘌呤(Isopentenyladenine，iP)等。另一类为结合态细胞分裂素。结合态细胞分裂素有异戊烯基腺苷(Isopentenyl Adenosine，iPA)、甲硫基异戊烯基腺苷、甲硫基玉米素等，它们结合在tRNA上，构成tRNA的组成成分。

常见的人工合成的细胞分裂素有激动素(KT)、6-苄基腺嘌呤(6-benzyl Adenine，BA，6-BA)(图2-10)和四氢吡喃苄基腺嘌呤(Tetrahydropyranyl Benzyladenine，又称多氯苯甲酸，简称PBA)等。在农业和园艺上应用得最广的细胞分裂素是激动素和6-苄基腺嘌呤。有的化学物质虽然没有腺嘌呤结构，但仍然具有细胞分裂素的生理作用，如二苯脲(Diphenylurea)。

(三)细胞分裂素的含量与运输

在高等植物中细胞分裂素主要存在于可进行细胞分裂的部位，如茎尖、根尖、未成熟的种子、萌发的种子和生长着的果实等。一般而言，细胞分裂素的含量为1~1000 $ng \cdot g^{-1}$植物干重。从高等植物中分离出的细胞分裂素，大多数是玉米素或玉米素核苷。

一般认为，细胞分裂素的合成部位是根尖，然后经过木质部运往地上部产生生理效应。植物的伤流液中也含有细胞分裂素。随着试验研究的深入，发现根尖并不是细胞分裂素合成的唯一部位，茎顶端也能合成细胞分裂素。此外，萌发的种子和发育着的果实也可能是细胞分裂素的合成部位。

(四)细胞分裂素的代谢

1. 游离细胞分裂素的合成

细胞分裂素的主要合成途径是从头生物合成途径。由底物异戊烯基焦磷酸(Isopentenyl Pyrophosphate，iPP)和AMP开始，在异戊烯基转移酶(Isopentenyl Tansferase)的催化下，形成异戊烯基腺苷-5′-磷酸盐，进而在水解酶作用下形成异戊烯基腺嘌呤。异戊烯基腺嘌呤如进一步氧化，就能形成玉米素。

2. 由tRNA合成细胞分裂素

生物体内某些tRNA上有一些修饰的碱基具有细胞分裂素活性。tRNA降解时，其中的细胞分裂素游离出来。但这种方式产生的细胞分裂素较少，不是细胞分裂素合成的主要途径。

3. 细胞分裂素的结合与分解

细胞分裂素也有自由型和结合型两种存在形式。前者如玉米素、二氢玉米素和异戊烯基腺苷等，具有生理活性；后者是指细胞分裂素与其他有机物形成的结合体，如与糖类或氨基酸形成结合物，其中以细胞分裂素葡糖苷在植物中最普遍。结合态细胞分裂素性质较为稳定，适于贮藏或运输。

在细胞分裂素氧化酶(Cytokinin Oxidase)的作用下，玉米素、玉米素核苷和异戊烯基腺嘌呤等可转变为腺嘌呤及其衍生物，细胞分裂素氧化酶对细胞分裂素的不可逆分解可防止细胞分裂素积累过多，产生毒害。

二、细胞分裂素的调控作用

(一)促进细胞分裂

细胞分裂素的主要生理功能就是促进细胞的分裂。生长素、赤霉素和细胞分裂素都有促进细胞分裂的效应，但它们各自所起的作用不同。细胞分裂包括核分裂和胞质分裂两个过程，生长素只促进核分裂(促进DNA合成)，而与细胞质分裂无关；而细胞分裂素主要是对细胞质的分裂起作用，所以，细胞分裂素促进细胞分裂的效应只有在生长素存在的前提下才能表现出来。而赤霉素促进细胞分裂主要是缩短了细胞周期中的G_1期和S期的时间，从而加速了细胞的分裂。

近期发现在细胞分裂周期中，生长素和细胞分裂素通过对周期素(Cyclin)依赖的蛋白激酶(Cyclin-dependent Protein Kinase，CDK)活性的调节来调节细胞周期。

(二)促进芽的分化

促进芽的分化是细胞分裂素最重要的生理效应之一。1957年，斯库格和米勒在进行烟草的组织培养时发现，细胞分裂素（激动素）和生长素的相互作用控制着愈伤组织根、芽的形成。当培养基中CTK/IAA的比值高时，愈伤组织形成芽；当CTK/IAA的比值低时，愈伤组织形成根；如二者的浓度相等，则愈伤组织保持生长而不分化。所以，通过调整二者的比值，可诱导愈伤组织形成完整的植株。

（三）促进细胞扩大

细胞分裂素可促进一些双子叶植物如菜豆、萝卜的子叶或叶圆片扩大。这种扩大主要是因为促进了细胞的横向增粗。由于生长素只促进细胞的纵向伸长，而赤霉素对子叶的扩大没有显著效应，所以，CTK这种对子叶扩大的效应可作为CTK的一种生物测定方法。

（四）促进侧芽发育，消除顶端优势

CTK能解除由生长素所引起的顶端优势，促进侧芽生长发育。这是由于生长素诱导了乙烯的生成，乙烯抑制了侧芽的生长而表现出顶端优势，而CTK能抑制乙烯的产生，从而使侧芽解除抑制，消除顶端优势。

（五）延缓叶片衰老

离体叶片会很快变黄，其蛋白质降解。如在离体叶片上局部涂以激动素，则在叶片其余部位变黄衰老时，涂抹激动素的部位仍保持鲜绿（图2-11 A、B）。这不仅说明了激动素有延缓叶片衰老的作用，而且说明了激动素在一般组织中是不易移动的。

细胞分裂素延缓衰老是由于细胞分裂素能够延缓叶绿素和蛋白质的降解速度，稳定多聚核糖体，抑制DNA酶、RNA酶及蛋白酶的活性，保持膜的完整性等。此外，CTK还可调动多种养分向处理部位移动（图2-11C）。因此，有人认为CTK延缓衰老的另一原因是促进了物质的积累，现在有许多资料证明激动素有促进核酸和蛋白质合成的作用。例如细胞分裂素可抑制与衰老有关的一些水解酶（如纤维素酶、果胶酶、核糖核酸酶等）的mRNA的合成，所以，CTK可能在转录水平上起防止衰老的作用。

（六）打破种子休眠

需光种子，如莴苣和烟草等，在黑暗中不能萌发，用细胞分裂素则可代替光照打破这类种子的休眠，促进其萌发。

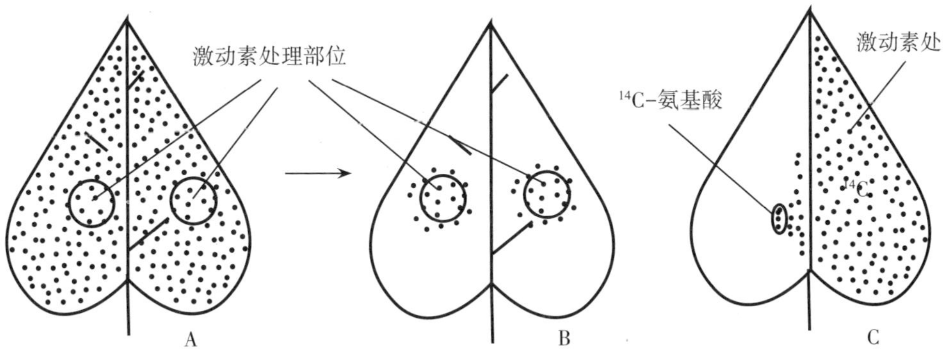

图2-11 激动素的保绿作用及其对物质运输的影响

注:A.离体绿色叶片,圆圈部位为激动素处理区;B.几天后叶片衰老变黄,但激动素处理区仍保持绿色,黑点表示绿色;C.放射性氨基酸被移动到激动素处理的一半叶片,黑点表示有^{14}C-氨基酸的部位。

第四节

脱落酸及其调控效应

一、脱落酸的结构与代谢

(一)脱落酸的化学结构

脱落酸(Abscisic Acid,ABA)是指能引起芽休眠、叶子脱落和抑制生长等生理作用的植物激素。它是人们在研究植物体内与休眠、脱落和种子萌发等生理过程有关的生长抑制物质时发现的。

ABA是以异戊二烯为基本单位的倍半萜羧酸,分子式为$C_{15}H_{20}O_4$,相对分子质量为264.3(图2-12)。

ABA环1′位上为不对称碳原子,故有两种旋光异构体。植物体内的天然形式主要为右旋ABA,即(+)-ABA,又写作(*S*)-ABA;它的对映体为左旋,以(-)-ABA或(*R*)-ABA表示。(*S*)-ABA和(*R*)-ABA都有生物活性,但后者不能促进气孔关闭。人工合成的脱落酸是(*S*)-ABA和(*R*)-ABA各半的外消旋混合物,无旋光性,以(*R*,*S*)-ABA或(±)-ABA表示。

ABA的主链由于有2个双键,因此也存在顺式和反式立体异构体。天然的ABA为

2-顺-4-反异构体。

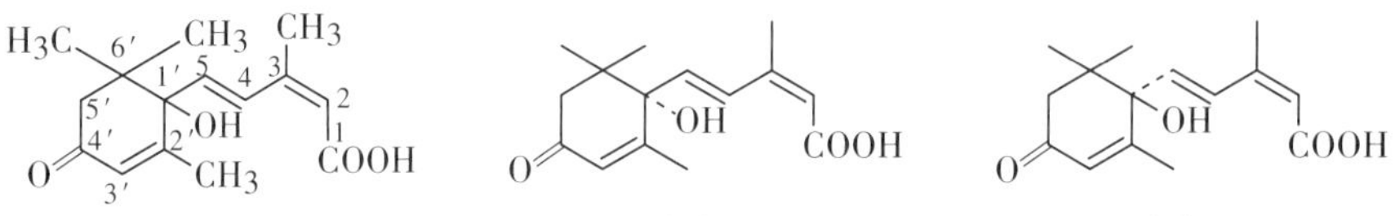

(*R*)-ABA　　(*S*)-ABA

图2-12　脱落酸的化学结构

(二)脱落酸的分布与代谢

脱落酸的合成部位主要是根冠和萎蔫的叶片,在茎、种子、花和果等器官中也能合成脱落酸。目前认为细胞内合成ABA的主要部位是质体。脱落酸是弱酸,而叶绿体的基质呈高pH,所以脱落酸以离子化状态积累在叶绿体中。

ABA的运输没有极性,既可以在韧皮部运输,也可通过木质部运输,但主要是在韧皮部运输,叶片内的ABA运输主要依赖韧皮部,而根系合成的ABA主要依赖木质部运输到茎叶部。脱落酸主要以游离型的形式运输,也有部分以脱落酸糖苷的形式运输。脱落酸在植物体内的运输速率很快,在茎或叶柄中的运输速率大约是20 $mm \cdot h^{-1}$。

ABA是一种根对干旱胁迫响应的信号物质,但不是全部木质部运输的ABA都可以到达保卫细胞,因为许多木质部ABA会被叶肉细胞吸收和代谢掉。然而,在水分胁迫早期,木质部汁液pH从6.3升到7.2,这种碱化有利于形成解离状态的ABA。它不易跨过膜进入叶肉细胞,而较多随蒸腾流到达保卫细胞。因此,木质部汁液pH升高也作为促进气孔早期关闭的信号。

脱落酸生物合成的途径主要有两条:一是以甲瓦龙酸(MVA)为前体,经过法呢基焦磷酸(Farnesylpyrophosphate,FPP)直接合成ABA的过程,此途径亦称为ABA合成的直接途径(图2-13);二是由类胡萝卜素氧化分解生成ABA的途径,亦称为ABA合成的间接途径,从图2-13可见法呢基焦磷酸经过玉米黄质(Zeaxanthin)、黄质醛(Xanthoxal)、ABA醛(ABA-aldehyde)等最终形成ABA。两条途径的最终前体都是甲瓦龙酸,通常认为在高等植物中主要以间接途径合成ABA。

ABA和GA生物合成的前体相同,从法呢基焦磷酸开始分道扬镳,在长日照条件下合成GA,在短日照条件下合成ABA。除受光周期调节外,逆境(特别是水分亏缺)会大大加强ABA的合成,使保卫细胞中的ABA显著增加,导致气孔关闭,降低蒸腾。

ABA的定量分析运用高效气相、液相色谱或免疫测定技术灵敏度和特异性都很高。

ABA可与细胞内的单糖或氨基酸以共价键结合而失去活性。而结合态的ABA又可被水解重新释放出ABA,因而结合态ABA是ABA的贮藏形式。但干旱所造成的ABA迅速增加并不是来自于结合态ABA的水解,而是重新合成的。

ABA的氧化产物是红花菜豆酸(Phaseic Acid)和二氢红花菜豆酸(Dihydrophaseic

Acid)。红花菜豆酸的活性极低，而二氢红花菜豆酸无生理活性。

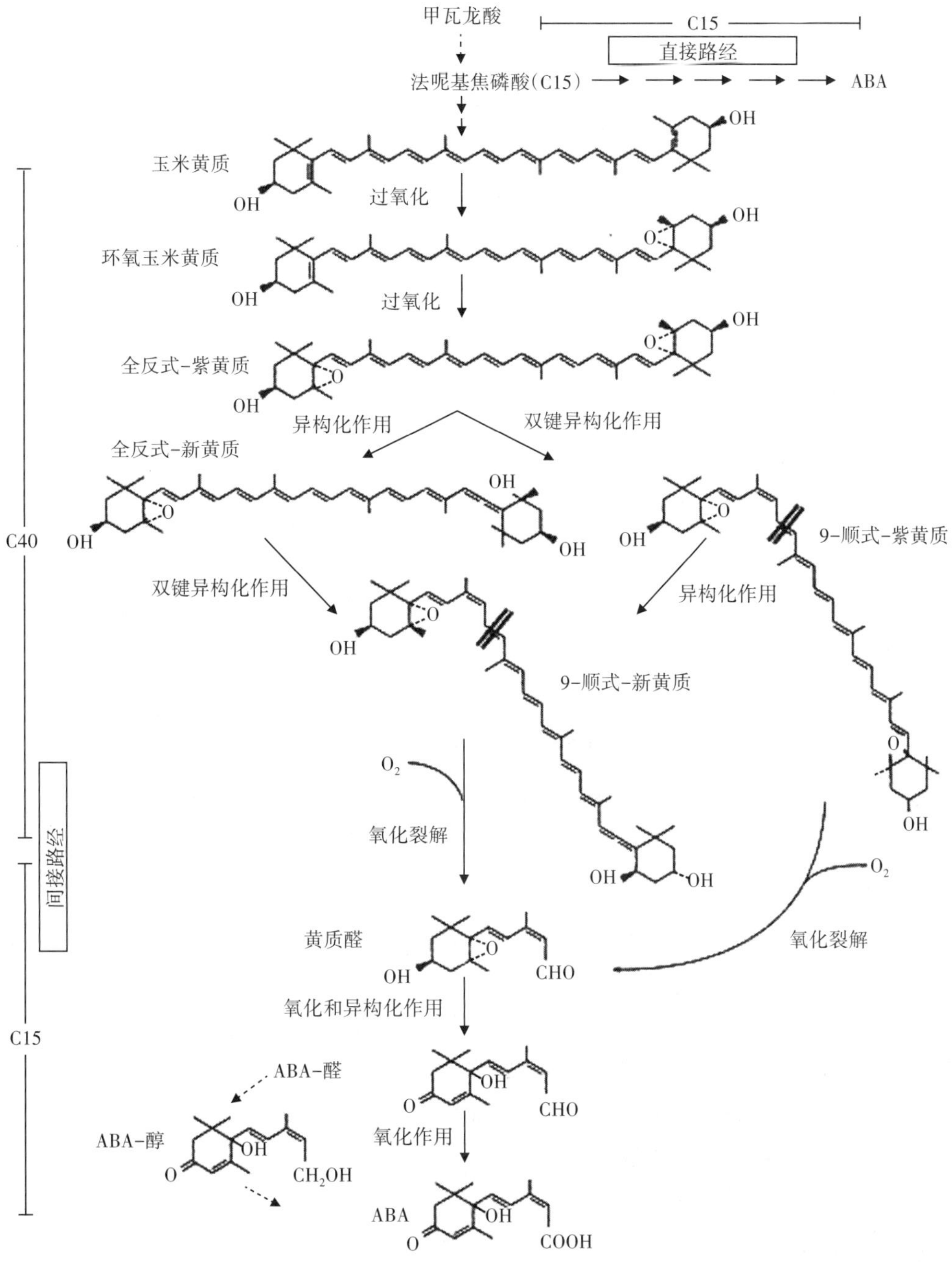

图2-13 高等植物中生物合成脱落酸的可能途径

注：直接途径是指从C15化合物（FPP）直接合成ABA的过程；间接途径则是指从C40化合物经氧化分解生成ABA的过程。

二、脱落酸的调控作用

（一）促进休眠

外用ABA时，可使生长旺盛的枝条停止生长进入休眠，这也是它最初被称为“休眠素”的原因。这种休眠可用GA有效地打破。在秋天的短日条件下，叶中甲瓦龙酸合成GA的量减少，而合成的ABA量不断增加，使芽进入休眠状态以便越冬。

ABA对维持种子休眠具有重要作用。如桃、蔷薇的休眠种子的外种皮中存在脱落酸，所以只有通过层积处理，脱落酸水平降低后，种子才能正常发芽。某些生态型的拟南芥种子有一定的休眠性，但其ABA缺陷型突变体（*aba*）种子没有休眠性，拟南芥的ABA不敏感型突变体*abi*1和*abi*3休眠性也很弱。

ABA通过抑制α-淀粉酶mRNA的转录，从而抑制依赖GA诱导的水解酶的合成。

ABA对种子休眠的调控作用还可以从一种特殊的生理现象即胎萌现象（Vivipary）的研究中得到证实。所谓胎萌现象是指种子在未脱离母体前就开始萌发的现象。例如玉米的若干种胎萌突变体，种子在穗上就开始发芽，这些突变体都是与ABA有关的突变体，有些是ABA合成缺陷型，有些是ABA不敏感型。ABA合成缺陷型突变体的胎萌现象可以用外源ABA处理加以抑制。

（二）促进气孔关闭，增加抗逆性

ABA可引起气孔关闭，降低蒸腾，这是ABA最重要的生理效应之一。1986年，科尼什（K. Cornish）发现水分胁迫下叶片保卫细胞中的ABA含量是正常水分条件下含量的18倍。ABA促使气孔关闭的原因是它使保卫细胞中的K^+外渗，造成保卫细胞的水势高于周围细胞的水势而使保卫细胞失水。ABA还能促进根系吸水，增加其向地上部的供水量。因此，ABA是植物体内调节蒸腾的激素，可作为抗蒸腾剂使用。

一般来说，干旱、寒冷、高温、盐渍和水涝等逆境都能使植物体内的ABA迅速增加，同时抗逆性增强。如ABA可显著降低高温对叶绿体超微结构的破坏，增加叶绿体的热稳定性；ABA可诱导某些酶的重新合成从而增加植物的抗冷性、抗涝性和抗盐性。因此，ABA被称为应激激素或胁迫激素（Stress Hormone）。

（三）抑制生长

ABA能抑制细胞的分裂和伸长，从而抑制整株植物或离体器官的生长，也能抑制种子的萌发。ABA的抑制效应比植物体内的另一类天然抑制剂酚类要高上千倍。酚类物质是通过毒害发挥其抑制效应的，是不可逆的，而ABA的抑制效应是可逆的，一旦去除ABA，枝条的生长或种子的萌发又会立即开始。

(四)促进脱落衰老

ABA是在研究棉花幼铃脱落时发现的。ABA促进器官脱落主要是促进了离层的形成。将ABA溶液涂抹于去除叶片的棉花外植体叶柄切口上,几天后叶柄就开始脱落(图2-14),此效应十分明显,已被用于脱落酸的生物鉴定。

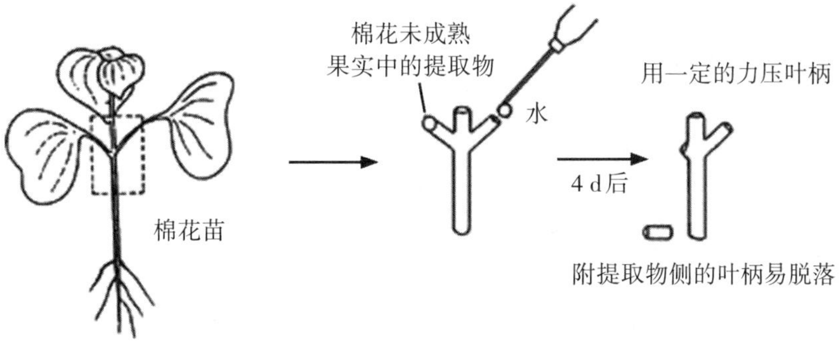

图2-14 促进落叶物质的检定法

虽然ABA最初是被当作脱落诱导因子被分离提纯的,但后来证明其仅在少数几种植物中促进器官脱落,大多数植物中控制脱落的主要激素是乙烯。但也有证据表明,ABA在促进叶片衰老的过程中增加了乙烯的生成,从而间接地促进了叶片的脱落。

研究离体燕麦切段的衰老过程时发现,ABA作用在衰老过程的早期,起一种启动和诱导的作用,而乙烯作用在衰老的后期。

(五)生理促进作用

脱落酸通常被认为是一种胁迫型激素。ABA改善了植物对逆境的适应性,增强了生长活性,所以在许多情况下表现出有益的生理促进作用。ABA的这种特殊的生理性质,对于正确理解其生理意义十分重要,同时对脱落酸的实际应用也具有启发意义。

第五节

乙烯及其调控效应

一、乙烯的合成及代谢特点

(一)乙烯的生物合成

乙烯(Ethylene,ETH)是植物激素中分子结构最简单的一种,其化学结构为$CH_2=CH_2$,是一种不饱和烃,在正常条件下呈气态。

蛋氨酸(甲硫氨酸,Methionine,Met)是乙烯生物合成前体。1979年,华裔科学家杨祥发及其同事发现1-氨基环丙烷-1-羧酸(1-aminocyclopropane-1-carboxylic Acid,ACC)是乙烯合成过程中的直接前体。后来证实乙烯的合成是一个蛋氨酸的代谢循环,被命名为“杨氏循环”(The Yang Cycle)(图2-15)。

在蛋氨酸循环中,蛋氨酸首先转化为S-腺苷蛋氨酸(S-adenosyl Methionine,SAM),之后形成5′-甲硫腺苷(5′-methylthioribose,MTA)和ACC,前者通过循环再生成蛋氨酸,而ACC则在ACC氧化酶(ACC Oxidase,ACO)的催化下氧化生成乙烯(图2-15)。在植物的所有活细胞中都能合成乙烯。

ACC的合成是乙烯生物合成途径的限速步骤,催化生成ACC的酶是ACC合酶(ACC Synthase,ACS)。该酶存在于细胞质中,半衰期短,含量极低且不稳定。多种植物的ACC合酶基因得到了克隆,此酶由多基因编码,例如在番茄中至少有9个基因,每个基因受不同的环境和发育因素调控。

乙烯生物合成的最后一步由ACC氧化酶催化,在液泡膜内表面,在O_2同时存在的条件下,把ACC氧化为乙烯。此酶活性极不稳定,依赖于膜的完整性。和ACC合酶一样,ACC氧化酶也由多基因家族编码,其转录受多种内外因素的调节。

植物组织中蛋氨酸含量较低,但总是维持在一个比较稳定的水平。在乙烯发生量较高的情况下就需要持续不断的蛋氨酸供应。植物组织靠杨氏循环持续不断地供应乙烯合成需要的蛋氨酸。

使用气相色谱法可以快速、灵敏地检测乙烯的含量。

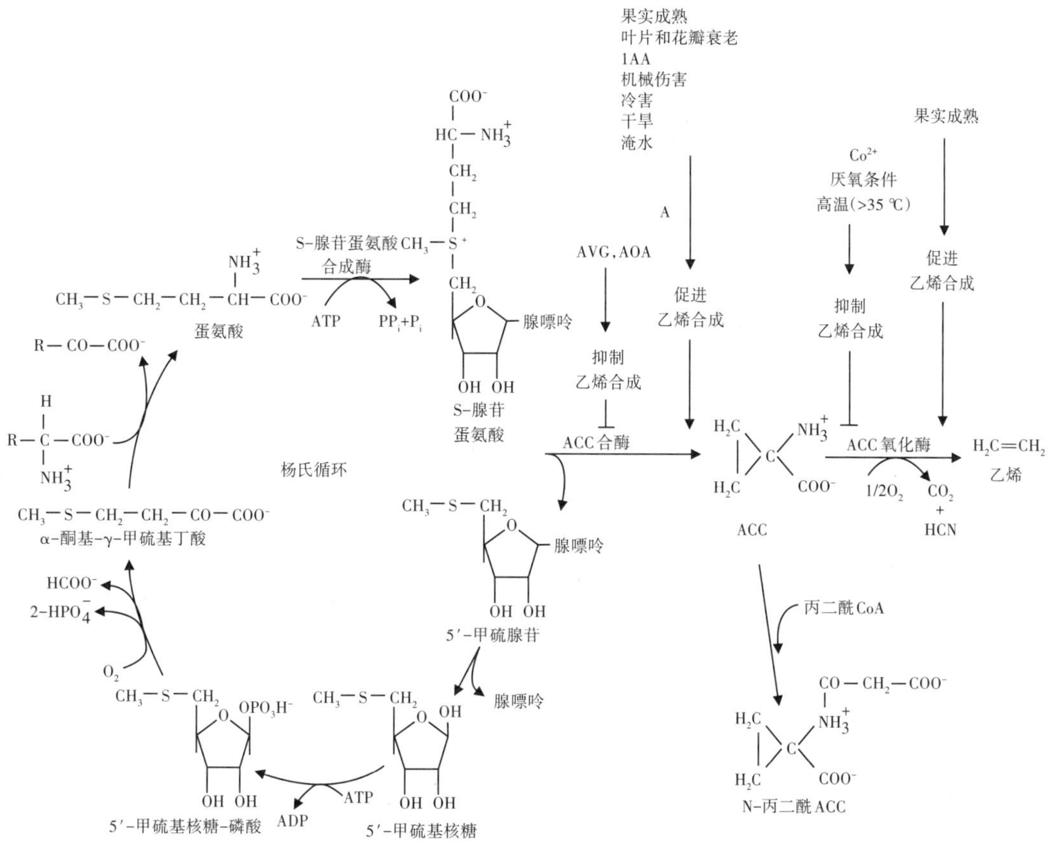

图2-15 乙烯的生物合成途径

(二)乙烯生物合成的调节

在高等植物中,ACS和ACO被多基因家族编码,因此乙烯的合成可能在多个控制点被调节。采用反向遗传学的方法抑制乙烯生物合成过程的2个关键酶ACO和ACS来控制果实的成熟,已经在哈密瓜和苹果中获得成功。控制乙烯信号转导的一些化学物质已经被开发出来,它们通过与乙烯受体结合来阻断乙烯的响应通路。如1-甲基环丙烯(1-MCP)是很有效的抑制剂,其作用机理可能是使之与乙烯竞争乙烯受体位点,从而阻碍乙烯作用,并进一步影响果实内部衰老过程中酶和基因的变化。番茄乙烯受体的多种转基因植株已获得成功,如Wilkinson等将拟南芥乙烯受体基因*ETR*1-1的突变序列转入番茄中,发现能明显推迟果实后熟及花的衰老。

乙烯的生物合成受到许多因素的调节,这些因素包括发育因素和环境因素。

1.乙烯生物合成的促进

在植物正常生长发育的某些时期,如种子萌发、果实后熟、叶的脱落和花的衰老等阶段都会诱导乙烯的产生。对于具有呼吸跃变的果实,当后熟过程一开始,乙烯就大量产生,这是ACC合成酶和ACC氧化酶的活性急剧提高的结果。

IAA也可促进乙烯的产生。IAA诱导乙烯产生是通过诱导ACC的产生而发挥作用的，这可能与IAA从转录和翻译水平上诱导了ACC合成酶的合成有关。

ACC除了形成乙烯以外，也可转变为非挥发性的N-丙二酰-ACC（N-malonyl-ACC，MACC），此反应是不可逆反应。当ACC大量转向MACC时，乙烯的生成量则减少，因此MACC的形成有调节乙烯生物合成的作用。

可明显促进植物体内乙烯增加的物质有蛋氨酸、SAM、ACC、吲哚乙酸、苄基腺嘌呤、赤霉素（GA）、萘乙酸（NAA）、苯异羟肟酸、氯苯异羟酸、乙烯利等。此外，喷施某些农药及生长调节物质，都有可能促进乙烯的增加。由此看出，植物体内产生乙烯似乎是其抵抗不利环境的必然性反应。在农业生产上，为了防止旱霜冻害等，通常所用的催熟剂或落叶剂主要有乙烯利、催熟硫（Harvade）等。

2. 乙烯生物合成的抑制

影响乙烯生物合成的环境条件有O_2、AVG（氨基乙氧基乙烯基甘氨酸，Aminoethoxyvinyl Glycine）、AOA（氨基氧乙酸，Aminooxyacetic Acid）、某些无机元素和各种逆境。从ACC形成乙烯是一个双底物（O_2和ACC）反应的过程，所以缺O_2将阻碍乙烯的形成。AVG和AOA能通过抑制ACC合成酶的活性来抑制乙烯的形成。所以，在生产实践中可用AVG和AOA来减少果实脱落，抑制果实后熟，延长果实和切花的保存时间。在无机离子中，Co^{2+}、Ni^{2+}和Ag^{+}都能抑制乙烯的生成。

乙烯生物合成的抑制物质还有AHA（L-2-氨基-4-己炔酸，L-2-amino-4-hexynoic acid）、ATHA（L-2-氨基-4-反式-己炔酸，L-2-amino-4-trans-hexynoic Acid）、刀豆酸、Rizobitoxine、MVG（甲氧基乙烯基甘氨酸，Methoxyvinyl Glycine）、DNP（2，4-二硝基苯酚）、PG（棓酸丙酯，Propyl Gallate）、3，4，5-三氯苯酚、CCCP（羰基氰化物-间-氯苯腙，Carbonylcyanide-m-chlorophenyl Hydrazone）、苯甲酸盐、阿魏酸、放线菌酮（Cycloheximde）、放线菌素-D，3-脱氧腺苷、鹅膏蕈碱、没食子酸、水杨酸、EDTA（乙二氨四乙酸，Ethylenediamine Tetraacetic Acid）、DIECA（二乙基二硫代氨基甲酸酯，Diethyl-dithiocarbamate）、双-环己酮-草酰二腙、1，10-二氮杂菲、1，10-二氮杂菲-4，7-二苯基、对氯汞苯甲酸、钴（$CoCl_2$）、银（$AgNO_3$）及KCN等。

乙烯生物合成的抑制物质很多，并且它们的作用部位及机制不同，从蛋氨酸到SAM的抑制物质有AHA、ATHA及有关的氨基酸衍生物；从SAM到ACC的抑制物质有AVG、刀豆酸、Rizobitoxine、AOA等；从ACC到乙烯的抑制物质有2，4-二硝基苯酚、PG、3，4，5-三氯苯酚、CCCP、苯甲酸盐、阿魏酸等。

（1）蛋氨酸→SAM。

AHA和ATHA及有关的氨基酸之所以能抑制SAM的形成，可能是它们与蛋氨酸发生竞争作用，从而阻碍了由蛋氨酸生成乙烯的生物合成途径。

（2）SAM→ACC。

AVG、MVG、Rizobitoxine、刀豆酸、AOA等可抑制ACC的合成是因为它们抑制了磷酸吡哆醛酶的活性;有些RNA合成的抑制剂,如放线菌酮、放线菌素-D、3-脱氧腺苷、鹅膏蕈碱等,也可以抑制乙烯的生成,这表明乙烯生物合成中某些酶与RNA合成中的某些酶有密切的关系;加之磷酸吡哆醛酶的活性需要磷酸吡哆醛的存在才能表现出来,故磷酸吡哆醛的多少也关系到ACC的合成。

(3)ACC→乙烯 。

由ACC生成乙烯的抑制物质大体有以下几类。

①氧化磷酸化解偶联剂。

如DNP、CCCP等。它们之所以能抑制ACC生成乙烯,可能是由于其扰乱了细胞中的膜结构,而担当由ACC转变为乙烯的酶是膜结合酶。所以,它们是通过扰乱膜结构而使相关酶受到抑制。当然也不能排斥它们通过抑制ATP的合成从而抑制乙烯生成的可能性。

②游离氧捕捉剂。

如PG、3,4,5-三氯苯酚、没食子酸、水杨酸等,它们可以捕捉游离的氧,因为游离的氧可能参加乙烯生成的后一步。因此,在这一步如使用游离氧捕捉剂,则必将造成ACC的累积。

③离子络合剂。

如EDTA、DIECA、双-环己酮-草酰二腙、1,10-二氮杂菲及1,10-二氮杂菲-4,7-二苯基等,特别是某些络合铜的试剂,抑制乙烯生成的效果尤为显著,推测在ACC生成乙烯的过程中,某些未知的酶内可能含有铜的辅基。

3.乙烯生物合成调节物质的应用

因为几乎所有植物组织都可以产生乙烯,因此通过捕捉或抑制乙烯的产生,来控制植物体内乙烯的水平,可调节农、林、园艺作物的生长发育,提高产量、改善品质。

首先,通过调节作物体内乙烯的水平,可以调节作物的成熟期。抑制乙烯的生成,通常会延迟作物的成熟;促进乙烯的形成,则一般起提早成熟的作用。这样就可以调节某些作物在市场上的淡旺季,也可以克服作物收获过于集中而带来的劳力不足问题。

其次,许多果实、瓜类、切花或某些作物的种子,常常因乙烯产生过多导致成熟腐烂,贮藏时间缩短,尤其苹果、柑橘等。使用乙烯生物合成抑制物质控制果实内不产生乙烯,则是解决贮藏水果腐烂问题的一条有效途径。

此外,有的幼果常在花后引起落果,如棉花的落铃、落蕾,一些热带作物在高温下易出现早衰等,这些现象均与乙烯的生物合成有关。从生产上看,抑制乙烯生物合成的物质要比促进乙烯合成的物质应用得广泛。

(1)延长果实的贮藏寿命。

AVG及ACC酶的抑制作用可以大大延长苹果、柠檬等的贮存时间。在收获前4~5周用AVG处理,抑制乙烯的生成和提高苹果的硬度的效果是极为明显的。就抑制柠檬果蒂脱落而言,AVG、AOA的作用也是很明显的。用AVG处理乌饭树果实,可在贮藏中保持其硬度和色泽，甚至存放7个月后仍有62%的果实保持新鲜。AVG使用的时间很重要。例如对苹果叶面于收获前4~6周进行处理，抑制乙烯生物合成的效果最佳。

(2)促进坐果，减少落果。

AVG、硝酸银等可以促进苹果、棉花等作物的坐果，又可以防止采前脱落。AVG用于促进苹果坐果时，处理时间一般在开花后。AVG之所以有促进坐果的作用，是因为它抑制了苹果开花后花内乙烯的形成。不过，AVG虽然促进坐果的作用明显，但单果重有所减少。只因果的数量增加较多，所以一般还可增产。

(3)切花保鲜。

乙烯在切花衰老过程中起着关键性的调节作用。很多种类的切花在衰老时乙烯生成量增加，若用外源乙烯处理，能加速切花的衰老，缩短瓶插寿命；相反，若用乙烯抑制剂或拮抗剂来抑制乙烯的产生和干扰其作用，则可延缓切花的衰老。

0.07~0.13 mmol/L的AVG和MVG可以延长香石竹、金鱼草、鸢尾、水仙和菊花的寿命。以0.2~2 mmol/L的AOA作保鲜液，或用100 mmol/L的AOA短时间处理花茎均可延长香石竹切花的瓶插寿命。

Ag延迟切花衰老的机理是由于它阻碍了乙烯的作用。在有效的生理浓度范围内，Ag的作用具有专一性、持久性。Ag阻碍乙烯的作用是由于它替代了乙烯受体位点上的Cu。Sisler等报道，Ag能降低乙烯渗入香石竹花瓣的速度。

但是，银盐(如$AgNO_3$)容易被光氧化成黑色沉淀物质，又能和自来水中的Cl^-形成AgCl沉淀，进而堵塞花茎输导组织。并且，由于$AgNO_3$有毒性，加之Ag^+对组织上带负电荷的部分有高度结合力，致使Ag^+的抗乙烯效应可能被遮盖。所以，人们更多地利用银的阴离子复合物STS(硫代硫酸银)〔$Ag(S_2O_3)^{3-}{}_2$〕，其具有低毒、移动性强的优点，可以进入花部。大量研究报告都表明，STS明显拮抗乙烯的作用。用STS预处理香石竹切花能阻止乙烯自我催化和ACC的增加。Veen认为，STS是通过Ag^+和乙烯受体结合，改变了其构象，以致乙烯不再能结合到受体上去。

此外，值得一提的是，切花保鲜剂中一般都加有蔗糖，其作用除了能提供呼吸基质、保护线粒体的膜结构外，近来还发现蔗糖能竞争性地抑制EFE(乙烯形成酶系)的活性。

(三)ACC的作用

乙烯的生物合成首先是通过ACC合成酶(ACS)从S-腺苷蛋氨酸合成1-氨基环丙基-1-羧酸(ACC)，然后通过ACC氧化酶(ACO)将ACC转化为乙烯。由于ACC的施用相对容易且ACC迅速转化为乙烯，因此通常用ACC处理来评估植物对乙烯的反应。但是，在拟南芥根部保卫细胞中以及生殖过程中存在不依赖乙烯的ACC响应。美国马里兰大学Caren Chang和José A. Feijó(2020)的研究发现了ACC独立于乙烯的信号转导，并鉴定到ACC潜在的受体。该研究结果为解析ACC作为一种全新的信号分子在植物中发挥生理功能提供了依据,ACC不仅是乙烯前体,也可能是一种植物激素。

二、乙烯的调控作用

(一)改变生长习性

乙烯对植物生长的典型效应是抑制茎的伸长生长、促进茎或根的横向增粗及茎的横向生长(即使茎失去负向重力性),这就是乙烯所特有的“三重反应”(Triple Response)(图2-16 A-C)。

乙烯促使茎横向生长是由于它引起茎偏上生长。所谓偏上生长,是指器官的上部生长速度快于下部的现象。乙烯对茎与叶柄都有偏上生长的作用,从而造成了茎横生和叶下垂(并非由于缺水萎蔫所致)(图2-16 D)。

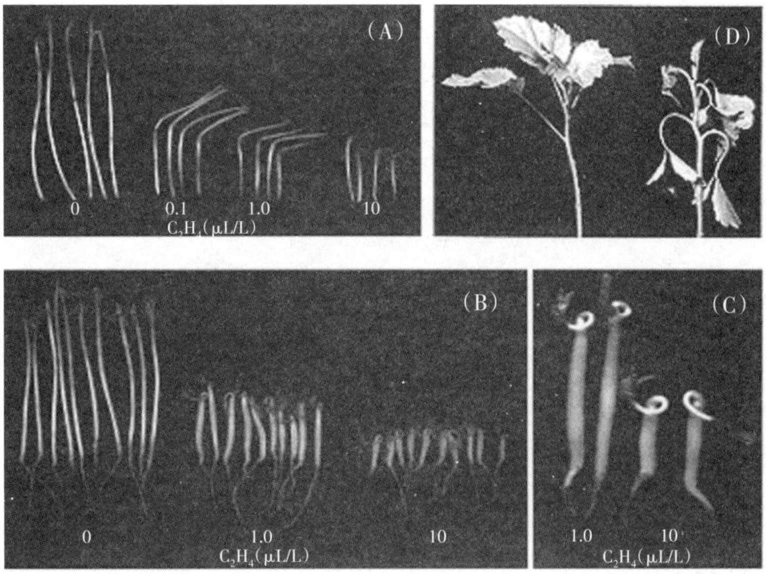

图2-16 乙烯的“三重反应”(A-C)和偏上生长(D)

注:A-C.不同乙烯浓度下黄化豌豆幼苗生长的状态;D.用10 μL·L^{-1}乙烯处理4h后番茄苗的形态,由于叶柄上侧的细胞伸长大于下侧,使叶片下垂。

(二)促进成熟

催熟是乙烯最主要和最显著的效应,因此也称乙烯为催熟激素。乙烯对果实成熟、棉铃开裂、水稻的灌浆与成熟都有显著效果。

在实际生活中我们知道,如果箱里出现了一颗烂苹果不立即除去,它会很快使整箱苹果都烂掉。这是由于腐烂苹果产生的乙烯比正常苹果多,从而触发了附近的苹果也大量产生乙烯,使箱内乙烯的浓度在较短时间内剧增,诱导呼吸跃变,很快达到完熟,进而快速腐烂。又如柿子，即使在树上已成熟，但仍很涩口，不能食用，只有经过后熟才能食用。这是由于乙烯是气体，易扩散，故散放的柿子后熟过程很慢，放置十天半月后仍难食用。若将容器密闭（如用塑料袋封装），果实产生的乙烯就不会扩散掉，再加上自身催化作用，后熟过程加快，一般几天后就可食用了。

根据乙烯的生物合成和代谢途径，近年来利用生物技术方法成功地制备了耐储存转基因番茄。其原理是将ACC合成酶或ACC氧化酶的反义基因导入植物，抑制果实内这两种酶的mRNA翻译，并且加速mRNA的降解，从而完全抑制乙烯的生物合成，这样的转基因番茄不出现呼吸高峰，不变红，不能正常成熟，只有外施乙烯处理才能成熟。

（三）促进脱落

尽管ABA也促进脱落，但实际上乙烯才是控制叶片脱落的主要激素。这是因为乙烯能促进降解细胞壁的酶——纤维素酶和多聚半乳糖醛酸酶（PG）的合成，并且控制纤维素酶和PG由原生质体释放到细胞壁中，从而促进细胞衰老和细胞壁的分解，引起离区的细胞分离或溶解，从而促进叶片、花或果实脱落。

叶片内的生长素可以抑制脱落的发生，但是高浓度的生长素反而会诱导乙烯的发生，促进脱落。所以，一些生长素类调节剂可以作为脱叶剂使用。

（四）促进开花和雌花分化

乙烯可促进菠萝和其他一些植物开花，还可改变花的性别，促进黄瓜雌花分化，并使雌、雄异花同株的雌花着生节位下降。乙烯在这方面的效应与IAA相似，而与GA相反，现在知道IAA增加雌花分化就是由于IAA诱导产生乙烯的结果。

（五）乙烯的其他效应

乙烯还可诱导茎段、叶片、花茎甚至根上的不定根形成，促进根的生长和分化，促进花的衰老，打破种子和芽的休眠，诱导次生物质（如橡胶树的乳胶、漆树的漆等）的分泌，增加产量等。

第六节

油菜素内酯及其调控效应

一、油菜素内酯的种类和代谢

(一)油菜素内酯的发现

1970年,美国的米切尔(Mitchell)等发现在油菜花粉中有一种新的生长物质,它能引起菜豆幼苗节间伸长、弯曲、裂开等异常生长反应,并将其命名为油菜素(Brassin)。格罗夫(Grove)等(1979)从227 kg油菜花粉中提取到10 mg高活性结晶物,因为它是甾醇内酯化合物,故将其命名为油菜素内酯(Brassinolide,BR)。此后,油菜素内酯及多种结构相似的化合物纷纷从植物中被分离鉴定。

1998年,第十六届国际植物生长物质年会上已正式将油菜素内酯列为植物的第六类激素。油菜素内酯是含多羟基的甾醇类激素,在调节植物生长发育中具有重要作用,BR在植物体内含量极少,但生理活性很强。

目前,BR以及多种类似化合物已被人工合成,用于生理生化及田间试验,这一类化合物的生物活性可用水稻叶片倾斜以及菜豆幼苗第二节间生长等生物测定法来鉴定。

(二)油菜素内酯的种类

现在已从植物中分离得到60多种油菜素内酯,分别表示为BR_1、BR_2……BRn。

最早发现的油菜素内酯(BR_1)的活性最高,其熔点为274~275 ℃,分子式为$C_{28}H_{48}O_6$,相对分子质量为475.65(图2-17)。BR的基本结构是有一个甾体核,在核的C-17上有一个侧链。已发现的各种天然BR,根据其B环中含氧的功能团的性质,可分为3类,即内酯型、酮型和脱氧型(还原型)。

油菜素内酯用碱处理时,其活性丧失;若再用酸处理,则活性可恢复,这与B环内酯结构的破坏与形成有关。可见内酯环是活性表现的重要结构因素。

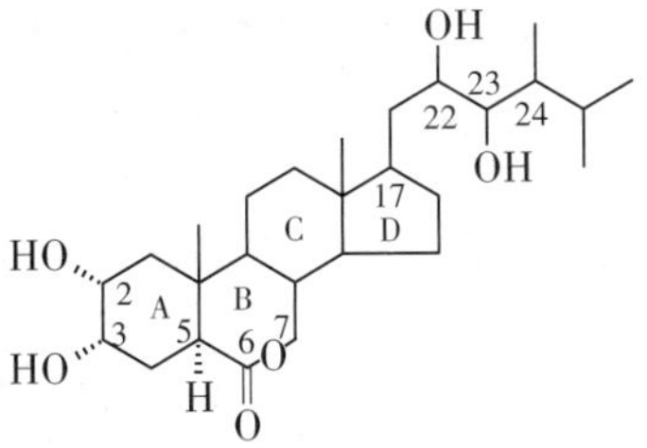

图2-17 油菜素内酯(BR_1)的结构

(三)油菜素内酯的生物合成

BR的合成途径先是由甲瓦龙酸(MVA)转化为异戊烯基焦磷酸,经系列反应后先形成菜油甾醇(Campesterol),经过多个反应,最后经栗甾酮(Typhasterol)才生成油菜素内酯(图2-18)。催化从油菜甾醇到油菜素内酯代谢途径中的多个反应酶的基因已经得到克隆,如甾醇-5-α-还原酶(Steroid-5-α-reductase)和含细胞色素P_{450}的甾醇羟化酶(Steroid Hydroxylase)。

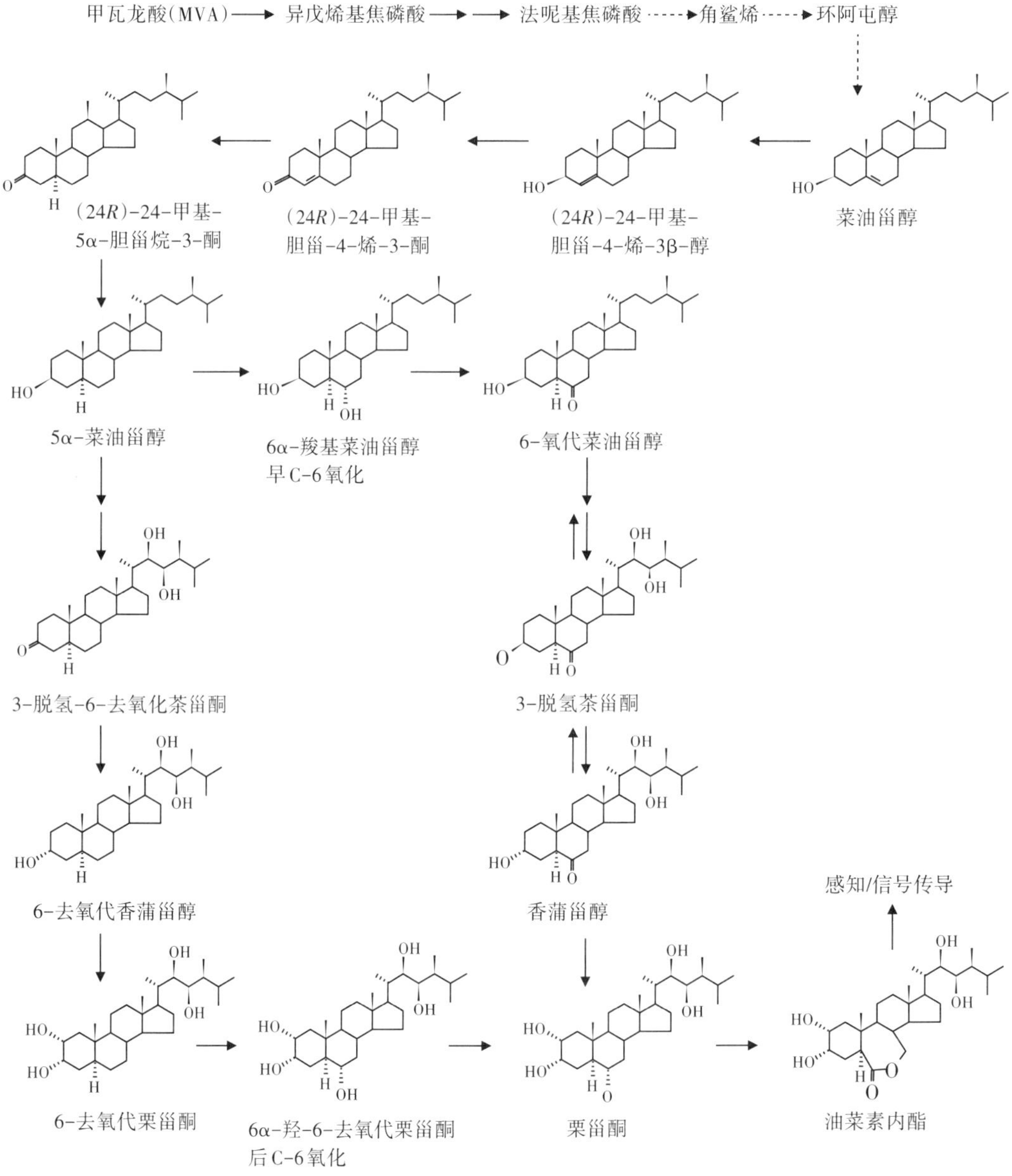

图2-18 油菜素内酯的生物合成途径

（四）油菜素内酯的分布

BR在植物界中普遍存在，如双子叶植物的油菜、白菜、栗、茶、扁豆、菜豆、蚊母树、牵牛花，单子叶植物的香蒲、玉米、水稻，裸子植物的黑松、云杉等。从分布的器官看，涉及花粉、雌蕊、果实、种子、根、茎、叶等。油菜花粉是BR_1的丰富来源，BR_1也存在于其他植物中。

BR虽然在植物体内各部分都有分布，但不同组织中的含量不同。通常BR的含量是花粉和种子1~1000 $ng\cdot kg^{-1}$，枝条1~100 $ng\cdot kg^{-1}$，果实和叶片1~10 $ng\cdot kg^{-1}$。某些植物的虫瘿中BR含量显著高于正常植物组织。

二、油菜素内酯的调控作用

（一）促进细胞伸长和分裂

用10 $ng\cdot L^{-1}$的油菜素内酯处理菜豆幼苗第二节间，便可引起该节间显著伸长弯曲，细胞分裂加快，节间膨大，甚至开裂，这一综合生长反应被用作油菜素内酯的生物测定法。BR_1促进细胞的分裂和伸长，其原因是增强了RNA聚合酶活性，促进了核酸和蛋白质的合成；BR_1还可增强ATP酶的活性，促进质膜分泌H^+到细胞壁，使细胞伸长。

BR还可促进整株的生长。用油菜素内酯处理菜豆幼苗第二节间后，在数天内可使节间增长；几星期后，即可促进全株的生长，包括株高、株重、荚重、芽数等均比对照组显著增加。

（二）调节植株生长发育

油菜素内酯可明显促进绿豆、大豆上胚轴及油菜幼苗下胚轴的伸长，加速芹菜、菠菜和平菇等的生长，提高水稻、小麦、大豆、棉花等的产量。BR可提高小麦叶RuBP羧化酶的活性，提高光合速率。BR_1处理花生幼苗9 d后，其叶绿素含量比对照高10%~12%，光合速率加快15%。$^{14}CO_2$示踪试验表明，BR_1处理有促进叶片中光合产物向穗部运输的作用。油菜素内酯可提高黄瓜、葡萄、西瓜、番茄的结果率，从而提高产量。BR喷洒小麦叶面，使旗叶可溶性糖含量降低，加速糖的转化和运输，提高旗叶叶绿素含量，增加穗粒数，提高千粒重。

（三）提高抗逆性

水稻幼苗在低温阴雨条件下生长，若用1×10^{-4} $mg\cdot L^{-1}$的BR_1溶液浸根24 h，则株高、叶数、叶面积、分蘖数、根数都比对照高，且幼苗成活率高、地上部干重显著增多。此外，BR_1也可使水稻、茄子、黄瓜幼苗等抗低温能力增强。

除此之外，BR还能通过对细胞膜的作用，增强植物对干旱、病害、盐害、除草剂、药害等逆境的抵抗力，因此有人将其称为“逆境缓和激素”。

（四）其他生理效应

表油菜素内酯（Epibrassinolide，EpiBR）对绿豆下胚轴切段有“保幼延衰”的作用，促进黄瓜下胚轴的伸长。BR对黄瓜子叶硝酸还原酶（NR）活性有明显提高作用。

1 nmol·L^{-1}浓度的BRs可促进欧洲甜樱桃、山茶和烟草花粉管的生长。BR可诱导雌雄同株异花的西葫芦雄花序开出两性花或雌花。

BR主要用于增加农作物产量，减轻环境胁迫，有些也可用于插枝生根和花卉保鲜。随着对BR研究的深入和成本低的人工合成类似物的出现，BR在农业生产上的应用越来越广泛。

第七节
其他天然植物生长物质及其调控效应

植物体内除了上述六大类激素外，还有很多微量的有机化合物对植物生长发育表现出特殊的调节作用。如茉莉素（Jasmonates，JAs）、水杨酸类（Salicylates，SAs）和独脚金内酯类（Strigolactones，SLs），以及多胺（Polyamine，PA）、三十烷醇（Triacontanol，TRIA）、寡糖素（Oligosacharin）、膨压素（Trugorin）、玉米赤霉烯酮（Zearaienone）、系统素（Systemin，SYS）、小分子多肽类（Small Peptides）等。此外，植物体内还有一些生长抑制物质，主要是植物的次生化合物，如酚类物质中的酚酸和肉桂酸族，苯醌中的胡桃醌等，它们对植物的生长发育起着抑制作用。这些存在于植物中的物质，在调节植物生长发育过程中起着不可忽视的作用。随着研究的深入，人们将更深刻地了解这些物质在植物生命活动中的生理功能。

一、茉莉素及其调控效应

（一）茉莉素的种类和分布

茉莉素是广泛存在于植物体内的一类化物，现已发现了30多种。茉莉酸（Jasmonic

Acid,JA)和茉莉酸甲酯(Methyl Jasmonate,JA-Me)是其中最重要的代表(图2-19)。

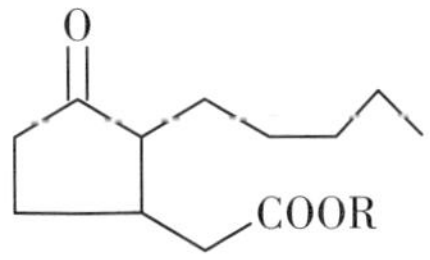

图2-19 茉莉酸和茉莉酸甲酯的结构

注:JA:R=H;JA-Me:R=CH_3。

游离的茉莉酸首先是在1971年从真菌培养滤液中被分离鉴定,并作为一种植物生长抑制剂,后来发现许多高等植物中都含有JA。而JA-Me则是在1962年从茉莉属(*Jasminum*)的素馨花(*J. officinale* var. *grandiflorum*)中被分离出来作为香精油的有气味化合物。

茉莉素的生物合成前体来自膜脂中的亚麻酸(Linolenic Acid),目前认为JA的合成既可在细胞质中,也可在叶绿体中。

JAs广泛分布于各种植物中,目前在160多个科的206种植物(包括藻类、蕨类、藓类和真菌)中均有发现,被子植物中JAs分布最普遍。通常JAs在茎端、嫩叶、未成熟果实、根尖等处含量较高,生殖器官特别是果实比营养器官(如叶、茎、芽)中含量丰富。

JAs通常在植物韧皮部运输,也可在木质部及细胞间隙运输。

(二)茉莉素的调控效应

1.抑制生长和萌发

茉莉素通过抑制细胞周期相关蛋白的表达抑制细胞分裂,从而抑制植物叶片的生长。JA能显著抑制水稻幼苗第二叶鞘长度、莴苣幼苗下胚轴和根的生长以及GA_3对它们伸长的诱导作用。JA-Me可抑制珍珠稗幼苗生长、离体黄瓜子叶鲜重和叶绿素的形成以及细胞分裂素诱导的大豆愈伤组织的生长。分别用10 $\mu g \cdot L^{-1}$和100 $\mu g \cdot L^{-1}$的JA处理莴苣种子,45 h后萌发率分别只有对照的86%和63%。茶花粉培养基中外加JA,能强烈抑制花粉萌发。

2.促进生根

JA-Me能显著促进绿豆下胚轴插条生根,用1×10^{-8}~$1\times10^{-5}mol \cdot L^{-1}$JA-Me处理对不定根数目无明显影响,但可增加不定根干重($1\times10^{-5}mol \cdot L^{-1}$处理的根干重比对照增加1倍);用$1\times10^{-4}$~$1\times10^{-3}$ $mol \cdot L^{-1}$JA-Me处理则显著增加不定根数目(1×10^{-3} $mol \cdot L^{-1}$处理的根数比对照增加2.75倍),但根干重未见增加。茉莉素虽然可以抑制拟南芥幼苗叶片的生长及主根的伸长,但能诱导侧根和根毛的产生。

3.促进衰老

从苦蒿中提取的JA-Me能加快燕麦叶片切段中叶绿素的降解。用高浓度乙烯利处理后,JA-Me能促进豇豆叶片离层的产生。JA-Me还可使郁金香叶中的叶绿素迅速降解,叶黄化,叶形改变,加快其衰老进程。这可能与JA-Me诱导乙烯的生物合成有关。

4.提高抗性

昆虫侵害和病原菌侵染都可迅速诱导植物组织中茉莉素的合成,而茉莉素合成缺失突变体和信号转导突变体丧失了对昆虫和病原菌的抗性。经JA-Me预处理的花生幼苗,在渗透逆境下,植物电导率降低,干旱对其质膜的伤害程度变小。JA-Me预处理也能提高水稻幼苗对低温(5~7 ℃,3 d)和高温(46 ℃,24 h)的抵抗能力。

5.其他效应

茉莉素在植物生殖器官发育中起重要作用,如调控花粉发育和花芽分化,在烟草培养基中加入JA或JA-Me可抑制外植体花芽形成;是机械刺激(包括昆虫咬食)的有效信号分子,能诱导蛋白酶抑制剂的产生和攀缘植物卷须的盘曲反应;能抑制光和IAA诱导的含羞草小叶的运动,抑制红花菜豆培养细胞和根端切段对ABA的吸收;诱导气孔关闭;促进花青素等物质的积累,调控植物的次生代谢。

茉莉素与脱落酸的结构有相似之处,其生理效应也有许多相似的地方,例如抑制生长、抑制种子和花粉萌发、促进器官衰老和脱落、诱导气孔关闭、促进乙烯产生、抑制含羞草叶片运动、提高抗逆性等。但是,JA与ABA也有不同之处,例如在莴苣种子萌发的生物测定中,JA不如ABA活力高,JA不抑制IAA诱导燕麦芽鞘的伸长弯曲,不抑制含羞草叶片的蒸腾。

二、水杨酸及其调控效应

1763年,英国的斯通(E. Stone)首先发现柳树皮有很强的收敛作用,可以治疗疟疾和发热,后来发现这是柳树皮中所含的大量水杨酸糖苷在起作用。于是经过许多药物学家和化学家的努力,医学上便有了阿司匹林(Aspirin)药物的问世。阿司匹林即乙酰水杨酸(Acetylsalicylic Acid),在生物体内可很快转化为水杨酸(Salicylic Acid,SA)(图2-20)。20世纪60年代后,人们逐渐发现了SA在植物中的重要生理作用。

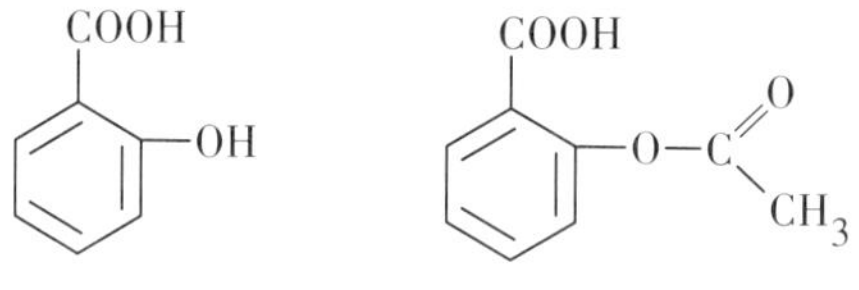

图2-20 水杨酸(左)与乙酰水杨酸(右)

(一)水杨酸的分布和代谢

SA在植物体中的分布一般以产热植物的花序较多,在不产热植物的叶片等器官中也含有SA。植物体内SA的合成来自反式肉桂酸(Trans-cinnamic Acid),即由莽草酸

(Shikimic Acid)途径形成的反式肉桂酸经β-氧化产生苯甲酸,再经过羟化形成SA。

水杨酸能溶于水,易溶于极性的有机溶剂。植物组织中的SA除了游离形式外,还可以葡萄糖苷的形式存在。

(二)水杨酸的调控效应

1.生热效应

在研究植物呼吸作用时,人们发现天南星科植物佛焰花花序存在生热现象,其原因是佛焰花花序开花前,雄花基部产生SA,激活抗氰的非磷酸化途径,导致剧烈放热。在严寒条件下花序产热,保持局部较高温度有利于开花结实。此外,高温有利于花序产生的具有臭味的胺类和吲哚类物质的蒸发,以吸引昆虫传粉。可见,SA诱导的生热效应是植物对低温环境的一种适应。

2.增强抗性

SA最受关注的效应是其与植物的抗病性相关。一些抗病植物受病原微生物侵染后,会诱发SA的形成,进一步形成病原相关蛋白(Pathogenesis Related Proteins,PRs),抵抗病原微生物,提高抗病能力。实验证明,抗性烟草植株感染烟草花叶病毒(TMV)后,产生的系统抗性与9种mRNA的诱导活化有关,施用外源SA也可诱导这些mRNA。进一步研究表明,病菌的侵染或外源SA的施用能使本来处于不可翻译态的mRNA转变为可翻译态。因此,内源SA可能在激活PR蛋白基因以及建立过敏反应和系统获得性抗性(SAR)的信号转导途径中扮演着关键的角色。

3.其他作用

SA还可抑制蒸腾、抑制ACC转变为乙烯,被用于切花保鲜;SA可抑制大豆的顶端生长,促进侧生生长,增加分枝数量、单株结荚数及单荚重;可诱导浮萍开花等。

三、独脚金内酯及其调控效应

(一)独脚金内酯的特点与代谢

早在1952年有研究发现,一些寄生植物的种子萌发需依赖寄主植物的存在,如独脚金(Striga)、列当(Orobanche)等如果没有寄主植物分泌的萌发刺激物,即使有适宜的外部条件,它们的种子也将长期保持休眠状态。1966年,有学者从植物根系中分离出能促进寄生植物独脚金种子萌发的物质,称之为独脚金醇(Strigol)。1972年鉴定了其基本化学结构(图2-21),属于萜类类胡萝卜素衍生物,命名为独脚金内酯(Strigolactone,SL)。现已从植物中分离出许多独脚金内酯类物质,如高粱内酯(Sorgolactone)、列当醇(Orobanchol)等。独脚金内酯类物质具有多种生理功能,在植物中普遍存在,故被称为新型植物激素。目前,已有人工合成的独脚金内酯的类似物GR(Germination Releaser)

系列，如GR24、GR27等，其中GR24活性最高，被广泛应用。

独脚金内酯由植物根部产生，可向上运输产生各种生理效应。天然的SL和ABA类似，来源于类胡萝卜素生物合成途径。独脚金内酯的合成在质体中进行，由β-类胡萝卜素在β-类胡萝卜素异构酶（β-carotene-9-isomerase）、类胡萝卜素裂解双加氧酶（Carotenoid Cleavage Dioxygenase，CCD）等的催化下，合成一种结构类似的内酯（Carlactone），然后在细胞色素P450的催化下转化成5-脱氧独脚金醇，进而转化成独脚金内酯和其他独脚金内酯类物质。目前已经从不同植物中克隆到了4个SL合成途径中的基因。

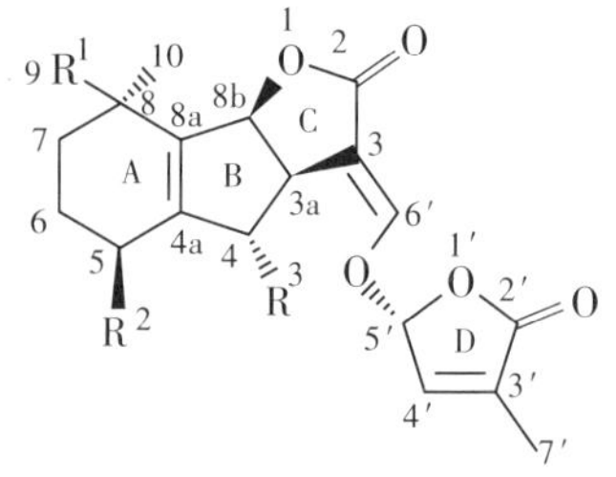

图2-21　独脚金内酯

（二）独脚金内酯的调控效应

1.诱导种子萌发

独脚金内酯对寄生植物种子的萌发具有很强的诱导活性，在1×10^{-12} g水平就可诱导种子萌发。目前已从多种寄主植物根中分离出萌发刺激物，研究表明这些萌发刺激物都是独脚金内酯类化合物，寄生植物通过感知SL使自己的根朝寄主生长。生产上可利用SL控制杂草，通过人工合成的SL类似物诱导寄生杂草种子萌发，这些萌发的杂草如果一周内未找到宿主植物就会死亡。

2.抑制侧枝与分蘖发生

独脚金内酯能够抑制双子叶植物（如拟南芥）分枝或单子叶植物（如水稻）分蘖的形成。通过对豌豆*rms*和矮牵牛*dad*多分枝突变体的研究发现，除生长素、细胞分裂素之外，植物根部还可合成一种可向上运输的物质，可控制地上部的分枝（分蘖）。现已证实这种能够抑制植物分枝（分蘖）发生的信号物质就是独脚金内酯。对水稻、大豆、豌豆等粮食作物，可通过喷施独脚金内酯人工合成类似物（如GR24）抑制无效分枝（分蘖），塑造高产优质的理想株形。

3.促进丛枝菌根真菌菌丝分枝和养分吸收

独脚金内酯可促进植物根系与真菌之间的互利共生；刺激与植物共生的丛枝菌根真菌菌丝分枝，从而帮助植物吸收土壤中的营养元素。研究发现植物界有超过80 %的陆生植物根可以将SL分泌到周边环境中与丛枝菌根真菌形成共生关系。

4.其他生理作用

独角金内酯还有许多其他生理效应，如可促进叶片衰老。矮牵牛的SL合成缺陷突变体*dad*具有延缓叶片衰老、滞绿等突变表型，这也证明了SL能够促进衰老；调控植物初生根、侧根发育以及根毛延长；参与调控小立碗藓（*Physcomitrella patens*）丝状体的分枝和菌落的扩展过程。

四、多胺及其调控效应

多胺（Polyamine，PA）是生物代谢过程中产生的一类具有生物活性的低分子量脂肪族含氮碱化合物。长期以来，多胺一直不为人们所重视，被认为是末端代谢产物的废物。20世纪60年代人们发现多胺具有刺激植物生长和防止衰老等作用，能调节植物的多种生理活动。

（一）多胺的分布和代谢

根据氨基数目的不同，多胺可以分为二胺、三胺、四胺等，一般把它们统称为多胺。通常胺基数目越多，生理活性越强。高等植物含有的多胺主要有5种，二胺有腐胺（Putrescine，Put）和尸胺（Cadaverine，Cad）等，三胺有亚精胺（Spermidine，Spd），四胺有精胺（Spermine，Spm），还有其他胺类（表2-1）。

表2-1　高等植物中的游离二胺和多胺

胺类	结构	来源
二氨丙烷	$NH_2(CH_2)_3NH_2$	禾本科
腐胺	$NH_2(CH_2)_4NH_2$	普遍存在
尸胺	$NH_2(CH_2)_5NH_2$	豆科
亚精胺	$NH_2(CH_2)_3NH(CH_2)_4NH_2$	普遍存在
精胺	$NH_2(CH_2)_3NH(CH_2)_4\text{-}NH(CH_2)_3NH_2$	普遍存在
鲱精胺	$NH_2(CH_2)_4NH\,C(=NH_2)NH_2$	

高等植物的多胺不但种类多，而且分布广泛。多胺的含量在不同植物间及同一植物不同器官间、不同发育状况下差异很大，可从每克鲜重数纳摩尔到数百纳摩尔。通常，细胞分裂最旺盛的部位也是多胺生物合成最活跃的部位。

多胺生物合成的前体物质为三种氨基酸，其中精氨酸转化为腐胺，并为其他多胺的合成提供碳架；蛋氨酸向腐胺提供丙氨基而逐步形成亚精胺与精胺；赖氨酸脱羧则形成尸胺。值得注意的是，亚精胺与精胺的合成与S-腺苷蛋氨酸（S-adenosyl Methionine，

SAM）有关，因此多胺与乙烯合成相互竞争SAM。多胺在细胞内可通过氧化脱氨而降解生成醛或其衍生物、NH_3和H_2O_2。植物中至少已发现三种多胺氧化酶。

（二）多胺的调控效应

1.促进生长

休眠菊芋的块茎是不进行细胞分裂的，但如果在培养基中加入多胺，则块茎的细胞能进行分裂和生长，并刺激形成层的分化与维管束组织的形成。亚精胺能够刺激菜豆不定根数的增加和生长的加快。有证据表明，多胺能影响核酸代谢，促进蛋白质合成，从而促进生长。

2.延缓衰老

置于暗中的燕麦、豌豆、菜豆、油菜、烟草、萝卜等的叶片，在被多胺处理后均能延缓衰老进程，而且前期多胺能抑制蛋白酶与RNA酶活性的提高，减慢蛋白质的降解速率，后期则可延缓叶绿素的分解。多胺和乙烯有共同的生物合成前体S-腺苷蛋氨酸，多胺通过竞争S-腺苷蛋氨酸而抑制乙烯的生成，从而起到延缓衰老的作用。

3.增强抗性

高等植物体的多胺对各种不良环境十分敏感，即在各种胁迫条件（水分胁迫、盐分胁迫、渗透胁迫、pH变化等）下，多胺的含量水平均明显提高，这有助于植物抗性的提高。例如，绿豆在高盐环境下根部腐胺合成加强，由此可维持阳离子平衡，保护质膜稳定以适应渗透胁迫。

多胺还可调节与光敏色素有关的生长和形态建成，调节植物的开花过程，并能提高种子活力和发芽力，促进根系对无机离子的吸收等。

第八节

植物生长调节剂及其调控效应

一、植物生长促进剂及其调控效应

生长素、赤霉素、细胞分裂素类、油菜素内酯等物质的主要生理作用是促进植物的生长，促进细胞的分裂、分化等，包括对植物营养器官生长和生殖器官发育的促进作用。现将常见的这些类型的植物生长调节剂介绍如下。

(一)吲哚乙酸

吲哚乙酸(Indole-3-acetic Acid)又名生长素,也是生长素类物质最重要的代表,简称IAA,是植物体内最早发现的一种激素,现已能人工合成,市面有售,用途广泛,效果显著。

1.性质

吲哚乙酸为无色结晶,见光后迅速被氧化成玫瑰色,活性降低,应放在棕色瓶中贮藏或在瓶外用黑纸遮光。熔点为164~165 ℃,微溶于水、苯和氯仿,易溶于乙醇、乙醚、丙酮和乙酸乙酯。在酸性介质中极不稳定,所以吲哚乙酸在热酸条件下失去活性;当pH低于2时,即使在室温下也会失去活性。吲哚乙酸在碱性溶液中比较稳定。其钾盐和钠盐易溶于水,而且较稳定。吲哚乙酸水溶液若暴露在光下,将被分解破坏,实践应用中应注意这个问题。

2.剂型

粉剂,可湿性粉剂,片剂。

3.毒性

吲哚乙酸是对人、畜安全的植物激素,小鼠腹腔注射LD_{50}(每千克体重的半致死剂量)为1000 mg/kg,对蜜蜂无毒。

4.用途

吲哚乙酸用途广泛,可促进细胞分裂,维管束分化,光合产物分配,叶片扩大,茎伸长,雌花形成,单性结实,种子发芽,不定根和侧根形成,种子和果实生长,坐果等。

5.注意事项

(1)吲哚乙酸见光易分解,产品须用黑色包装物包裹,存放在阴凉干燥处。

(2)吲哚乙酸由于施用浓度的不同,既可以起促进作用,也可以起抑制作用,因而应用中要特别注意浓度效应。

(3)吲哚乙酸在植物体内容易被氧化分解,在大田生产上通常使用它的类似物,如吲哚丁酸、萘乙酸等,或与其他化合物并用。

(二)吲哚丁酸

吲哚丁酸(Indole Butyric Acid)化学名称为吲哚-3-丁酸,简称IBA。

1.性质

纯品为白色或微黄色晶粉,稍有异臭,熔点为123~125 ℃,不溶于水和氯仿,能溶于醇、醚和丙酮等有机溶剂,是一种高效的生长调节物质。

2.剂型

10%可湿性粉剂,92%、98%粉剂。

3.毒性

大鼠急性口服 LD_{50} 为100 mg/kg，对人、畜低毒。

4.用途

吲哚丁酸主要用于促进生根，其效果是生长素类调节剂中最好的一种。吲哚乙酸容易被植物体内的吲哚乙酸氧化酶所分解，同时也容易被强光破坏，而吲哚丁酸不易被氧化酶分解。萘乙酸浓度稍高容易伤害枝条，而吲哚丁酸较安全。2,4-D这类化合物在植物体内容易传导，促进某些品种生根的浓度往往会抑制枝条生长，浓度稍高还会造成对枝条的伤害，而吲哚丁酸不易传导，仅停留在处理部位，因此使用较安全。

用吲哚丁酸处理很多果树、林木、花卉等的插条，能有效地促进处理部位形成层细胞分裂而长出根系，从而提高扦插成活率。

5.注意事项

(1)吲哚丁酸见光易分解，产品须用黑色包装物包裹，存放在阴凉干燥处。

(2)吲哚丁酸不溶于水，使用前先用酒精溶解，然后加水稀释至需要浓度，高浓度吲哚丁酸用50%酒精直接稀释至需要浓度。

(3)高浓度吲哚丁酸酒精溶液用后必须密封，以避免酒精挥发。

(4)本品一般不能用于植物叶部。

(三)萘乙酸

萘乙酸化学名称为α-萘乙酸(α-naphthalene Acetic Acid)，简写为NAA，是一种有机萘类植物生长调节剂。

1.性质

纯品为无色无味针状结晶。性质稳定，但易潮解，见光变色，应避光保存。萘乙酸分α型和β型，α型的活力比β型强，通常所说的萘乙酸即指α型。熔点为134.5~135.5 ℃。不溶于水，微溶于热水，易溶于乙醇、乙醚、丙酮、苯、醋酸及氯仿。萘乙酸钠盐能溶于水，其溶液呈中性，在一般有机溶剂中稳定，遇酸生成α-萘乙酸，呈白色结晶。

2.剂型

99%精制粉剂和80%粉剂，2%钠盐水剂，2%钾盐水剂。

3.毒性

对人、畜无毒，大鼠口服 LD_{50} 为1000 mg/kg，小鼠为670 mg/kg，兔急性皮下注射 LD_{50} 为5000 mg/kg。

4.用途

萘乙酸对植物的主要作用是促进细胞扩大，从而促进生长。一般低浓度刺激植物生长，高浓度抑制植物生长。萘乙酸能促进植物的新陈代谢和光合作用，加速生长发育及增强抗性等。目前主要应用于刺激扦插生根、疏花疏果、防止落果、诱导开花及促进植物生长等方面。萘乙酸性质稳定,价格便宜,因此生产上使用较为广泛。

5.注意事项

(1)萘乙酸难溶于冷水,其配制方法有:①先用少量酒精溶解,然后加水稀释至需要浓度;②先将萘乙酸加少量水调成糊状,再加适量水,然后加碳酸氢钠(小苏打),边加边搅拌,直至全部溶解;③用沸水溶解。

(2)本剂干燥后应密封,贮藏于避光处,以免变质。

(3)萘乙酸可以与杀虫、防病等药剂及化肥混用。

(四)萘氧乙酸

萘氧乙酸(Naphthoxyacetic Acid)简写为NOA,是生长素类植物生长调节剂。

1.性质

纯品为白色结晶,也分α型和β型,β型活力较强。难溶于冷水,微溶于热水,易溶于乙醇、乙醚和醋酸等。

2.毒性

对哺乳动物低毒。

3.用途

生理作用似萘乙酸,防止果实脱落。

(五)萘乙酸甲酯

萘乙酸甲酯(Naphthaleneaceticacid Methyl Ester)简写为MENA。

1.性质

无色油状液体,不溶于水,易溶于有机溶剂。

2.用途

萘乙酸甲酯是具有生长素活性的植物生长调节剂。具有挥发性,可通过挥发出的气体抑制芽的萌发。农业上主要用于抑制马铃薯块茎在贮藏期发芽,对防止萝卜等发芽也有效,还能用于延长果树和观赏树木芽的休眠期。

(六)吲熟酯

吲熟酯(Figarin)又名丰果乐(Ethychlozate)、富果乐,简写为IZAA,化学名称为5-氯-1H-吲哚-3-基乙酸乙酯。

1.性质

纯品为白色针状结晶,熔点为75~77.6 ℃,分解点为250 ℃以上,难溶于水,易溶于甲醇、丙酮、乙醇等。在一般条件下贮藏较稳定,遇碱易分解。

2.毒性

大白鼠口服LD_{50}为4800~5210 mg/kg，小白鼠为1580~2740 mg/kg，对皮肤和眼无刺激作用。

3.剂型

94%粉剂，20%乳油。

4.用途

主要用于疏花疏果，促进生根、控制营养生长、促进果实成熟和改善品质等。

5.注意事项

(1)吲熟酯遇碱会分解，在用药前1周和用药后1~2 d内，避免施用碱性农药。

(2)宜在生长健壮的成年树上使用，弱树不宜使用。连续多年使用有减弱树势的趋势。

(3)作为柑橘疏果剂使用，适宜的气温为20~30 ℃，高于30 ℃会造成落果过多，低于20 ℃疏果效果不佳。用药后即使遇下雨也不要补喷，否则会脱落过多。

(七)2,4-滴

2,4-滴化学名称为2,4-二氯苯氧乙酸(2,4-dichlorophenoxyacetic Acid)，简写为2,4-D。

1.性质

纯品为白色结晶，无臭无味，不吸湿，熔点为141 ℃。工业产品为白色或浅棕色结晶，稍带酚气味，熔点为135~138 ℃。难溶于水，在20 ℃时溶解度为540 mg/L，25 ℃时为890 mg/L，能溶于乙醇、乙醚、丙酮和苯等，在常温条件下，性质稳定。2,4-D本身是一种强酸，对金属有腐蚀性作用。与各种碱类作用生成相应的盐类，成盐后易溶于水。与醇类在硫酸催化下生成相应的酯类，不溶于水。遇紫外光照射会引起部分分解。2,4-D在苯氧化合物中活性最强，比吲哚乙酸大100倍。

2.剂型

80%可湿性粉剂，20%乳油，72%丁酯乳油，55%铵盐水剂，90%粉剂等。

3.毒性

大白鼠口服LD_{50}为500 mg/kg。

4.用途

2,4-D用途随浓度而异，效果不一。在较低浓度下是植物组织培养的培养基成分之一；中等浓度可防止落花落果，诱导无籽果实形成和果实保鲜等；高浓度可杀死多种阔叶杂草。

5.注意事项

(1)2,4-D原粉不溶于水，使用前应先加入少量水，再加入适量NaOH溶液，边加边搅拌，使之溶解，然后加水稀释至需要浓度。2，4-D钠盐为无色针状结晶，熔点为216~218 ℃。工业品为白色或淡红色粉末，具有酚臭。20 ℃时，在水中溶解度为4.5%。在酸性溶液中又可转变为不溶性2，4-D。2，4-D铵盐熔点为85~87 ℃，可溶于甲基、乙基、异丙基醇以及丙酮，不溶于煤油和柴油。20 ℃时，在水中溶解度为300 g/mL。2，4-D丁酯纯品为无色油状液体，在2 mm汞柱下，沸点为169 ℃，凝固点为9 ℃。工业品凝固点在0 ℃以下，1 mm汞柱下，沸点为146~147 ℃，对酸、热稳定，遇碱分解成2，4-D钠盐和丁酯。

（2）2，4-D作为除草剂使用，一般浓度较高，对棉花、豆类、瓜类、果树等双子叶植物有药害和杀伤作用。在使用时要与这些对2，4-D敏感的作物保持足够的间隔距离。

（3）2，4-D钠盐、铵盐不要与酸性物质接触。

（4）作留种用的番茄、茄子等，切勿使用2，4-D作坐果剂。

（5）用剩的2，4-D药液不得随意乱倒。

（6）2，4-D原粉不可与食物、种子和肥料等一起贮藏。

（7）用过2，4-D的药械一定要充分洗涤干净。洗涤方法是先用清水冲洗2~3次，然后在喷雾器内装满水，再加入纯碱50~100 g，彻底清洗喷雾器各部件，并将此碱液在喷雾器内放置10 h左右，再用清水冲洗干净，最好其器械专一使用。

（八）防落素

防落素化学名称为对氯苯氧乙酸（4-chlorophenoxyacetic Acid），又叫对氯苯氧乙酸，简写为PCPA或4-CPA。其他名称如番茄灵、丰收灵、坐果灵、促生灵。

1.性质

纯品为白色结晶，略带刺激臭味，熔点为157~158 ℃，微溶于醇、醚等有机溶剂，能溶于热水，性质稳定。其对氯苯氧乙酸钠盐为白色絮状或粉状固体，熔点为260 ℃，水溶性，遇酸生成对氯苯氧乙酸。

2.剂型

90%粉剂，95%可湿性片剂，1%、2.5%和5%水剂。

3.毒性

对人、畜低毒，大白鼠急性口服LD_{50}为850 mg/kg。

4.用途

防止番茄等茄果类蔬菜落花落果，促进果实发育，形成无籽果实，提早成熟，增加产量，改善品质等。

5.注意事项

（1）防落素不溶于水，使用前先用少量酒精溶解或用氢氧化钠溶液滴定溶解，然后加水稀释至需要浓度。

(2)宜置于低温干燥处,可长期保存。

(3)对番茄、茄子、辣椒等应喷在花上,避免与嫩叶幼芽接触,以免发生药害。应尽量喷洒均匀,以防果实畸形。

(4)茄果类作物和果树等,使用防落素后,由于增加了坐果,更需要加强肥水管理,使植株生长健壮,防止早衰,以期达到前期产量和总产量都能增加。

(5)留种田不要用防落素处理花果,以免影响种子的产量和质量。

(九)增产灵

增产灵化学名称为4-碘苯氧乙酸(4-iodophenoxyacetic Acid),又叫对-碘苯氧乙酸。

1.性质

纯品为白色针状或鳞片状结晶,无臭无味,熔点为154~156 ℃,微溶于水、乙醇、氯仿及苯中,遇碱性物质生成盐。性质稳定,可长期保存,其钠盐可溶于水。

2.剂型

工业品含量在95%以上,橙黄色粉状固体,带刺激性臭味。

3.毒性

在使用浓度范围内对人、畜无害。小白鼠急性口服LD_{50}为1872 mg/kg。

4.用途

主要作用是促进生长和发芽,防止落花落果,提早成熟和增加产量等。增产灵为内吸性植物生长调节剂,能加速细胞分裂,刺激植物生长,增强光合能力,加快营养物质运输,提高根系活力,增加对养分的吸收。

5.注意事项

(1)增产灵不溶水,配制药液时先用适量乙醇溶解,也可用开水溶解,充分搅匀(不要有沉淀),然后加水稀释至所需浓度。

(2)可与酸性或碱性农药以及化肥混用。

(3)药液如有沉淀,可加入少量纯碱促使溶解。

(十)甲萘威

甲萘威又名胺甲萘、西维因、疏果安等,化学名称为N-甲基-1-萘基氨基甲酸酯(1-naphthalenyl Methyl Carbamate),简写为NAC。

1.性质

纯品为白色结晶,熔点为145 ℃。工业品略带灰色或粉红色,熔点为143 ℃。易溶于丙酮、苯、甲醇、乙醇等有机溶剂,30 ℃条件下,每升水中可溶解40 mg。对光、热(低于70 ℃)及酸性物质较稳定,遇碱(pH≥10)迅速分解为甲萘酚而失效。

2.毒性

大鼠急性口服LD_{50}为500~850 mg/kg，大鼠经皮LD_{50}大于4000 mg/kg，家兔LD_{50}大于2000 mg/kg。对鱼、鸟类及其他野生脊椎动物均安全。但对寄生蜂、瓢虫、草蛉幼虫及蜜蜂均有高毒。

3.剂型

25%、50%、80%可湿性粉剂，1.5%、2%、5%、10%粉剂，10%悬浮剂，25%糊剂。

4.用途

该剂为高效低毒的氨基甲酸酯杀虫剂，同时，又是一种较好的苹果、梨等花后疏果剂。甲萘威疏果机制是干扰了幼果内通过维管系统的运输作用，使幼果缺少发育所需要的物质（如吲哚乙酸等），从而使生长较弱的果实脱落。

5.注意事项

（1）不能与碱性物质混用。

（2）甲萘威对人、畜低毒，但仍应防止误食，如果误食中毒，应用阿托品等药品进行治疗。

（3）温度、湿度、光等影响其效果，上午湿度大、无风、天气好喷洒效果更好。

（十一）赤霉素

生产上应用的赤霉素（Gibberellin，GA）主要是从赤霉菌培养液中提取的一类化合物，其中以GA_3（赤霉酸，Gibberellic Acid）活性最高，应用最广，又名“九二〇”。市售的赤霉素主要是赤霉酸及GA_4、GA_7、GA_4+GA_7的混合剂等。

1.性质

纯品为白色结晶，工业品为白色粉剂，熔点为233~237 ℃，易溶于醇类、丙酮、醋酸乙酯、冰醋酸等有机溶剂和pH6.2的磷酸缓冲液中，难溶于水，不溶于石油醚、苯和氯仿等。使用赤霉素原粉时，先用少量乙醇或烧酒溶解，然后加水至需要浓度。在不同pH溶液中，其稳定性不同：在pH3~4条件下，其水溶液最稳定；在中性或微碱性条件下，稳定性明显下降；在碱性溶液中被中和失效，故应用时不能与碱性农药（如石硫合剂等）混合使用。赤霉素溶液超过50 ℃时会逐渐失去活性，长期放在室温或高温条件下，都会丧失活性。

2.剂型

有85%粉剂，40%水溶性粒剂、片剂、乳剂等，乳剂溶于水。

3.毒性

对人、畜无毒害，小白鼠口服1500 mg/kg未引起中毒。鼠静脉注射LD_{50}为6300 mg/kg，口服25000 mg/kg的大剂量没有发现毒性。

4. 用途

赤霉素最明显的生物活性是刺激植物细胞伸长，使植株长高，叶片增大。赤霉素能打破种子、块茎、块根的休眠，促使其萌发；刺激果实生长，提高结实率或形成无籽果实；可以代替低温，促使一些植物在长日照条件下抽薹开花，也可以代替长日照作用，使一些植物在短日照条件下开花；能诱导α-淀粉酶形成，以及诱导一些植物发生雄花等。

5. 注意事项

（1）赤霉素原粉不溶于水，使用前先用少量乙醇或烧酒溶解，然后加水稀释至需要浓度。水溶性赤霉素粉剂和乳油可直接加水稀释。

（2）赤霉素不能与碱性物质混用，以防失效。可以与酸性农药和化肥混用。

（3）配制成的赤霉素溶液不宜久放，以免活性降低而影响效果。

（4）赤霉素切不可加热，超过 50 ℃会逐渐失去活性。

（5）赤霉素是生理活性很强的植物生长调节剂，使用浓度一般较低，农业上在应用时，要严格掌握使用浓度、时期和方法等技术。

（6）作物使用赤霉素后，会出现短期的“失绿”现象，因此必须加强肥水管理。

（7）本品宜贮藏于低温、干燥处。

（十二）激动素

激动素（Kinetin）的化学名称为6-糠基氨基嘌呤、6-糠基腺嘌呤，简写为KT或KN，又名动力精。

1. 性质

纯品为白色固体，熔点为265~266 ℃，能溶于强酸、碱及冰醋酸中，微溶于乙醇、丁醇、丙酮、乙醚，不溶于水。配制时，先溶于少量乙醇或酸中，完全溶解后才用水稀释至需要浓度。

2. 毒性

含有激动素的细胞激动素混液大鼠急性口服LD_{50}大于5000 mg/kg。

3. 用途

激动素主要用于组织培养，促进细胞分裂和调节细胞分化，还用于促进幼苗生长、促进坐果、延缓器官衰老、果蔬保鲜等。

（十三）苄氨基嘌呤

苄氨基嘌呤又叫6-苄基腺嘌呤（6-benzyl Adenine ）、绿丹、BA、BAP、6-BA、细胞激动素等。

1. 性质

纯品为白色针状结晶，熔点为230~232 ℃，难溶于水，可溶于碱性或酸性溶液，活性高于激动素。在酸、碱溶液中稳定，光、热下不易分解。

2.剂型

95%粉剂。

3.毒性

小鼠急性口服LD_{50}为1300 mg/kg，大鼠为1690 mg/kg。

4.用途

常用于组织培养，促进细胞分裂，诱导组织分化。生产中用于提高坐果率，促进果实生长，蔬菜保鲜，打破休眠，促进种子发芽，打破顶端优势等。

5.注意事项

(1)6-苄基腺嘌呤不溶于水，使用前先加入少量0.1 mol/L盐酸溶液，并加热使之完全溶解，然后加入水中稀释至需要浓度。

(2)由于细胞分裂素在植物组织内不易运转，故使用时应将药液直接施用到植物的作用部分。

(十四)异戊烯腺嘌呤

异戊烯腺嘌呤(Isopentenyladenine)是微生物发酵产生的含有烯腺嘌呤和羟烯腺嘌呤的具有细胞分裂素活性的生长调节剂，其成分主要是4-羟基异戊烯基腺嘌呤和异戊烯腺嘌呤的混合物。

1.性质

羟烯腺嘌呤纯品熔点为209.5~213 ℃，烯腺嘌呤纯品熔点为216.4~217.5 ℃。溶于甲醇、乙醇，不溶于水和丙酮。经发酵生产出的溶液有效成分含量约为240 μg/L。

2.剂型

0.0001%异戊烯基腺嘌呤可湿性粉剂由发酵液加填料，再经干燥加工而成(可湿性粉剂)，有效成分含量不低于0.0001%，外观为米黄色粉末，pH为6~8，水分含量不高于5%，悬浮率不低于70%，润湿时间不超过120 s，粉粒细度为98%通过74 μm(200目)筛。在常温条件下贮存，稳定两年以上。

3.毒性

按我国农药毒性分级标准，异戊烯腺嘌呤属低毒植物生长调节剂。原药小鼠急性经口LD_{50}大于10 g/kg，大鼠喂养90 d试验，无作用剂量为5000 mg/kg。

4.用途

可促进细胞分裂及生长活跃部位的生长发育，用于柑橘、西瓜、玉米、烟草及多种蔬菜上，可增加产量，提高品质，保花保果等。

（十五）氯吡脲

氯吡脲（Forchlorfenuron）的化学名称为N-（2-氯-4-吡啶基）-N-苯基脲［N-（2-Chloro-4-pyridyl）-N′-phenylurea，CPPU］，是苯基脲类细胞分裂素，又名4PU-30、KT-30S、吡效隆等。

1.性质

纯品为白色结晶性粉末，熔点为171 ℃，难溶于水，易溶于甲醇、乙醇、丙酮，在热、紫外光、酸、碱条件下稳定，耐贮存。

2.剂型

工业品为无色透明水溶性液体，含有效成分0.1%。

3.毒性

对人、畜安全，急性口服LD_{50}大鼠雄性为2787 mg/kg，大鼠雌性为1568 mg/kg，小鼠雄性为2718 mg/kg，小鼠雌性为2783 mg/kg。

4.用途

CPPU为脲类细胞分裂素中活性很强的一种化合物。其生理作用是促进细胞分裂，器官分化，叶绿素合成，防衰老，打破顶端优势，诱导单性结实，促进坐果和果实肥大。

5.注意事项

（1）本品与赤霉素或生长素混用效果优于单用，但应先做试验示范，勿任意混用。

（2）处理后须12~24 h勿遇雨水。

（十六）油菜素内酯

生产上常用的油菜素内酯（Brassinolide，BR）又名芸苔素内酯。

1.性质

外观为白色结晶粉，熔点为256~258 ℃，水中溶解度为5 mg/L，溶于甲醇、乙醇、四氢呋喃、丙酮等有机溶剂。

2.剂型

有0.01%乳油，0.15%油剂。

3.毒性

原药大鼠急性口服LD_{50}大于2000 mg/kg，小鼠大于1000 mg/kg。

4.用途

油菜素内酯是一个高效、广谱的多用途植物生长调节剂，在多种作物、蔬菜、果树上有应用，可促进根系发育，茎叶生长，增加产量，提高品质，提高抗性，且起作用的浓度极微，用量很少。

二、植物生长抑制剂与延缓剂及其调控效应

在植物生长调节剂的应用中，除了施用促进植物生长、细胞分裂分化等试剂外，也常常施用抑制或延缓生长，矮化植株，促进休眠，抑制发芽等试剂。这些调节剂的种类很多（图2-22），而且其作用也是多方面的，因为它们往往还有增强植物抗逆性，促进分枝和侧芽发生，促进成熟等作用。因此，生产上这些调节剂的使用也非常广泛。通常将脱落酸及与其类似的可抑制顶端分生组织细胞伸长和分化的调节剂称为植物生长抑制剂，外施生长素类往往可以逆转这种抑制效应，而外施赤霉素类则无效，如青鲜素、三碘苯甲酸、整形素、增甘膦等。而将抑制近顶端分生组织细胞延长的调节剂称为植物生长延缓剂，这类调节剂不影响叶片的发育，叶片的数目，一般也不减少节间数目，不影响花的发育，外施赤霉素可以逆转这种抑制效果，如矮壮素、氯化胆碱、皮克斯、比久、多效唑、烯效唑等。

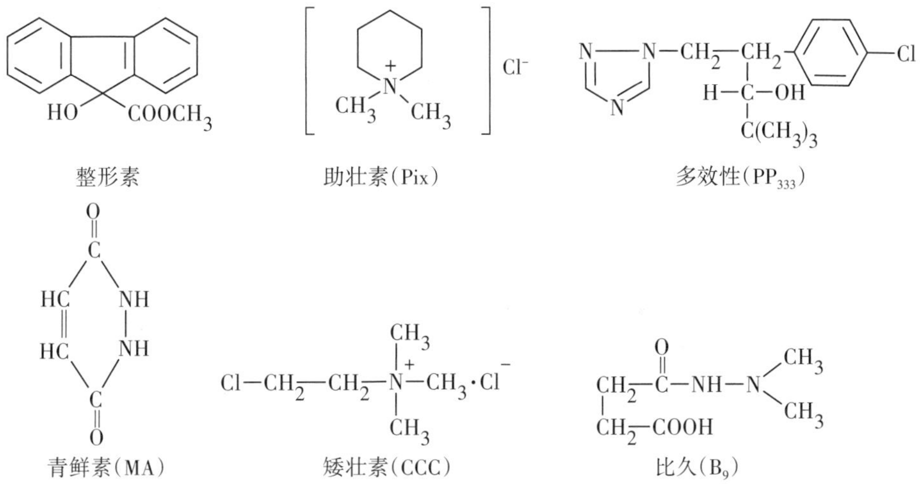

图2-22 部分植物生长抑制物质

（一）诱抗素

诱抗素即脱落酸（Abscisic Acid）的天然发酵产品的商品名，又名S-诱抗素，也可简写为ABA。人工合成的脱落酸价格昂贵，限制了其应用。我国是世界上第一个实现诱抗素工业化生产的国家。

1.性质

诱抗素有多种异构体，天然发酵诱抗素为(+)-2-顺，4-反诱抗素的生物活性最高。实验的样品为浅黄色粉末。从乙酸乙酯/正己烷中所得诱抗素的结晶体，其熔点为161~163 ℃，120 ℃升华。诱抗素溶于碳酸氢钠、乙醇、甲醇、氯仿、丙酮、乙酸乙酯、乙醚、三氯甲烷等，微溶于水（1~3 g/L，20 ℃）。紫外最大吸收光为252 nm。诱抗素稳定性较好，常温下可放置两年，但对光敏感，属强光分解化合物。

2.剂型

以诱抗素为主要成分的调节剂有多种粉型，包括壮菜、生根、叶面喷施等多种类型。

3.毒性

诱抗素为植物体内的天然物质，大鼠急性口服 LD_{50} 大于 5000 mg/kg，对生物和环境无副作用。

4.用途

诱抗素在植物生长发育过程中的主要功能是诱导植物产生对不良生长环境（逆境）的抗性，如诱导植物产生抗旱性、抗寒性、抗病性、耐盐性等，诱抗素是植物的“抗逆诱导因子”，被称为植物的“胁迫激素”。诱抗素还可用于促进种子、果实的蛋白和糖分积累，改善作物质量，提高作物产量，控制发芽和蒸腾，调节花芽分化，切花保鲜等。

5.注意事项

（1）本产品为强光分解化合物，应注意避光贮存。在配制溶液时，操作过程应注意避光。

（2）本产品可在 0~30 ℃的水温中缓慢溶解（可先用极少量乙醇溶解）。

（3）田间施用本产品时，为避免强光分解降低药效，施用时间应在早晨或傍晚，施用后 12 h 内下雨需补施一次。

（4）本产品施用 1 次，药效持续时间为 7~15 d。

（5）应用诱抗素注意先试验后逐步推广。

（6）以诱抗素为主要活性成分的调节剂已有多种复合配方，可按说明书稀释使用。

（二）青鲜素

青鲜素的化学名称为顺丁烯二酸酰肼（Maleic Hydrazide），马来酰肼，又名抑芽丹，缩写为 MH，其分子式为 $C_4H_4O_2N_2$。

1.性质

纯品为白色结晶，熔点为 296~298 ℃。难溶于水，微溶于醇，易溶于冰醋酸、二乙醇胺。青鲜素的钠、钾、铵盐易溶于水。在酸性、中性、碱性溶液中均较稳定，遇强氧化剂分解放出氮气。

2.剂型

25% 钠盐水剂，30% 乙醇铵盐水剂，50% 可湿性粉剂。

3.毒性

大鼠急性口服 LD_{50} 纯品为 5000 mg/kg，其盐类为 6950 mg/kg。

4.用途

抑制芽的生长和茎伸长，降低光合作用，促进成熟。青鲜素主要用于抑制鳞茎和块茎在贮藏期的发芽，控制烟草侧芽的生长。青鲜素在植物体内有传导作用，能打破植物的顶端优势，但不抑制细胞膨大，也可用作除草剂。

5.注意事项

（1）作烟草控芽剂的最适浓度较窄，浓度太低效果差，浓度太高有药害。

（2）应尽量避免在直接食用的农作物上使用。

（3）使用时加入乳化剂，效果更好。

（三）三碘苯甲酸

三碘苯甲酸化学名称为2，3，5-三碘苯甲酸（2，3，5-triiodobenzoic Acid），缩写为TIBA，分子式为$C_7H_3O_2I_3$。

1.性质

纯品为白色粉末，熔点为224~226 ℃，不溶于水，微溶于煤油或柴油，易溶于乙醇、异乙醇、乙醚、苯、甲苯，其铵盐溶于水。

2.剂型

98%粉剂，2%液剂。

3.毒性

大鼠口服LD_{50}为831 mg/kg。

4.用途

为抗生长素物质，阻碍生长素运输，抑制茎顶端生长，使植株矮化，促进腋芽萌发、分枝，增加开花和结实。它可以阻止生长素运输，抑制顶端分生组织细胞分裂，使植物矮化，消除顶端优势，增加分枝。生产上多用于大豆，于开花期喷施125 $\mu L \cdot L^{-1}$TIBA，能使豆梗矮化，分枝和花芽分化增加，结荚率提高，增产显著。

5.注意事项

加入表面活性剂可增强应用效果。

（四）整形素

整形素（Chlorflurenol-methy）化学名称为2-氯-9-羟基芴-9-羧酸甲酯，是9-羟基芴-9-羧酸（9-hydroxy-9h-fluorene-9-carboxylic Acid）的衍生物，又名形态素（Morphactin）。

1.性质

纯品为无色结晶，熔点为152 ℃，微溶于水，20 ℃时的溶解度为18 mg/L，可溶于乙醇、丙酮等。对紫外线的光分解较敏感。

2.剂型

10%乳油，2.5%水剂。

3.毒性

大鼠急性口服LD_{50}大于12800 mg/kg，对动物毒性很低，在植物体内数天至数周就代谢分解。

4. 用途

整形素为人工合成的抗生长素，也是作用谱很广的生长延缓剂。该剂具有内吸性，对植物形态建成有很大影响，抑制顶端分生组织，使植株矮化，促进侧芽发生。整形素常用于禾本科植物，它能抑制顶端分生组织细胞分裂和伸长、茎伸长和腋芽滋生，使植株矮化成灌木状，常用来塑造木本盆景。整形素还能消除植物的向地性和向光性。

（五）增甘膦

增甘膦（Glyphosine）化学名称为双亚甲基亚磷酸甘氨酸，又名催熟膦，草双甘膦。

1. 性质

纯品为白色固体，不易挥发，溶于水，20 ℃时的溶解度为248 g/L，难溶于苯等非极性溶剂。

2. 剂型

90%可湿性粉剂，85%可溶性粉剂，85%水剂。

3. 毒性

对人、畜低毒，大白鼠急性口服 LD_{50} 为3925 mg/kg。

4. 用途

抑制植株生长，改变同化产物在器官间的分配，增加糖分积累和贮藏，主要用于甘蔗和甜菜的催熟增糖。

5. 注意事项

由于增甘膦是抑制营养体旺长的调节剂，所以处理的作物应有足够的营养体，不可早施；晴天处理效果好，应用时可适量加入表面活性剂。

（六）多效唑

多效唑（Paclobutrazol）又名氯丁唑，PP_{333}，是三唑类植物生长调节剂。

1. 性质

白色结晶固体，熔点为165~166 ℃。溶解度：水中为35 mg/L，甲醇中为15%，丙酮中为11%，二甲苯中为6%。纯品在25 ℃以下稳定6个月以上，稀溶液在任何pH下均稳定，对光稳定。

2. 剂型

工业品为淡黄色15%可湿性粉剂。

3. 毒性

对哺乳动物低毒，大白鼠急性口服 LD_{50} 为1500 mg/kg，急性皮下注射 LD_{50} 为11000 mg/kg。对大白鼠皮肤刺激性轻微，对兔中等毒，对鸟类、鱼和无脊椎动物属低毒。

4.用途

多效唑是药效期长、活性谱宽的植物生长延缓剂。它易被植物根、茎、叶吸收,在体内运转和降解都很缓慢,主要靠木质部运转,而很少从叶片和韧皮部运转,喷在叶部不易向其他器官输送。多效唑是通过干扰、阻碍植物体内赤霉素的生物合成、降低植物体内的赤霉素水平来减慢植物生长速度、抑制茎伸长、控制树冠、提高抗倒能力的。同时,多效唑对植物的抑制作用又可通过使用赤霉素使之逆转。多效唑除主要作为生长调节剂应用外,还有抑菌作用,因此又是杀菌剂。多效唑在植物上的应用范围很广。

5.注意事项

(1)多效唑为强烈生长延缓剂,在土壤中残效期较长。据测定,当对每株苹果树施用20 g剂量时,其在土壤中的残留期可长达3年。一些大田作物或蔬菜在苗期喷洒一定剂量的多效唑后,往往会影响后茬作物的生长,因此在使用时务必注意。

(2)在一般情况下,作物使用多效唑不易产生药害,但如在用量过多,对作物产生抑制生长过度现象时,可增施氮肥或喷洒赤霉素来解救。

(七)烯效唑

烯效唑(Uniconazole)又名高效唑、优康唑、S-3307。

1.性质

纯品为白色结晶,在水中的溶解度是14.3 mg/L(24 ℃),可溶于丙酮、甲醇、氯仿、乙酸乙酯等有机溶剂,分子在40 ℃下稳定,在多种溶剂及酸、中性、碱水液中不分解,但在紫外光下易分解。

2.剂型

5%乳油和粉剂,0.08%颗粒剂。

3.毒性

急性口服LD_{50}雄白鼠4000 mg/kg,雌白鼠2850 mg/kg。

4.用途

用于矮化植株、除杂草、杀菌(黑粉菌、青霉菌),促进块根、块茎膨大,控制营养生长,促进结实,促进分蘖等。

5.注意事项

由于烯效唑在土壤中的半衰期短,且使用浓度一般只有多效唑的1/10,所以应用范围正在扩大,但要注意与其他试剂的混合施用,以增强效果。

(八)粉锈宁

粉锈宁又叫三唑酮(Triadimefon)。

1.性质

纯品为无色结晶，20 ℃时在水中的溶解度是0.07 g/L，在甲苯或三氯甲烷中则大于200 g/L，微臭。在正常情况下很稳定，22 ℃时在酸性、中性、碱性条件下（pH3~9）半衰期超过一年，在池塘水中半衰期为6~8 d，在荧光灯下，水溶液的半衰期仅为10~12 h。

2.剂型

制剂为白色至浅黄色粉末，不溶于水，但易在水中扩散。

3.毒性

制剂大白鼠急性口服LD_{50}为2140~4725 mg/kg。

4.用途

用于延缓花生、菜豆、大麦、小麦等作物生长。

（九）矮壮素

矮壮素（Chlormequat Chloride）的化学名称为2-氯乙基三甲基氯化铵，其他名为氯化氯代胆碱，又名三西、西西西、稻麦立，简写为CCC。

1.性质

纯品为白色菱状结晶，吸湿性强，熔点为238~242 ℃，易溶于水，不溶于苯、二甲苯、乙醇、乙醚，微溶于二氯乙烷和异丙醇。在中性或酸性介质中稳定，在碱性介质中不太稳定，与碱混合加热会分解失效。

2.剂型

50%水剂，97%粉剂。

3.毒性

雄鼠口服LD_{50}为670 mg/kg，雌鼠为1020 mg/kg。

4.用途

矮壮素是一种植物生长延缓剂，易被植物根、茎、叶吸收。它可以抑制细胞伸长，而不抑制细胞分裂，可抑制茎叶生长，而不影响性器官发育。它能使植物矮壮，茎秆增粗，叶色加深，以及增强抗倒、抗旱、抗寒、抗盐碱等性能。矮壮素与赤霉素有颉颃作用，矮壮素的加入能够部分抵消赤霉素对茎叶生长的促进作用。

5.注意事项

（1）大面积使用矮壮素时，切忌任意增加用药浓度和药液量，特别对棉花等敏感性很强的作物更需注意。如不慎使用矮壮素过量，则可使用赤霉素来减弱矮壮素对作物的过度抑制作用。

（2）一些使用矮壮素浓度很低的作物，原液直接加水配制较难配准。可先配制1%母液（按20 g即18.2 mL 50%矮壮素原液兑水980 mL比例配制），然后再配成使用浓度。如配10 mg/L溶液100 kg，则在100 kg水中加入100 g 1%矮壮素母液即成。对其他使用矮壮素浓度较高的作物,可直接将矮壮素与水混合。如配制0.1%浓度的矮壮素溶液100 kg,则在100 kg水中加入50%矮壮素原液200 g(182 mL)即成。

(3)矮壮素如用作防止疯长或倒伏,则只限于用在长势旺盛的作物上,而不宜用在长势较弱的作物上。

(4)作物使用矮壮素后,呈现叶色深绿,但不可据此判断为肥水充足,仍应按正常措施加强肥水管理。

(5)矮壮素50%水剂,冰点为-18 ℃,北方地区冬天要妥善保管。

(6)矮壮素不能与碱性药剂混用。

(7)矮壮素不易被土壤固定或被土壤微生物分解,一般作土壤施用效果较好。

(十)氯化胆碱

氯化胆碱(Choline Chloride)的化学名称为(2-羟乙基)三甲基氯化铵。

1. 性质

纯品为无色结晶,吸湿性强,易溶于水,在土壤中易被微生物分解,无环境污染。

2. 剂型

2%水剂无色透明,5%水溶液呈微棕黄色,50%、98%粉剂。

3. 毒性

低毒,大白鼠急性口服LD_{50}为2692 mg/kg。

4. 用途

抑制光呼吸,促进根系发达、块茎和块根增产,增强光合作用,促进稻、麦光合产物向生殖器官运输。

5. 注意事项

本品勿与碱性药剂混用。

(十一)矮健素

矮健素又名7102,化学名称为2-氯丙烯基三甲基氯化铵[(2-chloroprepenyl) Trimethyl Ammonlum Chloride]。

1. 性质

纯品为白色粉状结晶,熔点为168~170 ℃(分解)。粗品为米黄色粉状物,略带腥臭味。极易溶于水,结晶吸湿性很强,易潮解;不溶于苯、二甲苯及乙醚。性质稳定,但遇碱易分解。工业品为橙黄色水溶液。

2. 剂型

50%水剂。

3.毒性

小白鼠急性口服LD_{50}为1940 mg/kg，对人、畜低毒。

4.用途

矮健素的作用与矮壮素相似，可以通过抑制植物体内赤霉素的生物合成，而起到抑制植物伸长的作用。它能控制营养生长，使植物矮化、茎秆粗壮、叶色深绿，对防止麦类倒伏、棉花旺长和增强抗性等有很好的效果。

5.注意事项

与矮壮素基本相同。

（十二）比久

比久（Daminozide）的化学名称为N-二甲氨基琥珀酰胺酸，又名丁酰肼、B_9。

1.性质

纯品为白色结晶，工业品为浅黄色粉末，熔点为154~156 ℃，微臭，易挥发。25 ℃时溶解度：水中为10%，甲醇中为5%，丙酮中为2.5%，不溶于二甲苯。在土壤中稳定，残效达1~2年，易被土壤固定或被土壤微生物分解。

2.剂型

工业品为灰白至灰色或略带微黄色粉末状固体，含量为85%、96%、98%等。

3.毒性

属低毒性。大鼠急性口服LD_{50}为8400 mg/kg（雌），急性经皮LD_{50}大于16000 mg/kg。

4.用途

能抑制生长素和赤霉素生物合成，使植株矮化，促进次年花、芽形成，防止落花落果，调节养分，使叶片绿且厚，增强抗旱、抗寒能力，增加产量，促进果实着色，延长贮藏期。

5.注意事项

（1）避免用铜器盛装比久和用铜器机具。

（2）不能与波尔多液等混用，可以在波尔多液喷后5 d使用比久。

（3）喷后不久下雨，会影响使用效果，需酌量补喷。

（4）比久易被土壤微生物分解，且淋溶性低，故一般不作土壤施用。

（十三）调节膦

调节膦（Fosamine-ammonium）的化学名称为乙基氨甲酰基磷酸盐，又名蔓草膦、膦铵素。

1.性质

纯品为白色结晶，水溶性，微溶于甲醇和乙醇，难溶于氯仿、丙酮、苯等，不易挥发，不燃烧，自身稳定性好，但在酸性条件下，稀释液易分解。在土壤中易被土壤微生物分解,半衰期为1~2周,不宜土壤施用。

2. 剂型

40%水剂。

3. 毒性

纯品对大白鼠急性口服LD_{50}为10200 mg/kg,工业品(40%~50%水剂)对大白鼠LD_{50}为24000 mg/kg,低毒。

4. 用途

调节膦系高效、低毒,是灌木、杂草防除剂,同时又是一种内吸传导型植物生长调节剂。根、茎、叶都能吸收调节膦,并能从吸收部位输送到其他部位,在一定浓度范围内,能抑制或杀死植物旺盛的分生组织,如顶芽、侧芽等,而对其他部位影响较小。调节膦既有抑制植物细胞伸长的作用,又有抑制细胞分裂的功能,用在果树上起矮化和化学修剪作用;用在林业上有防除灌木杂草的作用;用在花卉上可延长插花和某些观赏植物的开花时间。由于调节膦对双子叶植物比较敏感,特别是木本植物,因此调节膦也常用在抑制双子叶植物的生长上。

5. 注意事项

(1)调节膦水剂的稳定性良好,室温贮藏两年以上,不会分解失效,配制好的药液也较稳定,但遇酸会分解。

(2)喷药后8 h内遇雨,会降低药效,需酌量补喷。

(3)在同一株树上连续用药两年以上,应停止再喷,以免抑制过度。

(4)调节膦不能与一般农药混喷。

(5)调节膦不宜作土壤施用,因为在土壤中很快会被分解。

(6)调节膦对人的眼、鼻、喉及皮肤有一定的刺激,应避免直接接触和吸入调节膦尘粒及雾滴。

(十四)助壮素

助壮素(Mepiquat Chloride, Mepiquat 1,1-dimethylpiperidinium,1,1-dimethyl-piperidiniuchloride)又名皮克斯、Pix、DPC、甲哌啶、甲哌鎓、调节啶、缩节安、壮棉素、健壮素、棉壮素,化学名称为1,1-二甲基哌啶鎓氯化物。

1. 性质

纯品为白色结晶,熔点为285 ℃(分解),溶解度(20 ℃时100 g溶剂中溶解的克数):水>100、乙醚<0.1、丙酮<0.1、乙醇<16.2、氯仿<1.1、乙酸乙酯<0.1、环己烷<0.1、橄榄油<0.1。在土壤中容易分解,半衰期约为2周。

2.剂型

98%、96%粉剂,5%液剂,25%水剂。

3.毒性

大白鼠急性口服LD_{50}为1490 mg/kg,急性经皮LD_{50}为7800 mg/kg,将大鼠暴露于该剂蒸气中4 h之后,未显示出异常反应。

4.用途

该剂为内吸性植物生长延缓剂,是生物合成赤霉素的抑制剂。主要通过植物绿色叶片和根系吸收,传导到植物体其他器官。它能抑制细胞伸长,延缓营养体生长,使植株矮化,株形紧凑,能增加叶绿素含量,提高叶片同化能力,调节同化产物在植株器官内的分配。

5.注意事项

(1)正常条件下,水剂在未开启的原装容器中至少可贮存2年。在-1 ℃下会结晶,而升温后又能溶解。

(2)避免吸入药雾和长期同皮肤接触。

(3)助壮素使用时,可以与常用杀虫剂、杀菌剂、叶肥剂混用。

(4)助壮素属生长延缓剂,使用时要严格掌握时期、浓度和用量,绝不能随意提早施用时间或增加药量。

(5)宜在生长良好的作物上使用。用药后作物叶色通常深绿,但这并不意味着可少施肥料,而恰恰相反,这时更需要增加肥水供应,加强田间管理,以免植株营养不足而出现早衰,影响产量。

(6)叶面喷施要注意适当加入表面活性剂。

(十五)环丙嘧啶醇

环丙嘧啶醇(Ancymidol)又名三环苯嘧醇、嘧啶醇。

1.性质

原药为白色结晶固体,熔点为110~111 ℃,弱碱性,水溶液pH11时稳定,在酸性条件下(pH < 4)不稳定。商品制剂在水中溶解度为650 mg/L(25 ℃),易溶于丙酮、甲醇、氯仿,溶于苯。

2.剂型

0.026%液剂。

3.毒性

对人、畜安全,大白鼠急性口服LD_{50}为5000 mg/kg,兔经皮LD_{50}大于2000 mg/kg。

4.用途

环丙嘧啶醇可经由植株的根、茎、叶吸收,然后通过韧皮部传导到活跃生长的分生组织部位，抑制赤霉素的生物合成，从而抑制节间伸长，主要功能是矮化植株，促进开花。

5.注意事项

(1)勿与酸性药剂混用。

(2)处理浓度高会导致开花的延迟。

(十六)抑芽唑

抑芽唑(Triapenthenol)又名NTN-821。

1.性质

抑芽唑原药为无色结晶体。

2.剂型

70%可湿性粉剂。

3.毒性

抑芽唑是低毒植物生长调节剂，大鼠急性经口LD_{50}大于5000 mg/kg，小鼠急性经口LD_{50}为4000 mg/kg，大鼠急性经皮LD_{50}大于5000 mg/kg。

4.用途

抑芽唑属三唑类植物生长调节剂，是赤霉素生物合成抑制剂。可抗倒伏，控制茎秆生长，节间缩短，不抑制根部生长。无论是通过叶部或根部吸收都可以达到抑制双子叶作物生长的目的。

5.注意事项

抑芽唑控长防倒伏，适用于水肥条件好，生长健壮的植物。在使用前，要做好用药条件试验，然后再推广。

(十七)调嘧醇

调嘧醇(Tune Ethyl Alcohol)又名EL-500。

1.性质

原药为无色结晶体，其水溶液遇光分解。

2.剂型

50%可湿性粉剂。

3.毒性

大鼠急性经口LD_{50}为709 mg/kg，小鼠急性经口LD_{50}为602 mg/kg，兔急性经皮LD_{50}大于500 mg/kg，接触皮肤呈轻微的红斑，无内吸毒性。

4.用途

调嘧醇属嘧啶醇类植物生长调节剂，是赤霉素合成抑制剂。最大抑制作用在有性繁殖阶段，具生根和抗倒伏作用，可改善冷季和暖季草坪的质量，也可注射树干减缓生长和减少观赏植物的修剪次数，调节株形，使其更具观赏价值。

三、乙烯释放剂及其他植物生长调节剂的调控效应

如前所述，植物生长调节剂的种类很多，生理作用也各不相同。如乙烯释放剂乙烯利等就有催熟果实，促进衰老和脱落，解除休眠等多种功能。此外，还有许多其他的生长调节剂，如三十烷醇、水杨酸等，有的已在生产上大规模应用，有的正显示出良好的发展前景。

（一）乙烯利

乙烯利（Ethephon）的化学名称为2-氯乙基膦酸（2-chloroethyl Phosphoric Acid），又名一试灵、乙烯磷、CEPA。

1.性质

纯品为长针状无色结晶，熔点为74~75 ℃，极易吸潮，易溶于水、乙醇、乙醚、丙酮、甲醇，微溶于苯和二氯乙烷，不溶于石油醚。制剂为棕黄色黏稠强酸性液体，pH为1左右。在常温、pH为3以下比较稳定，几乎不放出乙烯，在pH为4以上会分解出乙烯，乙烯释放速度随温度和pH的升高而加快。乙烯利在碱性沸水浴中40 min会全部分解，放出乙烯、氯化物及磷酸盐。

2.剂型

40%浅黄色黏稠水剂，5%~10%的胶体。

3.毒性

小白鼠急性口服LD_{50}为4229 mg/kg，小白鼠急性经皮LD_{50}为6810 mg/kg。

4.用途

促进不定根形成、茎增粗，解除休眠，诱导开花，控制花器官性别分化，使瓜类多开雌花，少开雄花，催熟果实，促进衰老和脱落。乙烯利在植物上使用时，能被迅速吸收进入体内。由于植物细胞液的pH在4以上，所以乙烯利便在处理部位逐渐分解并释放出乙烯，同时也能直接运转到其他部位分解释放出乙烯，从而对植物组织产生各种生理作用。

5.注意事项

（1）乙烯利原液稳定，但经稀释后的乙烯利水溶液稳定性变差。生产上使用时应随配随用，放置过久会降低使用效果。

（2）乙烯利呈酸性，遇碱会分解释放出乙烯，故禁忌与碱性农药混用，也不能用碱性较强的水稀释。

（3）乙烯利宜在晴天使用，至少在使用后4~5 h内无雨，否则药效减弱，需补充用药。

(4)配制乙烯利溶液的酸度在pH4以下时可直接使用,若酸度在pH4以上时,则要加酸使药液pH调至4。

(5)使用乙烯利时温度宜在20 ℃以上。温度过低,乙烯利分解缓慢,使用效果降低。

(6)乙烯利虽是低毒制剂,但对人的皮肤、眼睛有刺激作用。0.5%乙烯利能刺激眼睛,20%乙烯利能刺激皮肤,故使用时应尽量避免与皮肤接触,特别注意不要将药液溅入眼内。如不慎皮肤接触原液或将原液溅入眼内,应迅速用清水和肥皂液冲洗,必要时请医生治疗。

(7)乙烯利原液与金属容器会发生反应放出氢气,腐蚀金属容器。当遇碱时会放出可燃易爆气体乙烯,因此使用时一定要注意,以免发生危险。

(二)乙二膦酸

乙二膦酸(Ethyl-diphenyl-propenylamine)的化学名称为1,2-次乙基二膦酸,又名EDPA。

1. 性质

纯品为白色结晶,熔点为220~223 ℃,吸水性很强,易溶于水、乙醇,难溶于苯、甲苯,不溶于石油醚。其工业产品为淡黄色透明液体,呈强酸性,在酸性介质中稳定,在碱性介质中易分解。

2. 剂型

40%水剂。

3. 用途

乙二膦酸属于乙烯发生剂的一个类型。其水溶液为酸性,被植物吸收后,由于酸度下降而逐渐分解成乙烯和磷酸。通过乙烯对植物生育起着多方面的调节作用,如促进果实成熟、种子萌发、打破顶端优势等。磷酸又是植物所需的营养成分。与乙烯利不同之处是乙二膦酸分解后不产生盐酸,故使用安全。

4. 注意事项

(1)切勿曝晒和靠近热源。

(2)本品为酸性制剂,对金属有一定腐蚀作用,喷雾器使用后用清水冲洗。

(3)不可与碱性药物混用,以免分解而降低药效。

(4)药液随用随配,稀释药液不宜久放。使用时加少量洗衣粉,可增强黏着力,提高药效。

(三)水杨酸

生产上使用的水杨酸(Salicylate, SA)别名柳酸、沙利西酸、撒酸。

1. 性质

纯品为白色针状结晶或结晶状粉末，有辛辣味，易燃，见光变暗，在空气中稳定。熔点为157~159 ℃，76 ℃升华，微溶于冷水（1 g/460 mL），易溶于热水（1 g/15 mL）、乙醇（1 g/2.7 mL）、丙酮（1 g/3 mL）。其水溶液呈酸性，能与三氯化铁水溶液生成特殊紫色。

2. 剂型

99%粉剂。

3. 毒性

原药大鼠急性口服 LD_{50} 为890 mg/kg，国外大鼠经口 LD_{50} 为1300 mg/kg。

4. 用途

水杨酸可被植物的叶、茎、花吸收，有一定的传导作用。水杨酸最早是从柳树皮中分离出来的，故名叫柳酸，广泛用于防腐剂、媒染剂及分析试剂。它的衍生物乙酰水杨酸即医药上常用的阿司匹林。近代研究发现在水稻、大豆、大麦等几十种作物的叶片、生殖器官中含有水杨酸，越来越多的人把它看成作物体内一种不可缺少的生理活性物质。水杨酸用作植物生长调节剂时间不长，但它的药源丰富、价格适中，可用于促进生根，增强抗性，提高产量等，故使用较为普遍。

5. 注意事项

本品须密封暗包装，产品存放于阴凉、干燥处。

（四）三十烷醇

三十烷醇（Triacontanol）是含有30个碳原子长链的饱和脂肪醇，又名TRIA、蜂花醇。

1. 性质

纯品为白色鳞片状结晶，熔点为86.5~87.5 ℃，几乎不溶于水，难溶于冷乙醇和苯中，能溶于乙醚、氯仿、二氯甲烷及热苯中。可用氯仿、吐温20（或吐温80）配制成乳油使用。三十烷醇对光、空气、热及碱均稳定。

2. 毒性

小鼠口服 LD_{50} 为1500~8000 mg/kg。

3. 剂型

0.1%、0.25%、0.05%乳剂与胶悬剂。

4. 用途

用于各种植物有增产效果，特别是在海带和紫菜调控方面。

（五）石油助长剂

石油助长剂（Petrol Growth Substance）又名长-751、C-751，化学名称为环烷酸盐（钠、铵）。

1.性质

石油助长剂是以石油及其加工残渣等下脚料为原料，经加工处理后制成。所含植物生长调节物质主要是环烷酸钠，工业品为红褐色透明液体，稍有气味，不燃烧，不腐蚀，不挥发。易溶于水，性质稳定，pH为7.5~8.5，遇酸易变质失效。水溶液50 ℃呈红棕色液体。

2.剂型

40%水剂，棕色液体。

3.毒性

对人、畜低毒，鼠口服LD_{50}为5200 mg/kg。

4.用途

其活性随组分及所含阳离子（Na^+、K^+、Cu^{2+}、Mn^{2+}、NH_4^+）的不同而有差异。主要作用为刺激种子萌发，促进发根和植株苗壮，增强叶片光合作用，加速籽粒灌浆，提高作物产量。此外，还能促进细胞分裂，诱导愈伤组织形成，加速分化出苗。常被用于稻、棉、烟、瓜果、蔬菜等作物增产。

5.注意事项

（1）遇酸易变质，避免与酸性物质接触。

（2）可与碱性农药混用。

（3）使用时适当加入表面活性剂。

（六）壳聚糖

壳聚糖（Chitosan）也叫甲壳素、甲壳胺，广泛分布于动、植物及菌类中。如甲壳动物的甲壳、昆虫麦皮内甲壳和真菌的细胞壁中均含有甲壳质，反应后可得壳聚糖。

1.性质

壳聚糖纯品为白色或灰白色无定形片状或粉末，无臭无味，可溶于稀酸及有机酸中。其化学性质稳定，具有耐高温性，经高温消毒后不变性。壳聚糖可以溶解于许多稀酸中，如水杨酸、酒石酸、乳酸、琥珀酸、乙二酸、苹果酸、抗坏血酸等。总之分子越小、脱乙酰度越大，溶解性越强。壳聚糖溶于弱酸稀溶液中，加工成的膜具有透气性、透湿性、渗透性、拉伸度强及防静电作用。壳聚糖在盐酸水溶液中加热到100 ℃，能完全水解成氨基葡萄糖盐酸盐。甲壳质在强碱水溶液中可脱去乙酰成为甲壳胺。甲壳胺在碱性溶液或在乙醇、异丙醇中可与环氧乙烷、氯乙醇、环氧丙烷生成羟乙基化或羟丙基化的衍生物，从而更易溶于水。甲壳胺还可与甲酸、乙酸、草酸、乳酸等有机酸生成盐。

2.毒性

壳聚糖的毒性极低。口服、皮下给药、腹腔注射的急性毒性试验，口服长期毒性试验均显示非常小的毒性，也未发现有诱变性、皮肤刺激性、眼黏膜刺激性、皮肤过敏、光毒性、光敏性。小鼠、大鼠急性口服 LD_{50} 大于15 g/kg。

3.用途

壳聚糖可作为良好的生物螯合剂和吸附剂。用于处理种子，可提高产量。可用作种子的包衣剂成分。还可用于改良土壤，作农药的缓释剂，水果保鲜剂，此外还有抗病防病的作用。

4.注意事项

壳聚糖有吸湿性，注意防潮。不同分子量的壳聚糖应用效果有差异，应注意。

（七）核苷酸

核苷酸（Nucleotide）为核酸分解的混合物，一类为嘌呤或密啶-3′-磷酸，另一类为嘌呤或嘧啶-5′-磷酸。

1.性质

核苷酸干制剂容易吸水，但可溶于水，在稀碱液中能完全溶解，核苷酸不溶于醇，能在水溶液pH为2.0~2.5时形成沉淀。

2.剂型

0.05%液剂。

3.毒性

核苷酸为核酸水解产物，属天然生物制剂。

4.用途

用于叶面喷洒、秧苗处理等，可提高产量，促进生长。

5.注意事项

核苷酸使用浓度安全范围宽，可多次喷洒，但不同水解产品效果有差异。

（八）2,4-D丙酸

2,4-D丙酸［(2,4-dichlorophenoxy)Propionic Acid］又名2,4-DP、防落灵，是一种苯氧类植物生长调节剂，化学名称为(2,4-二氯)苯氧异丙酸。

1.性质

纯品为白色无臭晶体，熔点为117.5~118.1 ℃，在室温下无挥发性，在20 ℃水中溶解度为350 mg/L，易溶于大多数有机溶剂，在光、热下稳定。

2.剂型

95%粉剂。

3.毒性

2,4-D丙酸原药的大鼠雄鼠急性口服 LD_{50} 为863 mg/kg，雌鼠为870 mg/kg。4.5%制剂大鼠雄鼠急性口服 LD_{50} 为3352 mg/kg，雌鼠为3757 mg/kg。

4. 用途

2,4-D丙酸为生长素类的植物生长调节剂,它主要经由植株的叶、嫩枝、果吸收,然后传导到叶、果的离层处,抑制纤维素酶的活性,从而阻抑离层的形成,防止成熟前果和叶的脱落。2,4-D丙酸可用于谷物类中蓼及其他双子叶杂草防除,用作苹果、梨的采前防落果剂,且有着色作用。此外,对葡萄、番茄也有采前防落果作用。

5. 注意事项

(1)使用时适当加表面活性剂,如吐温80,有利于药剂发挥作用。

(2)用作苹果采前防落果剂,与钙离子混用可增强防落效果及防治苹果软腐病。

(3)喷后24 h勿有雨,否则影响效果。

(九)丰啶醇

丰啶醇[3-(α-pyridyl)-propanol]又名7841,是一种吡啶类具有生长调节剂作用的化合物,其化学名称为3-(2-吡啶基)丙醇。

1. 性质

纯品为无色透明油状液体。难溶于水,可溶于氯仿、甲苯等有机溶剂。

2. 剂型

80%乳油。

3. 毒性

大鼠(雄)急性口服LD_{50}为111.5 mg/kg,小鼠(雄)急性口服LD_{50}为154.9 mg/kg。

4. 用途

丰啶醇可被根、茎、叶及萌发的种子吸收,可使植株矮化,茎秆变粗,叶面积增大,刺激生根等。用于大豆、花生、向日葵等作物,起矮化、增产等作用。

5. 注意事项

(1)处理时防止药液吸入口腔,勿让药液溅到皮肤、眼睛上,勿与食品接近,勿让儿童接近。

(2)药品放在低温、干燥处。

(十)尿囊素

尿囊素(Allantoin)是杂环类化合物,广泛存在于植物体内,化学名称为N-2,5-二氯-4-咪唑烷基脲。

1. 性质

纯品为无色结晶粉末,无臭无味,能溶于热水、热醇和稀氢氧化钠,微溶于水和醇,几乎不溶于醚。饱和水溶液pH为5.5。纯品熔点为238~240 ℃,加热到熔点时开始分解。对多种作物有促进生长、增加产量的作用,还是开发多种复合肥、微肥、缓效肥及稀土肥等必不可少的原料。

2. 毒性

由于人和动物体内都含有尿囊素，故尿囊素对人、畜安全。

3. 用途

尿囊素是广谱性的植物生长调节剂，可增强蔗糖酶的活性，提高甘蔗产量；尿囊素对土壤微生物有激活作用，从而有改善土壤的效应；由于应用后能引起植物体内核酸的变化，故对多种农作物有促进生长的作用。

4. 注意事项

（1）处理后12~24 h内勿有雨淋，以防药被冲刷。

（2）与水杨酸、氨基乙酸、抗坏血酸及多种叶面微肥等混合使用效果更为理想。不同作物使用次数有差异，应先试验、示范，后大面积推广应用。

（十一）调节安

调节安（Tiaojiean）的化学名称为4，4-二甲基吗啉鎓氯化物（4，4-dimethyl-morpholinium Chlorid），是一种抑制生长的调节剂，又名DMC。

1. 性质

纯品为无色针状晶体，熔点为344 ℃（分解），易溶于水，微溶于醇，难溶于丙酮及非极性溶剂。有强烈的吸湿性，其水溶液呈中性，化学性质稳定。

2. 剂型

工业品为白色或淡黄色粉末状固体，有效活性成分含量不低于95%

3. 毒性

雄性大鼠口服LD_{50}为740 mg/kg，雌性大鼠口服LD_{50}为840 mg/kg；雄性小鼠经口LD_{50}为250 mg/kg，经皮大于2000 mg/kg。由于调节安溶于水，极易在植物体内代谢，初步测定它在棉籽中的残留小于0.1 mg/kg。

4. 用途

调节棉花的生育，抑制营养生长，加强生殖器官的生长势，增强光合作用，增加叶绿素含量，增加结铃和铃重。调节安作为一种生长延缓剂其最大的特点是药效缓和、安全幅度大、应用范围广。

5. 注意事项

（1）棉花整个大田生长期内，每亩用药量不宜超过9 g。50~250 mg/L为安全浓度，100~200 mg/L为最佳用药浓度。300 mg/L以上对棉花将产生较强的抑制作用。

（2）喷洒调节安后，叶片叶绿素含量增加，叶色加深，但应注意这种假相会掩盖缺肥，故栽培管理上应按常规方法及时施肥、浇水。

(十二)黄腐酸

黄腐酸(Fulvic Acid)是一类组织结构相似而又各不相同的复杂物质的混合物,其中溶于水或稀酸的部分为黄腐酸,又名富里酸、抗旱剂一号、旱地龙,也可将其归类为微肥或叶面肥。

1.性质

黄腐酸为黑色或棕黑色粉末,含有碳(50%左右)、氢(2%~6%)、氧(30%~50%)、氮(1%~6%)、硫等,主要官能团有羧基、羟基、甲氧基、羰基等,相对密度在1.330~1.448,可溶于水、酸、碱。

2.毒性

黄腐酸对人、畜安全,无环境污染。

3.用途

黄腐酸能被植物根、茎、叶吸收,可促进生根,提高植物的呼吸作用,减少叶片气孔开张度,降低作物的蒸腾,调节某些酶的活性,如促进过氧化氢酶,抑制吲哚乙酸氧化酶等。黄腐酸可用以改良土壤,用于水稻浸种,促进生根和生长;用于葡萄、甜菜、甘蔗、瓜果、番茄等,可不同程度提高含糖量或甜度;用于杨树等插条可促进插枝生根;小麦在拔节后喷洒叶面,可提高其抗旱能力,提高产量。

4.注意事项

(1)这类物质有生理活性,但又达不到显而易见的程度,各地应用效果也不够稳定,有待与某些有抗旱作用的生长调节剂混作,以出现更明显的效果。

(2)应用时应注意加表面活性剂。

(十三)复硝钠

复硝钠(Sodium Nitratemixture)是几种含硝基苯酚钠盐(有的产品是铵盐)的复合型植物生长调节剂,又名爱多收、丰产素。

1.性质

复硝钠是由三种成分组成的复硝酚钠类植物生长调节剂。邻硝基苯酚钠(Sodium Ortho-nitrophenolate),98%红色针状结晶,有芳香烃气味,熔点为44.9 ℃,溶于水、丙酮、乙醇。对硝基苯酚钠(Sodium Para-nitrophenolate),98%黄色片状结晶,无味,熔点为113~114 ℃,溶于水、丙酮、乙醇。5-硝基邻甲氧基苯酚钠(Sodium 5-nitroguaiacolate),98%橘红色片状结晶,无味,熔点为105~106 ℃,溶于水、丙酮、乙醇等。

2.剂型

1.8%水剂。

3.毒性

复硝钠为低毒性植物生长调节剂。邻硝基苯酚钠大鼠急性口服LD_{50}为1460 mg/kg

（雌）、2050 mg/kg（雄），对眼、皮肤无刺激作用，亚慢性毒性小白鼠经口无作用剂量为1350 mg/（L/d）。对硝基苯酚钠大鼠急性口服LD_{50}为482 mg/kg（雌）、1250 mg/kg（雄），对兔眼、皮肤无刺激作用，3个月喂养无作用剂量小白鼠为480 mg/（L/d）。5-硝基邻甲氧基苯酚钠大鼠急性口服LD_{50}为3100 mg/kg（雄）、1270 mg/kg（雌），对大鼠眼和皮肤无刺激作用，3个月喂养无作用剂量为400 mg/（L/d）。

4.用途

复硝钠可经由植株的根、叶及种子吸收，很快渗透到植物体内，以促进细胞原生质的流动，促进植物发根、生长、生殖和结果。复硝钠是广谱型的生长调节剂，应用范围较广，可用于浸种、喷叶等，但就其效果而言，直观性较差，各地使用有好有差，且要多次处理。

5.注意事项

（1）浓度过高会对作物幼芽及生长产生抑制作用。

（2）喷洒处理时要注意均匀，蜡质多的植物要适当加入展着剂后再喷。

（3）可与农药混用，与尿素及叶肥混用能提高功效。

（4）烟草采收前1个月停用，以免使生殖生长过旺。

（5）存放在阴凉处。

（十四）氟节胺

氟节胺（Flumetralin）是一种含氟的硝基苯类植物生长调节剂，又名抑芽敏。

1.性质

纯品为黄色或橘黄色结晶，熔点为101~103 ℃，加热到250 ℃时分解。在常温下几乎不溶于水，溶解度水中为0.07 mg/L，丙酮中为560 g/L，甲苯中为400 g/L，乙醇中为18 g/L，在pH5~9范围内稳定。

2.剂型

25%乳油。

3.毒性

氟节胺属低毒性植物生长调节剂。原药大鼠急性经口LD_{50}大于5000 mg/kg，大鼠急性经皮LD_{50}大于2000 mg/kg，对皮肤和眼睛有刺激作用。

4.用途

氟节胺是接触兼局部内吸型烟草侧芽抑制剂，它经由烟草的茎、叶表面吸收，有局部传导性能。当它进入烟草腋芽部位，可抑制腋芽内分生细胞的分裂、生长，从而控制腋芽的萌发。

5.注意事项

（1）应在侧芽刚萌发时进行处理，侧芽过长处理效果不佳。

(2)勿与其他农药混用。

(十五)矮抑安

矮抑安(Mefluidide)是一种酰胺类植物生长调节剂,又名优草胺。

1.性质

纯品为非挥发性白色结晶固体,熔点为183~185 ℃。微溶于水(180 mg/L),易溶于甲醇(310 g/L)、丙酮(350 g/L)、乙腈(64 g/L)。水溶液呈酸性(pH4.6),对冷、热稳定,水溶液在紫外光下分解。

2.剂型

0.48%或0.24%液剂。

3.毒性

矮抑安对人、畜低毒,大鼠急性口服LD_{50}为4000 mg/kg,小鼠急性口服LD_{50}为1920 mg/kg,兔急性经皮LD_{50}大于4000 mg/kg。

4.用途

抑制分生组织的生长和发育,在草坪、牧场、工业区等场所抑制多年生禾本科杂草的生长以及杂草种子的产生。抑制观赏植物和灌木的顶端生长和侧芽生长,增加甘蔗含糖量。

(十六)萘乙酰胺

萘乙酸胺(1-naphthylacetamide)是一种萘类植物生长调节剂,又名NAAm、NAD。

1.性质

萘乙酰胺原药为无味白色结晶,熔点为182~184 ℃。20 ℃时溶于丙酮、乙醇、异丙醇,微溶于水,不溶于二硫化碳、煤油和柴油。

2.剂型

8.4%可湿粉剂、10%可湿粉剂。

3.毒性

萘乙酰胺对大鼠急性口服LD_{50}为6490 mg/kg,兔经皮LD_{50}大于5000 mg/kg,对皮肤无刺激作用,但可引起不可逆的眼损伤。

4.用途

萘乙酰胺可经由植物的茎、叶吸收,传导性差。可引起花序梗离层的形成,从而作疏果剂,同时也有促进生根的作用。

5.注意事项

(1)它用作疏果剂时应严格掌握时间,且疏果效果与气温等有关,因此要先取得示范经验再逐步推广。

(2)操作时应戴保护镜,以防药液溅到眼内。

(十七)噻唑隆

噻唑隆(Thiazolone)是具有细胞激动素作用的植物生长调节剂,又名噻苯隆、脱叶灵、脲脱素、脱叶脲。

1.性质

原药为无色无味晶体,熔点为213 ℃,水中溶解度为0.002 g/100 mL,苯中为0.0035 g/100 mL,丙酮中为0.8 g/100 mL,环己酮中为21 g/100 mL,二甲基甲酰胺中为50 g/100 mL。在pH5~9范围内分子稳定。在60 ℃、90 ℃及120 ℃下贮存稳定期超过30 d。

2.剂型

50%可湿性粉剂。

3.毒性

噻唑隆属低毒性植物生长调节剂,原药对大鼠急性口服LD_{50}大于4000 mg/kg。对家兔眼有轻度刺激,对皮肤无刺激作用,在土壤中的半衰期为26 d。

4.用途

噻唑隆可经由植株的茎叶吸收,然后传导到叶柄与茎之间。较高浓度下可刺激乙烯生成,促进果胶和纤维素酶的活性,从而促进成熟叶片的脱叶,加快棉桃吐絮。低浓度具有细胞激动素的作用,能诱导一些植物的愈伤组织分化出芽,也可作坐果剂。

5.注意事项

(1)作脱叶剂时一定要按指定的使用时期、用量、处理方式操作。

(2)处理后24 h内勿有雨水。

(十八)硫脲

硫脲(Thiourea)是一种有弱激素作用的硫代尿素。

1.性质

硫脲纯品为白色结晶,有苦味,熔点为176~178 ℃,硫脲溶于冷水、醇类,不溶于醚。

2.毒性

硫脲对挪威大鼠急性口服LD_{50}为1830 mg/kg,家鼠急性口服LD_{50}为125~640 mg/kg。

3.用途

硫脲在植物体中有弱细胞激动素的作用,可延缓叶片衰老。在缺乏激动素的大豆愈伤组织中添加硫脲,可诱导形成细胞激动素,促进愈伤组织的生长。硫脲也可用于打破休眠,提高抗病性,增加产量。

4. 注意事项

(1)使用硫脲时，应尽量避免药剂喷洒或与人、畜直接接触。

(2)硫脲可以与叶面微肥混合使用，其应用效果更好。

(十九)抗坏血酸

抗坏血酸(Ascorbic Acid)是一种广泛分布在植物中的维生素，又名维生素C、Vc、丙种维生素。

1. 性质

抗坏血酸纯品为白色结晶，熔点为190~192 ℃。易溶于水(100 ℃水中的溶解度为80%，45 ℃水中的溶解度为40%)，稍溶于乙醇，不溶于乙醚、氯仿、苯、石油醚等。其水溶液呈酸性，溶液接触空气很快氧化成脱氢抗坏血酸。溶液无臭，是较强的还原剂。贮藏时间较长后变为淡黄色。

2. 剂型

6%水剂。

3. 毒性

抗坏血酸对人、畜安全，每日以500~1000 mg/kg饲喂小鼠一段时间，未见有异常现象。

4. 用途

抗坏血酸在植物体内参与电子传递系统中的氧化还原作用，促进植物的新陈代谢。它与吲哚丁酸混用诱导插枝生根往往表现比单用效果更好。抗坏血酸也有捕捉体内自由基的作用，可提高番茄抗灰霉病的能力，还可用于插枝生根和抗病、增产等方面。

(二十)二甲戊乐灵

二甲戊乐灵(Pendimethalin)又名除芽通。

1. 性质

原药橙黄至微红棕色，挥发性小，不容易被光分解，在碱性与酸性条件下均稳定。制剂外观为橙黄色透明液体，乳化性好，常温贮存稳定2年以上。

2. 剂型

33%乳油。

3. 毒性

原药大鼠急性经口 LD_{50} 为1250 mg/kg，家兔急性经皮 LD_{50} 大于5000 mg/kg，对皮肤和眼睛无刺激作用。制剂低毒，大鼠急性经口 LD_{50} 为2930 mg/kg(雄)、2700 mg/kg(雌)，家兔急性经皮 LD_{50} 为6870 mg/kg，对皮肤中等刺激。

4. 用途

为接触型烟草腋芽抑制剂。在烟草打顶后用除芽通能抑制烟草腋芽的发生。

5.注意事项

(1)避免过早摘顶施药,否则叶皱影响烟叶产量和质量;避免过晚花盛开时摘顶施药。

(2)打顶同时抹去超过2.5 cm的腋芽。对于已施药被控制而呈卷曲状的腋芽,不要人工摘除,以免再生新芽。

(3)在早上有露水或温度高于35 ℃时及刮风天勿处理。

(二十一)仲丁灵

仲丁灵(Butralin)又名止芽素。

1.性质

原药为橙色固体,制剂橘黄色。

2.剂型

36%乳油。

3.毒性

原药大鼠经口服LD_{50}为12600 mg/kg,大鼠急性经皮LD_{50}为2000 mg/kg,家兔经皮LD_{50}为10200 mg/kg。

4.用途

止芽素是一种接触型烟草腋芽抑制剂,其有效成分亦具杀草活性。其作用是抑制细胞分裂,吸收快,作用快,使萌芽2.5叶以内的腋芽停止生长而卷曲萎蔫,叶腋未萌发的腋芽无法生长出来,抑制烟草腋芽发生,还可减轻田间花叶病的接触传染。

5.注意事项

(1)适时打顶施药,切勿过早打顶施药,或过晚花盛开时打顶施药。

(2)选晴天露水干后施药,雨后植株太湿、气温过高不宜施药,勿在风大的气候条件下使用,以免药液飘移,避免药液与烟叶片接触。

(3)本品极易与水混合而形成橙黄色溶液,使用时极易分辨药液是否接触到每一个叶腋,要注意有时会有个别叶腋被遗漏,需及时补涂药液。对已控制呈卷曲的腋芽不要人工摘除,以免再生新腋芽。

(4)本品能促进根系发达,对氮素吸收力强,故可酌情减少氮肥的用量,以免影响产量与品质。

(二十二)氯苯胺灵

氯苯胺灵(Chlorpropham)又名戴科、CIPC。

1.性质

原药为无色结晶,可与低级醇、芳烃和大多数有机溶剂混溶。在酸和碱性介质中缓慢水解。

2.剂型

0.7%粉剂,50%气雾剂。

3.毒性

氯苯胺灵为低毒性除草剂及植物生长调节剂,原药大鼠急性经口服LD_{50}为4200 mg/kg,家兔急性经皮LD_{50}大于2000 mg/kg。

4.用途

氯苯胺灵是氨基甲酸酯类选择性苗前、芽前、早期苗后除草剂,被根及出土过程中幼芽吸收传导,抑制细胞有丝分裂,杂草幼芽生长受抑制而致死。也可用于马铃薯抑芽、贮藏。

5.注意事项

(1)粉剂可自动升华为气体达到抑芽作用,因此撒药要均匀。若贮存期长,可在用药2个月后重新施药,保持室温,避光贮存。

(2)马铃薯抑芽剂氯苯胺灵不可用于大田或种薯上。

四、植物生长调节剂的合剂和混剂

植物在生长发育过程中要受到多种激素的调节控制,往往单一的激素并不能有效地调节植物的生长,达到最佳的效果。所以,植物生长调节物质的最终作用常常需要与其他营养物质以及矿质元素、表面活性剂等配合,才能更好地发挥其调节效应。因此,在生产实践中除了单一的试剂外,还有许多复合试剂,事实上生产当中应用的往往也是混合试剂。

如萘乙酸钠与几种硝基苯酚钠组成的硝萘合剂;赤霉素与苄基膘嘌呤组成的合剂;油菜素内酯与乙烯利组成的合剂;矮壮素与乙烯利复配成的合剂;赤霉素与吲哚丁酸组成的合剂;黄腐酸与核苷酸的混剂;多效唑与烯效唑复配成的合剂。

生产上大量推广施用的许多调节物质,如生根剂、坐果剂、脱叶剂、保鲜剂等,也往往是几种植物生长调节剂的混剂或植物生长调节剂与肥料、微量元素等配合而成的复合型制剂。

由于植物生长调节剂的合用与混剂可以产生加合、增效等作用,不仅能减少用量,提高效果,同时也可扩大应用范围,互相取长补短。所以,国内外都非常重视植物生长调节剂合剂和混剂的研发,并且呈现出迅猛的发展势头。

(一)植物生长调节剂之间复配

不同的植物生长调节剂复配使用后往往会产生更好的效果。生长促进剂与生长抑制剂复配使用,对一些植物可抑制营养生长而促进生殖生长,在植物控制旺长、抗倒伏的同时，使果实膨大，产量提高，品质改善。

如复硝酚钠+萘乙酸钠是一种省工、低成本、高效、优质的新型复合植物生长调节剂。复硝酚钠作为一种综合调节作物生长平衡的调节剂，可全面促进作物生长。而当其与萘乙酸钠复配，一方面可强化萘乙酸钠的生根作用，另一方面又可增强复硝酚钠的生根速效性，二者共同促进，使生根速度更快，营养吸收更强劲、更全面，可加速促进作物生长健壮，节间粗壮，分枝、分蘖增多，抗病，抗倒伏。将复硝酚钠与萘乙酸钠按照1∶3复配应用于砧木生根，结果显示，生根数明显高于单用萘乙酸钠；应用于大豆的试验研究表明，二者明显促进大豆根系粗壮，根瘤固氮菌能力显著增强，2~3 d即表现出明显的外观直视效果；复硝酚钠与萘乙酸钠复配剂2000~3000倍水溶液在小麦生根期叶面喷施2~3次，可增产15%左右，并且对小麦品质无不良影响。

胺鲜酯（DA-6）的化学名是已酸二乙氨基乙醇酯（Diethyl Aminoethyl Hexanoate），可用于各种经济作物和粮食作物，也常常复配使用。如DA-6 +乙烯利（或复硝酚钠+乙烯利）是一种复合型玉米专用的矮化、健壮、防倒型调节剂。单用乙烯利，表现为有矮化作用，且叶片增宽、叶色深绿、叶片向上、次生根增多，但易出现叶片早衰现象。玉米应用DA-6 +乙烯利复配剂控旺，复配使用比单用乙烯利可降低株高达20%，具有明显的增效、防早衰功效。

复硝酚钠与赤霉素同作为速效性调节剂，均能在施用后短时间内发生作用，使作物显示出很好的生长效果。中牟县枣树科学研究所关于复硝酚钠的研究表明，复硝酚钠与赤霉素复配使用，复硝酚钠的持效性特点能弥补赤霉素的缺陷，同时通过综合调控生长平衡，可避免赤霉素使用过量对植株造成的伤害，从而使枣树显著增产，品质也明显提高。

萘乙酸钠+吲哚丁酸盐是目前应用最为广泛的复合生根剂，在果树、林木、蔬菜、花卉及一些观赏植物上推广应用广泛。该混剂可经由根、叶、发芽的种子吸收，刺激根部内鞘部位细胞分裂生长，使侧根生长快而多，提高植株吸收养分和水分的能力，达到植株整体生长健壮。该剂在促进植物扦插生根中往往出现增效或加合作用，故可使一些难以生根的植物也能插枝生根。

（二）植物生长调节剂与肥料复配

复硝酚钠+尿素在调节剂与肥料复配中应用广泛。在作用效果上，复硝酚钠所具有的综合调控作物生长发育的特性可弥补前期养分缺乏的不足，使作物营养更全面，尿素利用更彻底；在作用时间上，复硝酚钠的速效性和持效性与尿素的速效性结合，可使植株外观及内在变化更快、更持久；在作用方法上，复硝酚钠与尿素配合使用，既可作基肥，也可作根部喷施，可谓“一举三得”。复硝酚钠与含尿素的叶面肥试验发现，植株在施药后40 h内，叶片颜色变深发绿，有光泽，后期产量显著提高。

三十烷醇可增强作物光合作用，与磷酸二氢钾混合喷施，可提高作物产量，二者再针对性地配合以其他肥料或调节剂施用在相应作物上，效果更好。如三十烷醇 + 磷酸二氢钾 + 复硝酚钠复配应用在大豆上，比仅用前二者可增产 20% 以上。

DA-6 + 微量元素（如硫酸锌）或 DA-6 + 大量元素（如尿素、硫酸钾等），均可使肥料发挥出比单用高几十倍的功效，同时增强植株抗病、抗逆性。从大量试验中优选出良好组合，再加以一定助剂，效果显著。

矮壮素 + 硼酸在葡萄上应用，可克服矮壮素的不足。试验表明，在葡萄开花前 15 d 用一定浓度的矮壮素对整株进行喷洒，可大大提高葡萄的产量，但会降低葡萄汁中的含糖量。而该混剂则既能发挥矮壮素控长促坐果增加产量的作用，又能克服矮壮素使用后糖含量降低的副作用。

（三）植物生长调节剂与杀菌剂复配

复硝酚钠与乙蒜素复配使用能显著提高其药效，并延缓抗药性出现，且能够通过调节作物生长来抵御药剂过量或高毒产生的药害，以弥补因此造成的损失。用复硝酚钠+乙蒜素乳油防治棉花枯黄萎病的试验研究表明：复硝酚钠的加入比单用乙蒜素发病率降低 18.4%，且复配制剂处理组比对照组生长健壮，叶片深绿、肥厚，后期衰退时间晚，延长叶片功能期。

复硝酚钠与杀菌剂混用可改善药剂的表面活性，增强渗透力和附着力等，从而增强杀菌效果。复硝酚钠与杂环类杀菌剂（如多菌灵）复配使用，在花生叶部病害防治上，于发病初期连喷 2 次，可提高防效 23%，显著增强杀菌效果。

芸苔素内酯有促进农作物、树木与种子萌发和助苗生长、提高作物抗逆性的作用。根据相关文献报道，芸苔素内酯与三唑酮复配对棉花立枯病防效超过 70%，同时还可促进棉花根和芽的生长。有研究表明，水杨酸对三唑酮也有明显的增效作用。

（四）植物生长调节剂与除草剂复配

乙烯利+百草枯可用于作物脱叶剂。该剂作为芝麻干燥脱叶剂时能增产，在芝麻收获前 6 d，单用乙烯利进行喷洒，干燥脱叶效果差，芝麻也不增产，单用百草枯虽干燥脱叶效果好，但不增产，若二者混用，不仅表现为干燥脱叶效果好，其产量也比对照增加。

（五）其他植物生长调节剂的复配技术

1. 生根复配剂

该类复配剂主要促进秧苗移栽之后的生根、缓苗，或者苗木的扦插等。其类型分别有生长素 + 土菌消、生长素 + 邻苯二酚、吲哚乙酸 + 萘乙酸、生长素 + 糖精、脱落酸 + 生长素、黄腐酸+吲哚丁酸等。

2.促进性坐果复配剂

该类复配剂作用是提高单性结实率，提高水果单重，促进坐果、加快果实膨大。其类型分别有赤霉素+细胞激动素、赤霉素+生长素+6-BA、赤霉素+萘氧乙酸+二苯脲、赤霉素+卡那霉素、赤霉素+芸苔素内酯、赤霉素+萘氧乙酸+微肥元素等。

3.抑制性坐果与谷物增产复配剂

该类复配剂作用是控制旺长，提高坐果率。其类型分别有矮壮素+氯化胆碱、矮壮素+乙烯利、乙烯利+脱落酸、矮壮素+乙烯利+硫酸铜、矮壮素+嘧啶醇、矮壮素+赤霉素、脱落酸+赤霉素等。

4.打破休眠促长复配剂

该类复配剂作用是打破休眠促进发芽。其类型有赤霉素+硫脲、硝酸钾+硫脲、苄氨基嘌呤+萘乙酸+烟酸、赤霉素+KCl、赤霉素+Fospinol等。

5.干燥脱叶复配剂

该类复配剂主要用于芝麻、棉花等，在机械采收前干燥、脱叶，其作用不仅是干燥脱叶的效果，还要有增加产量的效果。其类型有乙烯利+百草枯、噻唑隆+甲胺磷、噻唑隆+碳酸钾、乙烯利+过硫酸胺、噻唑隆+敌草隆、乙烯利+草多索+放线菌酮等。

6.催熟复配剂

该类复配剂的作用是促进着色，改善品质，加快果实成熟、使果实色泽鲜艳、增加果实的甜度等。其类型有乙烯利+促烯佳、乙烯利+环糊精复合物、乙烯利+2,4,5-涕丙酸、敌草隆+柠檬酸、苄氨基嘌呤+春雷霉素等。

7.摘果复配剂

在苹果、柑橘等果实快成熟前应用，可促使果梗基部的离层形成，从而导致果实与枝条的分离。其类型有萘乙酰胺+乙烯利、二硝基邻甲酚+萘乙酰胺+乙烯利、萘乙酰胺+西维因、二硝基邻甲酚+萘乙酰胺+西维因、萘乙酸+西维因等。

8.调控开花复配剂

该类复配剂可以促进花芽发育、开花及调控性比例，使果实作物由营养生长转化为生殖生长，促进开花。其类型有萘乙酸+苄氨基嘌呤、苄氨基嘌呤+赤霉素、赤霉素+硫代硫酸银、乙烯利+重铬酸钾等。

9.抑芽复配剂

该类复配剂可抑制烟草腋芽的萌发，抑制马铃薯在贮藏期发芽等。其类型有青鲜素+抑芽敏、氯苯胺灵+苯胺灵、蔗糖脂肪酸酯+青鲜素等。

10.促长增产复配剂

该类复配剂能提高植株对N、P、K的吸收能力，增加产量。其类型有吲哚乙酸+萘乙酸、吲哚乙酸+萘乙酸+2,4-D+赤霉素、助壮素+细胞激动素+类生长素、双氧水+木醋酸等。

11.抗逆复配剂

该类复配剂可以增强植株对逆境(如干旱、低温、病虫等)的抗性、增强营养元素的吸收、促进幼苗的生长、增加干物质总量。其类型有抗激动素+脱落酸、细胞激动素+生长素+赤霉素、乙烯利+赤霉素、水杨酸+基因活性剂等。

(六)若干合剂与混剂的组成和主要用途

下面简介若干合剂与混剂的组成和主要用途。

硝·萘合剂:由萘乙酸钠与对硝基苯酚钠、邻硝基苯酚钠和2,4-二硝基苯酚钠加表面活性剂等混合而成,可增加作物产量。

激·生·酶合剂:由细胞激动素、生长素、酶、微量元素和氨基酸等混合而成,促进生长,改善品质。

赤霉素·苄基嘌呤合剂:由6-苄基腺嘌呤与GA_4和GA_7混合而成,促进坐果。

芸·乙合剂:由油菜素内酯(芸苔素内酯)和乙烯利混合而成,可矮化植株。

季铵·羟季铵合剂:由矮壮素和氯化胆碱混合而成,可矮化植株。

季铵·乙合剂:由矮壮素与乙烯利复配而成,可矮化植株。

季铵·哌合剂:由矮壮素与助壮素两种抑制剂复配而成,抑制伸长生长。

嗪酮·羟季铵合剂:由氯化胆碱与抑芽丹组合而成,抑制腋芽或侧芽的萌发。

羟季铵·萘合剂:由氯化胆碱与萘乙酸混配而成,能促进块根块茎的膨大。

羟季铵·萘·苄合剂:由氯化胆碱、萘乙酸和6-苄基腺膘呤混配而成,能促进块根块茎的膨大。

乙·嘌合剂:由乙烯利和6-苄基腺嘌呤混合而成,促进生长发育。

乙·唑合剂:由乙烯利和烯效唑两种生长抑制剂复合而成,控制冬梢分枝。

赤·吲合剂:由赤霉酸(GA_3)和吲哚丁酸混合而成,促进幼苗生长。

黄·核合剂:由黄腐酸与核苷酸混合而成,促进生长。

吲乙·萘合剂:由吲哚乙酸和萘乙酸复合而成,促进生根。

吲丁·萘合剂:由吲哚丁酸和萘乙酸复合而成,促进生根。

哌·乙合剂:由甲哌啶和乙烯利混合而成,抑制生长。

萘·萘胺·硫脲合剂:由萘乙酸、萘乙酰胺和硫脲复配而成,促进插枝生根。

唑·哌合剂:由多效唑与甲哌鎓复合而成,可矮化植株。

多效·烯效合剂:由多效唑与烯效唑复合而成,可矮化植株。

本章小结

生长素是最早被发现的植物激素，在植物各种器官中都有分布，但在生长旺盛的部位含量更多。生长素有极性运输特点，其合成前体主要是色氨酸。生长素在植物生长发育很多过程如细胞分裂、伸长和分化，营养器官和生殖器官的生长、成熟和衰老中起调控作用。

赤霉素是植物激素中种类最多的一类激素，以赤霉烷为骨架。赤霉素的生物合成主要在植株顶端幼嫩部分，如根尖和茎尖，也包括生长中的种子和果实。赤霉素可促进茎的伸长生长、诱导开花、打破休眠、促进雄花分化、促进果实的形成和诱导单性结实。此外，还有许多其他调控效应。

细胞分裂素为腺嘌呤的衍生物，在高等植物中主要存在于可进行细胞分裂的部位，如茎尖、根尖、未成熟的种子、萌发的种子和生长着的果实等。细胞分裂素可促进细胞分裂、芽的分化、细胞扩大与侧芽发育，消除顶端优势，还能延缓叶片衰老、打破种子休眠等。

脱落酸是以异戊二烯为基本单位的倍半萜羧酸，其合成部位主要是根冠和萎蔫的叶片，在茎、种子、花和果等器官中也能合成脱落酸。脱落酸可促进休眠、促进气孔关闭、增强抗逆性、抑制生长、促进脱落衰老，此外还有生理促进作用。

乙烯在正常条件下呈气态，蛋氨酸是乙烯的生物合成前体。乙烯生物合成调节物质的应用十分广泛。乙烯可改变植株生长习性、促进成熟与脱落、促进开花和雌花分化。此外，还有许多其他效应。

油菜素内酯是含多羟基的甾醇类激素，在植物体内含量极少，但生理活性很强。油菜素内酯有促进细胞伸长和分裂、调节植株生长发育、提高抗逆性等生理效应。

植物体内除了上述六大类激素外，还有很多微量的物质对生长发育表现出特殊的调节作用。如茉莉素广泛分布于各种植物，可抑制生长和萌发、促进生根、促进衰老、提高植物的抗性。水杨酸有生热效应，能增强植物抗性。独脚金内酯的生理效应包括诱导种子萌发、抑制侧枝与分蘖发生、促进丛枝菌根真菌菌丝分枝和养分吸收等。多胺可促进生长、延缓衰老、增强植物抗性。

植物生长调节剂种类繁多，调控效应广泛。除了植物生长促进剂、植物生长抑制剂与延缓剂、乙烯释放剂及其他植物生长调节剂单独施用外，还有许多植物生长调节剂的合剂和混剂。因为植物的生长发育要受到多种激素的调节控制，往往单一的激素并不能有效地调节植物的生长，达到最佳的效果。所以，植物生长调节物质常常需要与其他营养物质以及矿质元素、表面活性剂等配合，才能更好地发挥其调节效应。因此，在生产实践中应用的往往也是混合试剂，包括植物生长调节剂之间复配、植物生长调节剂与肥料复配、植物生长调节剂与杀菌剂复配、植物生长调节剂与除草剂复配等。

复习思考题

1.谈谈生长素的生理特性与调控效应。
2.谈谈赤霉素的生理特性与调控效应。
3.谈谈细胞分裂素的生理特性与调控效应。
4.谈谈脱落酸的生理特性与调控效应。
5.谈谈乙烯的生理特性与调控效应。
6.谈谈油菜素内酯的生理特性与调控效应。
7.谈谈茉莉素、水杨酸、独脚金内酯与多胺的调控效应。
8.举例谈谈各类植物生长调节剂调控植物生长的特性。
9.你怎样理解植物生长调节剂的合剂和混剂?

第三章 植物化学调控的信号系统与激素作用

植物的化学调控是利用植物生长物质通过信号转导改变植物基因表达及植物内源激素平衡，进而调节植物生长发育与代谢过程。因而要理解植物化学调控的技术方法，就需要了解植物信号系统的转导机制以及植物激素调控的作用机理。

第一节 植物的信号转导系统

一、植物信号转导的特点

（一）物质流、能量流与信息流

1. 物质和能量代谢与信号系统的关系

生物体的新陈代谢和生长发育既受遗传信息也受环境信息的调节控制。遗传基因决定代谢和生长发育的基本模式，而其实现在很大程度上受控于环境的刺激。环境刺激信息包括生物体的外界环境和体内环境信息两个方面。对植物而言，由于基本上是生长在固定的位置，故环境对其影响更为突出。植物细胞的环境信息包括外界（如光、温、气等）和体内（如植物激素、电波等）两方面的信息。植物体要正常生长，就需要正确辨别和接受各种信息并做出相应的反应。

植物体内的大分子、细胞器、细胞、组织和器官在空间上是相互隔离的，植物体与环境之间更是如此。根据信息论的基本观点，两个空间隔离的组分之间的相互影响和相互协调，不管采取何种方式，都必须有信息与信号的传输或交流。因此，生物体在新陈代谢时，不但有物质与能量的变化，即存在物质流与能量流，还存在信息流；存在调节物质和能量代谢的信号系统,存在对复杂的代谢过程进行精巧调节控制的机制。

我国著名生物学家贝时璋教授指出,根据生物物理学的观点,生命活动是自然界三个量综合运动的表现,即物质、能量和信息在生命系统中无时无刻地在变化,这三个量有组织、有秩序的活动即生命的基础。信息流起着调节、控制物质与能量代谢的作用。著名物理学家薛定谔在讨论“生命是什么”这个问题时,更是明确提出“生命的基本问题是信息问题”这一观点。

生命与非生命物质最显著的区别在于生命是一个完整的、自然的信息处理系统。一方面生物信息系统的存在使有机体得以适应其内外部环境的变化,维持个体的生存;另一方面信息物质如核酸和蛋白质信息在不同世代间传递维持了种族的延续。生命现象是信息在同一或不同时空传递的现象,生命进化实质上就是信息系统的进化。

信号传递是生物信息流的一种最基本、最原始和最重要的方式。生物的细胞每时每刻都在接触着来自细胞内或者细胞外各种各样的信号。有的信号促进细胞增殖,有的信号使细胞向一定的方向分化,有的信号使细胞无节制地分裂,有的信号让细胞凋亡。

细胞对信号有一个接受、归纳、分析、筛选、放大、传达、处理和答复(响应)的过程与机制,这一过程(机制)能够让细胞决定最终的代谢方向。信号是诱因,生理反应是信号作用于细胞的最终结果。相同的信号作用于不同的细胞可以引发完全不同的生理反应;不同的信号作用于同一种细胞却可以引发相同的生理反应。细胞的一切生命活动都与信号有关,信号是细胞一切活动的基础。在植物化学调控过程中,应该始终理解这个观点。

2.细胞信号转导的概念

植物感受到各种物理或化学的信号,然后将相关信息传递到细胞内,调节植物的基因表达、酶活性的变化,或其他代谢变化,从而作出反应,这种信息的传递和反应过程称为植物的信号转导(Signal Transduction)。

在植物信号反应中,已发现的植物细胞信号分子有几十种。按其作用和转导范围可分为胞间通信信号分子和胞内通信信号分子。多细胞生物体受刺激后,胞间产生的信号分子又称为初级信使(Primary Messenger)即第一信使(First Messenger),如各种植物激素,胞内信号分子常称为第二信使(Second Messenger)。

构成信号转导系统的各种要素必须具有识别进入信号、对信号作出响应并发挥其生物学功能的作用。这些功能不是仅靠个别物质就能够完成的,需要有一个体系协同地进行操作。细胞信号转导系统应当包含信号转导最必需的关键组分:①接受细胞外刺激并将它们转换成细胞内信号的成分;②有序地激活信号转导通路,以诠释细胞内的信号;③使细胞能够对信号产生响应,并作出功能上或发育上的决定(如基因转录,DNA复制或能量代谢等);④将细胞所作出的决定加以联网,即对作用于它的、种类繁多的信号作出协同响应。植物在得到生长调节剂参与的刺激时也应该有相应的反应。

(二)植物信号系统的类型

就各种信号刺激所导致的细胞行为变化而言,信号可分为如下几类:①细胞代谢信号,调节细胞代谢功能,提供细胞生命活动所需要的能量;②细胞分裂信号,使与DNA复制相关的基因表达,调节细胞周期,使细胞进入分裂和增殖阶段;③细胞分化信号,调控细胞内的遗传程序有选择地表达,从而使细胞分化成有特定功能的成熟细胞;④细胞功能信号,比如控制细胞的运动,释放某些化学介质等,使细胞能够进行正常的活动等;⑤细胞凋亡信号,这类信号一旦发出,为了维护植物的整体利益,局部范围内或一定数量的细胞会发生程序性死亡。

1.生物大分子的结构信息

从广义上讲,细胞信息可以包括生物大分子(蛋白质、多糖、核酸)的结构信息,这种信息包含在决定大分子三维外形的亚基结构顺序信息之中。亚基的结构顺序靠强大的共价键保持长期稳定;而大分子外形主要靠非共价弱键(氢键、离子键、范德华力和疏水键)维持相对稳定,并且在分子内或分子间识别上起重要作用。

以生物大分子结构信息为基础的分子识别在细胞中具有独特的功能。当结构信息在细胞内部交流时,大分子识别负责细胞成分的组装,决定细胞的基本结构和基本的代谢形式,指导着细胞代谢及其调节(如酶的催化反应及变构调节)。在细胞间交流时,大分子识别决定同种细胞的粘连(Adhesion)、聚集(Aggregation)及性细胞的融合等。而核酸的结构信息是在亲代细胞向子代细胞间传递遗传信息,并决定子代生长发育的基本模式。

尽管生物大分子结构包含信息,但还不能说它们都是信号分子,因为它们之中许多是结构物质,并不专司信号功能。狭义的细胞信号是指物理信号与化学信号。在化学信号分子中除了有上述的大分子物质,还有其他许多小分子物质。对于那些大分子信号分子来讲,上述结构信息往往正是其执行信号功能的基础。

2.物理信号(Physical Signal)

电场、磁场、光、声、辐射等物理因素不仅是可以影响植物生长发育的重要外界环境因子,而且也可以在生物体器官、组织、细胞之间或其内起信号分子的作用。

(1)电信号。

电信号(Electrical Signal)是生物体内最重要的物理信号。它主要指细胞膜静息电位改变时所引起动作电位的定向传播,它在外界刺激——细胞反应偶联中起重要作用。

将一个微电极插入一个未受刺激的细胞内,可以记录到细胞内外有一个电位差,称为静息电位。一般细胞中这种电位差为内负外正,在-100~-50 mV之间,即正常细胞一般都处于极化状态。当给予一个刺激时,只要能引起静息电位发生一定程度的去极化,即形成动作电位,也叫动作电波。一次动作电位变化包括去极化、超射、复极化、超极化等过程,这个过程包括膜上刺激点局部电流的变化。这种局部电流变化产生的刺激足以使邻近膜的静息区达到临界点去极化，因此邻近区也产生动作电位。以此类推，膜区被依次去极化而形成动作电位的定向传播。

细胞膜内外静息电位与动作电位的产生是由于细胞内外离子浓度的差别以及各种电压门控的离子通道（Ion Channel）交互启闭所造成。

以电位传播这种物理信号完成信号传递过程是神经细胞的主要特点，在其他动物细胞以及植物细胞中也可发生，如轮藻与拟轮藻。应指出，神经系统信息传递不仅需要物理信号，当信号在两个细胞（神经元）之间传递时，还需要化学信号——神经递质。

植物体内的电信号是指植物体内能够传递信息的电位波动。娄成后等人经过数十年的研究认为，电波的信息传递在高等植物中是普遍存在的。高等植物体内的信息传递可靠电化学波来实现，植物体内电波的传递可以靠细胞间的局部电流和伤素的释放相互交替来完成，维管束系统是电波传递的主要途径。当一些敏感植物或组织（如含羞草的茎叶、攀缘植物的卷须等）受到外界刺激时，会发生运动反应（如小叶闭合下垂，卷须弯曲等）并伴随有电波的传递。非敏感的植物甚至也能够对外界刺激产生兴奋从而导致动作电位、变异电位或复合电波的产生。那么，植物中电波的产生和传递有无生理意义？对烧伤刺激引起的气孔运动和叶片伸展生长抑制进行研究的结果表明，在烧伤刺激引起相应生理效应时伴随有电信号的传递；如果阻断电波的传递，则刺激不能导致生理效应的产生。研究系统素（Systemin）在传递植物受到虫咬或其他机械损伤刺激信号过程中的作用时也发现伴随有电波的传递。有人测到捕虫植物的动作电位幅度为110~115 mV，传递速度可达6~30 $cm \cdot s^{-1}$。

外界的各种刺激，例如光、热、冷、化学物质、机械、电以及伤害性刺激等，都可以引起植物体内电信号的产生及电波传递反应，而电波传递又与植物的生理效应相关联。例如含羞草叶的下垂运动、捕蝇草中捕虫器的关闭、胞质环流的启动或停止、蒸腾强度的变化、卷须的伸长生长及盘旋运动等，都分别伴随有动作电位、自发电位、变异电位的产生或消失。

当让平行排列的轮藻细胞中的一个细胞接受电刺激而引起动作电位后，该细胞就可以将其传递到相距10 mm处的另一个细胞而且引起同步节奏的动作电位。Wildon等用番茄做试验，指出由子叶伤害而引起第一真叶产生蛋白酶抑制剂（Proteinase Inhibitors，PIs）的过程中，动作电位是传播的主要方式。他们采取让电信号通过后马上除去子叶以及使子叶叶柄致冷以阻碍筛管运输、排除化学物质传递的试验，其结果都证明单有电信号就可以引起PIs反应，而且他们也首次证明了电信号可引起包括基因转录在内的生理生化变化。因此，电波传递是高等植物体内信息传递的一种重要方式。

植物电波（Electrical Wave）传递时的电位变化可分为动作电位（Action Potential，AP）变化和变异电位（Variation Potential，VP）变化（图3-1，A、B）等形式。一般来说，植物中动作电位的传递仅用短暂的冲击（如机械震击、电脉冲或局部温度的升降）就可以被激发出来，而且受刺激的植物没有伤害，不久便恢复原状。若用有伤害的局部刺激

（如切伤、挫伤或烧伤），会引起植物变异电位的传递。AP和VP的出现都是细胞质膜电位去极化的结果，而且伴随有化学物质的产生（如乙酰胆碱）。各种电波传递都可以产生生理效应。

在对含羞草小叶片切伤刺激的研究中还发现，主叶柄上有复合电波的传递，即前端的AP拖带着VP（图3-1，C）。此外，将植物在弱光、干旱等逆境下锻炼一段时间，它们的敏感性也可能增强，用无伤害刺激就会测到AP的传递，甚至有时连续几小时内会出现周期性的电波振荡（图3-1，D）。

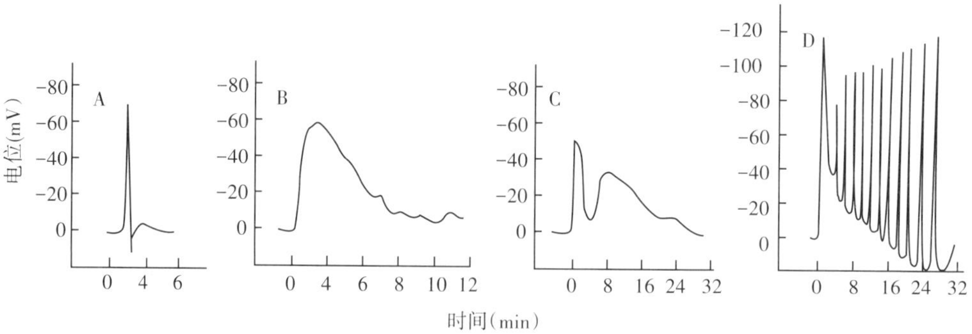

图3-1　高等植物体内的电波传导

注：A.动作电位（AP）；B.变异电位（VP）；C.AP-VP复合波；D.电波振荡。

（2）水信号。

水信号（Hydraulic Signal）是指能够传递逆境信息，进而使植物作出适应性反应的植物体内水流（Water Mass Flow）或水压（Hydraustatic Pressure）的变化。有人也将其称为水力学信号。

长期以来，人们一直将特定的叶片水分状况（水势、渗透势、压力势和相对含水量）与特定的胁迫程度相联系。在以往许多文献中，一般将土壤干旱对植物的影响解释为：当土壤干旱时，水分供应减少，因而根部的水分吸收减少；由于地上部蒸腾作用的存在，使得叶片水势、膨压下降，继而影响到脱落酸、细胞分裂素等植物激素的合成、运输、分配以及地上部的生理代谢活动（如光合作用、呼吸作用、气孔运动等），最终影响植物的生长发育。显然，这一解释的基础是假定根冠间通信是靠水的流动来实现的。但已有很多实验结果表明，在叶片水分状况尚未出现任何可检测的变化时，地上部对土壤干旱的反应就已经发生了，从而使植物避免或至少推迟了地上部的脱水，有利于植物的生长发育。这说明植物根与地上部之间除水流变化的信号外，还有其他能快速传递的信号存在。

近年来，人们开始注意植物体内静水压变化在环境信息传递中的作用。由于水的压力波传播速度特别快，在水中可达1500 $m \cdot s^{-1}$，因此静水压变化的信号比水流变化的信号要快得多，这有利于解释某些快速反应（如气孔运动、生长运动等）的现象。由于在细胞膜上发现了水孔蛋白（Aquaporin）的存在，人们对植物体内水信号的存在和作用予以了更多的关注。相信进一步的研究将使人们对由水流和静水压信号介导的逆境信息传递机制有更清楚的了解。

3. 化学信号(Chemical Signal)

生物体内有许多化学物质既非营养物质,又非能源物质,也不是结构成分,其主要功能是在细胞间和细胞内传递信息。它们是生物细胞内最重要的一类信号分子,包括胞间信号分子与胞内信号分子等。以下讨论的信号转导过程主要涉及化学信号的传递。

(三)信号传递的基本特性

在细胞中有许多生物反应通路,比如物质代谢通路、基因表达通路和DNA复制通路等,事实上信号转导也存在通路。这些通路都是由前后相连的反应所组成,前一个反应的产物可能作为下一个反应的底物或者发动者。但信号转导通路比传统意义上的代谢通路等要复杂得多,它主要表现在以下方面。①人们可以通过示踪技术检测出代谢底物化学转化的连续步骤,但是不能直接用这种方法来研究信号转导。因为在信号转导通路中输入信号的化学结构与信号的靶结构一般是没有关系的。实际上,在信号转导通路中,信号最终控制的是一种反应,或者说是一种响应。②与代谢反应等不同,信号的化学结构并不对其下游的过程产生影响。而代谢底物或者基因转录调节因子的构象会影响各自相关通路的进行。③与依赖模板的反应(如基因转录和DNA复制)不同,在信号转导通路中不存在对全过程起操控作用的模板。④其他通路常常是由线性排列的过程组成,一个反应接着另一个反应,沿着既定的方向依次进行,直到终止,它们多是直通式的、纵向交流的;而信号转导通路是非线性排列的,常相互形成一个网络。

1. 信号分子较小且易于移动

作为一个有效的、可传递信息的信号分子,首先要求它产生之后要容易转移到作用靶位,因此一般来说信号分子都是小分子物质而且可溶性较好,易于扩散。如果需要跨膜转移,它们要通过特殊通道或载体。

2. 信号分子应快速产生和灭活

生物细胞为了对环境刺激尽快产生反应并且适可而止,要求信号分子能够快速产生和灭活。例如Ca^{2+}通过离子通道开放很快进入胞质产生Ca^{2+}信号,cAMP环化酶活化快速产生cAMP信号。在这里快速灭活与产生同样重要。除Ca^{2+}通道关闭使Ca^{2+}信号很快灭活外,细胞内有一类专司信号分子灭活的酶,如磷酸二酯酶可将cAMP信号灭活。一种信号如果指令产生某个信号分子或使组分的基因活化,它绝不会一直继续下去致使对细胞造成伤害,反馈机制会使被激活的基因停止表达,恢复到非激活状态。被激活的各种信号分子在完成任务后又恢复钝化状态,准备接受下一波刺激,它们不会总处在兴奋状态。比如,激酶的磷酸化与去磷酸化,就由磷酸酪氨酸磷酸酯酶进行调节。

3.信号传递途径的级联放大作用

信号通路有连贯性，各个反应相互衔接，有序进行，直至完成。其间，任何步骤的中断或者出错，都可能会给细胞乃至机体带来重大的灾难性后果。细胞信号传递途径由信号分子及其一系列传递组分组成，它形成一个级联(Cascades)反应将原初信号放大。一个激素信号分子与其受体结合之后，决不会只引起胞内一种酶分子活性的增强，它可能通过G蛋白激活多种效应酶，如腺苷酸环化酶活化后，可产生许多cAMP第二信使分子；一个cAMP分子又可激活依赖于它的蛋白激酶，从而将许多靶蛋白磷酸化。因此，一个原初的激素信号，通过信号传递过程的级联反应，可以在下游引起成百上千种酶蛋白的活化；数量有限的一种激素的产生，可以引起生物体内十分明显的发育表型变化。当然，这种级联放大作用也是受到严格控制的。

4.信号传递途径是一个网络系统

信号系统之间的相互关系及时空性并不是一种简单因果事件的线性链，实际上是一种信息网络。多种信号相互联系和平衡决定一系列特异的细胞反应。人们已用“Crosstalk”一词代替了以往的“Interaction”来描述这种关系。当胞外环境因子和胞内信号刺激细胞时，细胞膜上的受体直接感受信号，通过细胞壁—质膜—细胞骨架连续体(Continuum)，引起细胞骨架蛋白变构而传递信息，并与胞内的G蛋白、第二信使系统以及调节因子构成信息网络，特定刺激引起特定基因表达和特定生理反应。

植物信号受体有激素受体、光受体和病原激发受体等，其中激素受体有生长素结合蛋白(ABP)、ABA结合蛋白和乙烯受体等。分析这些受体蛋白的序列结构发现，它们与植物特有的具有受体功能的丝氨酸/苏氨酸激酶有很大的同源性。植物信号系统内G蛋白与植物激素、光敏色素、蓝光信号作用和IP_3的生成有关。第二信使包括cAMP、Ca-CaM系统、IP_3信使等。cADPR参与干旱和盐胁迫诱发ABA信号的传导途径，同时Ca-CaM参与此过程的调控，直接证明了植物体内cAMP的第二信使功能。细胞壁寡聚糖或糖蛋白的合成与降解受胞间Ca^{2+}信号的调节，同时寡聚糖或糖蛋白可能作为一种信号分子，参与逆境和病原激发引起的特定基因表达和特定生理反应。激素结合膜上的受体后，膜附近的磷脂酶C活化，水解膜脂释放IP_3，IP_3在细胞内易移动，与膜上带正电荷的受体结合，活化Ca^{2+}泵，引起Ca^{2+}的跨膜运输和Ca-CaM系统的活化，激活蛋白激酶C，引起细胞内信号的联级放大反应，而IP_3消耗了磷酸基团后降解为IP_2和IP_1，又重新转化为膜上的磷脂。上述这些研究结果表明，细胞信号系统具有立体交叉的网络系统特点。

在信息传递时细胞的空间结构中一组特定区域的受体、离子通道、酶泵和CaM结合蛋白等可能形成一个具有特定反应的信号转导体系。自由大分子如CaM和IP_3可穿梭于不同体系之间。已经报道了细胞骨架与一些信号网络分子的关系，如一种依赖于Ca/CaM的蛋白磷酸酶(Calcineurin)与质膜-细胞骨架相连，参与细胞间Ca^{2+}信号传导。IP_3是细胞骨架结构形成的调节因子，其前体磷酸甘油-4-磷酸激酶的编码基因受水分胁迫和ABA诱导。冷逆境可以引起Ca^{2+}信号变化和细胞骨架蛋白变构而传递信息等。以上信息说明细胞内信号传导途径的复杂性与内在功能相关联,并且这个复杂的网络系统在细胞结构水平上可能如同动物细胞的神经系统一样是通过细胞骨架系统支持的(图3-2)。

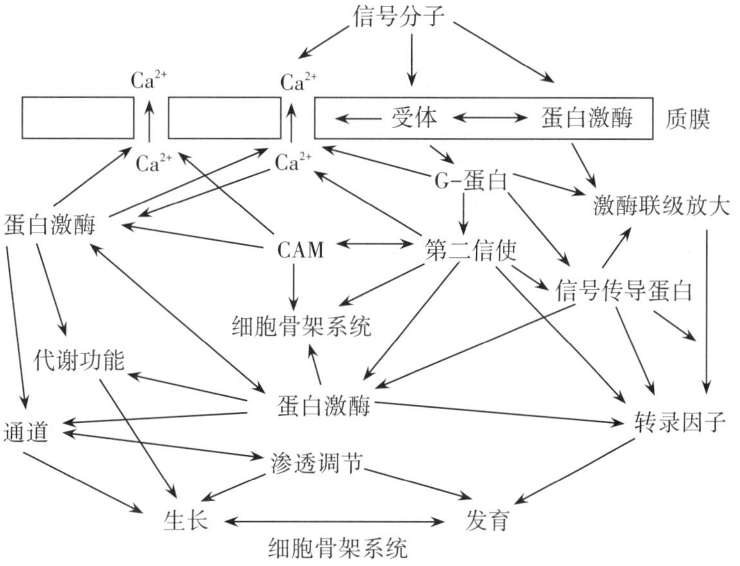

图3-2 植物细胞信号转导网络系统

(四)植物信号传递的四个阶段

植物细胞信号传递的分子途径可分为四个阶段,即胞间信号的传递、膜上信号的转换、胞内信号的转导及蛋白质的可逆磷酸化。

1.胞间信号的传递

胞间信号的传递包括胞外(植物体外)环境信号和胞间(细胞组织器官之间)信号的传递。

胞外环境信号是指机械刺激、磁场、辐射、温度、风、光、CO_2、O_2、土壤性质、重力、病原因子、水分、营养元素、伤害等影响植物生长发育的重要外界环境因子。胞外信号的概念并不是绝对的,随着研究的深入,人们发现有些重要的胞外信号如光、电等也可以在生物体内组织、细胞之间或其内部起信号分子的作用。

胞间信号(Intercellular Signal)是指植物体自身合成的、能从产生之处运到别处,并作为其他细胞刺激信号的细胞间通信分子,通常包括植物激素、气体信号分子NO以及多肽、糖类、细胞代谢物、甾体、细胞壁片断等。当环境信号刺激的作用位点与效应位点处在植物不同部位时,胞间信号就要作长距离的传递。

2.膜上信号的转换

胞间信号从产生位点经长距离传递到达靶细胞,靶细胞首先要能感受信号并将胞外信号转变为胞内信号,然后再启动下游的各种信号转导系统,并对原初信号进行放大以及激活次级信号，最终导致植物发生相应的生理生化反应。

(1)受体与配体。

受体(Receptor)是细胞表面或亚细胞组分中的一种天然分子，可以识别并特异地与有生物活性的化学信号物质——配体(Ligand)结合，从而激活或启动一系列生物化学反应，最后导致该信号物质特定的生物学效应产生。受体与配体(即刺激信号)相对特异性地识别和结合，是受体最基本的特征，否则受体就无法辨认外界的特殊信号——配体分子，也无法准确地获取和传递信息。二者的结合是一种分子识别过程，靠氢键、离子键与范德华力的作用，配体与受体分子空间结构的互补性是特异性结合的主要因素。受体与配体间的作用具有特异性、饱和性和高度的亲和力三个主要特征。

在植物感受各种外界刺激的信号转导过程中，受体的功能主要表现在两个方面。第一，识别并结合特异的信号物质，接受信息，告知细胞在环境中存在一种特殊信号或刺激因素。第二，把识别和接受的信号准确无误地放大并传递到细胞内部，启动一系列胞内信号级联反应，最后导致特定的生理效应。要使胞外信号转换为胞内信号，受体的这两方面功能缺一不可。

植物细胞中已经发现存在三种类型的细胞表面受体：G蛋白偶联受体(G Protein-coupled Receptor，GPCR)、酶连受体(Enzyme-linked Receptor)和离子通道连接受体(Ion-channel-linked Receptor)。

(2)通过G蛋白偶联受体的跨膜转换信号。

在受体接受胞间信号分子到产生胞内信号分子之间，往往要进行信号转换。G蛋白是最重要的一种受体，将转换偶联起来，故又称偶联蛋白或信号转换蛋白。G蛋白全称为GTP结合调节蛋白(GTP Binding Regulatory Protein)，此类蛋白由于其生理活性有赖于与三磷酸鸟苷(GTP)的结合以及具有GTP水解酶的活性而得名。G蛋白是细胞膜受体与其所调节的相应生理过程之间的主要信号转导者。G蛋白的信号偶联功能是靠GTP的结合或水解产生的变构作用所完成。当G蛋白与受体结合而被激活时，触发效应器，把胞间信号转换成胞内信号。而当GTP被水解为GDP后，G蛋白就回到原初构象，失去转换信号的功能。

G蛋白普遍存在于植物中。运用免疫转移电泳等生化手段先后在拟南芥、水稻、蚕豆、燕麦等植物的叶片、根、培养细胞和黄化幼苗中检测到植物G蛋白的存在。G蛋白参与了光、植物激素以及病原菌等信号的跨膜转导，以及在质膜K^+通道开关、植物细胞分裂、气孔运动和花粉管生长等生理过程中起调控作用。

(3)酶促信号的直接跨膜转换。

该过程的跨膜信号转换主要由酶连受体来完成。此类受体除了具有受体的功能外，本身还是一种酶蛋白，当细胞外的受体区域和配体结合后，可以激活具有酶活性的胞内结构域，引起酶活性的改变，从而引起细胞内侧的反应，将信号传递到胞内。如具有受体功能的酪氨酸蛋白激酶，当其胞外的受体部分接受了外界信号后，胞内具有蛋白激酶活性的结构域被激活，从而使细胞内某些蛋白质的酪氨酸残基磷酸化，进而在细胞内形成信号转导途径。在研究植物激素乙烯的受体时发现，乙烯的受体有两个基本的部分，一个是组氨酸蛋白激酶（His Protein Kinase，HPK），另一个是效应调节蛋白（Response-regulator Protein，RR）。当HPK接受胞外信号后，激酶的组氨酸残基发生磷酸化，并且将磷酸基团传递给下游的RR。RR的天冬氨酸残基部分（信号接收部分）接受了传递过来的磷酸基团后，通过信号输出部分，将信号传递给下游的组分。下游末端的组分通常是转录因子，从而可以调控基因的表达。

（4）通过离子通道连接受体的跨膜转换信号。

离子通道（Ion Channel）是存在于膜上可以跨膜转运离子的一类蛋白质。而离子通道型受体即离子通道连接受体，除了具备转运离子的功能外，同时还能与配体特异地结合和识别，具备受体的功能。当这类受体和配体结合接收信号后，可以引起跨膜的离子流动，把胞外的信息通过膜离子通道转换为细胞内某一离子浓度改变的信息。在拟南芥、烟草和豌豆等植物中发现有与动物细胞同源的离子通道型谷氨酸受体（Ionotropic Glutamate Receptor，iGluR），并且可能参与了植物的光信号转导过程。

3.胞内信号的转导

如果将胞外各种刺激信号作为细胞信号传递过程中的初级信使或第一信使，那么则可以把由胞外刺激信号激活或抑制的、具有生理调节活性的细胞内因子称为细胞信号传递过程中的次级信使或第二信使。

一般公认的胞内信使（Intracellular Messenger）有Ca^{2+}、肌醇三磷酸（Inositol 1,4,5-trisphosphate，IP_3）、二酰甘油（Diacylglycerol，DG）、环腺苷酸（cAMP）、环鸟苷酸（cGMP）等。随着细胞信号转导研究的深入，人们发现NO、H_2O_2、花生四烯酸、环ADP核糖（cADPR）、IP_4、IP_5、IP_6等胞内成分在细胞特定的信号转导过程中也可充当第二信使。

胞内第二信使系统主要有钙信使系统、肌醇磷脂信使系统和环核苷酸信使系统。

（1）钙信使系统。

植物细胞内的游离Ca^{2+}是细胞信号转导过程中重要的第二信使。几乎所有的胞外刺激信号（如光照、温度、重力、触摸等物理刺激和各种植物激素、病原菌诱导因子等化学物质）都可能引起胞内游离Ca^{2+}浓度的变化，而这种变化的时间、幅度、频率、区域化分布等却不尽相同，所以有可能不同刺激信号的特异性正是靠Ca^{2+}浓度变化的不同形式而体现的。胞内游离Ca^{2+}浓度的变化可能主要是通过Ca^{2+}的跨膜运转或钙的螯合物的调节而实现的，此外，在质膜、液泡膜、内质网膜上都有Ca^{2+}泵或Ca^{2+}通道的存在。胞外刺激信号可能直接或间接地调节这些Ca^{2+}的运输系统，引起胞内游离Ca^{2+}浓度变化以至影响细胞的生理生化活动。如保卫细胞质膜上的内向K^+通道（Inward K^+ Channel）可被Ca^{2+}抑制，而外向K^+和Cl^-通道则可被Ca^{2+}激活等。

胞内钙梯度的存在是Ca^{2+}信号产生的基础。正常情况下植物细胞质中游离的静息态Ca^{2+}浓度为1×10^{-7}~1×10^{-6} mol/L，液泡中的游离Ca^{2+}浓度为1×10^{-3}mol/L左右，内质网中

Ca^{2+}浓度为1×10^{-6}mol/L左右，细胞壁中Ca^{2+}浓度为1×10^{-5}~1×10^{-3}mol/L。因而细胞壁等质外体作为胞外钙库，内质网、线粒体和液泡作为胞内钙库。静止状态下这些梯度的分布是相对稳定的，当受到刺激时，Ca^{2+}跨膜运转调节细胞内的钙稳态（Calcium Homeostasis），从而产生钙信号。

Ca^{2+}信号的产生和终止表现为胞质中游离Ca^{2+}浓度的升高和降低。由于在胞内、外Ca^{2+}库与胞质中Ca^{2+}存在很大的浓度差，当细胞受到外界刺激时，Ca^{2+}可以通过胞内、外Ca^{2+}库膜上的Ca^{2+}通道由钙库进入细胞，引起胞质中游离Ca^{2+}浓度大幅度升高，产生钙信号。钙信号产生后作用于下游的调控元件（钙调节蛋白等），将信号进一步向下传递，引起相应的生理生化反应。当Ca^{2+}作为第二信使完成信号传递后，胞质中的Ca^{2+}又可通过钙库膜上的钙泵或Ca^{2+} / H^{+}转运体将Ca^{2+}运回钙库（质膜外或细胞内钙库），胞质中游离Ca^{2+}浓度恢复到原来的静息态水平，同时Ca^{2+}也与受体蛋白分离，信号终止，完成一次完整的信号转导过程。

胞内Ca^{2+}信号通过其受体-钙调蛋白转导信号，如钙调素与钙依赖型蛋白激酶。钙调素（Calmodulin，CaM）是最重要的多功能Ca^{2+}信号受体，由148个氨基酸组成单链的小分子酸性蛋白。CaM以两种方式起作用：第一，可以直接与靶酶结合，诱导靶酶的活性构象，从而调节靶酶的活性；第二，与Ca^{2+}结合，形成活化态的Ca^{2+}-CaM复合体，然后再与靶酶结合将靶酶激活，这种方式在钙信号传递中起主要作用。已知有10多种酶受Ca^{2+}-CaM的调控，如蛋白激酶、NAD激酶、H^{+}-ATPase等。在以光敏色素为受体的光信号传导过程中Ca^{2+}-CaM胞内信号起了重要的调节作用。

CaM异型基因表达的差异很大，其在不同细胞内种类、含量不同可能导致同一个刺激在不同的细胞内产生不同的生理效应，同时CaM在不同细胞内不同区域的分布、含量不同也可能是不同形式的钙信号产生不同生理效应的另一种机制。

除了CaM外，植物细胞中Ca^{2+}信号也可以直接作用于其他的钙结合蛋白，研究最多的是钙依赖型蛋白激酶（Calcium Dependent Protein Kinase ，CDPK）。

（2）肌醇磷脂信使系统。

生物膜由双层磷脂及膜蛋白组成。对于生物膜在信号转导中的作用，多年来人们把注意力集中在功能繁多的膜蛋白上，而脂质组分仅被看成是一种惰性基质。研究表明，质膜中的某些磷脂在植物细胞内的信号转导过程中起了重要作用。

肌醇磷脂（Inositol Phospholipid）是一类由磷脂酸与肌醇结合的脂质化合物，分子中含有甘油、脂酸磷酸和肌醇等基团，其总量约占膜脂总量的1/10。其肌醇分子六碳环上的羟基被不同数目的磷酸酯化，主要以三种形式存在于植物质膜中，即磷脂酰肌醇（Phosphatidylinositol，PI）、磷脂酰肌醇-4-磷酸（Phosphatidylinositol-4-phosphate，PIP）和磷脂酰肌醇-4，5-二磷酸（Phosphatidylinositol-4，5-bisphosphate，PIP_2）。

以肌醇磷脂代谢为基础的细胞信号系统是在胞外信号被膜受体接受后，以G蛋白为中介，由质膜中的磷酸脂酶C（PLC）水解PIP_2而产生肌醇-1，4，5-三磷酸（Inositol 1，4，

5-triphosphate，IP_3）和二酰甘油（Diacylglycerol，DG，DAG）两种信号分子。因此，该系统又称双信号系统（Double Messenger System）。在双信号系统中，IP_3通过调节Ca^{2+}浓度，而DAG则通过激活蛋白激酶C（PKC）来传递信息。IP_3和DAG完成信号传递后经过肌醇磷脂循环可以重新合成PIP_2，实现PIP_2的更新合成。

磷脂酶C（Phospholipase C，PLC）催化磷酸基与甘油间键的断裂。PIP_2特异的磷脂酶C（PIP_2-PLC）与信号转导有关。由于PIP_2-PLC在植物感受逆境刺激的过程中起放大和传递原始信号的作用，研究人员相继从一些植物中克隆并鉴定出PIP_2-PLC基因，并以之研究其在植物适应逆境生理过程中的作用。拟南芥*AtPLC1s*是从高等植物中克隆到的第1个PLC基因（Hirayama等，1995）。*AtPLC1s*基因编码含有561个氨基酸、分子量为54kD的蛋白，比植物中其他的PLC蛋白要小，预测的结构与动物中的PLCδ类似。细菌表达出来的AtPLC1s蛋白能够降解PIP_2且活性严格依赖于Ca^{2+}，这表明*AtPLC1s*编码的是真正意义上的PIP_2-PLC。Northern杂交分析显示，在（非胁迫）正常的情况下*AtPLC1s*在根、茎、叶都有表达，但表达水平很低。低温、高盐、干旱或ABA处理均能使*AtPLC1s*的转录表达量急剧增加，这表明*AtPLC1s*可能参与胁迫信号的传递过程。

（3）环核苷酸信使系统。

环核苷酸（Cyclic Nucleotide）是在活细胞内最早发现的第二信使，包括cAMP和cGMP，其分别由ATP经腺苷酸环化酶、GTP经鸟苷酸环化酶产生而来。

在植物中已检测出cAMP、合成cAMP的腺苷酸环化酶以及分解cAMP的磷酸二酯酶。腺苷酸环化酶是一个跨膜蛋白，它被激活时可催化胞内的ATP分子转化为cAMP分子，细胞内微量cAMP（仅为ATP的千分之一）在短时间内可迅速增加数倍以至数十倍，从而形成胞内信号。细胞溶质中的cAMP分子浓度增加往往是短暂的，信号的灭活机制随之将其减少。cAMP信号在cAMP特异的环核苷酸磷酸二酯酶（cAMP Specific Cyclic Nucleotide Phosphodiesterase，cAMP-PDE）催化下水解，产生5′-AMP，将信号灭活。

大量研究表明，cAMP信使系统还在转录水平上调节基因表达。cAMP通过激活cAMP依赖的蛋白激酶（Protein Kinase，PK）而对某些特异的转录因子（Transcription Factors）进行磷酸化，这些因子再与被调节的基因特定部位结合，从而调控基因的转录。在这些转录因子中，有一种被称为cAMP响应元件结合蛋白（cAMP Response Element Binding Protein，CREB）。CREB被磷酸化后与其被调节的基因的特定部位结合，从而调节这些基因的表达。

cAMP还与叶片气孔关闭的信号转导过程有关，并且在ABA和Ca^{2+}抑制气孔开放过程中有cAMP的参与；花粉管的伸长生长受cAMP的调控；腺苷酸环化酶可能与花粉、柱头间表现出的不亲和性有关；根际微生物因子作用于根毛细胞后可以导致cAMP浓度的升高等。

有试验证明，叶绿体光诱导的花色素苷合成过程中环鸟苷酸（Cyclic GMP，cGMP）参与受体G蛋白之后的下游信号转导过程。环核苷酸信号系统与Ca^{2+}-CaM信号传递系统在合成完整叶绿体过程中起协同作用。

4.蛋白质的可逆磷酸化

蛋白质可逆磷酸化是细胞信号传递过程中几乎所有信号传递途径的共同环节,也是中心环节。植物体内许多功能蛋白转录后需经共价修饰才能发挥其生理功能,蛋白质磷酸化就是进行共价修饰的过程。蛋白质磷酸化以及去磷酸化分别由一组蛋白激酶和蛋白磷酸酶(Protein Phosphatase,PP)所催化,它们是上述几类胞内信使进一步作用的靶酶,也即胞内信号通过调节胞内蛋白质的磷酸化或去磷酸化过程而进一步转导信号。

外来信号与相应的受体结合后会导致后者构象发生变化,随后就可通过引起第二信使的释放而作用于蛋白激酶(或磷酸酶),或者因有些受体本身就具有蛋白激酶的活性,所以与信号结合后可立即得到激活。蛋白激酶可对其底物蛋白质所特定的氨基酸残基进行磷酸化修饰,从而引起相应的生理反应,以完成信号转导过程。此外,由于蛋白激酶的底物既可以是酶,也可以是转录因子,因而它们既可以直接通过对酶的磷酸化修饰来改变酶的活性,也可以通过修饰转录因子而激活或抑制基因的表达,从而使细胞对外来信号作出相应的反应。

蛋白质的磷酸化和去磷酸化在细胞信号转导过程中具有级联放大信号的作用,外界微弱的信号可以通过受体激活G蛋白、产生第二信使、激活相应的蛋白激酶和促使底物蛋白磷酸化等一系列反应得到级联(Cascade)放大。

虽然磷酸化或去磷酸化的过程本身是单一的反应,但多种蛋白质的磷酸化和去磷酸化的结果是不同的,很可能与实现细胞中各种不同刺激信号的转导过程有关。事实上,正是蛋白质磷酸化的可逆性为细胞的信息提供了一种开关作用。在有外来信号刺激的情况下,通过去磷酸化或磷酸化再将之关闭。这就使得细胞能够有效而经济地调控对内外信息的反应。

植物细胞中约有30%的蛋白质是磷酸化的,真核生物有近2000个蛋白激酶基因和1000个蛋白磷酸酶基因,约占其基因组的3%。拟南芥中目前估算约有1000个基因编码激酶,300个基因编码蛋白磷酸酶,约占其基因组的5%。在单子叶植物玉米和双子叶植物矮牵牛、拟南芥、油菜、苜蓿、豌豆中也已克隆到蛋白磷酸酶基因,并在多种植物中发现其活性,确认其可能参与了植物的一些重要功能。

(五)信号传递的网络化

从上述植物细胞信号传递的四个阶段,人们很易把信号系统看成是一种因果关系的线性链,然而参与传递信号的各因子之间的关系是非常复杂的,信号系统实际上是一个信号网络,多种信号分子相互联系,立体交叉,协同作用,实现生物体中的信号传导过程。多数信号分子都可以激活几种不同的细胞信号途径,信号途径中的一个组分也可以激活其他途径,形成一个分支。例如,磷脂酶C(PLC)的活化,既可引起下游IP_3/Ca^{2+}信号途径，又可引起DG/PKC途径；蛋白激酶可以使多种蛋白质磷酸化，其中包括其他激酶，从而引起下游的几个不同途径被激活，在细胞中产生多种反应。相反，几个不同途径也可在某一点激活同一种酶，使它们之间相互汇合到一起（图3-3）。

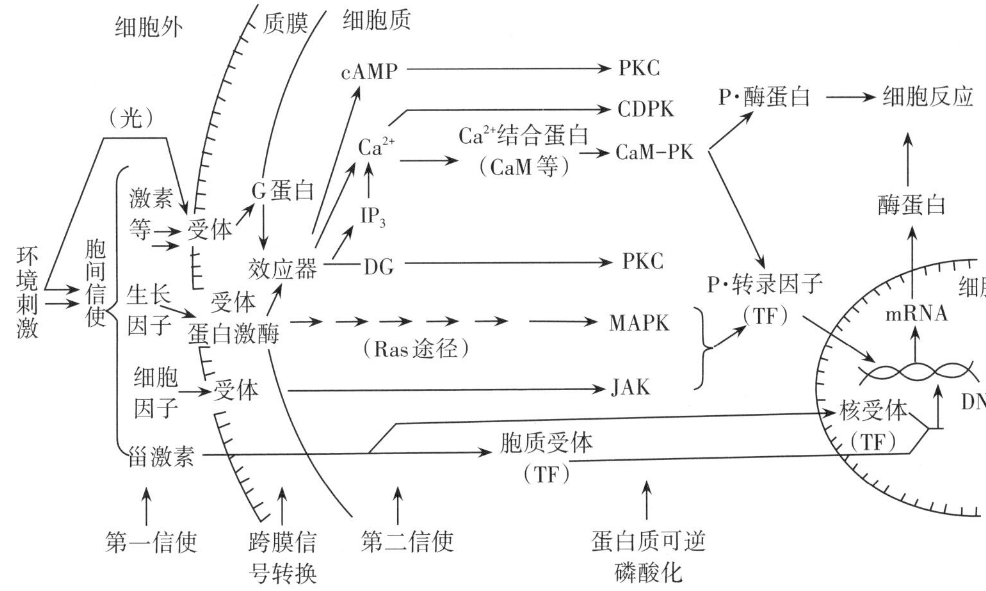

图3-3 细胞信号传导主要途径模式图

注：IP_3为三磷酸肌醇；DG为二酰甘油；PKA为依赖cAMP的蛋白激酶；PKC为依赖Ca^{2+}与磷脂的蛋白激酶；CaM-PK为依赖Ca^{2+}·CaM的蛋白激酶；CDPK为依赖Ca^{2+}的蛋白激酶；MAPK为有丝分裂原蛋白激酶；JAK为另一种蛋白激酶；TF为转录因子。

信号传递并非一维的、直线的、单一的模式，而是复杂的、曲线的、网络的，甚至是混沌的，同时还包括很强的定位和定量特性。所谓曲线，因为机体内蛋白质相互作用十分复杂，一个信号不可能是单一传导，而且有许多其他蛋白质或信号去增强它、抑制它，构成一个信号反馈网络，从而保证了信号传导的精确性。信号传递还存在明显的振荡现象，正负反馈调节决定了振荡存在的必然性。信号传导的每一级都会形成一个小的反馈环，而整个信号又会形成一个大的反馈环，通过不断地调控和振荡，使信号精确传导下去。另外，信号传导中还存在定位问题。细胞接受外界信号，细胞内蛋白质传导这一信号，但信号并非遍布整个细胞，而是局限于细胞的局部。而且同一信号在细胞的不同部位最终产生的效应也是不同的，这种定位特征使信号转导变得更为复杂而有趣。有报道认为，细胞内存在一个调控Ca^{2+}/CaM信号的网络，这一研究也提示，信号传导本身也是受其他信号控制的，而且是一个复杂的网络信号调控。信号转导可以用数学模型或物理模型进行模拟，信号转导的过程还呈现出一种混沌式（Chaos）的调节现象，而不仅仅是正负反馈。信号转导是生命的最本质特征，任何一种信号在它传入细胞的过程中，都在不断接受其他信号的调节，通过不断调控，形成一种混沌式的控制模型，以保证信号的精确性。

二、植物的化学信号

（一）化学信号的性质

化学信号（Chemical Signal）是指能够把环境信息从感知位点传递到反应位点，进而影响植物生长发育进程的某些化学物质。根据化学信号的作用方式和性质，可分为正化学信号、负化学信号、积累性化学信号和其他化学信号等。

正化学信号（Positive Chemical Signal）是指随着环境刺激的增强，该信号由感知部位向作用部位输出的量也随之增强；反之则称为负化学信号（Negative Chemical Signal）。积累性化学信号则是指在正常情况下，作用部位本身就含有该信号物质并不断地向感知部位输出，以保证该物质维持在一个较低的水平；当感知部位受到环境刺激时，可导致该物质输出的减少，表现上则是该物质积累增加，当其积累超过一定阀值时其调节生理生化活动的作用也就明显地表现出来。

（二）化学信号分子的种类

目前发现的化学信号分子已有几十种，主要包括以下几类。

1.植物激素类

几大类植物激素都可以作为胞外信号分子传递环境信息。在植物感知土壤干旱时，ABA可通过木质部传递到地上部，调控叶片生长和气孔开关；IAA在传递植物对重力的反应中起重要作用；乙烯在传递植物根淹水信息中起信号作用。另外，茉莉酸（Jasmonic Acid，JA）、茉莉酸甲酯（Me-JA）、水杨酸（Salisylic Acid，SA）等也都被发现可作为胞外信号分子传递逆境信息。Me-JA诱发水杨酸前体的作用酶（苯丙氨酸氨基水解酶，PAL）、生物碱、蛋白酶抑制剂，可在信号传递中起中介作用并诱导从受体反应的ABA积累到基因的转录激活。水杨酸广泛分布于单、双子叶植物中，它是唯一确认在生理相关浓度下显示出对微生物病原体抗性的信号分子。最近还发现乙酰胆碱在植物逆境信号传递中也起一定作用。

如ABA和乙烯在根冠生长中有相互作用。在水分胁迫条件下，根和冠中的ABA浓度增加并抑制生长；在水分状况良好的状态下，外施不同浓度的ABA也可以抑制生长，对冠部生长的抑制强于对根部的抑制。研究表明，在玉米苗期水分胁迫条件下，和根系一样，ABA的重要作用是限制乙烯的产生和（或）敏感性。ABA积累在早期主要是起限制生长作用，在后期主要是维持生长的作用，这主要是因为乙烯由促进效应变为抑制效应引起的。

但在植物根系受到水渍时，厌氧条件下首先触发乙烯增生，诱导通气组织和次生根的形成，以缓解缺氧，根中的CTK和GA迅速下降，根的生长速率因此下降，CTK向地上部的运输量减少，以致植株生长速率下降。根和叶片的ABA含量增加，特别是老叶

ABA合成明显增加，一方面枯萎死亡，另一方面将ABA传送到幼叶，导致气孔关闭。

由于土壤干旱引起木质部细胞分裂素（Cytokinin，CTK）浓度降低，其可作为一种根源负信号物质参与气孔关闭。研究发现，水分胁迫的巴旦杏木质部汁液中CTK含量昼夜波动很大，但并不与气孔导度的变化相关。在分根实验中，根中合成的CTK不能控制叶片的气孔导度。但Bano等在水稻上发现，水分胁迫下气孔导度下降，木质部汁液中的CTK含量下降了4倍，土壤干旱影响了根中CTK的合成。从以上实验结果可推测，干旱下根系和木质部汁液中CTK含量降低，但CTK可能并不直接控制叶片气孔开度，CTK和ABA之间平衡关系的改变或许调节了干旱下的气孔运动。

茉莉酸和ABA普遍存在于高等植物中，都能抑制植物生长、促进离体叶片的衰老，参与对气孔的调控，但作用和效果有异。JA促进植物衰老比ABA的作用大，茉莉酸类物质对植物生长的抑制作用不如ABA。Tsai等指出，ABA和茉莉酸甲酯（Me-JA，MJ）抑制水稻幼苗生长，前者是可逆的，后者是不可逆的。Ranjan等认为，JA和ABA在调控碱性脂肪酸活性上彼此相互独立。而Moons等报道，JA和ABA在水稻根系调控水分亏缺和防御反应中彼此拮抗。刘新等的研究表明，一定浓度范围内的JA和ABA都可诱导气孔关闭。ABA诱导气孔关闭有明显的浓度效应，在0.1~100 μmol/L范围内，作用效果随着ABA浓度的升高而增强，但作用的时间效应不明显。而JA则有明显的时间效应，在3 h内，其作用效应随着时间的延长而增强。MES缓冲液对JA的恢复作用与ABA不同。ABA和JA调控蚕豆气孔运动有一定的协同效应。

2. 寡聚糖类

寡聚糖类主要包括1，3-β-D-葡聚糖、半乳糖、聚氨基葡萄糖、富含甘露糖的糖蛋白等。已发现真菌细胞壁中β-葡聚糖成分诱导物以激素作用方式与植物细胞膜上的受体高度亲和从而影响抗性基因的表达。大豆细胞壁上纯化的葡聚糖诱导物可以附着于膜上。这都表明细胞壁中寡聚糖成分在真菌与植物的相互作用中起重要作用。寡聚糖除了影响抗性基因表达外还可激活蛋白酶抑制剂（Proteinase Inhibitor），此外还参与蛋白质磷酸化、离子流和动作电位改变等过程。寡聚糖类化学信号由于有其作为细胞成分和植物与微生物相互作用的特殊一面，已成为植物细胞外信号中最引人注目的信号分子之一。

3. 多肽类

当受到虫咬或其他环境刺激时，在番茄和马铃薯叶片中可合成蛋白酶抑制剂的诱导物，它是一类可以移动的由18个氨基酸组成的多肽，称为系统素（Systemin）。系统素可在低浓度下诱导抑制其他生物的蛋白酶功能的丝氨酸类蛋白酶抑制剂，这些抑制剂也是植物受到伤害后产生抗性所必须积累的因子，它们能使叶蛋白的消化性和营养性降低。因此，系统素也称作蛋白酶抑制剂的诱导因子，它可以通过植物韧皮部从受伤部位运输到未受伤部位，这是植物体内发现的第一种可以传递信号并调节植物生理功能的多肽类胞外信号。

植物还有其他肽类信号分子。如植物结瘤素(Nodulin),是由10~13个氨基酸组成的活性多肽,与豆科植物根瘤形成及维持共生功能有关。从大豆种子中分离出与动物胰岛素特性相似的豆胰岛素(Leginsulin),由37个氨基酸组成,可促进胡萝卜愈伤组织的分化和小植株的形成。植物磺肽素(Phytosulfokine,PSK)又叫植物硫素、植物硫动蛋白,由4~5个氨基酸组成,可诱导细胞分裂和增殖,促进导管分化和胚性细胞形成,调节花粉细胞的群体效应,提高植物的耐热性。已在水稻、玉米、胡萝卜、番茄、松树、烟草等多种植物中发现了PSK。

4.其他种类

有人认为胞外Ca^{2+}、H^{+}及其跨膜梯度的变化可能作为胞外信号分子在逆境信息传递过程中发挥作用。

第二节

植物信号转导的调控

一、植物信号在不同水平的响应

植物在各种生长条件下,都有一定范围的适应性,可发生个体水平上的生理反应、器官与组织水平上的生理反应、细胞与细胞器水平上的生理反应、基因表达水平上的变化和DNA水平上的基因变异。环境信息或多或少地记录在植物上,使其获得反应,以适应不同的环境变化。个体通过感受外界环境信号传导信息最终获得性状,这种主动适应的过程与信号转导密切相关。

一方面,生命的遗传物质核酸转录和翻译产生相应的蛋白质,这些蛋白质能适应环境而产生各种功能和结构等性状;另一方面,环境则通过对蛋白质与核酸的影响来调控基因表达,产生个体、器官和细胞间的差异。长久的较为稳定的环境变化会使高频转录产生的RNA通过逆转录方式形成cDNA,最后整合到DNA上,从而有遗传物质的增量记录到DNA遗传信息库中,在遗传上强化其性状或产生新性状。推动这种反馈调控的工是环境与生物之间的信号转导。

蛋白质与核酸等大分子是生命的主要体现,但不是生命本身。生命的本质就是这些生物大分子之间,以及它们与环境之间复杂而有序的相互联系和相互作用。植物细胞处于复杂外界环境的“信息轰炸”(Signal Bombard)之下,这些信号分别或协同地启动细胞各种信号转导途径,最终作出合理的生理反应。

有人将细胞信号转导的作用方式比喻为电脑的工作，即细胞所接受的外界信号如同输入电脑的不同数字、字母或符号，细胞内的各种信号转导途径及其组分就如同电脑线路中的各种集成块。信号在这些集成块中流动，经分析、整合，最终将结果显示在荧屏上。而在植物细胞中，这些经分析、整合后的信号最终表现为已经调整的生理功能。细胞有自动修复、补偿能力，一定程度的损伤并不能导致细胞死亡，细胞信号转导途径中某一组合的丧失，如含有某一编码基因的信号分子的缺失，往往只会影响细胞功能的某一方面，或代谢途径的一点改变，或表现形态上的某些变化。

植物在不同环境下信号转导途径之间，既相互独立，又密切联系。例如分别用低温、干旱、高盐和ABA处理水稻后，分析其基因表达情况。结果表明，每种处理条件均诱导了特异基因的表达，同时有15个基因受这4个处理条件的诱导表达，25个基因受干旱和低温处理诱导表达，22个基因受低温和高盐处理诱导表达，43个基因同时受干旱和ABA处理诱导表达，17个基因受低温和ABA诱导表达。

ABA、水杨酸（SA）、茉莉酸（JA）和乙烯（ET）等在植物抗性中起交互作用。例如番茄ABA缺陷突变体*sitiens*对病原体的抗性增强，外源施加ABA会恢复对病原体的敏感性，而该突变体增强了SA中介的胁迫反应。这些结果表明，在番茄中高的ABA浓度抑制了SA中介的防御反应。在植物的发育过程中，ABA信号途径和ET信号途径往往是相互拮抗的，如*ERA*3（*Enhanced Response to ABA*3）和*EIN*2（*ETHYLENE INSENSITIVE*2）是等位基因，编码膜定位的Ca^{2+}感受器，该基因是ABA信号转导和ET信号转导途径的交叉点。茉莉酸抗性突变体*jar*1和茉莉酸不敏感突变体*jin*4对ABA抑制种子的萌发是超敏感的，表明ABA信号途径和JA信号途径是相互拮抗的。转录因子*AtMYC*2是ABA、ET和JA三种信号转导途径的交叉点，对于*AtMYC*2的研究首先是从ABA中介的植物干旱胁迫抗性开始的，该基因过表达后降低了JA/ET中介的病原菌诱导基因的表达。*atmyc*2突变体降低了ABA诱导基因的表达，表现为ABA敏感；但增强了JA/ET中介的病原菌诱导基因的表达，对病原菌的抗性增强，以上结果也表明*AtMYC*2是植物生物胁迫和非生物胁迫转导途径的交叉点。

二、基因表达水平的调控

不同生长环境下植物基因表达往往发生改变。早期对盐、干旱胁迫和ABA诱导基因表达水平变化的研究主要集中在结构蛋白（如LEA蛋白基因、Em蛋白基因、脱水素蛋白基因），一些编码与渗透素生物合成有关的酶（如醛糖还原酶、甜菜碱醛脱氢酶），以及具有调节功能和信号传导功能的蛋白，如RNA结合蛋白（RNA-bound Protein）、myb-like、b-Zip-type、转录因子（Transcription Factors）和组蛋白（Histone）等表达产物上。现在则转向对逆境应答的基因表达调控的研究，报道最多的是顺式作用元件和反式调节因子。如已证明水稻中由ABA诱导的*Rab*16基因的启动子中TACGTGGC、CGCCGC-

GCCTCC和CGC/GCGCGCT定位在-295~-25之间，并认为这段对ABA的应答是重要的，也有可能与核蛋白作用，因此，*Rab*16基因是在ABA应答引起基因表达过程中起调控作用的顺式作用元件。

大麦中由ABA和干旱诱导的基因*HVA*22，至少有3个元件，其中两个定位于启动子区，一个定位于第一个内含子中，高水平ABA诱导其表达。启动子区的两个顺式元件即典型的ABARE结构序列，消除其中一个元件便使ABA应答极显著降低，其产物含有已知的调控蛋白保守结构的特点。因此，ABA和干旱诱导的基因表达是受多重顺式作用元件顺序调控的。盐胁迫下水稻中ABRE响应元件结合的两个多肽链的合成受GTP调节，这两个多肽链可能为反式调节因子。

玉米中ABA和水胁迫应答蛋白Rab17（*Leu*基因的产物）高度磷酸化，定位于核内，与核内定位信号肽结合，以磷酸化的形式在核内出现。Rab17与NLS（核内定位信号肽）的结合依赖于磷酸化，而NLS是反式调节因子的典型结构序列。玉米中干旱和ABA响应基因*VP*1与核内染色质的结合状态依赖于转录因子的磷酸化和脱磷酸化共同激活。玉米*rab*基因中发现了一个RNA结合蛋白（RNA-bound Protein）的保守序列，它与GU丰富的RNAs作用有关。由此可知，逆境诱导的基因表达是通过信息传导对顺式作用元件和反式调节因子的激活而实现的。

乙烯信号传导途径的遗传学模型为ETO1、ETO2、ETO-ETR1-CTR1-EIN2-EIN3三重反应。其中一些成分是蛋白激酶，如ETR1、CTR1蛋白的氨基酸序列与原核生物中双组分系统（Two-component System）的蛋白质超家族具有显著的相似性，这种双组分信号调控系统由感受器（Sensor）和应答调节器（Response Regulator）组成，位于细胞质膜上的组氨酸蛋白激酶作为感受器，其N-末端部分具有感受环境信号的结构域，C-末端则为传递信号功能域，含有240个氨基酸，有几个保守的小区域，其中之一为H盒，应答调节器用于调节基因表达或传递来自感受器的信号。这种结构为植物对外界环境变化的适应性反应提供有效机制。*EIN*3可能是一种转录因子。拟南芥的两个反式调节因子DREB1、DREB2由干旱和低温诱导表达，结构分析表明，它们均含有一个DNA结合域和一个乙烯应答区。

因此，植物应答的基因转录调节这一信息传递过程正是利用了基本元素组合的原理。转录因子可分成两大类，一类是基本转录因子，它们是一类较为通用的转录因子，例如与某些启动子序列的共有序列TATA盒子相结合的TBP（TATA Box Binding Protein），即基本转录因子。另一类则为特异性较强的转录因子，某些组织特异性转录因子即属此类。这些转录因子常与DNA调控区的某些特异识别部位，例如增强子序列相结合，使某些具有组织特异性的蛋白质得到表达。多个转录因子与RNA聚合酶构成复合酶系统，在接受特异信号传递后，可能参与信号传导而调节特异基因的转录。

三、蛋白可逆磷酸化与植物信号转导

由蛋白激酶和蛋白磷酸酶催化的蛋白质可逆磷酸化是细胞信号转导中的组成部分。概括地说，这种翻译后修饰可以改变信号通路中许多关键蛋白质的性质，如酶活性和细胞内定位等，从而影响细胞的增殖、分化和凋亡。蛋白质的可逆磷酸化在控制细胞对外刺激反应过程中的重要性已经得到广泛的认知，而且细胞的生长、发育、分化及许多其他的受到信号转导调控的生理学反应大多都建立在磷酸化和脱磷酸化的基础之上，蛋白质的可逆磷酸化反应对于信号的快速、精确传递起着无可替代的作用。

已在根、茎、叶、种子及果实等几乎所有植物器官中检测到蛋白质可逆磷酸化的存在，并且证明多种胞外刺激在胞内的传递中涉及蛋白质的可逆磷酸化过程，包括光照、温度（冷、热）、风、雨、触摸、盐胁迫、伤害、真菌激发子、水分胁迫和吸水等环境刺激以及生长素、脱落酸、乙烯、水杨酸、赤霉素和细胞分裂素等植物激素。越来越多的研究发现，在信号转导中尤其是在由环境变化所激活的信号通路中，蛋白质的可逆磷酸化有重要作用。在对植物进行化学调控时也应该注意到这种变化。

（一）蛋白激酶与植物的环境适应性

真核生物中发现的蛋白激酶很多，有多种分类方法。

根据其底物蛋白被磷酸化的氨基酸残基种类不同，可将蛋白激酶分为5类：丝氨酸/苏氨酸（Ser/Thr）蛋白激酶，酪氨酸（Tyr）蛋白激酶，组氨酸蛋白激酶，色氨酸蛋白激酶以及天冬氨酰基/谷氨酰基蛋白激酶。植物中发现的蛋白激酶以前3类为主。

根据催化区域氨基酸序列的相似性，植物蛋白激酶可分为5大组：AGC组、CaMK组、CMGC组、PTK组和其他组。与逆境信号传递关系最密切的主要有分裂原激活蛋白激酶（Mitogen-activated Protein Kinase，MAPK）、钙依赖而钙调素不依赖的蛋白激酶（Calcium-dependent and Calmodulin-independent Protein Kinase，CDPK）、受体蛋白激酶（Receptor Protein Kinase，RPK）、核糖体蛋白激酶（Ribosomal-protein Kinase）、转录调控蛋白激酶（Transcription-regulation Protein Kinase）。

（二）蛋白磷酸酶与植物的环境适应性

真核生物中的蛋白磷酸酶根据其底物特异性可分为两大类：丝氨酸/苏氨酸蛋白磷酸酶类（Protein Serine/threonine Phosphatases，PSPs）和酪氨酸蛋白磷酸酶类（Protein Tyrosine Phosphatases，PTPs）。其中，PTPs类包括酪氨酸蛋白磷酸酶和双特异性蛋白磷酸酶（Dual Specificity Phosphatases，DSPs）。DSPs是一类能使磷酸化的丝/苏氨酸和磷酸化的酪氨酸脱磷酸，在结构上与其他PTPs相似的一类特殊蛋白磷酸酶。真核生物中，酪氨酸残基上的磷酸化只占所有磷酸化氨基酸位点的很少一部分，但在酪氨酸残基上的可逆磷酸化作用对于细胞的生长和分化是必不可少的。所有的PTPs均含有一个活性位点的特征性元件(Active Site Signature Motif):(I/V)HCXAGXXR(S/T)G。

PSPs根据催化亚基的不同及对特定抑制剂的不同敏感性可分为PP1和PP2两类。PP1对哺乳动物磷酸化酶激酶β亚基的去磷酸化活力较高,受内源蛋白抑制物I-1和I-2的抑制。PP2对磷酸化激酶α亚基的去磷酸化活力较高,且不受I-1和I-2的抑制,此酶的催化亚基可单独存在,无需特定调节亚基的结合,但其功能的实现需要特定的调节亚基将其在细胞内定位或者识别特定的底物。PP2根据亚基的结构、活力及对二价阳离子的依赖性不同又被进一步分为3个亚类:PP2A、PP2B和PP2C。所有的PP2A均由一个催化亚基和一个调节亚基A组成其核心,多数物种中还含有另一个调节亚基,此调节亚基分B、B′和B″3个类型,其中B′又包括α、β、γ、§等众多亚型,PP2A的活性不依赖于二价阳离子;PP2B是迄今发现的唯一依赖于Ca^{2+}/CaM的蛋白磷酸酶,由一个催化亚基和一个调节亚基构成;PP2C是一种单体蛋白磷酸酶,其活力依赖Mg^{2+}或Mn^{2+}。

如高等植物PP2C广泛参与ABA调控的各种信号途径,包括ABA诱导的种子萌发/休眠、幼苗根系的伸长、保卫细胞及离子通道调控和气孔关闭、逆境胁迫等。PP2C还参与植物创伤反应、生长发育以及抗病原菌侵害等多种途径。研究表明,植物中PP2C可能在许多信号转导途径中作为负调控因子,在调节由环境变化如冷害、干旱、损伤等激活的信号通路中起作用。

第三节

植物信号转导的多样性

一、植物细胞组分与信号转导

(一)细胞壁与信号转导

许多研究者认为,植物细胞表皮上的各种绒毛和突起等构造,可能像动物的触须、嗅觉腺体一样,是用来感受信号的。例如,有些食虫草类可能就是利用叶表皮上的触角类器官结构来感受虫子的到来,并通过信号转导使叶片迅速发生包裹,分泌出可消化昆虫的化学液体,最后吸收这些降解的物质。含羞草可能也是通过细胞表皮上的信号感触器官与外界物体接触后,通过信号传递,使细胞组织器官发生快速反应。植物叶片表面许多类型的绒毛和凹凸不平的构造,各种植物的腊质成分和不同形态,都可能在信号传递中起作用。

植物感受信号的顺序应该是由外到内,逐渐深入。许多问题和现象仅用各种质膜信号的传递难以解释清楚。质外体,特别是细胞壁可能在信号传导中起重要作用。细胞壁上的各种蛋白(酶)、糖、脂及无机离子,通过构象变化和生化反应产生信号,然后通过细胞膜上的信使将信号传递到细胞质膜内,再在质膜内的其他结构体(叶绿体、线粒体、内质网等)进行传递,发生复杂的生理生化反应,最后将这些信号跨膜、跨壁传到其他细胞和组织器官。

可能存在根—冠、冠—根、根—冠—根或冠—根—冠的信号循环系统;存在细胞壁外结构—细胞壁—细胞膜—细胞膜内(细胞质)—跨膜传递—细胞质膜外—其他细胞—不同组织—不同器官的由外到内和(或)由内到外,由上到下和(或)由下到上等不同联系和交叉信号的转导方式与网络系统。

越来越多的研究表明,植物可能存在从细胞壁外信号—细胞壁内细胞质膜外信号—细胞质膜内信号的信号转导途径,也可能存在信号跨细胞质膜的传递—跨细胞壁的传递,而细胞壁在信号传递系统中有特殊的地位和作用。

所有生物体的细胞都会合成一些产物分泌到周围的环境中形成细胞外基质(Extracellular Matrix, ECM)。在植物中,围绕在每一个细胞ECM外的就是细胞壁。长期以来,人们已经认识到ECM结构的作用在动物和植物中都是支持并固着细胞,然而最近的观点认为,ECM在生长和发育过程中还起着动力学作用。植物细胞壁是由纤维素、果胶交联的蛋白质,多糖和其他无机物构成的复合体,是既彼此独立又相互作用的三维动力学网络。很多植物组织中都发现细胞壁和质膜之间存在粘连结构,并且形成细胞壁-质膜-细胞骨架的连续体,植物细胞壁还具有某些类似动物ECM发育方面的功能,植物的许多发育过程依赖细胞壁结构、成分的变化,这些变化与植物感知环境、发送信号、植物防御、细胞间通信、选择交换界面等功能特性都有关。因此,植物细胞壁不再是过去人们认为的环绕细胞的惰性结构,其内10%的蛋白质及许多非纤维多糖都积极参与了植物发育过程的调节。有研究指出,细胞壁不是无生命的、刚性的,而是动力学的、可塑性的信号发布器。一些最初从细胞分泌出来的物质,一旦定位于细胞壁或ECM,就可反作用于分泌细胞自身或相邻的细胞,从而决定它们的命运。

一般将植物体细胞由胞间连丝相互连接起来,以质膜为界的原生质整体称为共质体(Symplast);质膜以外的细胞外区,称为质外体(Apoplast),植物细胞质外体的主要构成部分是细胞壁。孙大业提出,质外体是决定植物细胞发育命运的重要信号源。有实验表明,植物细胞表面凝集素与S基因表达产物等糖蛋白在细胞识别,特别是花粉与柱头表面之间特异性相互作用上十分重要。例如,游离的原生质体由于缺乏细胞壁而脱分化,培养的原生质体进行细胞分裂的先决条件是细胞壁再生;而随着细胞大量分裂,介质中钙调素的含量也迅速升高,外源钙调素有利于原生质体持续分裂及细胞壁再生。拟南芥根最外层是可生长根毛的表皮细胞,其内皮层为皮层细胞。有趣的是,并非所有的表皮细胞都长出根毛，只有那些与内侧2个皮层细胞相连处接触的表皮细胞才有能力长出根毛。如果将这些皮层细胞杀死而仅保留其细胞壁，与其接触的表皮细胞仍可长出根毛。由此说明，决定分化为根毛表皮细胞命运的信息存在于皮层细胞壁，而且似乎仅存在于皮层细胞壁的特殊部位，即相邻两皮层细胞的连接处。以上实验都有力说明，细胞壁区域存在决定细胞分化的信号分子。

可将与植物发育分化相关的质外体信号分子粗略划分为以下三大类：与发育有关的多肽分子；病原菌侵染或伤害诱导的细胞壁信号分子；植物质外体中的其他信号分子，如环腺苷酸（cAMP）、钙调素（CaM）、个别细胞外基质（ECM）组分等。环腺苷酸（cAMP）、Ca^{2+}、钙调素（CaM）等信号分子，兼具胞内和胞外信号分子的功能，在生物中可能具有普遍生物学意义。

（二）细胞骨架与信号转导

在动物细胞中微丝骨架与信号转导有关已被确定，在植物细胞中，这方面的证据也越来越多。近年来，围绕植物细胞微丝骨架如何感知细胞表面的信息，信息传递的途径及细胞的生理反应等问题进行了大量的研究。随着研究的深入，有关植物细胞骨架在信号转导中的作用及细节越来越明确。有人以花椰菜为研究材料，用二相分配分离提纯质膜囊泡，用免疫标记鉴定肌动蛋白，研究了膜连细胞骨架。当质膜囊泡内翻外时，肌动蛋白仍与膜紧密相连。用Tritn-X-100抽提质膜囊泡，产生一些不溶的颗粒沉淀，在不溶物中仍存在肌动蛋白和少量其他蛋白。这些结果说明微丝骨架与质膜共同被提纯，微丝骨架与质膜息息相关，暗示着微丝骨架可能参与信号转导过程。

有研究证明，在植物细胞中存在细胞壁（CW）-质膜（PM）-细胞骨架（CTK）的连续体。虽然这一连续体的结构组分与动物细胞有一定差异，但根据进化的保守性，人们认为在植物细胞间及细胞与外界环境的信息交换中它们类似于动物细胞中的ECM-PM-CTK连续体，与之有着同等的功能，并通过相似的机制起作用。植物细胞可以通过这一连续体成为紧密的线连结构，即细胞质骨架将细胞核、染色体、细胞溶质组分与细胞表面相连接，甚至通过细胞表面和细胞壁网络与相连细胞连接。

动物细胞ECM-PM-CTK连续体中存在层粘连蛋白（VN）和纤粘连蛋白（FN）。在植物的细胞壁中也发现了与VN、FN及整合素抗体起交叉反应的蛋白。显示植物分子与动物基质粘连分子有同源性的第一证据来自大豆种子一个多肽的研究，它与FN相似，多肽序列中包括Arg-Gly-Asp（RGD）花边序列（Motif）。这个短短的氨基酸序列在大部分基质粘连分子中出现，而且被整合素识别。已在番茄的培养细胞中检测到了hVN和hFN免疫相关的蛋白，盐胁迫下类VN、FN蛋白含量更高。许多免疫学和功能研究的证据显示，植物与动物系列粘连分子相似。在大豆细胞、洋葱原生质体中均检测到植物细胞类整合素蛋白。研究证实花粉管内存在类整合蛋白，这为Sanders和Lord建立的花粉管内的微丝骨架通过此受体与花柱的细胞外基质相互作用控制花粉管顶端生长模型提供了实验证据。

植物细胞中同样存在能够调节肌动蛋白动态的蛋白且对信号途径的调节方式已有初步的了解。植物细胞组织中，特别是花粉中含大量的profiling，通过体外实验证明植物profilin与动物细胞中一样，可以结合PIP_2，从而抑制PLCγ介导的细胞信号，调节肌动蛋白。实验证明玉米肌动蛋白解聚因子$ZmADF_3$为低分子量的actin调节蛋白，低pH时结合上$ZmADF_3$的肌动蛋白随pH升高迅速解聚。$ZmADF_3$可以与PIP_2结合，抑制对肌动蛋白的解聚。结果暗示微丝骨架受此信号途径的调节。

（三）膜上的信号感受器

质膜是信号转导的重要场所，存在着大量的信号感受器，下面以保卫细胞为例，谈谈质膜上信号感受器的特点。保卫细胞和周围细胞间的共质体是分离的，气体运动中发生的大量离子运输受质膜的控制，研究保卫细胞质膜的特性和功能，对于认识气孔运动机理有重要意义。电镜观察表明，保卫细胞质膜有内向折叠，可能发生对离子或分子物质的胞饮或分泌作用。还有由质膜形成的有被小泡（Coated Vesicles）和囊泡（Vesicles），在气孔开闭时调节质膜的表面积、控制质膜上的泵、离子通道、受体等的密度。研究表明，保卫细胞质膜上存在多种特殊蛋白质、各种结合蛋白、离子泵、离子通道等，这些特殊结构是保卫细胞接收和转导信号、控制离子出入的机构。

1.保卫细胞质膜上的结合蛋白

（1）脱落酸结合蛋白。

有研究证明，蚕豆保卫细胞质膜外侧存在ABA高亲和力的结合蛋白，每个原生质体上有2000—3000个结合位点。ABA能有效地诱导气孔关闭和抑制气孔张开，质膜上ABA结合蛋白的存在是ABA信号传递的关键。ABA和其受体蛋白或结合位点结合后，经一系列信号转导途径最终引起渗透势变化。

（2）乙酰胆碱受体。

以蚕豆为材料，荧光定位和免疫印迹鉴定表明，保卫细胞原生质体质膜上存在n型乙酰胆碱受体，受体激活剂和抑制剂的药理学实验证明其n型乙酰胆碱受体参与乙酰胆碱调控的气孔运动。

（3）GTP结合蛋白。

有一编码小GTP蛋白的*rhal*基因，主要在拟南芥和烟草叶片气孔保卫细胞发育过程中表达，据报道可能不止一种G蛋白参与气孔运动调控中的保卫细胞信号转导。

（4）光受体。

气孔对光非常敏感，一般光诱导气孔张开，蓝光可促进H^+分泌并诱导保卫细胞原生质体膨胀。在保卫细胞中可能有两种或两种以上光受体，一种对蓝光作出反应，另一种对 UV-A 作出反应。其中一个是叶绿体中的胡萝卜素，另一个可能是质膜上的黄素蛋白。

2.保卫细胞质膜上的离子通道

由于成熟保卫细胞与其他细胞间没有连丝相连，离子进出要跨过质膜，已经知道保卫细胞质膜上存在多种离子通道（Ion Channel）。

（1）内向和外向 K^+ 通道。

气孔运动的渗透调节理论中心是大量 K^+ 出入保卫细胞改变渗透势而导致水分出入，保卫细胞膨压变化，引起气孔启闭。保卫细胞质膜上存在外向和内向 K^+ 通道对保卫细胞 K^+ 的跨膜运输起重要作用。这两种 K^+ 通道的激活条件、调控机理和功能各不相同。研究报道，内外 K^+ 通道都可被 Ba^{2+} 阻断，内向 K^+ 通道可被 Al^{3+} 阻断。外源 Ca^{2+} 直接抑制内向 K^+ 通道。外向 K^+ 通道对 Ca^{2+}、G 蛋白调节剂 PTX 和 CTX 及 IP_3 都不敏感，但对胞内 pH 非常敏感，在胞质 pH 较高时被激活，而在胞质酸化时受抑制。

（2）质膜上的阴离子通道。

一些实验室应用膜片钳技术对质膜上的阴离子通道（Anion Channel）进行了研究。已经证实在保卫细胞质膜上存在三种阴离子通道：R 型（Rapid）阴离子通道，可能参与调控气孔张开；S 型（Slow Type）阴离子通道，可能在调控气孔关闭需要持续的阴离子外流中起作用；SA（Strech-activited）离子通道，它是对膨压高度敏感的专一性 Ca^{2+} 通道，同时可以通透 Cl^- 和 K^+，被认为对保卫细胞的渗透调节十分重要。

（四）细胞外ATP的信使作用

ATP 不仅存于细胞内部，而且广泛存在于动物和植物细胞外基质之中。作为一种信使分子，细胞外 ATP（Extracellular ATP，eATP）通过特定的信号转导机制参与细胞代谢、生长和发育过程的调控。

有一些实验结果显示，eATP 对植物正常生长和抵御外来的侵害是必要的。eATP 与豆科植物根瘤的形成关系密切，根瘤菌释放的结瘤因子能明显提高腺苷三磷酸双磷酸酶基因的表达量，并通过与该酶结合增强其活性，根瘤形成过程也随之受到促进，采用该酶的抗体处理后根瘤形成则明显受抑。在豆科植物百脉根中，腺苷三磷酸双磷酸酶的超表达导致根瘤数量大幅度增加，而转反义基因则因抑制该酶的基因表达而显著减少根瘤的形成。根瘤菌侵染对植物细胞而言是一种外来生物刺激，在细胞外有足量 eATP 的情况下，根瘤菌很难侵染植物细胞，显示出 eATP 可能在植物细胞抵抗外来生物侵袭中发挥作用。用葡萄糖一己糖激酶和腺苷三磷酸双磷酸酶处理以彻底清除拟南芥、玉米、烟草和大豆细胞的 eATP 分子，或者用非水解的 ATP 类似物 β，γ-亚甲基腺苷-5′-三磷酸竞争性抑制 eATP 与细胞表面受体的结合都导致植物细胞死亡，表明细胞外足量 ATP 的存在对植物细胞存活是必要的，推测某些维系植物细胞生命活动的基本生理过程受eATP的调控，一旦eATP被清除，这些生理过程的停止即导致植物细胞死亡，由此可见eATP在细胞代谢调控中的重要程度。伏马毒素B1（Fumonisin B1，一种真菌毒素）处理会导致eATP减少和细胞死亡，而外加ATP则可大大缓解伏马毒素造成的毒害作用，推测在某些病原刺激下，植物细胞受害甚至死亡的重要原因之一可能就是eATP的匮乏，而补充外源ATP后，在多种情况下都可以缓解病原刺激对细胞造成的伤害。

在伤害刺激、机械刺激和渗透胁迫条件下植物细胞eATP水平升高。也发现模拟病原刺激可促进ATP分泌，推测eATP可能在植物细胞对病原刺激起反应的过程中起作用，eATP的分泌很可能是各种逆境因子（生物和非生物）胁迫下植物细胞信号转导链条中的一个环节。

在检测分别由eATP、ROS和伤害刺激诱导的基因表达模式时，发现三者诱导表达的基因基本上一致。结合相关实验结果，Song等提出eATP信号转导的可能机制，即在伤害刺激的条件下，eATP水平升高，与质膜受体结合后激活Ca^{2+}通道，导致细胞内Ca^{2+}水平升高，通过钙调素激活细胞膜上的NADPH氧化酶，促进活性氧信号的产生，再由活性氧调控下游的基因表达。信号转导完成后，腺苷三磷酸双磷酸酶分解eATP使其恢复到正常水平，ATP分解产生的腺苷分子也可以通过抑制活性氧的合成，切断信号传递，结束对生理反应的影响。

无论是伤害、外源ATP刺激还是渗透胁迫，都会导致细胞内的MAPK家族成员表达量的增加，这暗示在eATP信号转导过程中，MAPK家族很可能是信号转导成分，它们通过调节细胞内结构和功能蛋白的磷酸化而直接调控细胞内的生理反应。他们推测可能存在“伤害信号—细胞内ATP分泌—eATP含量增加—质膜钙通道开放—细胞内钙信号产生—MAPK成员增加—细胞内蛋白磷酸化—细胞内生理反应”这样一条信号转导途径。另外，他们还发现eATP可刺激与胁迫相关的基因表达，其中包括乙烯合成的相关基因，据此推测乙烯的产生及其诱导细胞内与抗性有关的基因表达也可能是eATP信号转导过程中的环节之一。

（五）兼具胞内外功能的信号分子

细胞信号的一般含义是生物体内外环境改变时产生的信号，作用于细胞表面或胞内受体，将其传到细胞内或核内，从而调节细胞代谢及基因表达的过程，可以称之为外向内（Outside-in）的信号传递。但细胞内生理状态的改变，也会通过内向外（Inside-out）的信号转导途径，影响细胞外基质的功能以至其他细胞的生活。从细胞的社会性联系来看，这种方式的产生在进化上是必要的。

已知的内向外信号传递过程的方式之一是“物理性”的联系。由细胞外基质-整合素（Integrin）-细胞骨架组成的跨质膜连续体，除了具有一般胞外基质配基诱导的外向内信号传递功能外，同时还具有内向外信号传递功能。这主要是指某些细胞内生理状态改变后产生的胞内因子结合到整合素胞内域后，引起其胞外域变构及与胞外基质配体亲和力的改变，继而影响其细胞外基质黏合功能的改变。

细胞分泌可溶性化学信号分子是实现内向外信号传递的另一种方式。如cAMP在饥饿刺激诱导下，可直接分泌到胞外对其他细胞或反作用于自身起调节作用就属于这种内向外信号传递过程。它似乎可在胞内信使浓度变化后，以相应分泌的方式“通知”胞外基质或其他细胞，以便作出同步反应，因而具有对环境刺激作出更迅速、更经济、更有效响应的优越性。生物普遍存在这种兼性胞外信号分子的生物学意义之一，可能是在于增加了细胞信号转导途径的多样性，是适应环境多样性的产物。

某些兼性胞外信号分子在调节细胞的发育分化方面有重要意义。发育生物学研究表明：细胞分化的决定及其随后的发育过程，与细胞在组织中的位置及其与周围细胞的相互作用有关，即位置效应。细胞间的通信是完成这一过程的保证。近些年发现动植物的胞外基质或细胞壁中的信息分子在位置效应及细胞发育分化中有重要意义。兼性胞外信号分子如cAMP、Ca^{2+}等可能是在细胞发育分化中起作用的一类新的细胞外基质或细胞壁成分。

（六）植物信号转导的复杂性

信号分子的多样性说明植物信号转导的复杂性。如植物过敏性反应有7种类型：①低分子质量的抗病原微生物的化合物——植物抗毒素；②增加酚类代谢途径中编码酶的基因的表达，以导致植物抗毒素和其他酚化合物产生；③木质素、富含羟脯氨酸糖蛋白（HRGPs），富含甘氨酸蛋白（GRPs）及酚原料的合成和掺入细胞壁中，使植物防御明显加强；④提高木质素的生物合成以及细胞壁某些结构蛋白（如HRGPs、GRPs）的交联和栓化所必需的过氧化物酶活性；⑤相对无特异性的抗病毒活性出现，如某些蛋白质；⑥编码能抑制昆虫和微生物蛋白酶的抑制剂，如多聚半乳糖醛酸酶抑制蛋白（PGIP）的基因表达；⑦编码降解病原真菌和细菌壁的病程相关蛋白基因表达。过敏性反应的多种抗病表现也说明了植物抗病反应是经过一个信号网络传导而体现出来的。

从细胞感受外界刺激到作出相应的反应是一个完整的信号传递过程，涉及很多代谢和信号物质。植物进化中形成了一套非常完善的适应不良环境的机制，因此，即使是同一信号刺激，引发的信号途径可能并不只一条，或是一条途径也可能存在分支或交叉。所以，在揭示植物信号传递机制时，需要彻底弄清楚各条途径之间以及每条途径上下成员之间的相互关系。

基因作用是网络，代谢系统是网络，信号转导也应是网络。只有从众多调控途径中发现关键基因、关键酶和关键信号，进行深入研究，才能从解释简单现象走向揭示复杂整体，再从复杂整体中找出关键调控因子。

二、植物根冠间的信号转导

(一)不同环境下植物根冠间的信号转导

植物的地上部分和地下部分处在不同的环境中,两者之间有维管束的联络,不仅存在着物质交流,而且也存在着信号交流(图3-4)。根部的活动和生长有赖于地上部分所提供的光合产物、生长素、维生素等;而地上部分的生长和活动则需要根系提供水分,矿质,氮素以及根中合成的植物激素(CTK、GA与ABA),氨基酸等。在对植物进行化学调控时,需要注意植物根冠间的交流。

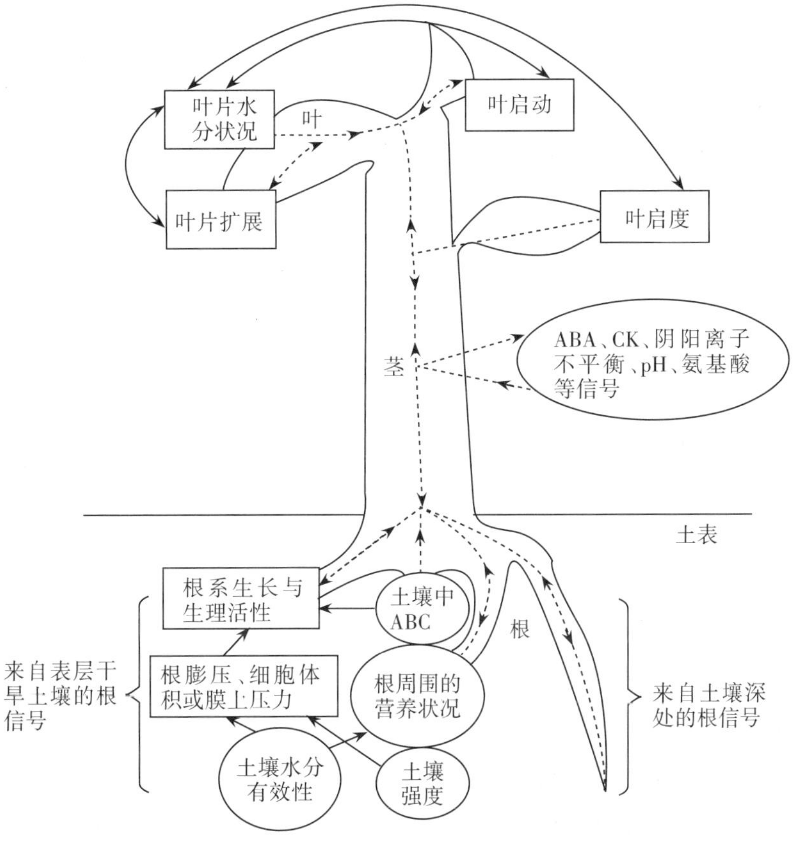

图3-4 土壤干旱时根中化学信号的产生以及根冠间的相关性

注:←---→表示化学信号传递;○表示土壤作用;□表示植物生理过程。

水分亏缺时,根系快速合成ABA并通过木质部蒸腾流将其运输到地上部分,调节地上部分的生理活动。如缩小气孔开度,抑制叶的分化与扩展,以减少蒸腾来增强对干旱的适应性。另外,叶片的水分状况信号,如细胞膨压以及叶片中合成的化学信号物质,也可传递到根部影响根的生长与生理功能。

张建华、康绍忠等利用土壤干旱(局部即可)诱导根系ABA合成并运送到地上部分使气孔开度减少的原理,提出了控制性交替灌溉的节水栽培思路,即对宽行作物如玉米、棉花根系实施分区供水(隔行间隙灌溉),人为控制使根的一部分干燥,另一部分湿润,让干土中的根合成的ABA运送到地上部分,控制气孔开度,而让非干土中的根吸水吸肥,这样既控制了植株的蒸腾量,减少了土壤的蒸发量,又保证了地上部分对水分的需求量,维持正常的生理活动,从而达到节省用水而不影响植株生长和干物质积累的目的。

(二)根源环境信号

1.根源环境信号的存在

植物具有对环境变化快速感知和主动适应的能力,这种快速感知和主动适应的策略就是植物的环境信息传递。这一过程涉及植物对环境刺激的感受与识别、环境信使的产生和传输以及反应部位对环境信使的识别与转导等环节,它对于植物适应不同环境具有非常重要的意义。根系在感知环境信号中有独特的作用。

如干旱胁迫时,植物通过促进根系吸水,减小气孔开度,防止过度蒸腾失水,可以充分利用有限的水资源维持植物的生长。由于土壤干旱时,叶片水势常下降,据此曾认为叶片是感应土壤干旱的器官。但是在大田或缓慢干旱条件下,常常发现地上部生理过程的变化先于叶片水势的下降,往往叶片水势还未下降,气孔已逐渐关闭。利用压力室给生长在干旱土壤中的小麦根系加压,通过增加土壤周围的气压来补偿由于土壤水势下降而引起的叶水势下降,使叶片水势恢复到原来的水平,结果气孔导度和叶片生长仍然受到抑制。通过分根干旱处理,即同一株植株一部分根系施以干旱,另一部分正常供水,结果地上部叶片水势没有明显变化,但气孔导度和叶片生长均下降,重新浇水或将受干旱的根系切除,则叶片生长恢复正常。这意味着根系受到干旱时能够合成并输出某些物质,这些物质通过木质部蒸腾流输送到地上部,从而调节叶片的生理变化。

研究证明这些物质是信号物质即根源环境信使。一般认为根源信使需要满足下列条件:①信使强度(浓度)的变化能对根系周围土壤环境变化作出即时响应,并且能定量反应土壤环境的变化;②信使浓度的变化能在数量和时间上解释由其所引发的地上部生理过程的变化;③地上部生理过程的改变只对信使的浓度而不是通量(Flux,浓度与蒸腾流速的乘积)响应;④地上部叶片具有快速代谢该物质的能力,从而可避免由于信使的积累而影响响应的灵敏度;⑤向根或其他器官饲喂外源该信使所引起的生理变化,与根系所受逆境胁迫时引起的生理变化相类似。根据胁迫下逆境信使含量的增加或减少,可分为正的或负的信号物质,ABA和乙烯等为正的信号物质,乙酰胆碱和细胞分裂素等为负的信号物质。

2.根源环境信号的类型

(1)ABA。

根系合成的ABA最有可能作为根源环境信使的化合物,尤其是在根系受到干旱胁迫时。首先根系受到胁迫时能迅速合成ABA,其含量在水分胁迫下呈几倍甚至几十倍地增加。通过环割切断地上部ABA的供应,或者通过分根处理使叶片保持在完全膨压状态下,胁迫处理照样使根系大量积累ABA,其浓度照样随着土壤含水量的降低而升高。土壤干旱条件下,根系ABA合成能力升高的同时,叶片气孔导度和生长速度也下降,而用外源ABA处理具有同样的效果。将玉米植株种植在1m长的PVC管内,缓慢干旱3个星期,土壤纵向层次间形成了水势梯度,这时测定根系ABA含量,结果表明随着水分亏缺向土壤深层发展,根系ABA含量逐渐升高,而且受干旱的土壤复水后,ABA含量迅速恢复至对照水平,这些均表明根系ABA含量能够测量根系周围土壤的水分状况。在大田小麦上亦可看到,木质部ABA浓度随着土壤水势的下降而升高。根系合成的ABA能够通过木质部运到地上部,有人观察到,木质部ABA浓度与根系ABA含量间存在近线性关系,表明木质部ABA浓度可以定量反应根源ABA的变化。

根系除能够合成ABA外,也能够代谢降解ABA,但其代谢能力远低于叶片,经干旱处理后代谢能力更低。而叶片具有很强的代谢ABA的能力,用^{3}H-ABA饲喂樱桃叶片,发现代谢喂入量的50%所需的时间仅为36.2 min。如此高的代谢活性足以防止ABA在作用部位积累,从而维持气孔对木质部ABA浓度的灵敏度。

(2)乙酰胆碱。

乙酰胆碱是动物的神经递质,在植物中也广泛存在,它同样能够以“神经递质”的身份出现在丝瓜卷须受刺激而发出的电化学波中,也参与调节气孔的运动。气孔开放需要根系输送的生理活性物质,断根后气孔导度减小,蒸腾下降,但如果去根后加入乙酰胆碱,则气孔孔径增大并恢复到断根前的水平。内源含量测定表明,蚕豆叶片下表皮(气孔密布处)乙酰胆碱含量变化和蒸腾作用密切相关。进一步研究证实,蚕豆根能够合成乙酰胆碱,半根渗透胁迫时(可保持叶片水势不变),经木质部运输的乙酰胆碱减少,叶片下表皮乙酰胆碱含量也明显下降,气孔导度减小,这足以证明乙酰胆碱可以作为根源负信号物质调控气孔运动。

(3)细胞分裂素。

细胞分裂素被认为是一种根源负信号物质,它能够在根系合成,并且能够通过木质部运到叶片诱导气孔开放,但在胁迫条件下根系细胞分裂素合成受到抑制,含量下降,运到地上部的量减少,气孔导度也下降。

(4)pH变化。

木质部汁液pH的升高也能够像ABA一样作为一种信号形式,从根部输送到叶片调节气孔开度。研究表明,土壤干旱过程中向日葵木质部汁液pH升高。木质部汁液pH的升高可使叶片质外体pH升高,而质外体pH的升高会快速诱导ABA向保卫细胞分布进而引起气孔关闭。在番茄和鸭跖草中也发现增大木质部汁液pH能够降低叶片的失水率。这说明木质部汁液pH的变化可以传递根源信号。

(5)电化学波、伤素和水力信号。

电化学波、伤素和水力信号等在根源环境信号的传输中也起作用。对植株进行局部烧伤,可检测到伤口处会释放出伤素并出现变异电波,该电波能以较快的速度沿主脉传递到叶片,随后则依靠变异电波释放的伤素以较慢的速度跨叶肉组织送达表皮,促使气孔关闭,蒸腾下降。将柳条插枝成活的小株的导管切断,管内水液从伤口急剧流出,通过以导管为中心的连续水系统由近及远地各部位依次受到牵动形成水力信号,该信号迅速传递甚至使叶片失水变薄,气孔被动拉开后随机关闭。

水力学信号学说认为,高等植物体内具有非常发达的水分运输系统和丰富的含水量,在正常情况下,植物体内的维管束组织构成了一个运输效率高、速率快、阻力小的水链系统。在这一水链系统中,由根到叶的水势逐渐降低,叶片不断蒸腾失水,根则持续吸收水分,植物体内始终维持一定的水势差。当植物遇到外界刺激引起植物体内水分状况的改变时,根系水势降低,从而引起植物的系统反应,如生长加速度等。植物水分状况与其气孔导度密切相关的结论,也证实水力信号理论同样适用于干旱下的气孔控制,即当土壤干旱时,根系水势降低,对地上部的水分供应减少,根-叶水链系统内水势差减小,水流减少。叶片水势降低,从而引起植物的系统反应——气孔关闭、蒸腾降低。有人认为控制植物系统反应的水力学信号由两部分组成:一为快速反应部分(膨压的作用),即压力变化传递;第二部分为从受旱根系而来的水(细胞汁液)的物质流动(渗透势的作用),这是一个慢速反应过程,在植物防御反应调节中具有重要意义。这两个部分共同控制着干旱下植物气孔的反应。

水力学信号学说仅从物理方面即水势、渗透势方面来考虑,其实也应该考虑水从根系向叶片转导过程中的化学信号、电信号和能量信号等。因为植物中的水流不是一个单纯的纯水流动,其中含有各种无机物质和有机物质(如氨基酸、激素等),并且植物生长高度的差异,维管束的多少、大小、粗细、长短的差异,以及植物细胞组织结构的差异,离子通道分别的差异等,均导致在不同组织结构间出现一定的水势差、能势差、离子浓度差、pH差,以及各种化学信号和电信号等。现在已有的研究证明,除了有各种化学信号调控气孔导度外,还有其他电信号和水力学信号共同参与气孔的调控。

(6)无机离子信号。

由于土壤中有许多无机离子,根系在吸收无机离子方面有重要作用。无机离子也可以作为根源信号来调控环境变化条件下的植物功能。研究表明,土壤水分中仅几千帕的变化就可以明显限制气孔导度,使植物对土壤干旱有精细的反应。有人注意到,在干旱的土壤中减少向植株地上部分的N供应,就可以作为一种信号来专门调控叶片的生化代谢,利用这个信号可以解释说明干旱土壤对植物功能的影响效应。N和其他营养元素的缺乏像土壤干旱一样,同样可以对气孔开度有一定调节。调控营养元素的吸收和运转可以在限制向根表面积的供应和改变根质膜水的离子通道和运载的功能等方面产生影响。另外发现由土壤干旱诱导和其他因素导致的养分亏缺对气孔行为有影响的机制，例如N亏缺可以增强气孔对ABA信号的敏感性。这可能与木质部汁液pH改变影响无机离子的吸收和运转有关。N亏缺导致了木质部N降解的产物（如苹果酸等无机酸）浓度增加，它们被认为可以使木质部汁液发生碱性化。

（三）叶源环境信号

植物地上部和地下部的相关性表明，地上部与地下部在存在物质流的同时也存在信息流。以干旱胁迫为例，干旱时根系可以产生ABA并由木质部传向地上叶片，叶片在干旱胁迫时也产生ABA通过韧皮部向下运输。

ABA不仅在木质部中从根向茎转移、在叶中进行分配，而且在韧皮部中也存在一个ABA的逆向流动，在植物的地上部和地下部之间存在一个ABA的无效循环，因此必须考虑是根还是叶中浓度的增加。有人估算了这个循环的大小，认为在良好供水的植株上，经木质部输入叶ABA速率等于从韧皮部输出到根系中的ABA的速率，水分胁迫下经木质部的输入增加，而韧皮部的输出维持恒定或减少，这样就立刻增加了叶片中ABA的浓度，而且可能比根中合成新ABA再运输到地上部更快。

有些研究表明，木质部ABA的第二个内源是来自叶片。叶片合成的ABA可以通过韧皮部转运到根部，在根系中有一部分ABA存储在组织中，另一部分ABA通过木质部导管进行循环。盐胁迫、磷缺乏和氨养分等都可以增加ABA的循环比例。

以干旱生长条件下的银合欢和玉米为材料，用环割韧皮部和去掉成熟叶的方法研究地上部叶中ABA经过韧皮部向下运输的情况，证明土壤水分亏缺时木质部汁液ABA浓度呈线性增加，而严重的干旱则阻碍根系产生并运转ABA进入木质部。当将^{3}H-ABA喂入根中并检测其降解和消失时发现，根的ABA降解能力显著低于叶，其半衰期为1.16 h，可以维持21 h；当给预先经过土壤干旱的一半根系同喂^{3}H-ABA后，其半衰期为2.27 h，剪叶和遮阴处理明显降低了受胁迫植株木质部汁液中ABA的浓度。韧皮部环割试验计算得出受旱植株木质部汁液中25%~30%的ABA来自韧皮部向下运输。初步证明，木质部汁液中ABA浓度的增加不仅因降解速度减慢合成加速，而且与地上部向下运输量增加有关。

另外，按照根系产生ABA通过木质部向上运输调控叶片气孔导度的理论，叶片ABA应大量增加，但叶片总ABA测定表明并非如此。叶片ABA浓度在干旱条件下仅稍有增加，且晚于根系ABA浓度的增加，研究发现仅在气孔关闭后叶片ABA浓度才有增加，因此他们认为叶片ABA的增加或许是气孔关闭的结果而不是原因。进一步分析了Commeline叶片表皮中的ABA浓度和气孔导度的关系，发现两者显著相关。

有研究表明，正在生长的幼叶内源ABA含量较高，而ABA缺失型突变株叶片生长速率较低（由于水分平衡失调），因此，使用ABA可促进叶片的生长。

与根系相似，受渗透胁迫的叶片也能迅速积累大量ABA。但也有结果显示，叶片和根系对渗透胁迫的敏感性有明显差异，感受渗透胁迫后的叶片合成ABA的能力显著高于根系细胞，根系代谢ABA的能力仅为叶片的20%左右。

有研究认为，根源信号是在茎叶中还看不见水分亏缺时，就通过气孔调控减少水分散失的第一道防线。当土壤干旱持续发生时，第二道防线通过低位叶和老叶的萎蔫开始启动。大量的ABA在萎蔫的叶片中产生并送到幼嫩的叶片和花蕾，以减少更多的水分散失。同时，这对维持植物生长点的膨压和持续干旱条件下的生存是非常重要的。当土壤水分亏缺进一步严重时，来自第一和第二防线的信号就会加强，气孔就会进一步紧闭。

研究表明，在植物受到水分胁迫时，植物赖以生存的可能有两套ABA调控机制，即根源ABA和叶源ABA。在突然遭受环境和大气水分亏缺时，如高温、大风，叶源ABA从叶绿体中释放并在短期内快速反应，调节叶片气孔导度；而土壤内根源ABA综合了土壤中各部位水分状况的信息，经过维管束木质部传至地上，在较长时间内控制气孔和植物生长发育，实现水分最优化利用。

以上仅用ABA为例表明叶源环境信号向地下部的传递，事实上还有许多其他信号分子也有类似的作用。

叶片气孔对环境影响的反应可能更加敏感，气孔开闭在不断地发生瞬间振荡，随时优化、调控蒸腾作用和光合作用。通常气孔只有在夏季高温和缺水条件下，才会发生关闭，产生"午睡"现象。按照根系受到水分胁迫产生ABA通过木质部传到叶片调控气孔导度的理论，在一定水分胁迫条件下通常的情况可能是部分气孔也处于张开状态，只有在严重(包括暂时)水分亏缺条件下气孔才完全关闭。虽然有一些实验支持根源ABA通过木质部调控地上叶片的气孔导度，但有些现实情况也值得思考。如Schulze所指出的那样，植物对一个产生于根部且运输到茎部的信号产生反应也许很慢，尤其是高大树木，水分亏缺信息传递到茎部以前或许需要几周时间(如在100 m高的Sequoia树上)。Munns的实验结果表明，施用与土壤干旱诱导的体内等量的外源ABA于正常供水的小麦植株，小麦叶片的气孔导度降低了15%，仅为土壤干旱抑制的一半。非胁迫小麦植株在用抽提出ABA的干旱处理木质部汁液饲喂后气孔关闭。这些都说明除了ABA信号外，还有其他物质参与该调节过程。

第四节

植物生长发育的激素调控

植物的生命周期(Life Cycle)要经历胚胎的形成、种子萌发、幼苗生长、营养体形成、生殖体形成、开花结实、衰老和死亡等一系列生长发育阶段。伴随着生命周期中的形态发生(Morphogenesis)或形态建成,植物体发生着生长、分化与发育等变化,而植物生长物质在其中起着十分重要的调控作用。

一、种子休眠与萌发的激素调控

(一)激素调控在种子成熟与休眠中的作用

1.种子成熟与激素调控

种子发育成熟过程受多种内源激素的调节控制,此时种子内源激素的种类和含量都在不断发生变化。以小麦为例,胚珠受精前玉米素含量极低,受精末期达到最高,然后下降;受精后籽粒开始生长时GA浓度迅速升高,受精后第3周达到高峰,然后减少;胚珠内IAA含量极低,受精时略有增加,然后减少,籽粒膨大后再度增加,当籽粒鲜重达到最大时其含量最高,籽粒成熟时几乎测不出其活性;此外,籽粒成熟期间ABA含量大大增加。种子发育过程中,内源激素的出现有一定的顺序规律,这种变化可能与这些激素的功能有关。首先出现的是CTK,可能调节籽粒形态建成的细胞分裂过程;其次是GA与IAA,可能调节有机物质向籽粒运输与积累的过程;最后是ABA,促进储藏蛋白和脂质的合成,在调控籽粒的休眠过程中发挥重要作用。

2.种子休眠与激素调控

有些植物如蔷薇科的苹果、桃、樱桃、梨、李、杏等和松柏类种子的胚已发育完全,形态成熟,但在生理上没有成熟,在适宜条件下仍不能萌发,它们要经过一段时间休眠,在胚内发生一些生理生化变化才能萌发。这些种子在休眠期内发生的生理生化过程,称为后熟作用(After Ripening)。

一般认为,在后熟过程中种子内的淀粉、蛋白质、脂肪等有机物合成作用增强,呼吸减弱,酸度降低。完成后熟后,种皮透性增加,呼吸增强,有机物开始水解,促进萌发物质,如细胞分裂素、赤霉素,含量升高,抑制萌发物质,如ABA,含量降低,从而能够萌发。后熟期长短与植物种类和品种有关。如水稻种子的后熟期很短,几乎没有后熟期,可以在枝梗上萌发;小麦种子的后熟期为5 d左右。种子后熟作用可通过层积处理,在潮湿和低温条件下进行,有的可在收获后的晒种干燥过程中完成。

有些植物的种子不能萌发是由于果实或种子内有萌发抑制物的存在。萌发抑制物的种类较多，如氨(某些含氮物质，它们在适当的酶的作用下释放出来)、氰氢酸(由扁桃苷等释放)、芳香油类、植物碱、有机酸(水杨酸、阿魏酸等)、酚类、醛类(乙醛、苄醛)、某些盐类($NaCl$、$CaCl_2$、$MgSO_4$等)等。种子中只要含有足够量的抑制物即可抑制其萌发。此外，有些氨基酸(色氨酸、丙氨酸、甘氨酸等)也能抑制种子萌发。还有很多植物种子的休眠是由于脱落酸的存在而引起的。

萌发抑制物的种类及其存在部位因不同植物而异。如向日葵的萌发抑制物存在于花盘、果皮和种子的胚乳中；梨、苹果、番茄、黄瓜、西瓜、甜瓜、柑橘等的抑制物存在于果肉、果汁中；水稻、荞麦存在于种皮内；鸢尾存在于胚乳中；菜豆存在于子叶中；野燕麦存在于稃壳中；而红松种子则各部位都有。当种胚与抑制物所在部位彼此分开时，或在贮藏过程中，经过后熟过程的生理生化变化，使抑制物浓度下降后，即不再抑制种子萌发。

抑制物的存在具有重要的生态学意义。例如，沙漠中有些植物的种子存在抑制物，只有大量降雨将这些抑制物洗脱之后种子才能萌发，故而保证了已萌发的种子不致因缺水而枯死。

(二)激素调控在种子萌发中的作用

种子萌发过程中有许多激素的参与。未萌发的种子通常不含自由态的生长素，萌发初期种子内束缚态的生长素转为自由态，并且合成新的生长素。落叶松种子经层积处理后，种子吸水萌发时，生长抑制剂含量逐渐下降，而赤霉素含量逐渐升高。大麦种子萌发时胚细胞的赤霉素浓度增加，赤霉素从胚细胞分泌到糊粉层细胞诱导α-淀粉酶和其他酶的形成。此外，在种子萌发早期，细胞分裂素和乙烯都有所增加，而ABA和其他抑制剂则明显下降。

1.种子萌发时的激素变化

激素在很多方面对种子发芽进行调节。

GA和ABA是调控种子休眠和萌发的主要植物激素。ABA抑制萌发，诱导休眠；GA促进萌发，是拮抗ABA的主要因子，为种子萌发所必需。GA促进种子萌发至少有两种作用，即增强胚的生长势和软化胚周围组织(如种皮和胚乳)以利于胚根的突破。拟南芥GA合成突变体(*gal*)和GA不敏感突变体(*gai*)表现为延长休眠和对ABA极其敏感，其种子只有在施加外源GA后才能萌发。

ABA与GA在调控种子休眠与萌发方面具有拮抗作用。利用ABA、GA生物合成缺陷型突变体和非敏感型突变体，人们已经初步掌握了种子休眠与萌发的基因调控网络。从现有的研究结果看，除了ABA和GA对种子休眠与萌发具有明确的调控作用外，其他植物激素如乙烯、油菜素内酯(BR)以及光、糖等因子也会影响种子的休眠与萌发。

一般认为种子水合作用之后发生的是GA的出现。GA起明显活化剂的作用，主要通过影响膜的透性、ATP的合成及与细胞分裂素类和脱落酸之间的作用发挥效应。种子发芽过程中已鉴定出40多种不同的GA异构体。最初合成的GA位于盾片，但发芽第三天，胚轴处也出现GA。大麦种子中由芽鞘和盾片处产生的GA转移到糊粉层，并在该处合成水解酶，然后释放出水解酶，作用于胚乳中的贮藏物质，所产生的物质为生长的胚提供养料。

细胞分裂素位于种子的非胚区，影响膜的透性并克服抑制物质（如ABA）的影响，对tRNA或mRNA起作用，也和与膜结合的色素（如光敏色素）相互作用，调节种子的发芽过程。CTK与ABA之间存在明显的对抗作用，富含ABA等抑制物质的种子可以通过外源CTK促进发芽，这一作用在大麦α-淀粉酶合成的试验中得到证实。CTK与抑制物质相互作用可通过改变膜的透性以调控GA的释放。

ABA在种子萌发过程中的出现阻碍了DNA的合成并通过mRNA为一些关键酶（如异柠檬酸酶和磷酸甘油酯转移酶）进行翻译。ABA的抑制作用可以随时间推移或提高GA和CTK水平而得到克服。野生稻贮藏90 d后，ABA下降50%时发芽率一般不超过15%；但用外源GA和CTK处理后，可以使贮藏30~60 d的休眠种子发芽。研究还表明，胚轴中ABA的作用要比种子覆盖层更为有效，ABA由胚轴向种皮重新分配（不改变总的含量），可以促使种子发芽。激素在调节种子休眠与发芽中，除激素的种类和作用水平外，也取决于激素之间的结合作用和平衡。例如ABA对休眠起主导作用，GA和CTK对发芽起主导作用，后者的共同存在可以解除前者的抑制作用，但GA和CTK单独存在则不起作用。一些研究表明，对花生和棉花等作物来说，乙烯在休眠解除和发芽过程中也起调节作用，花生种子的发芽和乙烯的产生可被ABA所抑制，而CTK对ABA的解抑作用促进种子产生乙烯，应用乙烯处理也可以解除ABA的抑制效应。

2.激素在种子萌发中的作用机理

（1）赤霉素

GA促进种子萌发至少有两种作用，即增强胚的生长势和软化胚周围组织（如种皮和胚乳）以利于胚根的突破。拟南芥GA缺陷型突变体的种子不能萌发，但去除胚周围组织后可以萌发成苗。GA合成突变体（*gal*）和GA不敏感突变体（*gai*）表现为延长休眠和对ABA极其敏感，其种子只有在施加外源GA后才能萌发。

与GA信号转导有关的组分RGL1（RGA Like1）和RGL2（RGA like2）属于Gras蛋白家族中Della超家族的成员，RGL2功能缺失突变体在缺少外源GA时，也能恢复*ga*1-3突变体不能萌发的表型。另外，在种子吸胀时RGL2的转录水平迅速提高，而在萌发后迅速消失，据此推断RGL可能是GA信号的负调控因子。

SPY（*Spindly*）基因编码一种乙酰谷氨酸转移酶（O-linked N-acetyl Glucosamine Transferases，GlcNAc），*SPY*突变体能够抵抗多效唑（Paclobutrazol）对种子萌发的抑制作用并恢复GA合成突变体*ga*1-2种子的萌发表型。但是，*SPY*基因的高度表达会减弱GA对种子萌发的促进作用。因此，*SPY*基因产物可能也是GA信号的负调控因子。

G蛋白偶联受体(G protein-coupled Receptors, GCR)是感受外界信号的主要成分之一。研究表明，GCR的高度表达可以解除种子休眠，并增强2种GA正调节基因*Myb*65和Ser/Thr磷酸化酶基因*PP2A*的表达，说明GCR可能参与GA信号的转导。

*SLY*1(*sleepy*1)基因突变体能够抑制ABA不敏感突变体*abi*1-1种子的萌发，此抑制不能被外源GA解除，据此推断*SLY*1基因编码的蛋白可能是一个感受GA信号的关键调节因子。

Dill等(2004)认为，*SLY*1参与了GA调节的蛋白降解反应。*CTS*(*Comatose*)基因变异降低了种子萌发的潜能，该表型不能被外源GA补救。*CTS*可能作为专一的GA信号组分提高种子发育的潜能，从而打破胚的休眠。*Gar*2-1(*Gai Repressor*2-1)突变体对多效唑具有很强的抗性，表现为萌发表型，推断*GAR*2也是一种GA信号的负调节因子。

以拟南芥的GAs缺陷突变体*ga*1、*ga*2、*ga*3和GAs不敏感型突变体*gai*为材料，研究光和4种GAs突变体对拟南芥种子萌发影响的相互关系，结果发现，光对拟南芥种子萌发的促进主要是提高了种子对GAs反应的敏感性而不是增加GAs的生物合成。

GA诱导禾谷类种子α-淀粉酶的形成是一个典型案例。实验证明，糊粉层细胞是GA作用的靶细胞。大麦种子内的贮藏物质主要是淀粉，籽粒在萌发时，贮藏在胚中的束缚型GA水解释放出游离的GA，通过胚乳扩散到糊粉层，并诱导糊粉层细胞合成α-淀粉酶，酶扩散到胚乳中催化淀粉水解，水解产物供胚生长所需。GA促进无胚大麦种子合成α-淀粉酶具有高度的专一性和灵敏性，这已作为GA的生物鉴定法。

(2)脱落酸。

种子发育过程中干物质积累的同时也伴随着ABA含量的变化。发育早期的小麦种子中ABA含量很低。通常在贮藏物积累最活跃的时期(大约在发育至成熟的1/3~1/2时)ABA含量最高，最大值可达$1\times10^{-7}\ mol\cdot L^{-1}$。种子发育后期，ABA含量明显降低，特别是成熟干燥后降至最低点。ABA在成熟种子中的分布是不均匀的，胚中含量通常是胚乳中的3~5倍，种皮中ABA的含量只占总量的25%，但为胚乳中的10倍；萌发时ABA能从种皮转移到胚。

在不同休眠性种子萌发过程中，ABA的代谢存在差异。如在休眠与后熟过的大麦籽粒中，ABA和GA的含量相似。在籽粒吸胀初期，两种籽粒的胚内ABA含量均急剧下降。但吸胀18 h后，后熟籽粒的胚内ABA含量降低更明显，而GA含量显著增加。

ABA不仅阻碍α-淀粉酶的积累，而且抑制GA调控的相关转录，与萌发相关的许多酶(如磷酸酶、β 葡聚糖酶等)的表达受GA调节。糊粉层是种子中主要的矿质元素贮藏器官，K^+、Mg^{2+}、Ca^{2+}和植酸以螯合的形式存在。大麦糊粉层中无机离子的释放受激素调控，GA可以刺激植酸酶的合成，植酸的降解可为胚生长提供磷酸和阳离子，ABA可通过对GA的作用影响这些反应。ABA和GA也能调节谷物糊粉层细胞的活性。GA加速细胞的死亡，而ABA可以提高细胞活性，从而导致细胞编程性死亡(PCD)。

一些ABA信号基因，如*ABI*1、*ABI*2、*ABI*3、*ABI*4、*ABI*5、*LEC*1、*LEC*2、*FUS*、*MARD*1和

*CIPK*3 已从拟南芥突变体中得到克隆。ABA 合成突变体(*aba*)种子不休眠，用 ABA 处理未成熟胚可抑制其过早萌发，表明内源 ABA 可以抑制种子过早萌发，并引发种子休眠。ABA 不敏感突变体(*abi*1 和 *abi*2)种子表现为轻度休眠，在萌发过程中对 ABA 抑制萌发的敏感性降低；而 ABA 敏感性增强突变体表现为抑制种子萌发所需 ABA 的量降低。*ABI*1 和 *ABI*2 编码的蛋白都具有蛋白磷酸酶(PP2C)的活性，但 *ABI*1 含有 EF 手型结构，活性受 Ca^{2+} 调节，而 *ABI*2 缺少这种结构，*ABI*1 和 *ABI*2 可能通过共同的信号途径起作用。

在水稻中分离出一种 Tos17-转座子诱导母体发芽(非休眠表现型)的突变体，这种突变体缺失玉米黄质环氧化酶基因，而这种酶与 ABA 合成途径有关，说明 ABA 对控制种子休眠有非常重要的作用。Frey 等(1999)通过基因工程调节番茄种子玉米黄质环氧化酶的表达，发现此酶的过量表达导致种子休眠程度加深，而通过反义 RNA 技术“敲除”编码这种酶的基因就产生种子休眠减轻表型。也有研究发现，ABA 生物合成抑制剂(如 norfluorazon)促进种子萌发。这些结果不但证实了 ABA 与种子休眠有关，而且也表明吸胀种子在维持休眠的过程中内部处于一种活动而非静止状态，如 ABA 合成。这些研究弥补了以前仅强调 ABA 在种子发育中的作用的不足。

通过对番茄种子成熟突变体 *leafy cotyledon*(*lec*)、*fusca*3(*fus*3)和 *abi*3 进行详细研究后发现，三者经历早熟萌发的时间不同。*LEC*1 和 *FUS*3 位点可能调控发育停滞，这些基因突变可能导致非成熟胚的连续生长。而 ABA 代表了另一种抑制萌发机理，它在控制种子休眠的时间上比前两者要晚一些，并对 *LEC*1 和 *FUS*3 位点所控制的发育停滞起加快作用。

(3)乙烯。

拟南芥的 3 种乙烯反应突变体，包括乙烯不敏感突变体(*Ethylene Insensitive*，*ein*)、乙烯 ETR 受体突变体(*etr*)和组成型三重反应突变体(*Constutive Triple Response*，*ctr*)，它们对乙烯和 ABA 的反应不同。

乙烯不敏感突变体 *ein*2-45 和 *ein*2-1 对乙烯不敏感，乙烯处理时不能发生三重反应。该突变体种子萌发能力降低，对 ABA 抑制种子萌发超敏感。乙烯 ETR 受体突变体 *etr* 对乙烯不敏感，但对 ABA 的敏感性增强。ETR 是接受乙烯信号的膜受体，没有乙烯存在时 ETR 处于活化状态，激活下游的 Raf-like 激酶 CTR1，CTR1 能够负调控乙烯的下游反应元件；当 ETR 与乙烯结合后其活性受到抑制，使下游的乙烯信号元件(Ein2 等)被激活，从而调节乙烯的反应。

组成型三重反应突变体 *ctr*，无论乙烯及乙烯合成抑制剂存在与否都表现出三重反应，即通常需要乙烯诱导的基因在此突变体中均为组成型表达，对 ABA 的敏感性要低于野生型，对 ABA 有轻微的抗性。但 *ctr*1/*abi*-1 双突变体表现为 ABA 敏感。

由以上突变体对乙烯和 ABA 的反应可以推断，乙烯是 ABA 调节种子休眠和萌发的拮抗剂。但对于种苗根的生长，乙烯与 ABA 是协同作用，二者共同抑制种苗根的生长。

(4)油菜素内酯。

BR有促进种子萌发的作用。BR合成突变体*det2*(*Deetiocated 2*)和BR反应突变体*bri1*(*Brassinesteroid Insensitive 1*)表现为种子萌发力下降，但是这种表型只是暂时的，经过一段时间后，即使没有BR，种子最终仍会萌发。与GA的作用相比，BR对种子萌发并不是绝对需要的，BR可能是作为一种ABA的拮抗因子，对萌发起一定的促进作用。

已知*DET2*编码合成BR需要的固醇5-a还原酶，*BRI1*编码的富含亮氨酸的受体激酶是BR的受体。突变体*det2-1*和*bri1-1*对ABA超敏感。BR可以恢复GA合成突变体和GA不敏感突变体*sleepy1*的萌发表型，促进萌发。与GA相比，BR并不是萌发必需的条件，这说明BR和GA通过不同的途径和机理调节种子萌发，BR可能直接通过增加胚生长势来促进种子萌发，有可能是通过刺激胚胎膨胀而促进萌发，也可能是通过拮抗ABA并促进GA合成而促进萌发。

3.种子胎萌的调控

种子胎萌(Viviparous Germination)在禾本科植物中称穗发芽或穗萌(Preharvest Sprouting)，指种子收获前的早萌现象，泛指种子收获前在田间母体植株上的发芽现象，但从严格意义上讲则是指处于生理成熟之前的种子在田间母体植株上发芽的现象。种子胎萌现象在红树、水稻、小麦、大麦、野燕麦、菜豆、油菜、辣椒、玉米、番茄、拟南芥等植物上均有报道。种子胎萌会消耗其部分营养和贮藏物质，致使种子食用品质、贮藏品质下降，导致种子整体质量下降，给作物生产造成较大的经济损失。

α-淀粉酶活性与种子胎萌有显著的关系，即成熟种子的α-淀粉酶活性低则不易胎萌，而来源于Tom Thumb小麦的*Rht3*基因被认为能够调控α-淀粉酶的活性。*Rht3*基因定位于小麦4BS，距着丝点13个遗传图距。通过对小麦显性矮秆基因*Rht3*及该显性矮秆基因的衍生矮源的抗穗萌特性的研究发现，*Rht3*基因及该显性矮秆基因的衍生矮源均具有显著而稳定的抗穗萌特性，其抗性容易在普通小麦品种间转移和表达，该基因的导入可以使不抗穗萌的品种变为高抗穗萌的品种。内源赤霉素(GA)是启动α-淀粉酶合成的植物激素，它能够促进α-淀粉酶在糊粉层和盾片的上皮细胞中表达。由于*Rht3*能够抑制小麦糊粉层对GA的反应，从而使GA诱导的α-淀粉酶的合成受阻。*Rht3*基因不仅影响α-淀粉酶的表达水平，也能引起α-Amy1同工酶谱带发生变化。由此可见，*Rht3*主要通过影响α-Amy的表达而增强穗发芽抗性。

Viviparous(*Vp*)基因家族与种子胎萌有关。种子的胎萌现象取决于种子的休眠特性，而ABA是种子休眠的主导因素。已有的研究表明，许多基因影响种子的休眠性。通过对玉米种子胎萌突变体的研究已经发现了一些通过阻碍ABA生物合成或对ABA反应不敏感而导致种子胎萌的相关基因。玉米*Vp2*、*Vp5*、*Vp7*、*Vp9*、*Vp10*、*Vp14*基因的突变体抑制类胡萝卜素的生物合成，而类胡萝卜素是ABA合成的前体，所以突变体ABA含量降低，种子出现胎萌。但这些突变体的作用机制并不相同，如*Vp5*基因编码类胡萝卜素合成途径中的一个重要酶——八氢番茄红素脱氢酶(PDS)，*Vp5*突变体通过抑制

类胡萝卜素的合成而影响ABA的合成；*Vp*12突变体抑制萜类物质生物合成途径中很重要的一种酶——牻牛儿基牻牛儿基焦磷酸合成酶(GGPPS)的表达，从而影响ABA的合成；玉米*Vp*基因编码的9-顺式环氧类胡萝卜素双加氧酶(NCE)调节质体中9-顺式新黄质转化为黄质醛，其突变体(*vp*14)由于该步骤受阻导致ABA生物合成受阻；玉米的*Vp*10基因编码一种促进钼辅因子(Molyb Cofactor)合成的蛋白质，*Vp*10突变体中钼辅因子合成受阻，该突变体无法将ABA醛氧化成ABA，从而使突变体*vp*10的ABA含量明显下降，胎萌发生现象比较严重。

玉米ABA生物合成突变体(*vp*2、*vp*5、*vp*7、*vp*9、*vp*10、*vp*12、*vp*14)以及拟南芥ABA合成突变体(*aba*1、*aba*2、*aba*3)种子因不休眠而发生胎萌，用ABA处理未成熟胚可抑制其过早萌发，表明内源ABA可以抑制种子萌发而引发休眠。因此，ABA生物合成的调节对种子胎萌具有调控作用。

二、植物激素在生长相关性中的作用

植物体是由各部分组成的统一有机体，构成整体的各部分之间，包括细胞与细胞、组织与组织及器官与器官之间是相互密切联系的。植物体各部分之间的这种相互制约与协调的现象称为相关性(Correlation)，包括地上部与地下部的相关，主茎与侧枝的相关，营养生长与生殖生长的相关等。在植物各器官生长的相互制约与协调中，激素发挥了重要调控作用。

(一)根冠比与植物激素

植物的地上部和地下部分别处在不同的环境中，两者之间有维管束的联络，存在着营养物质与信息物质的大量交换。地下部的活动和生长有赖于地上部多提供光合产物、生长素、维生素等；而地上部的生长和发育则需要地下部提供水分、矿质营养以及根系合成的植物激素、氨基酸等。通常所说的“根深叶茂”“本固枝荣”就是指地上部与地下部的协调关系。一般情况下，植物的根系生长良好，其地上部的枝叶也较茂盛；同样地上部生长良好，也会促进根系的生长。根冠比(Root-top Ratio, R/T)是指地下部与地上部相对生长量之比，可以反映植物的地上部与地下部之间的物质交换和能量交换。

植物的地上部与地下部之间除了进行物质交换和能量交换外，各部分之间还进行着信息的传递，包括激素的传递。其中ABA被认为是一种逆境信号，在水分亏欠时根系快速合成ABA并通过木质部蒸腾流将ABA运输到地上部，调节地上部的生理活动，如缩小气孔开度，抑制叶的分化与扩展，以减少蒸腾来增强植物对干旱的适应性。植物地上部叶合成一些微量活性物质并影响根系的生理功能。如叶片的水分状况信号、细胞膨压，以及叶片中合成的化学信号物质(IAA)也可以传递到根部，影响根的生长。除了ABA外，根系合成的细胞分裂素以及氨基酸在这一过程中也可起到某些作用。

（二）顶端优势与植物激素

种子植物中顶芽生长主要是在主茎顶端。虽然每个叶腋处都有侧芽，但由于发育的时间与着生的位置不同，在生长上顶芽与侧芽有着相互制约的关系，只要主茎顶端保持生长活力，一般不形成侧枝。这种茎顶端在生长上占优势的现象，称为顶端优势（Apical Dominance，Terminal Dorminance）。几乎所有的高等植物在生长过程中都有顶端优势，这种相关性是植物形态建成的重要协调方式。植物的顶芽长出主茎，侧芽长出分枝，通常主茎的顶端生长很快，而侧枝或侧芽生长很慢或潜伏不长。

人们对顶端优势的作用机理从不同角度进行了深入的研究，提出了关于这一作用机理的各种不同假说。

其中"生长素假说"认为顶端优势是由于生长素对侧芽的抑制作用而产生的。植物顶端形成生长素，通过极性运输运到侧芽，侧芽对生长素比顶芽敏感，致使侧芽生长受到抑制。距离顶芽越近，生长素浓度越高，对侧芽的抑制作用越强。

还有人提出"植物激素相互作用假说"。大量实验证明，用细胞分裂素处理侧芽，可以解除顶端对侧芽的抑制作用，即使在有顶端存在的情况下侧芽也可萌发。近年来的研究表明，植物顶端优势的存在是某些特定基因控制的多种内源植物激素相互作用的结果。生长素、细胞分裂素和独脚金内酯共同参与顶芽和侧芽的调控。细胞分裂素和独脚金内酯在根部合成，通过木质部进行长距离运输到达地上部。在侧芽处，若生长素占优势，侧芽生长便受到抑制；若细胞分裂素和独脚金内酯占优势，便促进侧芽生长。因此，侧芽的发育取决于该部位生长素、细胞分裂素和独脚金内酯三种激素间的相互作用。

对植物顶端优势的研究，虽然提出了众多假说，但有一点是共同的，即认为顶端是信号源。该信号源是由顶端产生并向下极性运输的生长素，它直接或间接地调节着其他激素和营养物质的合成、运输和分配，从而促进顶端生长而抑制侧芽生长。

植物根系生长也存在顶端优势。最早人们试图借鉴茎顶端优势的研究结果解释根的顶端优势，但最后发现两者不完全相同。

研究发现，生长素在茎和根中都会改变细胞的扩张和分裂，但是这些作用所导致的生理学效应不同。例如，生长素促进根中柱鞘细胞的分裂，导致侧根的形成，但抑制了茎中侧生分生组织的细胞分裂，从而形成了顶端优势。也就是说，生长素在根中的作用是消除顶端优势，在茎中则是促进顶端优势，其作用结果正好相反。

用外源IBA、NAA以及KT直接处理根系基部后发现，不同浓度的生长素（IBA或NAA）均能促进侧根发生，并使主根变短；在控制了根系顶端优势的同时，使其形态建成更为合理。在生产实践中，这对于通过外源生长物质和其他一些人工手段如截断主根来调控根系顶端优势，合理诱导根系形态建成，促进根系生长和繁茂，最大限度提高整株活力和作物产量，都有重要的借鉴意义。

(三)营养生长和生殖生长转换与植物激素

营养生长和生殖生长是植物生长周期中的两个阶段,以花芽分化作为生殖生长开始的标志。营养生长与生殖生长之间的关系表现为既相互依赖又相互对立。良好的营养生长是植物生殖生长的基础,生殖生长所需要的养分大部分由营养器官所提供。没有健壮的营养器官,生殖器官就不可能获得足够的养分。同样,生殖器官的存在成为生命活动旺盛的代谢库,对营养器官的生长和代谢有促进作用,有利于光合产物输出,缓解光合产物积累对光合作用的反馈抑制。植物激素在营养生长和生殖生长转换中有重要调节作用。

大豆的实验结果表明,发育的种子(豆荚)合成或输出IAA、CTK、ABA等植物激素,对叶的功能和衰老有影响。将IAA、GA单独或混合施于去掉种子的大豆豆荚部分,IAA和IAA加GA处理可加速叶片衰老,而单独施用GA没有作用。去果后在果柄处加混合的IAA和GA或单独加其中一种,然后从根吸收^{32}P,IAA可以促进^{32}P向果柄部分积累,证明IAA引导营养物质向果实运输的能力加强,这就会导致叶片处于“饥饿”状态。

三、植物激素在开花中的调控作用

成花诱导(Flowering Induce)是植物开花结果的前提。在此过程中,植物激素起重要调控作用。

(一)生长素、乙烯与成花诱导

生长素类物质对植物的成花有一定的影响。植物在适当日长条件下进行成花诱导时,如用适当浓度的IAA、NAA溶液喷施植株叶片,则成花过程受阻。特别是在诱导暗期后的白昼施用生长素,抑花作用更为明显。如将苍耳插条浸泡在含有吲哚乙酸的溶液中,则插条的光周期诱导受到抑制。此外,生长素对其他短日植物如高凉菜等的光周期诱导也表现出同样的抑制效应。用抗生长素的三碘苯甲酸处理大豆、苍耳,则促进成花。但吲哚乙酸对长日植物如天仙子、蝇子草、毒麦等的成花则有促进作用。这可能与长日植物和短日植物的内源生长素水平存在差异有关。

生长素也有促进短日植物成花的例子。如Van Overbeek向一年生菠萝植株中注入一定浓度的生长素溶液,7周后出现花原基分化,施用乙烯也有同样的效果。生长素对菠萝的促花效应可能是通过乙烯起作用的。

(二)赤霉素与成花诱导

赤霉素对开花的影响很大。研究证明赤霉素可促进30多种长日植物在短日条件下成花,并可打破20多种植物对低温的要求。赤霉素处理可以使红杉属的红杉、巨杉及崖柏属的大侧柏等植物的成花进程明显加快。无论长日植物或短日植物，在长日条件下，内源赤霉素的含量都有所增加，暗期间断内源赤霉素的含量也增加，施用阻碍赤霉素合成的抑制剂（如矮壮素）则抑制长日植物成花。

长日植物成花对赤霉素的需要还表现出专一性。例如，用GA_3不能诱导高山勿忘草成花，但用GA_4和GA_7能有效地促进其成花。对于高雪轮也是GA_7比GA_3更有效。但是赤霉素对有些长日植物的成花诱导是无效的，特别是一些顶端优势明显（即非丛生的）的长日植物，即使大量、反复施用赤霉素，也不能诱导它们成花。

（三）细胞分裂素与成花诱导

细胞分裂素能促进紫罗兰、藜属、牵牛属和一种浮萍等短日植物的成花，对长日植物拟南芥菜的成花也有促进作用。在短日条件下，秋海棠属、紫罗兰属以及苍耳的细胞分裂素含量均较高。不过在紫罗兰属植物中，细胞分裂素含量的增加不是在光周期诱导过程中出现的，而是在光周期诱导之后出现的。

（四）脱落酸与成花诱导

在黑醋栗（短日植物）的叶上喷施脱落酸，可使其在长日条件下开花。几种其他的短日植物，如牵牛、藜属、草莓等用脱落酸处理后，也能在长日条件下开花。对于长日植物如毒麦、菠菜，脱落酸却抑制其开花，这与脱落酸在短日条件下含量增加和短日条件抑制长日植物开花的结果是一致的。但是在毒麦中脱落酸的抑制作用是在发育开始的时候，且在茎中而不是在叶中起作用。

（五）甾类化合物与成花诱导

甾类激素在植物的成花诱导中起着重要作用，其中尤以雌性激素在植物成花诱导中的作用研究得最多。雌二醇可以促进甘蓝、菊苣、西洋红和浮萍开花，并观察到菜豆花芽形成期间雌性激素开始出现，随着花的发育，雌性激素含量逐渐增加，到菜豆荚形成阶段又下降。在诱导日长下，短日植物白苏和红藜以及长日植物天仙子和西洋红中的雌性激素含量均增加。张劲松等发现，在豇豆的花蕾出现直至花开放的过程中，雌酮的含量也是逐渐增加的。说明这些雌性激素与植物的成花过程密切相关。

用甾类化合物处理也能促进植物的成花。用进行了长日处理的毒麦的甾类提取物饲喂正在培养中的藜的幼芽，能促进其开花，而在短日条件下的小毒麦提取物则没有这种作用。在系兰和龙舌兰中，一旦接近开花期，甾类化合物就发生明显变化。用甾类化合物的合成抑制剂（如SKF_{7997}）也可抑制花芽形成。在苍耳和矮牵牛的诱导暗期之前，用SKF_{7997}短时间作用于植株叶片，对抑制开花最有效，在诱导暗期结束之后处理叶和芽则无效。说明成花激素的合成受SKF_{7997}的抑制，而这种成花激素可能就是甾类化合物。

(六)激素平衡与成花诱导

从植物激素与植物成花过程的关系可以看出,植物激素对植物的成花有一定的影响。但不同种类的植物激素对成花诱导的效应不一样,不同植物类型对植物激素的诱导反应也不一样。没有一种植物激素可以诱导所有相同光周期特性的植物在非诱导条件下成花。即便是能诱导几十种植物在非诱导条件下成花的赤霉素,也仍有相当多的同类型植物对施用赤霉素无成花反应。对于这些长期以来使人困惑不解的现象应该如何去理解和认识呢?一种可能的解释是植物花的分化和发育可能不是受某一类激素的调控,而是多种植物激素以一定的比例共同作用的结果,某种激素的不足或含量过高都会抑制植物的成花过程。植物的成花过程是分段进行的,在成花诱导的不同阶段,可能有不同的激素起主导作用。通常认为,激素控制开花的可能性至少在某种情况下是通过刺激与抑制开花的各种激素之间的相互作用来完成的,并且花的分化取决于促进物质和抑制物质之间的平衡。激素的比例变化导致与成花过程有关的基因抑制某种特殊的mRNA的合成,诱导酶蛋白的合成,从而调节成花过程。

四、果实成熟与激素调控

(一)乙烯与果实的呼吸跃变现象

根据果实成熟过程中呼吸速率的变化规律,可将果实分为跃变型和非跃变型两类。呼吸跃变,是指在果实成熟过程中呼吸速率最初下降,然后突然上升,随后又急剧下降的现象。具有呼吸跃变现象的果实称为跃变型果实;无明显呼吸跃变现象的果实则称为非跃变型果实。

研究表明,果实跃变正在进行或即将开始时,其内部乙烯的含量明显升高,呼吸跃变的出现是由于果实内乙烯的产而引起的。呼吸跃变型果实的植物具有两个乙烯合成调控系统,这两个系统依据植物果实发育阶段的不同而发挥作用。系统1在未成熟的呼吸跃变型果实中发挥作用,产生基础水平乙烯,并对系统1的乙烯合成产生反馈抑制;系统2在成熟的呼吸跃变型果实和某些种类植物的衰老叶柄中发挥作用,具有自催化活性,即产生的乙烯能进一步促进系统2的乙烯合成。系统2的乙烯合成正反馈环能确保整颗果实均匀成熟。

乙烯刺激呼吸的机制在于:一方面,乙烯可增加果皮细胞的透性,加速气体交换,加强内部氧化过程,加速果实成熟;另一方面,乙烯可诱导呼吸酶mRNA的合成,提高呼吸酶含量与活性,并能显著诱导抗氰呼吸,加速果实成熟与衰老。

生产上可通过控制呼吸跃变的来临,以提早或推迟果实的成熟。例如,降低温度和O_2的浓度(提高CO_2浓度或充氮气),延迟呼吸峰的出现,使果实成熟延迟。反之,提高温度和O_2浓度,或施以乙烯,都可以刺激呼吸跃变早临,加速果实成熟。乙烯甚至可以诱导本来没有跃变期的果实产生呼吸高峰，如橘和柠檬。

CO_2可以作为乙烯的拮抗剂，在低浓度乙烯条件下能有效抑制乙烯的作用，但当乙烯浓度超过1μL·L^{-1}时，效果消失。当空气中O_2的水平减少到1%~3%时，苹果中乙烯的产生减少50%，因此，可通过气调法延长果实贮藏时间。还可根据需要，选择降冰片二烯（Norbornadiene，NBD）、Ag^+、丙烯类物质（如环丙烯、1-甲基环丙烯）等抑制乙烯活性。

热处理技术对延熟、减轻贮藏冷害、抑制真菌和虫害也有较好的效果。如以38 ℃处理将绿熟的番茄果实3 d，置于低温（2 ℃）下2 d，然后恢复室温，果实能够正常成熟，但比未经处理的成熟晚。其作用机理与抑制乙烯生成、抑制PG酶的积累和番茄素的合成有关。

（二）果实成熟与激素变化

果实的成熟过程是在多种内源激素协同作用下进行的。一般在幼果生长时期，生长素、赤霉素、细胞分裂素含量增高，至果实成熟时，这些激素的含量都下降到最低点，而与此同时，乙烯和脱落酸含量则升高。其中乙烯对果实的成熟影响最大，一方面，乙烯诱导呼吸峰的出现；另一方面，乙烯刺激水解酶类合成，促进不溶性物质水解为可溶性物质，使果实向成熟的方向转化。猕猴桃果实采后初期，ABA含量迅速升高，在2~4 d达到最大值，之后快速下降；在ABA下降过程中，乙烯进入跃变期，果实后熟进程加快。乙烯通过影响乙烯反应元件，如转录因子*EIN*3家族，调节乙烯反应基因的转录水平，提高纤维素酶、成熟相关基因水平，从而促进果实成熟。

多胺可负反馈调控脂氧合酶（LOX）途径的LOX自我活化，抑制ACC向乙烯转化，调节细胞膜脂过氧化作用和乙烯的生物合成，在果实的成熟衰老进程中发挥作用。LOX途径是高等植物脂肪酸氧化的途径之一，产物直接或间接地促进植物组织衰老。有研究发现LOX的活性变化与猕猴桃果实熟软化呈极显著的负相关关系，AOS与LOX的协同作用可能是乙烯生物合成的调控因子之一。

磷脂酶可能通过分解磷脂，加剧细胞膜的降解和衰老，产生游离自由基毒害细胞膜系统，激活其他脂氧合酶等一些与果实成熟衰老相关的酶，参与乙烯、脱落酸等衰老因子的信号传导，促进果实的成熟衰老。

果实成熟是分化基因表达的结果。果实成熟过程中mRNA和蛋白质合成发生变化。有些蛋白的mRNA含量下降；另一些编码蛋白的mRNA含量增加，如多聚半乳糖醛酸酶（Polygalacturonase，PG）的mRNA，在番茄果实成熟时表现为增加。这些mRNA涉及色素的生物合成、乙烯的合成和细胞壁代谢。

反义RNA技术的应用为研究PG在果实成熟和软化过程中的作用提供了最直接的证据。获得的转基因番茄能表达PG反义mRNA，使PG的活性严重受阻，转基因纯合子后代的果实中PG活性仅为正常的1%，其果实中的果胶降解受到抑制，但乙烯、番茄红素的积累以及转化酶、果胶酶的活性未受到任何影响，并没有推迟软化或减少软化程度。这说明PG虽然可降解果胶，但它不是影响果实软化的唯一因素。

从番茄、香蕉、甜瓜、梨等果实中分离到了许多与果实成熟相关的基因，这些基因涉及细胞壁降解，如多聚半乳糖醛酸酶、果胶甲酯酶；乙烯生物合成与信号传导，如ACC合成酶、ACC氧化酶、乙烯受体蛋白；类胡萝卜素合成，如原八氢番茄红素焦磷酸合成酶等的表达。如番茄的*E*4基因、多聚半乳糖醛酸酶基因、*E*8基因、ACC氧化酶基因等都属于果实成熟调控类型基因。这些基因表达使得细胞壁结构变化及多糖（果胶、纤维素、半纤维素）降解，果实成熟软化。此外，还有大量编码参与调控果实成熟的转录因子的基因也被人们所发现，这些基因与其下游因子一起构成一个调控网络，共同促进乙烯的生物合成以及其他与果实成熟相关的生化反应的发生。对番茄果实的研究发现，果实成熟还受到表观遗传的控制，在果实成熟过程中伴随着成熟相关基因启动子DNA甲基化程度的下降，后者将导致基因表达水平的上升，这揭开了果实成熟研究一个尚未探索的领域。

ABA可作为跃变型和非跃变型果实成熟的共同调控因子，促进果实糖分积累、软化、着色。CTK对大多数植物具有广泛的延缓衰老作用，外源6-BA处理对果实起保鲜、延迟衰老的作用。生长素可延迟成熟和衰老。较高浓度的生长素促进乙烯产生，但并不能促进果实成熟，可能是IAA影响了组织对乙烯的敏感性。用生长素类似物处理葡萄果实，使葡萄成熟延迟近2周，并使伴随成熟而发生的ABA增加也延迟，可能是通过影响与成熟有关的基因的表达而起作用。GA可延迟衰老，阻止柑橘果皮叶绿素的分解，延缓甜橙果肉变软和类胡萝卜素的积累，增加果实的新鲜度，减少枯蒂。

五、植物衰老脱落中激素的作用

在植物的衰老脱落过程中，其内源激素也有明显的变化，通常表现为促进生长的生长素、细胞分裂素、赤霉素等含量减少；而诱导衰老和脱落的激素如脱落酸和乙烯等的含量逐步增加。

生长素和植物器官脱落有关。例如，幼叶随着叶龄的增加，生长素含量增加；叶片衰老时，生长素含量降低，随后叶片脱落。外施生长素可以防止脱落。将一定浓度的生长素施在离区近轴端（离区靠近茎的一端），则促进脱落；相反，施于远轴端（离区靠近叶片的一侧），则抑制脱落。这表明脱落与离区两侧的生长素含量密切相关。Addicott等提出了生长素梯度学说（Auxin Gradient Theory）来解释生长素与脱落的关系。该学说认为，器官脱落为离区两侧的生长素浓度所控制，当远轴端的生长素含量高于近轴端时，则抑制或延缓脱落；反之，当远轴端生长素含量低于近轴端时，则加速脱落。

通常认为乙烯是调控脱落的主要因子，内源乙烯水平与脱落率呈正相关。Osborne提出双子叶植物的离区存在特殊的乙烯响应靶细胞，乙烯可刺激靶细胞分裂，促进多聚糖水解酶的产生，从而使中胶层和基质结构疏松，导致脱落。乙烯的效应依赖于组织对它的敏感性，随植物种类以及器官和离区的发育程度不同而敏感性差异很大，当离层细胞处于敏感状态时，低浓度乙烯即能促进纤维素酶及其他水解酶的合成及转运，导致叶片脱落；而且离区的生长素水平是控制组织对乙烯敏感性的主导因素，只有当其生长素含量降至某一临界值时，组织对乙烯的敏感性才能得以发展。试验证明，叶片内生长素的含量可控制叶片对乙烯的敏感性。乙烯处理会促进嫩叶脱落，但对完全展开的叶片无影响，因为完全展开的叶片内游离生长素含量较嫩叶高，因此对乙烯不敏感。

大多数植物叶片和花果自然脱落、幼胚败育、病虫害等都发现伴随着乙烯的增多，促进脱落的药剂也能促进乙烯的释放。转基因植物研究更进一步证实了乙烯促进脱落的作用（图 3-5），用外源 $50\mu L \cdot L^{-1}$ 乙烯处理后，桦树野生型的大部分树叶已经脱落，而转错义拟南芥乙烯受体 *ETR*1 基因植株叶片没有脱落，原因是乙烯受体基因错义突变，转基因植株无法对乙烯产生应答反应。一些乙烯合成抑制剂如 CO_2、Ag^+、AVG（氨基乙氧基乙烯基甘氨酸）能够延缓幼花、幼果的脱落。乙烯作为脱落过程的主要调节剂，既引起或加速器官衰老，调节离层形成，又促进离区中水解酶类包括纤维素酶、果胶酶的诱导合成。

图 3-5　乙烯对桦树（*Betula pendula*）叶片脱落的影响

综上可见，生长素和乙烯都与叶片脱落密切相关，那么二者的关系如何？它们是怎样起作用的？Reid 提出了激素控制叶片脱落的模型，把叶片脱落分为三个明显区别又顺序联系的时期。① 叶片维持期。在感知外界或内在启动脱落的信号前，叶片健康生长，功能正常，维持远轴端高于近轴端的生长素浓度梯度，离区细胞处于非敏感状态。② 脱落诱导期。远轴端生长素浓度下降，远轴端与近轴端的生长素浓度梯度降低甚至形成相反的浓度梯度,离区细胞对乙烯敏感性增强,进入器官脱落诱导期。促进叶片衰老的处理如乙烯能够通过干扰生长素的合成和运输而促进脱落。③ 脱落期。被激活的离区细胞对低浓度的乙烯作出响应,合成和分泌纤维素酶以及其他细胞壁降解酶,叶片脱落。

生长的叶片内脱落酸含量很少,而在衰老的叶片和即将脱落的幼果中,脱落酸含量很高,尽管如此,脱落酸并非是导致脱落的直接原因。脱落酸的主要作用是刺激乙烯的合成,并抑制叶柄内生长素的传导,提高组织、器官对乙烯的敏感性,促进纤维素酶和果胶酶等水解酶的合成,加速植物衰老,引起器官脱落。秋天短日照促进脱落酸合成,所以导致季节性落叶,这正是短日照成为叶片脱落信号的原因。但脱落酸促进脱落的作用小于乙烯,乙烯能提高脱落酸的含量。

赤霉素和细胞分裂素间接影响脱落,其主要作用是拮抗脱落酸和乙烯,抑制水解酶的合成,促进果胶质和纤维素合成酶的形成,延缓植物衰老,因而可以间接地减少器官脱落。例如,细胞分裂素能降低玫瑰和香石竹组织对乙烯的敏感性,并阻止乙烯的合成。生产上常用GA来促进番茄、棉花、苹果、柑橘等幼果发育,进行保花、保果。

总之,各种激素的作用并不是孤立的,器官的脱落也并非受某一种激素的单独控制,而是多种激素相互协调、平衡作用的结果。

六、内源激素在植物抗逆性中的作用

植物对逆境的适应过程受到植物遗传性和植物激素等因素的控制,这些因素相互作用改变膜系统和酶活性,使植物抗逆能力提高。目前对逆境下脱落酸和乙烯的变化研究较为深入,结果也较为一致。水杨酸、茉莉酸等在植物抗性中也有非常重要的作用。逆境能使植物体内激素的含量和活性发生变化,并通过这些变化来影响生理过程,激素间比值的变化在抗逆性中的作用更为重要。

(一)脱落酸

在逆境下脱落酸(ABA)的生物合成响应最为迅速,许多资料表明,在干旱、水涝、低温、盐渍、辐射、氧缺乏等逆境下,植物体内游离脱落酸会迅速积累,含量大大提高,一般超过原来的十几倍乃至几十倍。脱落酸含量的增加会提高植物抗逆性,因此,通常认为脱落酸是一种胁迫激素(Stress Hormone),又称应激激素。

ABA的生物合成或重新分布会引起气孔关闭,使得蒸腾减弱,减少水分丧失。增加湿度能促进ABA的降解,降低ABA的水平,从而促进气孔重新张开。ABA在冷胁迫和盐胁迫下也发挥重要作用,外源施加ABA会增强植物对冷害的耐受性。ABA能够减少自由基对膜的破坏,提高膜脂的不饱和度,稳定生物膜,增加脯氨酸、可溶性糖和可溶性蛋白等的含量,还可提高根对水分的吸收和输导,防止水分亏缺,提高抗逆能力。

（二）乙烯

在内源激素中，乙烯是对逆境条件最为敏感的一种激素，具有所谓“遇激而增，传息应变”的特性。在淹水、干旱、高温、低温、盐渍、病虫侵食、辐射、毒物伤害等逆境条件下乙烯均迅速增加，故又将其特称为逆境乙烯（Stress Ethylene）。此外，因切割、摩擦、碰撞、触摸、震动、挤压、摇曳等机械伤害等诱导产生的乙烯则称为伤害乙烯（Injury Ethylene）。

逆境乙烯的产生可使植物克服或减轻因环境胁迫所带来的伤害，促进器官衰老，引起枝叶脱落，减少蒸腾面积，有利于保持水分平衡；可提高与酚类代谢有关酶类的活性，间接地参与植物对伤害的修复或对逆境的抵抗过程。许多乙烯响应转录因子属于AP2/ERF超级家族，被非生物胁迫和乙烯诱导。一个类DERB转录因子*TINY*能够以相似亲和力与DRE（Dehydration-responsive Element）和CRE（Ethylene-responsive Element）结合，激活报告基因，被认为是联系生物和非生物胁迫响应的信号分子。

（三）细胞分裂素

细胞分裂素和ABA在调控气孔开闭、蒸腾作用以及光合作用方面是相互拮抗的。干旱胁迫促进细胞分裂素水平下降，ABA含量升高。虽然ABA对于关闭气孔，减少水分流失有促进作用，干旱条件下，光合作用同样会受到抑制，并且会引起叶片的早衰。研究表明，细胞分裂素具有缓解干旱胁迫的作用，过表达细胞分裂素生物合成限速酶——异戊烯转移酶基因（*Isopentenyl Transferase*，*IPT*）的转基因植物表现出对干旱胁迫的抗性。这表明细胞分裂素能够保护光合作用相关的生化途径，并能延缓由干旱胁迫引起的衰老。

（四）其他激素

研究表明，多种激素均参与植物逆境胁迫反应。激素间的协同或拮抗作用，以及彼此之间对激素合成的调控作用，对于植物响应逆境胁迫具有重要的作用。例如，干旱胁迫下，生长素在植物的逆境响应中发挥着关键作用。吲哚-3-乙酸（IAA）酰胺合成酶基因*TLD*1与水稻的干旱耐受性表现出相关性。干旱胁迫诱导ABA的生成，激活蛋白酶的活性，降解负责调控根毛伸长的ABCB4生长素转运蛋白。此外，几个与生长素合成和转运有关的基因（*PIN*1、*PIN*2、*PIN*4、*AUX*1），以及生长素响应转录因子（*ARF*2，*ARF*19）都受乙烯的调控。而生长素调控几个ACC合成酶基因（ACC合成酶是乙烯生物合成限速酶，在植物体内有多个成员，形成一个蛋白家族）的表达，对于乙烯的生物合成具有重要的影响。

赤霉素和油菜素内酯是两种促进生长的植物激素，调控许多相同的生理进程，也与胁迫响应相关。影响二者之一的功能都会引起相似的表型，如矮化、种子萌发率下降以及开花延迟。尽管赤霉素和油菜素内酯是通过不同的机制发挥作用，但已发现大量受它们调控的相同基因，说明它们的信号通路存在着重叠。例如，在水稻中发现的一个赤霉素激活基因家族（Gibberellic Acid-stimulated Gene Family）成员 *GSR*1，既是赤霉素生物合成的正调控子，也是油菜素内酯生物合成的正调控子，能够作为两种激素作用的调控节点，介导赤霉素和油菜素内酯的功能互作。

赤霉素还与水杨酸表现为功能上的互作。对拟南芥进行赤霉素处理会引起水杨酸合成与功能相关基因的上调表达。细胞分裂素与油菜素内酯之间同样存在着互作。在表达了干旱特异性启动子驱动的 *IPT* 基因的转基因植物中，干旱诱导细胞分裂素的合成会导致油菜素内酯合成与调控相关基因的上调。

第五节 植物激素调控的作用机理

一、植物激素作用机理与化学调控的关系

植物化学调控技术的运用离不开对植物激素作用机理的研究。一方面，基础理论研究的深入有利于揭示调控植物生长发育的原理。另一方面，新的植物生长调节物质的发现，也使得调控技术的范围进一步扩大和系统化，从而达到生物效应、生产效果、经济效益、环境效益的统一，以及应用技术、应用基础、基础理论研究的结合。

植物激素作用分子机理的研究不仅是生命科学领域中的重大课题，也是国际基础研究的重点和热点。进入21世纪后，*Science* 提出挑战全球科学界的25个重大科学问题，其中之一就是“单个体细胞如何受植物激素调控变成整株植物”。植物生长发育受营养、内源激素和生长环境调控。植物激素几乎参与了调控植物生长发育的每一过程，既包括调控植物自身的生长发育，又通过与植物所生存的外部环境互相作用调节其对环境的适应。

随着拟南芥、水稻等植物全基因组序列的解读、大规模突变体库等重要材料及技术平台的建立，人们可能在更深层次揭示植物激素的代谢、激素信号的感知和信号传递过程，激素间及激素与环境间的相互作用的分子机制，全面系统研究激素在植物中控制生长发育的作用机理。植物激素参与调控农作物的重要农艺性状，例如控制作物株形、水分和营养的利用以及通过与环境因子的互作调控作物对生物和非生物性胁迫的适应

性等，对作物产量的形成与品质的保持起着至关重要的作用。20世纪60年代，半矮秆水稻和小麦品种的大面积推广有效地解决了"高产和倒伏"的制约矛盾，使主要粮食作物的产量得到了极大的提高，这一历程即众所周知的"绿色革命"。经过多年的探索和研究，人们才逐渐从分子水平上认识到，第一次"绿色革命"与植物激素有关。水稻"绿色革命"基因*SD*1是控制水稻赤霉素合成途径中的关键酶基因，而小麦"绿色革命"基因*Rht*1则是赤霉素信号转导途径中的关键元件DELLA蛋白基因。要实现资源节约型理想株形的育种潜力目标，即真正意义上的第二次"绿色革命"，从植物激素研究入手是有希望得到新突破的。

赤霉素在调控株高发育方面具有重要的作用。三个实验室对水稻经典突变体*eui*1的独立研究发现*EUI*1基因编码一个细胞色素P450单加氧酶，此酶参与了赤霉素介导的SLR1降解和赤霉素合成的反馈调控，从而调控水稻节间的生长发育。水稻矮缩病毒（RDV）导致病株矮小，RDV的外层P2外壳蛋白与赤霉素合成途径的一个关键酶内根-贝壳杉烯氧化酶相互作用，使水稻中赤霉素合成受到抑制，显著降低赤霉素含量。该研究揭示了RDV侵染导致矮化的机理。研究证明，通过QTL方法克隆的水稻*CKX*2基因对大幅度提高水稻产量具有重要作用。水稻*CKX*2基因编码一种降解细胞分裂素的酶，减弱该基因的表达会造成细胞分裂素的累积而导致水稻穗粒数增多。利用该基因成功地培育出改良的水稻品种，其产量得到大幅度提高，被*Science*评论为："为新的绿色革命铺开了新的道路"。一个油菜素内酯合成的基因失活可以使水稻叶片直立生长，更有效地提高了密植条件下水稻群体的光合能力，使产量提高30%以上。在玉米、高粱矮化高产育种中广泛利用的*BR*2和*DW*3基因也被证明是植物体内生长素转运相关的基因。这是继引发第一次"绿色革命"的赤霉素之后，发现其他激素在调控农作物产量方面也具有重大贡献的典型例子，也为新的绿色革命提供了可行的新思路。因此，围绕植物激素作用机理的研究，加强并系统研究激素在作物中的代谢途径、信号转导以及和环境相互作用的分子机制，阐明激素调节植物生长发育以及对环境应答的分子机理，从而了解激素控制农作物产量及质量性状形成的分子基础，可加速推进第二次"绿色革命"的进程。

二、生长素调控的作用机理

植物激素作用于细胞时，须首先与其受体结合，经过一系列信号转导过程，才能发挥其生理生化作用。对生长素的作用机理先后提出了"酸生长理论"和"基因活化学说"。目前已有足够的证据证明这两种假说的合理性。

（一）激素受体

激素受体（Hormone Receptor）是指能与激素特异结合，并能引发特殊生理生化反应的蛋白质。然而,能与激素结合的蛋白质却并非都是激素受体,只可称其为某激素的结合蛋白(Binding Protein)。激素受体的一个重要特性是激素分子和受体结合后能激活一系列的胞内信号转导,从而使细胞作出反应。不同激素各有各自的受体。

生长素结合蛋白大多位于质膜、内质网或液泡膜上,它们的功能主要是使质膜上的质子泵将膜内的质子泵到膜外,引起质膜的超极化。如已被确认为生长素受体的生长素结合蛋白1(Auxin-binding Protein,ABP1),由M. A. Venis最先从玉米胚芽鞘中提取得到,其相对分子质量为40000,含2个亚基。最近也发现有位于细胞核中的生长素受体,已确定的是TIR1/AFB,可以调节基因的表达,是基因活化学说的基础。

(二)酸生长理论

雷(P. M. Ray)将燕麦胚芽鞘切段放入一定浓度生长素的溶液中,研究IAA和H^+对切段伸长的影响,结果发现IAA和低pH溶液对切段伸长有显著的促进效应。基于上述结果,雷利和克莱兰于1970年提出了生长素作用机理的酸生长理论(Acid Growth Theory)。其要点:①原生质膜上存在着非活化的质子泵(H^+-ATP酶),生长素作为泵的变构效应剂,与泵蛋白结合后使其活化;②活化了的质子泵消耗能量(ATP)将细胞内的H^+泵到细胞壁中,导致细胞壁基质溶液的pH下降;③在酸性条件下,H^+一方面使细胞壁中对酸不稳定的键(如氢键)断裂,另一方面(也是主要的方面)使细胞壁中的某些多糖水解酶(如纤维素酶)活化或增加,从而使连接木葡聚糖与纤维素微纤丝之间的键断裂,细胞壁松弛;④细胞壁松弛后,细胞的压力势下降,导致细胞的水势下降,细胞吸水,体积增大而发生不可逆增长。

由于生长素与H^+-ATP酶的结合和随之带来的H^+的主动分泌都需要一定的时间,所以生长素所引起伸长的滞后期(10~15 min)比酸所引起伸长的滞后期(1 min)长。

现在也有人认为水解酶不参与细胞的酸生长过程,而是细胞壁中的扩展蛋白(膨胀素,Expansin)起着疏松细胞壁的作用,其作用原理是它在酸性条件下可以弱化细胞壁多糖组分间的氢键。

(三)基因活化学说

生长素作用机理的酸生长理论虽能很好地解释生长素所引起的快速反应,但许多研究结果表明,在生长素所诱导的细胞生长过程中不断有新的原生质成分和细胞壁物质合成,且这种过程能持续几个小时,而完全由H^+诱导的生长只能进行很短时间。由核酸合成抑制剂放线菌素D(Actinmycin D)和蛋白质合成抑制剂亚胺环己酮(Cycloheximide)的实验得知,生长素所诱导的生长是由于其促进了新的核酸和蛋白质的合成。进一步用5-氟尿嘧啶(抑制除mRNA以外的其他RNA的合成)试验证明,新合成的核酸为mRNA。生长素的长期效应是在转录和翻译水平上促进核酸和蛋白质的合成而引起生长。

应用重组DNA技术，已经提取和鉴定了若干受IAA特异调节的DNA序列，即AUX响应基因(Auxin-respones Genes)。根据转录因子的不同，生长素诱导基因可分为以下两类。

1. 早期基因(Early Gene)或初级反应基因(Primary Response Gene)

早期基因表达时间很短，从几分钟到几小时。例如，*AUX/IAA*基因家族编码的短命转录因子，加入生长素5~60 min后，大部分*AUX/IAA*就表达。

2. 晚期基因(Late Gene)或次级反应基因(Secondary Response Gene)

某些早期基因编码的蛋白质能够调节晚期基因的转录。晚期转录基因对激素是长期反应。因为晚期基因需要重新合成蛋白质，所以其表达被蛋白质合成抑制剂阻遏。

根据试验得到生长素调节基因表达的机制模型见图3-6。

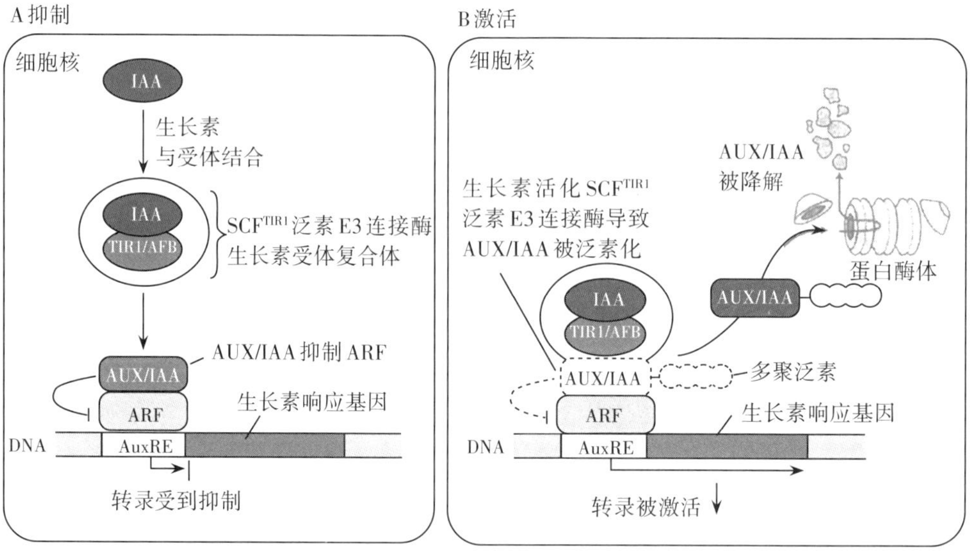

图3-6 生长素调节基因表达的机制模型(Taiz和Zeiger, 2012)

三、赤霉素调控的作用机理

(一)GA与酶的合成

关于GA与酶合成的研究主要集中在GA如何诱导禾谷类种子α-淀粉酶的形成上。实验证明，糊粉层细胞是GA作用的靶细胞。大麦种子内的贮藏物质主要是淀粉，籽粒在萌发时，贮藏在胚中的束缚型GA水解释放出游离的GA(图3-7①)，通过胚乳扩散到糊粉层(图3-7②)，并诱导糊粉层细胞合成α-淀粉酶(图3-7③)，酶扩散到胚乳中催化淀粉水解(图3-7④)，水解产物供胚生长需要(图3-7⑤)。GA促进无胚大麦种子合成α-淀粉酶具有高度的专一性和灵敏性，现已用来作为GA的生物鉴定法。

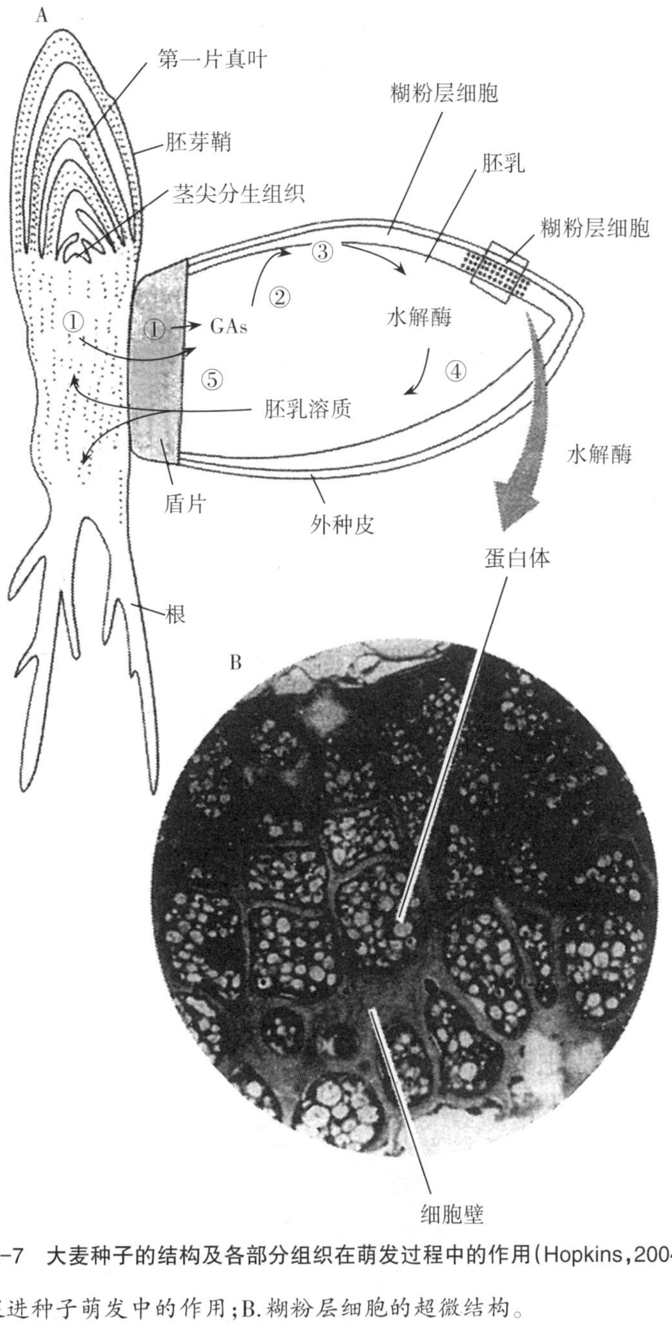

图3-7 大麦种子的结构及各部分组织在萌发过程中的作用(Hopkins,2004)

注:A. GA在促进种子萌发中的作用;B.糊粉层细胞的超微结构。

GA的受体定位于糊粉层细胞质膜的外表面,GA与其受体结合,形成赤霉素受体复合物。它与膜上异源三聚体G-蛋白相互作用,诱发出两条信号传递链:环鸟苷酸(cGMP)途径(Ca^{2+}不依赖信号转导途径)和钙调蛋白及蛋白激酶途径(Ca^{2+}依赖信号转导途径),调节α-淀粉酶和其他水解酶的基因表达及其生物合成(图3-8)。

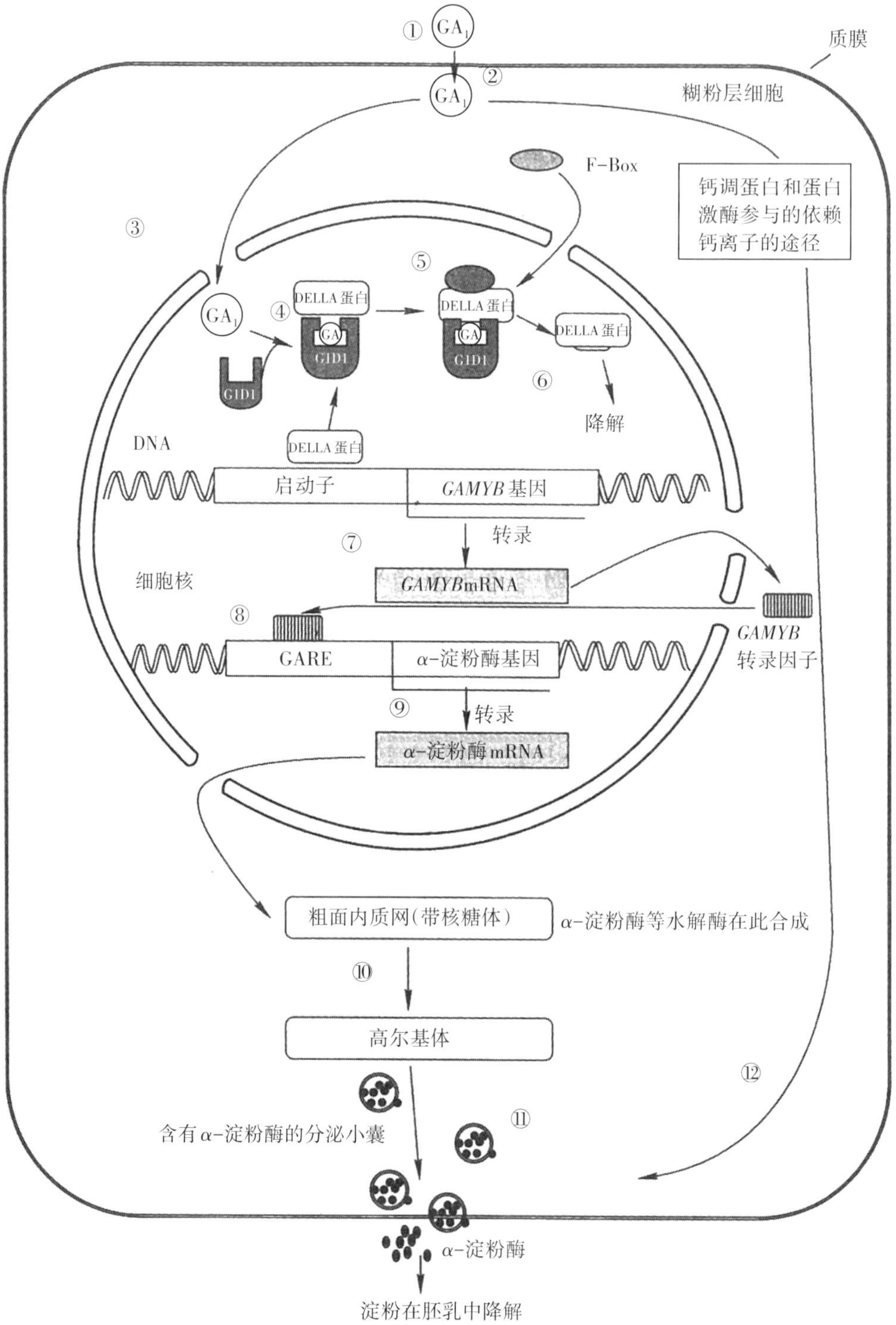

图3-8　赤霉素诱发大麦糊粉层α-淀粉酶合成的模式图(Taiz和Zeiger,2010)

(二)GA调节IAA水平

许多研究表明,GA可使内源IAA的水平增高。这是因为①GA降低了IAA氧化酶的活性;②GA提高了蛋白酶的活性,使蛋白质水解,IAA的合成前体(色氨酸)增多;③GA还促进束缚型IAA释放出游离型IAA。以上三个方面都增加了细胞内IAA的水平,从而促进生长。所以,GA和IAA在促进生长、诱导单性结实和促进形成层活动等方面都具有相似的效应。

赤霉素往往并不单独起作用,它与其他激素在许多不同的途径中起作用。

四、细胞分裂素调控的作用机理

(一)细胞分裂素受体

在拟南芥中,目前已鉴定了三个编码细胞分裂素受体的基因,分别为*CRE*1(Cytokinin Receptor 1 Gene)、*AHK*2(Arabidopsis Histidine Kinase2 Gene)和*AHK*3(Arabidopsis Histidine Kinase3 Gene),其中最先发现的*CRE*1是因为其功能缺失型突变体的外植体在含有适当浓度的细胞分裂素和生长素时不能形成绿色愈伤组织和不定芽而被分离鉴定到的。它们编码的蛋白都是细胞分裂素的受体,为二聚体,具有典型的组氨酸蛋白激酶结构特征,其N末端激酶结构域含有一个保守的组氨酸残基。

(二)信号转导

近年来的研究表明,在植物体内细胞分裂素是利用一种类似于细菌中双元组分系统的途径将信号传递至下游元件。在拟南芥中,首先是细胞分裂素与CRE1二聚体结合,激活了其上的组氨酸激酶(Arabidopsis Histidine Kinases,AHKs)磷酸化,并将磷酸基团(P)由激酶区的组氨酸(H)转移至信号接收区(D)的天冬氨酸残基上。转移到天冬氨酸上的磷酸基团,又被传递到胞质中的拟南芥组氨酸磷酸转运蛋白(Arabidopsis Histidine-phosphotransferproteins, AHPs)上。磷酸化的AHPs进入细胞核并将磷酸基团转移到A型和B型拟南芥反应调节因子(Arabidopsis Response Regulators, ARRs)上,进而调节下游的细胞分裂素反应。ARR有两种类型,其中B型*ARR*(BARR)是一类转录因子,作为细胞分裂素的正调控因子起作用,可激活A型*ARR*基因的转录;A型*ARR*(AARR)作为细胞分裂素的负调控因子可以抑制B型*ARR*的活性,从而形成了一个负反馈。两种*ARR*与各种效应物相互作用,导致细胞功能的改变(图3-9)。

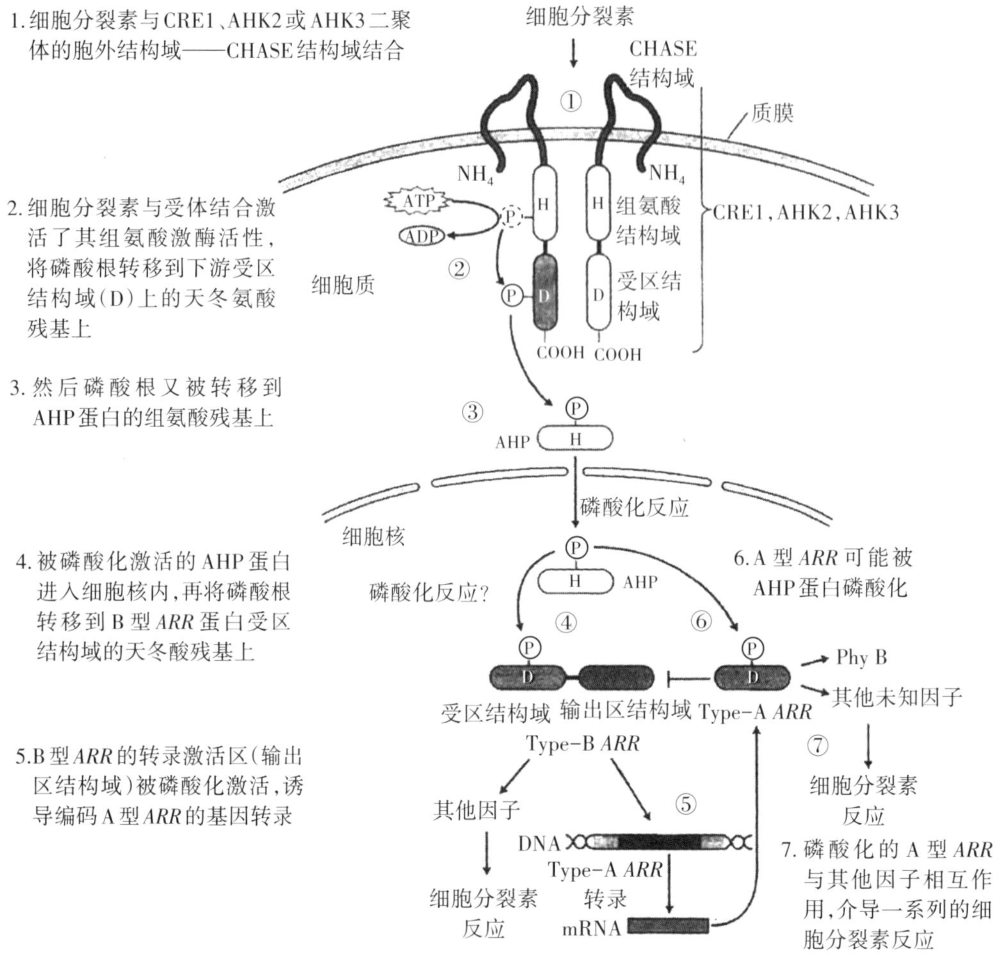

图3-9　拟南芥中细胞分裂素信号传导途径模式

和其他激素信号传导途径的情况类似，Ca^{2+}作为第二信使也是细胞分裂素信号传导途径的重要组分。例如，在葫芦藓芽分化的研究中，发现细胞分裂素处理可以大幅度增加丝状细胞内的Ca^{2+}浓度，同时促进芽的分化；如果在无Ca^{2+}的基质上，芽的分化会受到抑制。Ca^{2+}载体处理可以代替细胞分裂素促进芽的分化。细胞分裂素可以调节质膜上的Ca^{2+}通道对Ca^{2+}的通透性。这些实验说明，在细胞分裂素信号传导途径中，Ca^{2+}是非常重要的信使，它可能与细胞内的钙调素一起发挥生理调节作用。

五、脱落酸调控的作用机理

在植物体内，ABA不仅存在多种抑制效应，还有多种促进效应。其所参与的生理过程的调节，既有类似种子成熟等长期过程，也有类似气孔关闭等短期过程。对于长期过程，肯定有ABA诱导基因的参与；而快速的生理反应可能是ABA诱导的质膜两侧离子流动的结果。但是无论是对基因诱导还是对离子流控制，都需要ABA的信号传递。

(一)脱落酸受体

脱落酸与受体的结合是其信号转导的第一步。脱落酸受体蛋白质的结合位点可能是多元的,可以在质膜外侧和细胞内部。将脱落酸分别注射到鸭跖草保卫细胞和大麦糊粉层细胞,不能使气孔关闭,也不能抑制GA诱发α-淀粉酶的合成,表明ABA受体在质膜外表面。但有人使用膜片钳技术将ABA直接注入蚕豆气孔的胞质溶胶,抑制了内向K^+通道,气孔就不开放;还有实验向鸭跖草保卫细胞注射脱落酸,若以紫光照射,脱落酸即放出,于是气孔关闭,这些实验表明脱落酸的受体在胞内。

(二)ABA调节气孔运动的分子机理

经过长期研究,已经对ABA调控植物气孔关闭的信号转导途径有了深入的了解,图3-10就是这个信号途径的简图。

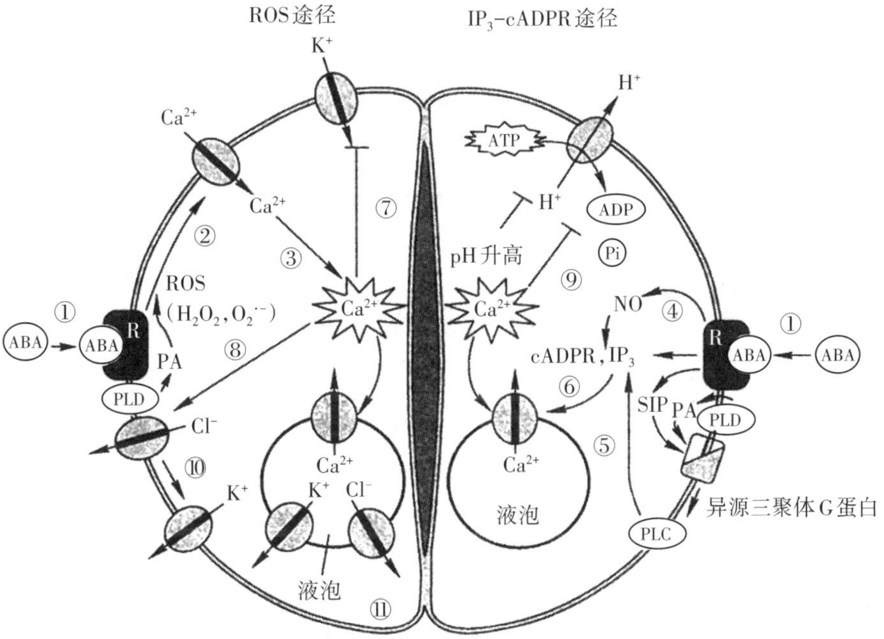

图3-10 气孔保卫细胞中ABA信号的简单模式(Taiz和Zeiger,2010)

①当ABA与保卫细胞质膜上的受体相结合以后,②诱导细胞内产生ROS(活性氧),如过氧化氢和超氧阴离子,它们作为第二信使激活质膜的Ca^{2+}通道,③使胞外Ca^{2+}流入胞内;同时,④ABA还使细胞内的cADPR(环化ADP核糖)和⑤IP_3水平升高,⑥它们又激活液泡膜上的Ca^{2+}通道,使液泡向胞质释放Ca^{2+};另外,胞外Ca^{2+}的流入还可以启动胞内发生Ca^{2+}振荡并促使Ca^{2+}从液泡中释放出来;⑦Ca^{2+}的升高会阻断K^+流入的通道,促使Cl^-通道的开放,Cl^-流出而质膜产生去极化(Depolarization);⑧胞内Ca^{2+}的升高还抑制质膜上质子泵,细胞内pH升高;⑨进一步发生去极化作用;⑩去极化导致外向K^+通道活

化；K^+和Cl^-先从液泡释放到胞质溶胶，进而又通过质膜上的K^+和阴离子通道向胞外释放，导致气孔的关闭。

气孔保卫细胞可同时响应多种信号而发生气孔关闭，说明有多种受体和重叠交叉的信号转导途径。最近的研究表明，在拟南芥中NO及磷脂酶Da1（PLDa1）也参与了ABA对气孔调控信号转导途径。在信号转导途径中，蛋白质磷酸化和去磷酸化作用起着重要的作用。

（三）ABA对基因表达的调控

目前发现的受ABA诱导的基因大多数在种子后熟期或对逆境胁迫作出响应时表达。在种子发育的中晚期，ABA水平升高，同时伴随一些ABA诱导基因的表达和积累。例如与种子抗脱水能力相关的LEA蛋白、DHN蛋白基因的表达增加。在种子成熟的中晚期表达的一些基因，如凝集素基因、储藏蛋白基因、酶抑制剂基因等，也受ABA的诱导。外源ABA处理也可以促使这些基因提前表达。

逆境条件可以诱导植物组织内ABA水平的升高，同时诱导和逆境相关基因的表达。外源ABA往往也能诱导这些抗性基因的表达。根据功能的不同，ABA所诱导表达的抗性基因可以分为两大类。第一大类是功能蛋白，包括水通道蛋白、渗透调节分子（如蔗糖、脯氨酸和甜菜碱）的合成酶、保护大分子以及膜蛋白结构和功能的保护蛋白（如LEA蛋白、抗冻蛋白、分子伴侣、mRNA结合蛋白）等。这类蛋白分子直接参与植物对胁迫环境的应答反应和修复过程，是直接保护植物细胞免受胁迫环境伤害的效应分子。第二大类是调节蛋白，包括蛋白激酶、转录因子、磷脂酶等，这类蛋白是通过参与植物胁迫信号转导途径或通过调节其他效应分子的表达和活性而起作用的。

六、乙烯调控的作用机理

（一）乙烯与信号转导

乙烯作为信号分子，介导了病原物和其他激发子诱导的系统性获得抗性（SAR）和诱导系统抗性（ISR）。如受侵染的烟草叶片坏死的同时乙烯合成增加；外源施用Et可诱导Ⅰ类碱性几丁质酶、Ⅰ类β-葡聚糖酶等碱性PR蛋白的产生，使细胞壁加厚；而组成型表达ERF1的拟南芥可充分抵抗*Botrytis cinerea*和*Plectosphaerella cucumerina*的侵染。

乙烯及其衍生物是植物由损伤引起的信号转导物质，诱导防御基因的表达。乙烯是损伤信号传输途径所需要的，和JA一同调节损伤反应期间的蛋白酶抑制剂（Proteinase Inhibitor，PI）基因表达。在拟南芥上，乙烯和茉莉酮酸酯通过乙烯响应因子ERF1调控植物的防御反应。在番茄上，乙烯诱导丙二烯氧化合成酶（Allene Oxide Synthase，

AOS)基因的表达,但乙烯单独存在不能对PIⅡ产生最好的诱导效果,而且加入乙烯活性抑制剂硫代硫酸银,则会抑制AOS和PIⅡ的表达。另外,乙烯还会抑制植物的直接防御,而诱导间接防御。

通过对拟南芥乙烯不敏感突变体(Ethylene Resistant1,*etrl*)的研究,发现质膜与内质网膜上的ETRl蛋白具有与乙烯可逆结合的能力,是乙烯的受体。ETRl是双组分受体蛋白,具有乙烯的结合域和丝氨酸/苏氨酸蛋白激酶的活性域两部分。乙烯与受体结合后通过一系列的信号转导,最后引起细胞核的基因表达。

乙烯受体(Ethylene Receptor)是乙烯信号转导途径中的上游元件,由多基因家族编码。至今在拟南芥中发现了包括ETRl在内的5个乙烯受体,另外4个分别是ETR2、EIN4、ERS1和ERS2。

下面以乙烯受体ETRl为例说明乙烯的信号转导途径。乙烯与内质网受体ETRl结合后激活下游的MAPK(Mitogen-activated Protein Kinase)级联途径,CTR1(Constitutive Triple Response)是RAF(Rerine/Threonine Kinase)家族MAPKKK(MAPK Kinase Kinase)的同系物。*CTR*1通过级联反应将信号传递到*EIN*2(乙烯不敏感2,Ethylene Insensitive 2)基因,*EIN*2基因编码的蛋白质有12个跨膜区,类似于动物的N-RAMP(Natural Resistant-associated Macrophage Protein)家族,具有通道的作用。*EIN*2继而将信号传递到细胞核中,激活转录因子*EIN*3。*EIN*3是一个转录因子的家族,拟南芥中有4个成员。*EIN*3二聚体与乙烯反应因子(Ethylene Response Factor,ERF1)的启动子结合并诱导*ERF*1的表达,随后又调控其他乙烯反应基因的表达而引起细胞反应。

乙烯受体是第一个被鉴定的植物激素受体,传统上认为乙烯受体具有组氨酸激酶活性,但也有研究表明烟草乙烯受体NTHK1具备丝氨酸/苏氨酸激酶活性。这一重要发现在研究拟南芥乙烯受体时也得到了证实。与NTHK1不同,烟草中的另一个乙烯受体NTHK2在Mn^{2+}或Mg^{2+}存在下具有丝氨酸/苏氨酸激酶活性,但在Ca^{2+}存在时表现为组氨酸激酶活性。NTHK1和NTHK2都参与调控植物的胁迫反应。

(二)乙烯与生长素的关系

由于乙烯能提高很多酶的含量及活性,如过氧化物酶、纤维素酶、果胶酶和磷酸酯酶等,因此,乙烯可能在翻译水平上起作用。但乙烯对某些生理过程的调节作用发生得很快,如乙烯处理可在5 min内改变植株的生长速度,这就难以用促进蛋白质的合成来解释了。因此,有人认为乙烯的作用机理与IAA的相似,其短期快速效应是对膜透性的影响,而长期效应则是对核酸和蛋白质代谢的调节。

乙烯与IAA在增加雌花分化等方面有相同效应,这可能与IAA诱导乙烯生成有关。ACC合酶是乙烯生物合成的限速酶,IAA可通过提高ACC合酶的生成速率来增强乙烯的合成。用蛋白质和RNA合成抑制剂研究表明,IAA是通过上调转录来对乙烯合成起作用的。乙烯与IAA在拟南芥根毛形成中也起重要作用。

黄化大豆幼苗经乙烯处理后，能促进染色质的转录作用，使RNA水平大增；乙烯促进鳄梨和番茄等果实纤维素酶和多聚半乳糖醛酸酶的mRNA增多，随后酶活性增加，水解纤维素和果胶，果实变软、成熟。

Shi等利用棉花cDNA芯片表达谱和生理学实验研究揭示了乙烯通过调节细胞伸长促进棉纤维生长，这是乙烯新的功能。BR和乙烯在棉纤维细胞伸长中的功能将提供研究激素相互作用的实验系统。

（三）乙烯与基因表达

乙烯能调节许多与防卫反应相关的基因表达，包括纤维素酶、几丁质酶、β-1，3-葡聚糖酶、过氧化物酶、查耳酮合成酶、植物抗毒素合成酶、防卫素、富含羟脯氨酸的糖蛋白、许多病程相关蛋白以及许多与成熟相关蛋白的编码基因；另外，乙烯甚至促进与自身生物合成有关的许多酶的基因表达。

编码一种蛋白的基因在植物防卫反应中可以受多种不同类型因子的诱导，如受乙烯诱导的许多防卫基因，同时也可受JA、SA等的诱导。这种基因的多重功能和多种反应，反映出植物适应环境的能力和抗逆反应机制的复杂性。JA、SA和乙烯都参与植物对外界伤害和病原菌侵染的应答，都是伤害反应信号转导中的成员，它们的信号途径之间存在着交叉，但SA主要诱导酸性*PR*基因的表达，而JA和乙烯诱发的则是碱性*PR*基因。病原侵染同时触发乙烯和JA信号途径，乙烯和JA共同促进植物应答伤病的防卫基因的表达。

已在拟南芥和烟草中发现了多种EREBP（Ethylene Responsive Element Binding Protein）类蛋白，推测这些蛋白质氨基酸序列中有一个58~59个氨基酸的保守区，这个保守区可以结合2个相似的顺式作用元件，一个是GCC-box（大多数PR蛋白的启动子都含有的保守序列），另一个是含有核心序列CCGAC的胁迫应答顺式作用元件（C-repeat/dehydration Responsive Element，CRT/DRE）。这些启动子区含有GCC-box的抗病基因，可为乙烯直接诱导而产生过敏反应，从而形成PCD，以此来保护植物体的其他组织免受病菌侵害。但是，并不是所有的抗病基因都含有GCC-box，许多抗病基因能够与乙烯反应元件（Ethylene-responsive Element，ERE）相互作用，并受其调控而形成PCD。

在番茄中也发现了一些与乙烯诱导相关的抗病基因，如番茄的*Pti*4是一个属于乙烯应答因子（Ethylene-responsive Factor，ERF）家族的转录因子。研究表明，*Pti*4可作为一个转录的激活子调控含GCC-box基因的表达，且*Pti*4基因在拟南芥中表达可产生与施用乙烯处理后同样的结果，这进一步说明*Pti*4基因参与调控一系列含有GCC-box基因的表达。番茄$Tm\text{-}2^2$是一个具有烟草花叶病毒属（Tobamovirus）病毒抗性的基因，编码一种CC-NBS-LRR抗病蛋白，$Tm\text{-}2^2$植株的抗病毒反应表现为系统性坏死症状。*Tm*-

2^2基因的烟草转化体种胚下胚轴的伸长受到外源乙烯抑制，乙烯的持续性刺激可诱导H_2O_2的产生和ROS的猝发，以及*PR-la*基因mRNA的转录。据此可以初步认为，*Tm*-2^2转化体的抗ToMV反应与乙烯信号转导途径有关。含有*Tm*-2^2基因的番茄的抗病毒反应表现为系统性坏死，农杆菌注射部位所形成的坏死症状是外源乙烯诱导的结果；在一定条件下，乙烯的浓度和诱导天数均会影响*Tm*-2^2基因的抗性反应，由此看来，*Tm*-2^2基因的抗病毒反应是受乙烯信号调节的。

从乙烯诱导的防卫效应基因的角度来看，有一套独特的防卫相关基因的表达受乙烯的调控，大致可以分为三类：①参与强化细胞壁的限制病原菌侵染的物理屏障类蛋白；②参与具有抗微生物活性的次级代谢产物合成的酶类；③病程相关蛋白。关于第一类蛋白，乙烯的处理可以积累使细胞壁强化的富含羟脯氨酸蛋白，这些蛋白作为结构成分沉积在细胞壁上，通过氧化交联作用使细胞壁得到强化。以葫芦科刺盘孢菌的诱导子处理甜瓜的下胚轴和叶柄时发现，在最初的短时间内组织的蛋白质合成受到抑制，18 h后开始诱导富含羟脯氨酸糖蛋白的合成。病原菌诱导子处理后乙烯的合成迅速增加，当存在乙烯合成抑制剂AVG时，乙烯的合成和富含羟脯氨酸糖蛋白的诱导都受到抑制，而在乙烯合成前体ACC的作用下，乙烯和富含羟脯氨酸糖蛋白的合成部分恢复到用AVG处理之前的水平，这说明富含羟脯氨酸糖蛋白是被诱导子处理后产生的乙烯所诱导的。还有研究表明，木质部阻塞应答过程需要乙烯的参与，一些致萎病原菌，如尖孢镰刀菌、大丽轮枝菌等，可以在侵染植物根部后通过维管束系统向全身扩散，木质部的阻塞可以阻断这一过程。用尖孢镰刀菌香蕉变种（*Fusarium oxysporum* f.sp.*cubense*）培养液的粗提物处理蓖麻的叶片外植体后能够促进维管束系统阻塞胶状物的形成，用乙烯处理外植体后也能形成这种胶状物，粗提物中的多聚半乳糖醛酸酶（Polygalacturonase, PG）处理外植体后会引发乙烯的合成，而当乙烯的合成被阻断时则不能形成胶状阻塞物。受乙烯调控的第二类蛋白主要是与植物抗毒素有关，在多种植物中，苯丙氨酸途径派生的植物抗毒素都能够被乙烯诱导，在水稻中乙烯能够诱导合成苯丙氨酸途径派生的植物抗毒素樱花素（Sakuranetin），但不能诱导合成萜类植物抗毒素稻壳酮A（Momilactone A）。关于第三类蛋白，大多数是通过位于启动子区GCC盒子元件与AP2/ERF类转录因子结合而受到乙烯信号途径的调控，在发现并已经分类的17个PR蛋白类群中，液泡的β-1，3-葡聚糖酶、碱性几丁质酶、酸性类橡胶蛋白和植物防卫素受乙烯的调控，并且以一种乙烯和茉莉酸协同作用的方式发生。

*PR*基因的表达在乙烯介导的系统获得性抗性过程中，不仅在侵染位点而且在植物全身都得到表达。在乙烯和茉莉酸调控的下游防卫相关基因中，植物防卫素*AtPDF*1.2是研究得最为充分的。植物防卫素是一类小的碱性多肽，其三维结构由8个半胱氨酸组成二硫键而变得非常稳定，能够广谱抑制病原真菌的生长。在拟南芥基因组中共找到317个类防卫素基因。这些基因在SA、JA和ET的诱导下，表达特性并不完全相同。如*AtPDF*1.2a/b/c受乙烯和茉莉酸的协同诱导，但其表达受到水杨酸的阻遏；而*AtP*-

*DF*1.4在乙烯和茉莉酸的诱导下不表达，水杨酸则可以诱导其表达。与此有关的是，所有 *AtPDF*1.2 启动子区都发现了 GCC 盒子元件，而 *AtPDF*1.4 的启动子区则不含有这一元件。不过*AtPDF*1.5启动子区中虽含有 GCC 盒子元件，但对 SA、JA 和 ET的诱导都不能发生应答反应，表明各类防卫素基因受到一种复杂的信号网络调控。除以上三类研究较多的受乙烯调控的蛋白之外，拟南芥分泌的一个脂肪酶 GLP1 在芸薹链格孢的侵染下对抗性作用起关键作用，该基因的表达受乙烯的诱导，但不受SA和JA的诱导。

（四）逆境乙烯的特性

植物体内乙烯产生具有以下两个显著特点：其一是普遍性，几乎所有的组织和细胞都具有合成乙烯的能力或潜力；其二是多变性，同一器官（或组织）在不同的发育阶段或处在不同的环境条件下乙烯产生的速率变化很大。这些乙烯形成在性质上有很大差异（如伤害后乙烯产生的后滞期的长短或有无，对抑制剂的敏感性等），提示植物体内乙烯的生物合成途径可能是多样化的，在不同的条件下或不同类型的组织里可能由不同的前体合成乙烯，其生理意义也不同，特别是在逆境条件下的组织里更有可能是这样。

植物在与外界环境的相互作用过程中，环境条件的变化不断地影响植物的生命活动，植物通过改变自身的代谢和生长作出反应。环境变化作为外因，需要通过内部因素起作用。也就是说，在外部环境刺激与内部生理反应之间需要一个中间媒介，发挥对环境刺激信息进行接受、传递、转换或翻译、放大和执行反应等功能。任何充当这一中间媒介的物质必须具备：①对各种刺激的反应必须是非专一的，即对各种胁迫都有一定的反应能力；②体内一般组织和细胞都可以产生，而且在产生量上随时发生变化，即它的产生具有普遍性和多变性；③它必须是一个生理活性物质，极微量的存在就能引起植物生命活动的改变，如改变呼吸强度、激活或抑制某些代谢过程等。乙烯就是这类物质之一，也有人将乙烯称为信号转导中的“第二信使”。

总之，乙烯具有“遇激而增，传息应变”的性质和作用。因此，逆境乙烯在植物与环境的相互作用中可能扮演一个中间媒介的角色。

植物通过逆境乙烯的产生可克服或减轻因环境胁迫所带来的损害。

某些水生或半水生植物在淹水条件下产生大量的乙烯，从而促进茎和叶柄伸长，这样发生的伸长现象在靠近水和空气界面的部位尤为明显，它可使这些植物长出水面，适应淹水环境，克服涝害。水涝诱导乙烯的大量产生是由于在缺 O_2 条件下，根中及地上部分ACC合成酶的活性被增强。虽然根中由ACC形成乙烯的过程在缺 O_2 条件下受阻，但根中的ACC能很快地转运到叶中，在叶中大量形成乙烯。

陆生植物对土壤渍水的普遍反应是分蘖增加；茎变粗；次生根增生，而且大多数次生根的生长失去向地性；水下部分的通气组织加强等，这些植物通过某些形态和结构功能上的改变来保护自身的生存。植物对地面渍水所作出的这些生长上的反应可以部分地归于乙烯的作用。

淹水后乙烯大量生成，主要有以下两方面的生理作用。①刺激通气组织的发生和发展。实验证明，淹水和乙烯处理都可引起处理部位的纤维素酶活力升高，在受淹植物中氧的亏缺激发了乙烯的生物合成，乙烯的增加则刺激纤维素酶的活力，从而导致通气组织的形成和发展。②刺激不定根的生成。在受淹时，通气组织和不定根的形成具有很大适应意义。

乙烯可提高细胞内抗氰呼吸支路(Cyanide-insensitive Alterate Pathway)和促进糖酵解途径的进行，而对正常的电子传递无影响。这一作用对在厌氧条件下生活的植物很重要，因为在缺氧条件下，植物主要靠无氧呼吸来维持能量的供应，但无氧呼吸的末端产物如乙醇、乳酸等的积累，对植物本身有毒害作用。抗氰呼吸支路的存在，即使在无氧条件下也可以在一定程度上使这些有毒物质继续氧化，降低毒性。由此推测，乙烯对植物适应涝害有一定的帮助。

水稻沉水时节间生长速率的提高是3种植物激素——乙烯、脱落酸和赤霉素相互作用的结果。低氧分压诱导乙烯的合成，乙烯引起脱落酸水平的降低，而后者又是赤霉素的拮抗物，赤霉素则是引起节间生长的主要激素。因此，乙烯是通过促进生长来缓解淹水胁迫的。杨树无性系在涝渍胁迫时体内乙烯含量提高是苗木对涝渍胁迫的一种有效生理反应，经过一定时间的代谢调节，苗木又重新建立起与环境之间的平衡关系，乙烯含量降低并逐渐接近于正常水平。

干旱条件下产生的乙烯一方面可以促进器官衰老，引起枝叶脱落，从而减少蒸腾面积，有利于维持水分平衡，另一方面增加的乙烯也可能增加叶片气孔阻力，使蒸腾作用降低。但后一观点被一些研究者怀疑，因为乙烯本身对植物气孔运动没有直接的影响，它是否与其他激素(如ABA)一起参与对气孔行为的调节还有争议。例如对比大麦(*Hordeum vulgare*)体内乙烯和ABA对水分胁迫的反应，似乎乙烯更敏感，同时还发现，乙烯的积累使水势降为-8~-7 MPa，而ABA使水势降为-9~-8 MPa，此外这种反应还与胁迫强度有关。例如当叶水势降到-12 MPa时，ABA则要比乙烯敏感得多。Aharoni也发现乙烯积累要比ABA快得多，并证明高浓度的乙烯并不诱导ABA的合成，但也有人报道，CK和ABA能降低受害植物中乙烯的合成速度。综述这方面的资料可知，高浓度的乙烯在水分胁迫下，在诱导植物脱落方面起重要作用。此外，逆境乙烯也可能影响植物的呼吸作用和某些代谢活动，从而直接或间接地参与植物对伤害的修复或对逆境的抵抗过程，如水分亏缺的植物通过加速下部老叶的脱落以减少蒸腾。所以，叶片失水时乙烯大量产生，体内ACC的形成与乙烯产生相似，严重失水将导致ACC和乙烯产生量过早下降。

和水生植物伸长反应相反，陆生植物黄化幼苗对乙烯发生“三重反应”，在某些情况下帮助幼苗克服土壤阻力，利于出土。例如，刚萌发的幼苗在受到土壤压力(Loading)时，乙烯产生增强，结果幼苗变短变粗，能够顶得起土粒，或者使幼苗横向生长而绕过障碍物，直到摆脱胁迫，乙烯产生才停止增加，生长恢复正常。震动亦使植物生长减慢，茎变短变粗以及分枝和不定根增生，形成抗倒伏性状，从而能更好地抵抗风等袭击，这也是刺激乙烯生成的结果。此外，接触引起的乙烯释放增加对某些攀缘植物有重要意义。当这些植物的卷须接触到物体之后，乙烯产生立即增加，引起卷须两侧生长速度不等（Epinastic Growth），这样，植物可以在数分钟内“缠住”物体。

乙烯提高植物抵抗不良环境的能力还可以由受机械创伤和病虫侵染的植物得到证明。在受切伤、擦伤以及受侵染的组织里，与酚类代谢有关的酶类如苯丙氨酸解氨酶、多酚氧化酶、肉桂酸-4-羟化酶、几丁质酶等活性增加，正是乙烯使这些酶活性提高。酚类化合物通常具有抑菌作用，防止微生物的感染和促进伤口愈合。

此外，逆境乙烯也可能影响到植物呼吸作用及某些代谢活动，从而直接或间接地参与植物对伤害的修复或对逆境的抵抗过程。已知乙烯能加强植物的营养组织、贮藏器官以及花、果实等繁殖器官的呼吸作用，发动果实的呼吸跃变，促进伤口的愈合。

一定浓度范围内的外源乙烯（1×10^{-2}~1×10 μmol·L^{-1}）明显抑制SOD和CAT的活性，提高超氧阴离子自由基和H_2O_2的产率，从而有效诱导内源乙烯的增加。他们认为，乙烯对植物生理过程的调节机制之一是通过影响活性氧清除酶活性调节各种活性氧在体内的平衡。在缺氧条件下，一些植物根的皮层细胞会发生死亡解体而形成通气组织，并通过通气组织将氧气运送到根基部，以保证根代谢的需要，这一过程对缺氧条件下植物的生长很重要。乙烯利还可促使玉米根皮层细胞发生死亡解体而形成通气组织，并且根皮层细胞的死亡数目随着乙烯利浓度的升高而增多；同时，经外源乙烯利处理的玉米根部SOD和CAT活性显著下降，继而活性氧积累。活性氧是诱导程序化细胞死亡（Programmed Cell Death，PCD）的原因之一，因此认为外源乙烯利诱发PCD极有可能是由活性氧介导的。

通过产生大量的乙烯促使受害器官的衰老和脱落能使植物的其他部分更好地保存。如水分亏缺的植物通过加速下部的老叶脱落以减少由蒸腾作用所引起的水分丧失；受微生物侵染的器官脱落后可以免除其他健康组织进一步受感染。因此，可以认为逆境乙烯的这一作用也是植物对环境的一种适应性保护反应，是植物在长期的进化过程中获得的一种防御性机制。当然，严重受伤的植物失去了修复能力，乙烯产生失控，使正常的组织或器官因之而衰老、脱落，由于衰老过程本身能够增加乙烯产生，结果继续不断地产生乙烯，加速衰老、脱落，形成恶性循环。在这些植物中乙烯也就起了加速死亡的作用。

七、油菜素内酯调控的作用机理

(一)油菜素内酯与基因表达

油菜素内酯主要从翻译和转录两个水平对相关基因的表达进行调节。

早就发现RNA及蛋白质合成抑制剂对BR的促进生长作用有影响,其中以放线菌素D及亚胺环己酮最显著。多种试验均表明,BR可能通过影响转录和翻译进而调节植物生长。Mandava等还用RNA合成抑制剂放线菌素D和蛋白合成抑制剂环己亚胺等检测BRs诱导上胚轴生长的作用,结果发现BRs诱导生长的效应依赖于核酸和蛋白质的合成。

表油菜素内酯可能参与了组织生长过程的转录和复制,从而增强RNA聚合酶活性,降低RNA、DNA水解酶活性,造成RNA和DNA的积累,促进组织的生长。

根据对拟南芥油菜素内酯不敏感突变体的研究推断,油菜素内酯的受体可能是存在于质膜上的LRR受体激酶(Leucine-rich Recptor-like Kinase,LRR RLK)。LRR受体激酶的化学组成特点是富含亮氨酸。

在油菜素内酯早期信号转导机理的研究中,发现一个膜定位的油菜素内酯结合蛋白MSBP1。过量表达MSBP1导致细胞伸长和下胚轴生长等表型,而上述表型与其对外源油菜素内酯的结合能力相吻合,表明MSBP1是油菜素内酯信号转导的一个负调节因子。一个水稻的MADS-box家族转录因子通过抑制其下游基因表达而负调控油菜素内酯的信号转导,为研究油菜素内酯的信号转导途径提供了新的线索。

拟南芥一个BR不敏感突变体*bri*1具有和BR生物合成缺失突变体如*cpd*、*det*和*dwf*等类似的表型,如光下植株矮化、短缩的叶柄及育性下降等。但是不同的是外源BR处理不能恢复*bri*1的表型。已克隆了*BRI*1基因,该基因编码一个含有1196个氨基酸、分子量约为130 kD、富含亮氨酸重复序列的膜受体蛋白激酶。该蛋白定位于细胞膜上,胞外区包括N-端的信号肽、亮氨酸拉链基序(Leucine-zipper)、25个串连的LRR(Leucine-rich Repeat,LRR)以及位于其首尾的2个半胱氨酸残基,在第21和22个LRR之间还有一个70个氨基酸残基的区域(Island)。*BRI*1的胞内区含一个具有丝氨酸/苏氨酸蛋白激酶活性的区域,并能自身磷酸化。将*BRI*1的胞外域和跨膜区与水稻的Xa21蛋白的激酶域构成的嵌合体经BR处理后能诱导水稻细胞的抗病反应,表明*BRI*1的胞外域直接参与了BR的信号识别。此外,*BRI*1胞外的70个氨基酸残基的区域也是BR感知所必需的,该区域的突变会导致*BRI*1对BR信号的感知能力下降甚至丧失。有人利用生物素标记的油菜素甾酮(Biotin-tagged Photoaffinity Castasterone,BPCS)明确证明这个由70个氨基酸组成的区域及相邻的第22个LRR(共94个氨基酸)组成的区域(ID-LRR22)是直接结合BPCS的位点,而且这个序列对BR分子的结合也是非常重要的。BR可以诱导*BRI*1的磷酸化,*BRI*1的活力和C-末端的磷酸化程度直接相关,且BR对

*BRI*1 功能的激活是必需的。*BRI*1 的 C-末端作为负向调节因子,对 *BRI*1 活力的调节起重要作用。此外,BRI1 的激活和转磷酸化作用可以促进自身形成二聚体,BRI1 对 BR 分子的结合并不需要 BAK1 或其他因子的辅助。对 *BRI*1 基因家族的成员 *BRL*1(BRI1-likereceptor Kinase)、*BRL*2 和 *BRL*3 的研究发现,只有 *BRL*1、*BRL*3 编码有活性的 BR 受体,可以恢复或部分恢复 *bri*1 突变体的表型。

油菜素内酯的主要生理功能一直被认为是促进细胞伸长生长,后研究发现油菜素内酯也能以依于细胞分裂关键调节因子 CycD3,但不依赖于油菜素内酯受体 BRI1 的方式调控细胞分裂。这一发现改变了人们对油菜素内酯生理功能的认识。

*BRU*1 基因是一个 BR 专一调节的基因,外施 BR 可引起其转录水平的极大提高,但该作用不会因生长素、赤霉素、细胞分裂素、脱落酸的处理而增强,说明该基因是专一受 BR 调节的伸长基因。通过研究证明,*BRU*1 基因在 BR 调节的细胞伸长过程中,其表达的基因产品具有木葡聚糖内转糖苷酶(Xyloglucan Endotransglycosylase, XET)的活性。在伸长的大豆上胚轴中施用 BR2 h 后会导致细胞壁可塑性增强,并伴随 *BRU*1 基因 mRNA 水平的提高。*BRU*1 基因与 XET 的编码序列具有极大的同源性。随后进行重组蛋白酶试验,证明 *BRU*1 编码的产品的确是一种功能性的 XET。而且外施 BR 浓度的增加在伸长的早期可导致可提取 XET 活性的线性增加。BR 调节伸长与 XET 的关系在拟南芥中也已确定。

TCH 4 基因是拟南芥促进伸长的一个基因,该基因编码一种具有活性的 XET。它的表达在 BR 处理 30min 时开始增加,2 h 时达最高峰。与大豆 *BRU*1 相比,*TCH*4 也可被生长素处理进行迅速诱导表达。环境刺激如触摸、黑暗及温度变化也影响 *TCH*4 的表达。但 *TCH*4 的表达只限于扩展组织和器官中。在 BR 缺失和不敏感突变体中,*TCH*4 的表达被大大降低。这再一次证明 XET 在 BR 促进伸长中的作用。由于 XET 在细胞壁的松弛中起着非常重要的作用,而 BR 调节的基因所编码的酶具有 XET 的功能,所以 BR 可能通过调节编码 XET 的基因的表达来促进细胞壁的松弛,减小壁压,降低水势,使水分和养分进入细胞,促使细胞扩大。

微管是细胞骨架的主要成分,在细胞中有多种功能,并参与植物细胞壁的形成。微管由微管蛋白组成,微管蛋白分两种,即 α 微管蛋白和 β 微管蛋白。微管蛋白转录水平的高低与细胞的伸长生长是一致的。CanTUB 是从生长 5 d 的鹰嘴豆的上胚轴中分离出来的,它编码的蛋白质氨基酸序列与几种植物的 β 微管蛋白的氨基酸序列具有高度的相似性,可从 86% 到 92%,而且以基因家族的方式存在于鹰嘴豆的基因组 DNA 中。对生长 5 d 的鹰嘴豆上胚轴及经 PEG 胁迫的鹰嘴豆上胚轴进行 β 微管蛋白转录水平的测定结果表明,β 微管蛋白的转录水平与上胚轴的伸长是一致的。在生长最快的时候转录水平较高,而胁迫使转录水平大大下降。去除胁迫后,生长恢复,转录水平也提高了。这表明 β 微管蛋白的转录水平与细胞的伸长生长呈正相关。对上胚轴切段进行各种激素处理的结果表明,BR 单独可诱导上胚轴切段的伸长,并能增强 IAA 诱导的伸长作用。

测定*CanTUM*基因的转录水平发现,在伸长过程中伴随着转录水平的提高。这说明BR促进生长的另一条途径为通过诱导β微管蛋白基因的表达促进微管的形成,进而修饰细胞壁,促进细胞的伸长。由于β微管蛋白还与细胞的分裂有关,所以BR促进生长还与促进细胞的分裂有关。总之,BR促进植物生长的靶区域是细胞的细胞壁,通过各种机制(XET、微管)促使细胞壁松弛,使细胞体积扩大。同时BR促进光合作用,提高核酸、蛋白质的代谢,为细胞的伸长提供物质基础,进而促进植物的生长。另外,BR还促进细胞的分裂。

(二)油菜素内酯与细胞膜的关系

也有一些研究表明BR与细胞膜的透性有关,特别是在逆境下提高植物抗性往往与膜相联系。如在某些试验中,BR与IAA作用相似,都可增强膜的电势差、ATPase活性及H^+的分泌。

BR通过结合质膜上的受体BRI1,一方面活化液泡膜上的ATPase,促进液泡泵入H^+,向胞液输出阴阳离子,从而提高液泡水势,增大膨压;另一方面,通过诱导与生长有关基因的表达,最终引起细胞的扩大反应。

油菜素内酯对赤豆(Azukibean)上胚轴节段和玉米根尖切段生长的促进和IAA类似,是同H^+分泌的增加和转移膜电位的早期过极化联系在一起的。也即共同遵循"酸生长"的理论:通过促进膜质子泵对H^+的泵出,导致自由空间的酸化,使细胞壁松弛,进而促进生长。

但BR与IAA在其最适浓度下同时使用具有明显的加成效果,又表明它们在最初的作用方式上是有区别的。如BR促进小麦胚芽鞘伸长的生理活性大于IAA,但在高浓度下的促进作用不如IAA明显。BR和IAA混合处理对芽鞘切段的伸长、乙烯释放和H^+分泌都表现了加成作用。BR也有拮抗ABA对小麦胚芽鞘切段伸长的抑制作用。

油菜素内酯与生长素及细胞分裂素的生理功能部分类似,均能促进细胞伸长生长。与此相吻合的是,油菜素内酯通过调控生长素转运蛋白基因*PIN*的表达以及*PIN2*的亚细胞定位进而调控相关的生长发育。

(三)光对油菜素内酯效应的影响

Krizek和Worley以菜豆幼苗为材料研究了光强对油菜素内酯处理效果的影响。他们发现在强光照和弱光照下用油菜素内酯处理24 h后,处理的节间长度与对照相比就有显著的差异。在强光照下,节间的增长在第4 d已达到高水平,其长度为对照组的5倍;在弱光照下,第5 d的长度已达到对照组的10倍,节间的增长可延续到第10 d。

无论在强光照下或弱光照下,油菜素内酯处理节间的直径均比对照组大。在弱光照下,油菜素内酯处理节间的筛管和皮层组织细胞增大很多;而在强光照下,髓部细胞增加分裂。因此，在弱光照下，节间的增长是由于细胞的伸长，而茎的加粗，则是由于细胞变大，不是增加细胞的分裂。但在强光照下，由于细胞的分裂而造成节间直径的增加和部分伸长，细胞只稍微变大一些。

对水稻的研究表明，在照光下BR浸种对水稻胚芽鞘的生长无影响。而胚根的反应则比较复杂。1×10^{-5} mg·L^{-1} 和 1×10^{-3} mg·L^{-1} BR对促进常规稻涪江二号胚根伸长的作用较为明显，对杂交稻则无效，高浓度（1×10 mg·L^{-1}）反而抑制D优63胚根的伸长。在黑暗中，1×10^{-3} mg·L^{-1} 和 1×10^{-1} mg·L^{-1} BR对水稻胚芽鞘和胚根都有促进作用。但当浓度达到 1×10 mg·L^{-1}时，两种水稻的胚根都受到显著抑制，分别只有对照的69.9%和83.6%。BR溶液培养对水稻根系的影响对光照或黑暗的响应也有差别。低浓度BR可促进胚芽鞘的伸长，当浓度过高（1×10 mg·L^{-1}）则产生抑制作用。1×10^{-7} mg·L^{-1} 和 1×10^{-5} mg·L^{-1}可分别促进涪江二号和D优63的胚根增长。在黑暗中，用 1×10^{-5} mg·L^{-1} 和 1×10^{-3} mg·L^{-1}BR处理，涪江二号胚根长度为对照的9倍多，D优63为1.5~2倍。在光照下则不太明显。高浓度下，涪江二号胚根的生长几乎完全受到抑制，而D优63则略有生长。

（四）BR的基因响应和非基因响应途径

1.基因响应途径

BR通过调节基因表达来调控植物生长发育的途径被称为BR的基因响应途径。BR信号首先被膜上的受体BRI1/BAK1复合体感知，然后在一系列蛋白参与下传递到核内，进一步调控下游基因的表达。

用差异杂交法从正在生长的豌豆黄化苗中鉴定出一种BR上调基因（*BRU*1），该基因与细胞伸长密切相关的一种酶，即木葡聚糖内转化糖基化酶（Xyloglucan Endotransglycosylase，XET）相关。实验表明，*BRU*1转录物的表达水平与油菜素内酯所引起的茎的伸长相关，且*BRU*1转录物的浓度与油菜素内酯介导的细胞壁可塑性的增强呈正相关。所以，BR对*BRU*1表达的调节发生在转录后水平上，而非转录水平进行。

在拟南芥中也发现了受油菜素内酯调节的XET，由*TCH*4基因编码，这种调节发生在转录水平上。研究还证明，油菜素内酯在*BRU*1翻译水平、在*TCH*4转录水平分别进行调控。

已克隆了*BRI*1基因，该基因编码一个含有1196个氨基酸、分子量约为130 kD、富含亮氨酸重复序列的膜受体蛋白激酶。该蛋白定位于细胞膜上，胞外区包括N-端的信号肽、亮氨酸拉链基序（Leucine-zipper）、25个串联的LRR（Leucine-rich Repeat，LRR）以及位于其首尾的2个半胱氨酸残基，在第21和22个LRR之间还有一个70个氨基酸残基的区域（Island）。BRI1的胞内区含一个具有丝氨酸/苏氨酸蛋白激酶活性的区域，并能自身磷酸化。将BRI1的胞外域和跨膜区与水稻的Xa21蛋白的激酶域构成的嵌合体在BR处理后能诱导水稻细胞的抗病反应，表明BRI1的胞外域直接参与了BR的信号识别。此外，BRI1胞外的70个氨基酸残基的区域也是BR感知所必需的，该区域的突变会导致BRI1对BR信号的感知能力下降甚至丧失。Kinoshita等（2005）利用生物素标记的油菜素甾酮（Biotin-tagged Photoaffinity Castasterone，BPCS）明确证明这个由70个氨基酸组成的区域及相邻的第22个LRR（共94个氨基酸）组成的区域（ID-LRR22）是直接结合BPCS的位点，而且这个序列对BR分子的结合也是非常重要的。BR可以诱导BRI1的磷酸化，研究还表明BRI1的活力和C-末端的磷酸化程度直接相关，且BR对BRI1的功能的激活是必需的。BRI1的C-末端作为负向调节因子，对BRI1活力的调节起重要作用。此外，BRI1的激活和转磷酸化作用可以促进自身形成二聚体，BRI1对BR分子的结合并不需要BAK1或其他因子的辅助。

2.非基因响应途径

BR的非基因响应又称为快速响应途径。这种途径不涉及基因的表达并且不被转录和翻译抑制剂所阻断。体外实验表明，BRI1蛋白激酶能够和液泡膜的H^+-ATPase上的H亚基相互作用，并磷酸化该亚基。因此，BR信号可能通过BRI1复合体的活性调节液泡膜H^+-ATPase的装配，从而影响液泡对水分的吸收而引起细胞的迅速伸长。

本章小结

要理解植物化学调控，就需了解植物信号系统的转导机制以及植物激素调控的作用机理。植物细胞的环境信息包括外界和体内两方面的信息。植物体要正常生长，需要正确辨别和接受各种信息并作出相应的反应，即植物的信号转导。

植物信号系统的类型包括生物大分子的结构信息、物理信号、化学信号。信号分子较小且易于移动、快速产生和灭活，信号传递途径有级联放大作用而且是一个网络系统。

植物细胞信号传递的分子途径可分为四个阶段，即胞间信号传递、膜上信号转换、胞内信号转导及蛋白质可逆磷酸化。植物的化学信号主要包括植物激素类、寡聚糖类、多肽类以及其他种类。

植物信号可在不同水平响应，如基因表达水平的调控、蛋白可逆磷酸化等，植物细胞组分如细胞壁、细胞骨架、细胞膜均是信号转导的重要场所，植物器官组织、根冠间也存在信号转导。

植物生长物质在生命周期中起着十分重要的调控作用。如调控种子成熟与休眠、种子萌发，植物生长的相关性，成花诱导，果实成熟，衰老脱落，还在植物抗逆性中起重要的调控作用。

植物激素作用机理与化学调控密切相关。植物激素作用于细胞时，须首先与其受体结合，经过一系列信号转导过程，才能发挥其生理生化作用。

生长素的作用机理有“酸生长理论”和“基因活化学说”。赤霉素诱导种子水解酶的基因表达及其生物合成促进萌发，进而调节生长素水平。细胞分裂素受体已经被分离鉴定，利用双元组分系统的途径将信号传递至下游元件，导致细胞功能改变。脱落酸的长期调控过程有诱导基因的表达；而参与的快速生理反应可能是诱导质膜两侧离子流动的结果。乙烯受体由多基因家族编码，乙烯与生长素的关系密切，其短期快速效应是对膜透性的影响，而长期效应则是对核酸和蛋白质代谢的调节；逆境乙烯在植物与环境的相互作用中可能扮演中间媒介的角色。油菜素内酯主要从翻译和转录两个水平对相关基因的表达进行调节，也与细胞膜的透性有关，其作用机理有基因响应和非基因响应途径。

复习思考题

1. 谈谈物质流、能量流与信息流的关系。
2. 你如何理解植物的信号转导？
3. 植物信号传递的基本特性是什么？
4. 试述信号分子的特点。
5. 植物的化学信号有哪些类型？
6. 植物信号在不同水平的响应如何？
7. 举例分析植物的信号转导。
8. 蛋白质可逆磷酸化有什么意义？
9. 植物激素在植物生长发育中有何调控作用？试举例分析。
10. 试述生长素促进植物细胞伸长的机理。
11. 赤霉素如何诱导禾谷类糊粉层细胞α-淀粉酶的生物合成？如何证明？
12. 脱落酸如何诱导气孔关闭？
13. 细胞分裂素如何延缓植物衰老？
14. 乙烯是如何形成的？哪些因素促进或抑制其合成？它如何诱导果实的成熟？
15. 简述油菜素内脂的作用机理。

第四章 植物化学调控的技术原理

第一节 植物化学调控与生产条件的关系

一、与环境条件的关系

植物化学调控的效果与温度、湿度和光照等外界环境条件有着密切的关系。

(一)温度

在一定温度范围内，植物化学调控的效果一般随温度升高而增强。这是因为温度升高会加大叶面角质层的透性，加快叶片对植物生长调节物质的吸收。同时温度较高，叶片的蒸腾作用和光合作用较强，植物体内的水分和同化物质的运输也较快，这也有利于植物生长调节物质在植物体内的传导。所以，当进行叶面喷洒时，夏季往往比春季或秋季效果要好。比如防止番茄落花使用防落素时，早春温度较低，在20 ℃以下，使用浓度为50 mg/L，效果好，且无药害；到4~5月份，温度上升到20~30 ℃之间，防落素的使用浓度下降到25 mg/L；到6月份之后，温度升高到30 ℃以上，其使用浓度可降低到10 mg/L。可见，生长物质一般在高温下使用浓度要低些，在低温下使用时则浓度要高些。

有些植物生长调节物质如乙烯利，由于本身化学特性的原因，直接受到温度的影响。在一定温度范围内，随温度升高乙烯利进入植物体后的分解速度加快，应用效果好；反之，温度降低，乙烯利进入植物体后的分解速度缓慢，应用效果差。当温度低于20 ℃时，应用效果便很差。

有些植物生长调节物质的应用，在不甚适宜的环境下更能显示出它的效果，而在正常条件下，则不需要使用。如番茄等在低温或高温下会大量落花，这时使用2，4-D或防落素，防止落花的效果会非常明显。而在适宜的温度下，由于落花不严重，因此使用2，

4-D或防落素的效果也就不明显。

(二)光照

光能促进植物光合效率的提高和光合产物的运转,并促进气孔张开,有利于对药液的吸收,同时还能促进蒸腾作用,又有利于药液在植物体内的传导,因此植物生长调节物质多在晴天使用。但是,如果光照过强,则叶面的药液易被蒸发,留存时间短,不利于叶面对生长调节剂的吸收,因为叶片不能吸收固体物质,故夏季使用植物生长调节物质时,要注意避免在烈日下喷洒。

(三)空气湿度

空气湿度大,能使叶面角质层处于高度水合状态,延长药滴的湿润时间,有利于吸收与运转,叶面上的残留量相对较少,能够增强使用效果。

(四)风

风速过大,植物叶片的气孔可能关闭,且药液易干燥,不利于药液吸收。故一般不宜在风太强时施用。

(五)降雨

施药时或施药后下雨会冲刷掉药液。一般情况下,要求喷洒后12~24 h不下雨,才能保证药效不受影响,否则应重施。

环境因素除了影响效果外,更重要的是影响植物的生长发育。不同的环境条件下,植物生长发育不同,需要调控的方面也有差异。例如,干旱情况下,植物需要提高抗旱力;低温情况下,植物易受冷害,应提高其抗低温能力。因此,应该根据各地环境条件,选用适宜的植物生长调节物质,对症下药,确定适宜的浓度和施用时间,采用正确的施用技术,才能真正发挥生长调节物质的作用。

二、与栽培措施的关系

植物生长调节物质是从植物激素的发现而发展起来,顾名思义,它是调节植物生长发育的化合物,所以不能代替肥料、农药以及其他耕作措施,更不是万能的仙丹妙药。它不能代替植物的正常代谢,不能代替光、温、水、气、肥等。它只是在植物生长发育过程中起调节作用,而这个调节往往是一般农业措施不易完成(如化学杀雄等)或者费时费工才能完成(如控制徒长等)的。所以,我们要正确估计植物生长调节物质的作用,摆正它在农业生产上的位置。

要使植物化学调控在农业生产上应用获得理想的效果,一定要配合其他栽培措施。例如,萘乙酸、吲哚丁酸处理插条后可以促进生根,但是如果不保持苗床内一定的湿度和温度,生根是难以保证的。如果栽培措施不合理、土壤瘠薄、肥水不足或有病虫害等,也不能产生应有效果。例如,用防落素、2,4-D、萘乙酸和比久等防止落花落果,还需加强肥水管理,保证营养物质的不断供给,才能获得高产。又如,用乙烯利催熟果实还应与适时采收相结合,否则达不到催熟的目的。因此,使用生长调节物质时不能离开正常的栽培措施,而应该与合理的栽培措施相结合,才能达到预期的效果。

要使植物健壮地生育,决不能离开农业技术措施的综合应用,如果舍本逐末,即使应用植物生长调节物质也不能达到预期的效果。大量实践表明,植物化学调控的应用效果同农业措施密切相关。如用乙烯利处理黄瓜,能促使黄瓜多开雌花多结瓜,但同时也需要供给更多的营养,才能显著地增加产量。如果肥水等营养条件不能满足,使用乙烯利会造成黄瓜后劲不足和早衰,反而降低产量。如用乙烯利培育后季稻矮壮秧,其效果与秧田密度关系很大。如在稀落谷的条件下,培育矮壮秧的效果很好。但如果密度过高,则容易造成秧苗在秧田拔节,降低秧苗素质。

三、与植物生长状况的关系

施用植物生长调节物质应对症下药。植物化学调控在农业生产上的应用多种多样,每一种生长调节物质在生理作用上都有一定的活性,但也有一定的特殊性,在使用上有一定的范围和条件。要求某一种生长调节物质解决农业生产中的所有问题是不现实的,也是不可能的。在理论上,植物生长发育过程中的各个环节都可以用生长调节物质来调节与控制,但事实上并不是这样,还存在不少问题。许多生长调节物质在不良环境条件下才能表现出明显作用与特殊效果,有利于植物克服不良环境条件的危害。因此,农业生产中应找出影响作物产量和品质的"病因",对症下药,才能真正促进增产。例如,高低温条件下,番茄落花严重,施用防落素就能有效防止落花,提高坐果率和产量。在高肥水地区,作物易生长过旺,不利于产品器官的形成,且易倒伏,使用恰当的生长延缓剂可有效地控制旺长,降高防倒,大大提高产量。

植物生长发育的不同时期,对生长调节剂的反应有很大的差别。一般幼苗期,植株较嫩,对试剂反应较敏感,需要浓度较小;而生长后期株体较大,木质化程度较高,对试剂反应较迟钝。例如,水稻苗期使用多效唑,以 300 mg/L 为佳,而拔节期施用则要求 600 mg/L 左右。甚至同一药剂在不同时期使用,其效果截然相反。例如在莴笋和芹菜的幼苗期施用青鲜素,促进抽薹开花,而在生长后期使用反而抑制抽薹。不同的生长发育阶段,植物生长发育状况不同,需要调控的方面也有差异。例如,在苗期,一般应促进生长,如果要促进分蘖,培育壮苗,宜在苗期用药;在生长后期,一般应适当控制营养生长，促进生殖生长，如果要降高，促进果实的发育和催熟等，宜在中后期用药。因此，必须根据使用生长调节物质的目的、植株生长发育时期、试剂的种类及其浓度等确定适宜的使用方案，才能达到预期的增产效果。

植物生育状况不同对植物生长调节物质的反应也不一样。一般来讲，生育状况良好的植株，使用植物生长调节物质的效果较好；反之，效果较差。如使用植物生长调节物质促进果树坐果和增大果实，对健壮的果树提高坐果率和促进果实增大的效果非常明显，增产幅度较大；而对营养不良的弱树，提高坐果率和促进果实增大的效果较小，增产也不明显。又如矮壮素或助壮素调控棉花生育，只有在棉花长势旺盛的情况下才能取得很好的效果。这是因为生长旺盛的棉花，往往田间郁蔽，营养生长过旺，蕾铃脱落严重，使用矮壮素或助壮素后，能控制棉花枝叶生长、协调营养生长与生殖生长之间的关系，使更多的营养输向蕾铃，从而提高了结铃率，增加了棉花产量；而对长势瘦弱的棉花，则适得其反，会导致棉株个体生长太小，搭不起高产架子，蕾铃数减少，产量下降。

生长调节物质对植物的不同器官作用也不一样。例如，植物对生长素的反应，一般是低浓度促进生长；中等浓度抑制生长；高浓度可杀死植物。如生长素2,4-D，在十万分之几浓度内能促进植物生长，防止花果脱落；在万分之一浓度左右会抑制植物生长；而千分之一浓度能杀死双子叶植物。植物不同器官对生长素的敏感度也有很大差别，根最敏感，芽其次，茎的敏感度最低。促进根系生长的浓度为1×10^{-4}~1×10^{-5} mg/kg，在较高浓度下，根的生长会受到抑制；茎的敏感度差，在1×10^{-2}~1×10^{2} mg/kg浓度下，可促进茎的伸长，在更高浓度时才受到抑制；芽介于根和茎两者之间，一般促进生长的浓度为1×10^{-2}~1×10^{-3} mg/kg。

第二节

植物生长调节物质的剂型

一、剂型与植物生长调节物质的效果

植物生长调节物质必须加工配制成特定的形式才能投入实际应用。使用时所面对的调节物质都是一些已加工好的制剂，而不是工厂生产的原药，原药一般均不能直接使用。

剂型是指在一种（或一种以上）原药中添加不同的助剂（如载体、稀释剂、溶剂、表面活性剂、稳定剂、增效剂等），经加工而成的不同的分散体形式。

大多数植物生长调节物质在使用前须经过加水配制成可喷洒状态，然后才能使用，只有少量的粉剂、拌种剂等可以不经过配制直接使用。植物生长调节物质的配制并非很简单的事，例如乳剂、可湿性粉剂在配制时往往对水质有严格要求，否则配出的制剂性质不稳定，不能充分发挥作用。有的制剂要先用有机溶剂溶解之后再加水。

各种剂型都有一定的特点和使用技术要求，使用时必须根据这些特点和技术要求认真加以处理，不宜随意改变用法。调节剂加工成一定的剂型以后，性质变得更为复杂。剂型必须具有相当的稳定性，在贮存期间不致很快变性。每一种剂型都有一定的剂型结构和组成，保存和使用时必须根据某种剂型及其制剂的特性，按照规定的方法操作。

剂型和制剂的稳定性容易受环境条件的影响。例如浓悬浮剂、乳油等液态制剂，在冬天的低温下长时间存放，往往可能发生结块、结晶等剂型破坏的现象。很多乳油制剂是以挥发性较强的芳香族溶剂来制备的，在高温下这些溶剂会逐渐蒸发散失，使乳油制剂的含量浓度发生变化，进而导致植物生长调节物质的有效成分析出。可湿性粉剂在贮存不当的情况下会发生粉粒黏结现象。这些剂型性质的变化都会影响药剂效力的发挥。我国南方的潮湿高温、北方的严寒低温，对于各类调节物质剂型的贮存都是不利的。在一家一户购药和用药的情况下，特别要注意贮存问题，以免失去效果达不到预期目的。

现有市售的植物生长调节物质种类较多，同种生长调节物质因工厂生产工艺不同，剂型各异，有效成分含量各不相同，使用方法也随之而变。当然，市售的植物生长调节物质多数为固体或液体，使用时可根据不同目的配成不同剂型。

二、原药

目前，在我国生产的植物生长调节物质中有些是以原药的形式销售的。由于很多植物生长调节物质原药是难溶或微溶于水的，因此，在使用过程中药液的配制需要针对各种不同的植物生长调节物质，选择相应的溶剂。如吲哚乙酸、萘乙酸和2，4-D等，由于是有机酸，可以加入少量的碱（如NaOH或KOH），使之中和成钠盐或钾盐，就可以完全在水中溶解，然后稀释到所需的浓度。赤霉素则要先用乙醇溶解，然后再用水稀释到所需浓度。

三、水剂

水剂也称水溶剂，是将溶于水的原药不经加工而制成的剂型，使用方便，是最常用的剂型之一。植物生长调节物质因种类、化学属性复杂性不一，配制方法不同。一些生长调节物质在出厂时已制成水剂，能直接溶于水，通常以百万分数（10^{-6}）、百分比（%）或摩尔每升(mol/L)表示溶液浓度,也有毫克/升(mg/L)等表示法。有些生长调节物质的原粉不能直接溶解于水中,可先中和成钠盐或钾盐,然后稀释到所需浓度。如其出厂时的产品是钠盐或钾盐,则可直接溶于水使用。多效唑和烯效唑原粉也不溶于水,厂家将它们制成可湿性粉剂,按其有效成分含量配成水溶液喷洒。细胞分裂素(6-BA)宜用少量盐酸溶解,然后用水稀释。比久在冷水中难溶,能溶于热水。总之,配制水剂应根据药物的物理性质(溶解度)进行溶解。

四、粉剂

用原药和填充剂制成的细状混合物称为粉剂。如果加上湿润剂则成为可湿性粉剂。

粉剂大多用于插枝生根,其浓度高,处理时间短,效果优于水剂。若自己要将较浓的原药配成较稀的粉剂,配制方法主要有二:其一,将植物生长调节物质研磨,再将滑石粉(木炭粉、黏土)与植物生长调节物质试剂按一定比例直接混合,充分拌匀;其二,将生长调节物质在有机溶剂中溶解,再与滑石粉按比例混合成糊状,充分拌匀。待有机溶剂挥发干后,再研磨成粉末即可。

市售的粉剂包括可溶性粉剂(如油菜素内酯可溶性粉剂)、可湿性粉剂(多效唑可湿性粉剂、烯效唑可湿性粉剂)等。可溶性粉剂和可湿性粉剂都可以直接兑水配制药液。可溶性粉剂常常是植物生长调节物质的盐类,溶于水后的使用方法与水剂相同。另外,还有一些可溶性片剂(赤霉素可溶性片剂)、可溶性颗粒剂等,其使用与可溶性粉剂基本相同。可湿性粉剂配成药液后,形成悬浊液,均匀性较水剂差,长时间放置会出现沉淀。在进行喷雾时,要经常摇动,以免沉淀后造成喷雾不均匀或堵塞喷雾器。

五、油剂

将不溶于水的原药与乳化剂和有机溶剂相互溶解得到的油状液体为油剂。植物生长调节物质的油剂主要为乳油剂,其组成包括原药、有机溶剂、乳化剂(如油菜素内酯0.01%乳油)。该剂型可以直接加水配制药液,加水后形成乳浊液,均匀性和稳定性都比较好。使用乳油剂进行叶面喷雾时,一般不需要再另外加入表面活性剂便能取得良好的黏着与展布效果。但是乳油剂一般在贮藏和运输时多有不便,并且由于有机溶剂的存在,一方面成为易燃品,使用和贮存时要多加注意;另一方面,有机溶剂对环境的污染相对比较严重。油剂也可用羊毛脂或棕榈油菜,按一定比例加入植物生长调节物质而成,由于其黏附力强,不易流失,可局限在施用部位,用量少,药效也长。

六、熏蒸剂

为了满足生产中一些熏蒸的要求，将植物生长调节剂制成一种易挥发的形式，如萘乙酸甲酯、萘乙酸丁酯、1-甲基环丙烯等，它们能够在常温状态下挥发，进入植物体内而发挥作用。萘乙酸甲酯、萘乙酸丁酯等主要用于抑制贮藏的块茎类、块根类的萌发；1-甲基环丙烯则作为一种新型的乙烯受体抑制剂，可用于鲜切花贮运保鲜和盆栽花卉观赏期的延长。

第三节 植物生长调节物质的施用方法

植物生长调节物质的施用方法较多，因种类、应用对象和使用目的不同而异。方法得当，事半功倍；方法不妥，则适得其反。在应用中要根据实际情况灵活选择。

一、溶液喷洒

溶液喷洒是生长调节物质应用中常用的方法，根据应用目的，可以对叶、果实或全株进行喷洒。先按需要配制成相应浓度，喷洒时液滴要细小、均匀，药液用量以喷洒部位湿润为度。为了使药液易于黏附在植物体表面，可在药液中加入少许乳化剂，如中性皂、洗衣粉、烷基磺酸钠，或表面活性剂如吐温20、吐温80，或其他辅助剂，以增强药液的附着力。溶液喷洒多用于田间，盆栽也用。为了使药液在植物体表面存留时间长，吸收较充分，使用时间最好选择在傍晚，气温不宜过高，使药剂中的水分不致很快蒸发。否则过量未被吸收的药剂沉积在叶表面，对组织有害。傍晚喷施后，第二天早上的露水有助于药剂被充分吸收。如处理后4 h内下雨，叶面的药剂易被冲刷掉，降低药效，需要重新再喷。根据使用量选择不同型号喷雾器。

喷洒植物生长调节物质时，要尽量喷在作用部位。如用赤霉素处理葡萄，要求均匀地喷于果穗上。用乙烯利催熟果实，要尽量喷在果实上。用萘乙酸作为疏果剂，对叶片和果实都要全面喷到；而防止采前落果，则应主要喷在果梗部位及附近叶片上。

二、浸泡法

常用于种子处理、促进插条生根(图4-1)、催熟果实、贮藏保鲜等。

(一)种子处理

所浸种的用水量要正好没过种子,使种子充分吸收药剂。浸泡时间为6~24 h。如果室温较高,药剂容易被种子吸收,浸泡时间可以缩短到6 h左右;温度低时,则时间适当延长,但一般不超过24 h。要等种子表面的药剂晾干后播种。

(二)插条生根

促进插条生根可将插条基部长2.5 cm左右浸泡在含有植物生长调节物质的水溶液中。浸泡时间的长短与药液浓度有关。如带叶的木本插条,在5~10 mg/L吲哚丁酸中浸泡12~24 h,较为适宜。如药剂浓度改为100 mg/L则只需浸泡1~2 h。浸泡时应放置在室温下阴暗处,空气湿度要大,以免蒸发过快,插条干燥,影响生根。浸泡后可将插条直接插入苗床中,四周保持透气,并有适宜的温度与湿度。也可用快蘸法,操作简便,省工。将插条基部长2.5 cm左右放在萘乙酸或吲哚乙酸酒精溶液中,浸蘸5~10 s,药剂可以通过组织或切口很快进入植物体,待药液干后,可立即插入苗床中。也可用较高浓度的水溶剂,如5000 mg/L丁酰肼快蘸处理,促进生根。另外还可用粉剂处理,将苗木插条下端半寸左右的部位先在水中浸湿,再蘸拌有生长素的粉剂。为防止扦插时蘸在插条上的药粉被擦去,可先挖一条小沟,把插条排在沟中,然后覆土压紧。

图4-1　吲哚丁酸处理葡萄枝条促进生根

(三)果实催熟与花果保鲜

催熟果实通常是将成熟的果实采摘下来后,浸泡在事先配制好的药液中,浸泡一段时间,取出晾干后,放在透气的筐内。如用乙烯利催熟,果实吸收乙烯利后,有充分的氧气才能释放出乙烯气体并诱导生成内源乙烯,达到催熟的目的(图4-2)。马铃薯催芽,也可用此方法。

对照　　乙烯利

图4-2　乙烯利催熟香蕉

贮藏保鲜可用于鲜切花,如唐菖蒲、菊化、金鱼草等,可直接浸泡在保鲜液中,贮藏在2~5 ℃低温下,可延长保鲜期。在室内瓶插的,在室温下也可延长观赏时间。

如果是保花保果,可将药剂盛在杯中蘸花簇,蘸湿即可。

三、涂抹法

本法用毛笔或其他工具将药液涂抹在植物的某一部分。如将2,4-D涂布在番茄花上,可防止落花,并可避免其对嫩叶及幼芽产生危害;将乙烯利溶液涂布在橡胶树干的割胶带上,能促进排胶。对于切割后收取流出液汁的树木,如橡胶、生漆、安息香树等的次生物质的处理,处理前在切口下部约2 cm处去掉木栓化树皮,涂抹上含有调节物质的载体,如棕榈油、沥青等。处理部位随着切割逐步被切除,等完全切除后再作第二次处理。此法便于控制施药的部位,避免植物体的其他器官接触药液。对于一些对处理部位要求较高的操作,或是容易引起其他器官伤害的药剂,涂抹法是一个较好的选择。

用羊毛脂处理时,将含有药剂的羊毛脂直接涂抹在处理部位,大多涂在切口处,有利于促进生根,或涂芽促进发芽。香蕉催熟时,可用乙烯利水溶液直接涂抹果蒂。

四、土壤浇灌

配成的水溶液可直接灌在土壤中或与肥料等混合使用,使根部充分吸收。盆栽植物用水量根据植株大小与盆的大小而定。9~12 cm盆一般100 mL,15 cm以上的盆需

200~300 mL。用水量不要太多，以免药剂从盆底泄水口流失，降低药效。如是溶液培养，可将药剂直接加入培养液中。在育苗床中处理时，除叶面喷洒外，如番茄，可随着灌溉将药剂徐徐加入流水中，供根系吸收。大面积应用时，可按一定面积用量，与灌溉水一同施入田中。也可按一定比例，把生长调节物质与土壤混合，进行洒施。施入土壤的植物生长调节物质，可以是一定浓度的药液，也可以按照一定比例混在肥料、细土中。在一些盆栽花卉中，可以根据植株的大小和花盆的大小确定药液的用量。也可以按照用量直接拌入盆土中。在林地使用时要除去地表的枯枝败叶等，让表土裸露。另外，土壤的性质和结构，尤其是土壤有机质含量的多少对药效的影响较大，施用时要根据实际情况适当增减试剂用量。

五、点滴法

为促进开花，控制植株茎、枝伸长生长等，可将水溶液直接注入筒状叶中，如玉米、凤梨和郁金香等。如处理叶腋或花芽，为防止药剂流失，可事先放一小块脱脂棉，将药剂滴注在棉花上，使其能被充分吸收，而不致流失。

六、注射法

将药剂通过注射器多方向地注入植物输导系统中以助吸收。用于木本植物可在树干基部注入药液（图4-3）。在菠萝的叶筒上灌注乙烯利溶液，诱导花的形成。另外，在矮化盆栽竹时将浓度为100~1000 mg/L的矮壮素、多效唑、整形素、青鲜素等药液中的一种注入竹腔，可使处理竹的株高缩至未处理的1/5左右。

图4-3　木本植物可在树干基部注入药液

七、气体熏蒸法

气体熏蒸法是利用气态或在常温下容易气化的熏蒸剂在密闭条件下施用的方式，如用气态乙烯拮抗剂1-甲基环丙烯在密闭条件下熏蒸盆栽月季以延缓衰老，防止落花落叶。熏蒸剂的选择是取得良好效果的前提，但是由于目前可用于熏蒸的植物生长调节剂种类较少，选择余地也小。在进行气体熏蒸时，温度和熏蒸容器的密闭程度是两个重要的影响因素。气温高，药剂的气化效果好，处理效果也好；气温低则相反。处理容器的密闭性越好，处理效果也越好；处理容器的密闭性不好则相反。

萘乙酸甲酯可用于窖藏马铃薯、大蒜、洋葱等。将萘乙酸甲酯倒在纸条上，待充分吸收后将纸条与受熏体放在一起，置于密闭的贮藏窖内。取出时，抽出纸条，将块茎或鳞茎放在通风处，待萘乙酸甲酯全部挥发后即可。

八、签插法

签插法一般用于移栽的植株。将浸泡过生长素类药液的小木签，插在移植后的苗木或幼树根际四周的土壤中。木签中的药剂溶入土壤水中，被根系吸收，有助于长新根，提高移栽成活率。

九、高枝压条切口涂抹法

此法多用于名贵的、难生根植株的繁殖。在枝条上进行环割，露出韧皮部，将含有生长素类药剂的羊毛脂涂抹在切口处，用苔藓等保持湿润，外面用薄膜包裹，防止水分蒸发，当枝条在母枝上长出根后，可切下生根枝条进行扦插。

十、拌种法与种衣法

种子处理技术已成为植物生产的重要环节。用杀菌剂、杀虫剂、微肥等处理种子时可适当添加植物生长调节剂。拌种法是将试剂与种子混合拌匀，使种子外表沾上药剂，如用喷壶将药剂洒在种子上，边洒边拌，搅拌均匀即可。种衣法是用专用剂型种衣剂，将其包裹在种子外面，形成有一定厚度的薄膜。可同时达到防治病虫害、增加矿质营养、调节植物生长的目的，省工省时效率高。

第四节

植物生长调节物质间的相互作用

植物在生长发育过程中，并不是单一的激素在起调节作用，事实上多种激素间的某种平衡更为重要，即每一个生长发育进程与代谢过程都是多种激素调节控制的结果，各种激素之间具有相互促进，相辅相成的一面，又有相互对抗的一面。因此，生长调节物质之间也存在着相互作用，了解这些作用对于正确认识和实施植物化学调控很有帮助。

一、增效作用

一种激素可加强另一种激素的效应，即加合作用。两种或两种以上的植物生长调节物质混合使用，可起到互补作用，提高其应用效果。例如，赤霉素能促进植物体内生长素的合成，通过抑制生长素氧化酶的活性，减缓生长素的分解；可使结合态的生长素转变为游离态的生长素。两者共同应用时，对节间伸长等有增效作用。组织培养中的细胞分裂，需要生长素和细胞分裂素的共同作用，两者之间就表现出增效作用；生长素和赤霉素对促进植物节间伸长，也表现出增效作用；萘乙酸和吲哚丁酸混用，可促进插条生根；比久和乙烯利在苹果盛花期后混用，可促进花芽分化，在果实生长后期混用，可促进果实上色；西维因+萘乙酸+比久，在盛花期后2周喷洒，可克服金冠苹果的大小年结果；西维因+乙烯利+比久和萘乙酸+比久，在盛花期后2周喷洒，可克服国光苹果的大小年结果；赤霉素和细胞分裂素混用，对增加苹果果实纵轴生长有明显作用，也可增强防止柑橘落果的效果。

各种合剂与混剂的施用就是为了达到增效作用。

二、颉颃作用

颉颃作用也叫对抗作用，即一种激素的存在可抵消或削弱另一种激素的作用。通常生长素可促进插枝生根，但在赤霉素作用下生根受到抑制。生长素具有使植株形成顶端优势的作用，而细胞分裂素则能克服由生长素所引起的顶端优势，如将激动素涂在被生长素抑制的侧芽上，就可使侧芽萌发和生长。赤霉素可促进种子萌发，而脱落酸则起抑制作用；赤霉素和生长延缓剂在茎秆伸长方面有相反的作用。生长素可削弱乙烯促进脱落和衰老的作用；乙烯可抑制生长素的合成，阻碍生长素的传导。生长素促进生长的效果可被脱落酸所抑制；相反脱落酸引起器官脱落的作用可被生长素所抵消。细胞分裂素和乙烯或脱落酸在延迟和促进衰老方面表现出相反作用。

两种或两种以上的植物生长调节物质混合使用时,如果配比不当,也可能会削弱或抵消其应用效果。例如,矮壮素等生长延缓剂与赤霉素混用,两者表现出颉颃作用,这是因为生长延缓剂会抑制赤霉素的生物合成,影响赤霉素的效应。细胞分裂素与三碘苯甲酸、细胞分裂素与青鲜素等混用,相互间都会削弱或抵消其效应。

三、诱导作用

诱导作用指外用某种生长调节物质时,对内源激素代谢起一种开关作用。例如,外用乙烯利在释放出乙烯后,可诱导更多的乙烯合成。高浓度的生长素可诱导产生乙烯。脱落酸和乙烯可以相互诱导,例如用乙烯可诱导脱落酸的产生,反过来新产生的脱落酸可诱导产生乙烯。

四、反馈作用

反馈作用是植物对外用生长调节物质保持自身平衡的一种方法。例如,生长素诱导产生乙烯后,乙烯可降低生长素水平。低浓度的乙烯在一定条件下促进乙烯不断增加,使乙烯达到一定的水平。

五、植物生长调节物质的配合使用

正是由于植物激素间存在这种相互依存和相生相克的制约关系,所以植物激素间的某种平衡关系对植物的生长发育具有极为重要的意义。对植物施用生长调节物质后,可打破旧的平衡,通过相互作用,达到新的平衡,以调节植物的生长发育。当同时施用几种生长调节物质时,不同生长调节物质之间及其和内源激素之间也会发生复杂的相互作用。因此,对植物激素间相互作用的认识,有利于合理选用或混用生长调节物质及克服或避免不利的副作用,以达到预期的效果。目前,生产上使用的一些好的复合型、混用型生长调节物质也正是利用了激素间的相互作用,相互促进,使得各生长调节物质的效应发挥更充分,效果更好。

(一)同时混用

两种或两种以上的植物生长调节物质混合使用,通过相加或相乘的复合效应,会产生比单独使用更佳的效果。每一种生长调节物质有其独特的作用,但不全面,有局限性。如果与其他生长调节物质混合使用,则互相取长补短,则可更完善地发挥它们的调节作用。生产上现在有许多已登记和推广使用的混剂、合剂品种,就是为了达到这个目的。在龙船花属插枝生根的试验中发现,单用萘乙酸生根率为26%,单用吲哚丁酸为

42%，但是将萘乙酸和吲哚丁酸混合使用时，生根率可达97%~100%，增效作用非常明显。

（二）先后施用

此外，还可以采取先后施用的方法，即根据植物生长发育的规律，先后施用不同的生长调节剂。植物不同发育阶段，甚至同一器官的不同分化时期，都是受到一种或几种植物激素的调控。因此，激素的作用时间往往有差别，外施植物生长调节物质的作用也可以有先后之分，符合其顺序要求时，则其作用效果明显。如用乙烯利调节黄瓜雌花的生长，早期先用乙烯利处理，后期再用赤霉素处理，可提高产量。用吲哚丁酸促进绿豆下胚轴切段生根时先用吲哚丁酸处理，后用生长延缓剂处理，效果最好，两者同时处理效果其次，如果顺序倒过来，则效果最差。

（三）与其他试剂混用

如前所述，植物生长调节物质通常可以与氮、磷、钾等肥料及硼、锌、钼等微量元素混用，也可与杀虫剂、杀菌剂等农药混用。但有些植物生长调节物质，如乙烯利则不能与波尔多液等碱性农药混用（乙烯利遇碱性物质会分解成乙烯气体而影响药效）、比久不能与铜制剂混用（对植物会产生药害）。总之，在农业生产的应用中，植物生长调节物质混合使用的地位越来越重要。植物激素对植物生长发育过程的调节往往是通过体内多种内源激素的相互作用而实现的，这就是植物生长调节物质混用的基础。单一的植物生长调节物质虽然会具有其独特的作用，但是也经常会出现效果不理想，甚至引起负面效应等问题，而混用是目前解决上述问题一个非常有效的方法。

（四）混用的优势与规律

植物生长调节物质混用可以克服某些调节物质单用的不足之处，并进一步扩大其应用范围。

提高活性、降低用量、减少费用。一些植物生长调节物质混用时，因为增效作用而使得其实际用量降低，使用成本下降，并降低其在植物体内或土壤中的残留。

植物生长调节物质混用可产生一些有价值的效果。两种或两种以上的植物生长调节物质混用时，可能会出现增效、加合或拮抗等作用，如加以利用可能产生一些很有价值的效果。

植物生长调节物质混用有一些基本规律，通常有利于促进内源激素起作用的两种或两种以上的植物生长调节物质混用，多半会出现增效或加合作用；有利于抑制型内源激素起作用的生长调节物质混用，多数情况下也会出现增效或加合作用。

有利于促进型与抑制型内源激素起作用的两种或两种以上的生长调节剂混用,常会出现对抗作用。

对植物生长发育的某一过程起共同生理作用的两种或两种以上的生长调节物质混合使用时,也可能会出现增效或加合作用。

一种植物生长调节物质有利于另一种生长调节物质对内源激素起作用,两者混合使用也会产生增效或加合作用。

第五节 植物生长调节物质的吸收和残留

一、植物生长调节物质的吸收和传导

植物生长调节物质要发挥其作用,必须采用各种处理方法让药液首先存留于植株表面,然后以各种方式进入植物体内,并传导到作用部位发挥其效应。使用方法的不同,试剂进入植株体内的途径也不一样,一般从叶面、茎面和根系等进入。

(一)试剂性质与吸性

植株表面试剂存留的多少直接影响药效。一般毛状体多的、蜡质层厚的或粗糙的叶表面存留药液较少;药滴愈大,愈不易附于叶表面;药滴表面张力大的,呈球形,与叶面接触面小,易滚落。在药液中加入表面活性剂,可降低药滴的表面张力,加大药滴与叶片的接触面,克服叶面上不利药液存留的因素,从而使叶片上存留较多的药液。此外,喷药角度也影响药液在叶表面的存留量。喷射角度一般以50°~90°为佳。

植物生长调节物质进入植物体内的先决条件是喷洒后应有足够量的药液附着在植物表面,且要求药剂在药液中维持足够长的时间或者能迅速被植物的最表层吸收,这样药剂才有可能进入植物体内。为了使药剂能很好地黏附在植物表面并进入植物体内,药剂的有效成分必须具备一定的物理和化学性能(如极性、水溶性、脂溶性、挥发性)。此外,植株的一些因素对于药剂在植物表面的附着也是很重要的。这些因素决定了药剂在靶标表面的附着量,同时也是同一药剂施用在不同种类的植物上具有不同效果的原因之一。

(二)试剂进入叶片与嫩茎

最常用的方法是使植物生长调节物质通过植株的叶片和未木质化的嫩茎吸收进入植物体内。在叶面喷洒植物生长调节物质时,叶片与药液直接接触,可避免土壤施用时易遇到的由于土壤颗粒的吸附作用、雨水冲刷造成的流失以及土壤微生物的降解作用所造成的药效降低等现象。叶面吸收的另一优点是由于叶片的表面积在植物体中通常是最大的,所以吸收率一般较大。不过,叶面的吸收也存在一些不利因素,如叶片本身没有吸收液态无机物质和有机物质的组织;试剂通常难以从植物被喷洒的叶部运输到其他部位。

植物生长调节物质从叶片进入植物细胞,一般要经过蜡质层、角质层、细胞壁、细胞质膜。吸收过程首先是试剂在植物叶片表面的附着与展布,再通过角质层和细胞壁,到达质膜的表面,以上过程往往是通过物理扩散实现的,而通过质膜进入细胞,通常则是一个主动运输过程。

存留于叶表面的试剂,首先通过蜡质层,然后渗入角质层、表皮细胞壁和原生质膜,进入细胞质中。进入表皮细胞的细胞质后,试剂就在叶肉组织中沿着胞间连丝,向栅栏组织和海绵组织的细胞内转移,当进入叶脉维管束后,就随着有机物的运转而移动(图4-4)。此外,试剂还可以从气孔进入,通过气孔腔的细胞壁,进入海绵组织,最后到达维管束。

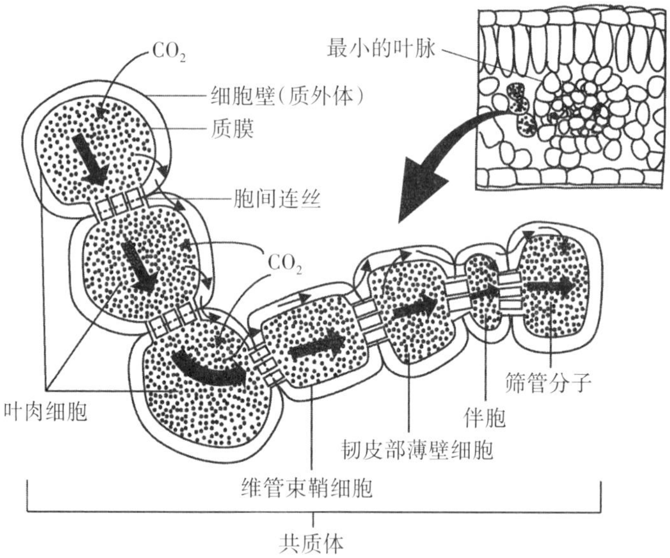

图4-4　物质在叶中运输

叶表面的理化性质影响药液的渗入,一般叶表面茸毛多、蜡质多、角质层厚试剂通过比较缓慢。一旦试剂进入细胞内,移动加快。为了提高药效,植物生长调节物质的液体商品在试剂中常加入适量的乳化剂、表面活性剂和湿润剂等。除增加试剂与叶表面的接触面,还可提高叶面透性。如果自己用粉状的生长调节物质配制溶液,也最好加入一些表面活性剂如吐温等,也可用洗衣粉代替。随着植株的生长发育,叶表面结构是变化的,试剂的渗透状况也会改变。一般幼小植株叶表面的茸毛较少而小,蜡质较少,角质化程度较低,试剂容易渗入植株体内。

试剂可以从茎表面渗透入植物体中。茎的表面结构没有气孔,而有皮孔。对于草本植物而言,两者差异较小;对于木本植物而言则要通过树皮,但木栓化的树皮不易透过,一般试剂只能从茎面和果柄处渗入。试剂较易从幼茎表面进入植株体内。

试剂渗透通过角质层主要依赖扩散进行。通过角质层的速度与药剂的种类、吸收能力等许多因素有关。外源物质透入量与外源物的浓度成正比,外源物质在角质层内外形成的较高浓度梯度以及透入角质层的物质被转运到其他部位的程度将影响药剂通过角质层。

细胞壁是叶片吸收植物生长调节物质的另一道屏障,细胞壁的主要成分是纤维素和果胶,故由于纤维的羟基和果胶的羧基使其亲水性增强,易于吸水。因此,亲水性物质易通过细胞壁,而非亲水性物质则相反。

质膜是生活细胞的原生质外膜,具有选择透性,植物生长调节物质难以通过扩散作用进入细胞,一般认为植物生长调节物质通过质膜有三条途径,即通过扩大分子间隙改变膜的透性进入、通过胞饮作用进入和借助载体进入。

各种不同的试剂和溶剂通过敞开的气孔进入叶片内部的情况是不一样的。水通常不能由气孔进入叶内,因为它的表面张力太大。但是在水中加入润湿剂可使表面张力减小,使其可以通过敞开的气孔进入叶内。喷洒的试剂能否通过敞开的气孔进入叶内与剂型有关。有机溶剂、油和表面活性剂溶液很容易通过敞开的气孔进入叶内。

(三)试剂从根部进入

植物生长调节物质施入土壤后,由根部吸收,进入植物体。进入土壤中的植物生长调节物质,除了被植物根部吸收外,还受土壤胶体吸附、淋失、微生物分解等的影响,过程十分复杂。因此,植物生长调节物质起作用的时间也比较慢。植物生长调节物质到达根系表面,便随水分进入体内,但与水分又不一定成正比例。影响水分吸收的因素往往会影响植物根系对植物生长调节物质的吸收。

植物根部吸收的物质主要通过根毛、皮层、内皮层,再经中柱薄壁细胞进入导管,在根内的径向运转主要有质外体途径和共质体途径。所谓质外体途径(Apoplast Pathway),是指水分通过由细胞壁、细胞间隙、胞间层及导管的空腔组成的质外体部分的移动过程。根中的质外体是不连续的,它被皮层的凯氏带分隔开来形成两个区域:一是内皮层以外,包括根毛、皮层的胞间层、细胞壁和细胞间隙,称为外部质外体;二是内皮层以内,包括成熟的导管和中柱各部分细胞壁,称为内部质外体。因此,水分等小分子由外部质外体进入内部质外体时必须通过内皮层细胞的共质体途径才能实现。所谓共质体途径(Symplast Pathway)是指水分依次从一个细胞的细胞质经过胞间连丝进入另一个细胞的细胞质的移动过程,移动速度较慢。另外,水分可跨膜从一个细胞移动到另一个细胞,称为跨膜途径(Transmembrane Pathway),水分至少要两次越过质膜,也有可能还要两次跨越液泡膜。但一般认为液泡既不属于共质体,也不属于质外体。共质体途径和跨膜途径统称为细胞途径(Cellular Pathway)(图4-5)。

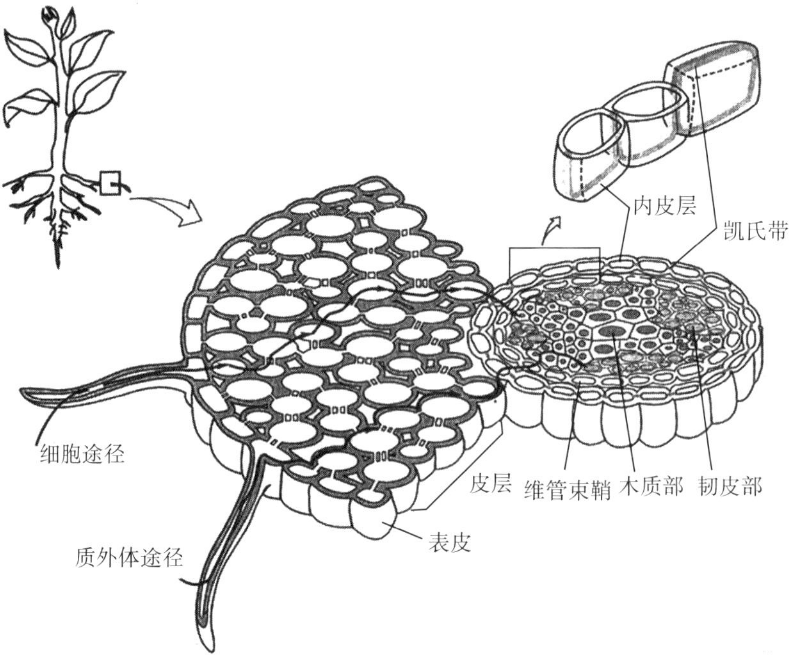

图4-5　根部吸水的途径

根系吸收试剂,以根尖部分最活跃,但作物根系生长及其分布的位置是不断发生变化的。因此,施用时应注意施用的位置。试剂被根系吸收后,往往不是停留在原来的位置,而是进入维管束内,随着蒸腾流或营养物质的运转而转移到地上部起作用。

(四)试剂在植物体内的运转

生长调节物质进入植物体后,必须运输到它的作用部位——靶器官,才能发挥其生理效应。一般来说,人工合成的生长调节物质在植物体内的运输与同化产物的运输相同,即通过韧皮部(如果是从根系吸收,则可通过木质部和韧皮部)向着当时的生长中心运输。例如小麦拔节时的生长中心是节间细胞伸长,此时施用矮壮素就使节间伸长受抑制,植株矮小;葡萄开花前一周的生长中心是生殖生长,此时喷施矮壮素,延缓离层的形成,显著提高坐果率。所以,不同时期施用生长调节物质,会得到不同的生理效果。虽然人工合成的生长调节物质能远距离运输到生长中心,但对个体较大的果树或作物,从处理部位运到其他分枝还是相对较少的,因此喷施试剂要全株均匀。

植物生长调节物质在植物体内的传导,一般有以下两种情况。

一种是可以传导,在叶内通过维管束韧皮部的筛管及薄壁细胞移动;在茎内通过韧皮部的筛管传导;在根中进入导管后,就随着蒸腾流向上传导(图4-6)。运转方向一般是运到生理活性最旺盛的部位,如幼芽、幼叶、幼果及正在发育的种子等,并在这些地方发挥作用。

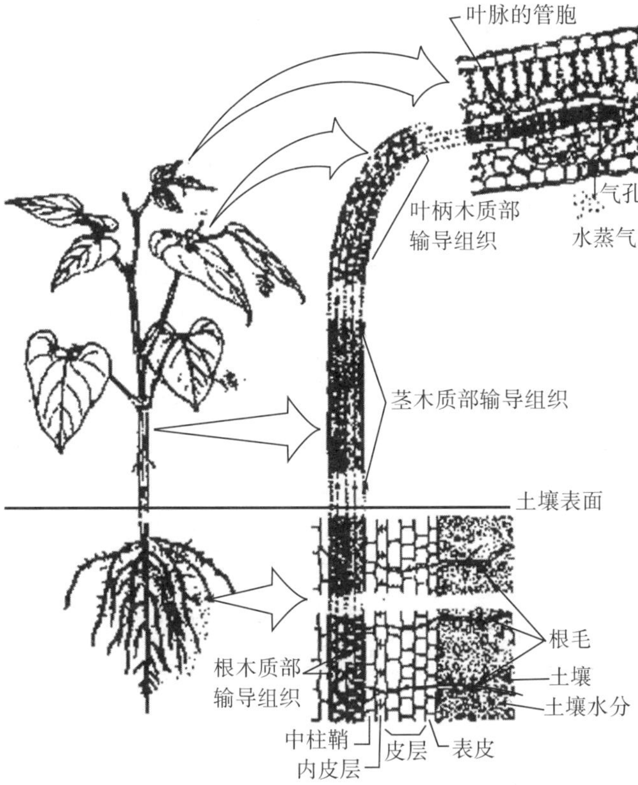

图4-6 物质在根中随着蒸腾流向上传导

另一种是不能传导或很少传导,当进入薄壁组织后,与细胞原生质发生不可逆的结合,引起附近细胞的破坏或起调节作用,或者被某些氧化酶分解,变成不起作用的化合物,不运转到其他组织中去。

植物生长调节物质在植株中运转的速度,除受试剂本身的理化特性影响外,还受外界条件的影响。阳光强,水分蒸腾量大,会促进传导的速度。植株生长旺盛,光合产物积累多,则进入叶中的试剂也容易被运送出去。

(五)试剂在植物体内的代谢与转化

植物生长调节物质进入植物体以后,往往不能长期保持其原有状态,可能由于酶促作用或其他化学反应而分解为其他化合物,成为不起作用的物质。也可以由于吸附作用或解毒作用,由活动状态变为不活动状态。例如,吲哚乙酸进入植物体后,由于氧化酶的作用而氧化成不起作用的物质。所以，生长调节物质只能在植物体内保持一定的有效期。试剂种类不同，有效期长短有差异。

不同的植物生长调节物质在植物体内的代谢途径和方式各不相同，同一种植物生长调节物质在不同的植物体内可能有不同的代谢降解途径。如2,4-D在植物体内可以通过酰化反应与氨基酸（如天冬氨酸、谷氨酸）形成复合物，也可以通过环羟基化和开环而最终降解为二氧化碳和水，还可以通过脱羧、β-氧化等反应降解而失去活性。需要注意的是植物生长调节物质所引起的生理效应的持续时间，常常与其在植物体内的降解并不完全同步。

二、植物生长调节物质的残留

植物生长调节物质施用以后，在植物体内残留时间有多长？在土壤中的移动速度和降解速度又如何？它们对人、畜的毒性又如何？这些都是人们非常关心的问题。特别是在人们推崇绿色食品、无公害食品，注重环境保护、防止污染的今天，这些问题更为重要。

（一）农药的毒性

按照我国有关管理法规，植物生长调节剂归属于农药类。衡量或表示农药急性毒性程度常用半致死量（LD_{50}）作为指标。所谓LD_{50}就是杀死一半供试动物所需的药量。LD_{50}值越大，表示所需剂量越多，农药的毒性越低；反之，则毒性越高。农药根据口服半致死量（LD_{50}）大小可分为七类：

（1）特剧毒（极毒）：< 1 mg/kg体重；

（2）剧毒：1~5 mg/kg体重，如对硫磷；

（3）高毒：50~100 mg/kg体重，如敌敌畏；

（4）中毒：100~500 mg/kg体重，如乐果；

（5）低毒：500~5000 mg/kg体重，如马拉硫磷；

（6）微毒：5000~15000 mg/kg体重，如双硫磷；

（7）实际无毒：> 15000 mg/kg体重。

从前述各种植物生长调节剂的LD_{50}可知，植物生长调节剂的毒性一般是低毒甚至是微毒。不过在喷施生长调节物质时还是要严格遵守安全操作规程，戴口罩，逆风向倒退，工作时不能吃东西、吸烟。

有的植物生长调节物质有时在即将收获时才施用，因此必须了解其安全间隔的天数是否足够，严格按照说明书上的施用时期和用量，注意对人体是否有害，以保证安全。这是应用生长调节物质时不容忽视的问题，也是必须遵守的规则。

生长调节物质进入植物体后会逐渐代谢降解，药效慢慢消失。生长调节物质在作物体内的残留量多少，取决于药物降解速度和摄入量。一般的残留时间大概是几天到二十天。乙烯利的残留时间较短，比久的残留时间较长。据报道，比久在果树中要经过4个月才消失20%，残效期可达1年，特别是在花生中可通过种子连续三代还保持植株矮化性。

虽然植物生长调节物质比其他农药的安全性要高得多，但在使用时也不能随意加大浓度和增加使用次数，以免造成药害和对环境的污染。残留于土壤中的植物生长调节物质不仅会对后茬植物的生长发育造成不良影响，还会对环境造成污染。因此，了解和控制植物生长调节物质在土壤中的残留，也是植物生长调节物质使用中非常重要的一项工作。在使用植物生长调节物质时，尤其是在进行土壤处理时，一定要考虑土壤残留，尽量避免使用那些在土壤中降解缓慢的植物生长调节物质，更不能随意提高所用浓度，以避免对后茬植物及环境产生不良影响。

（二）减少试剂残留的若干方法

使用时应选用适宜的植物生长调节物质种类。在具有同样效果的原则下，选用残效期较短、毒性低的植物生长调节物质。例如，利用烯效唑代替多效唑，在一些情况下，很低的使用浓度即可达到效果。

掌握正确的施用浓度、次数、时期和方法。在不影响生理效应的前提下，利用浸蘸法在植物生育前期施用，尽量减少用量，以降低土壤中和植物体内的残留量。

提高药效，降低用量。使用表面活性剂改善植物生长调节物质的展着性能和透入植物体的能力，改进施药工具，提高药效等。

混合使用植物生长调节物质有时具有明显的增效效应。例如，多效唑与乙烯利混合，可减少多效唑用量而达到同样的效果，从而间接减少残留量。

只有严格遵循规则使用，才能达到既调节控制植物生长又保证人类和环境安全的目的。

三、合格植物生长调节物质的识别与规范施用

（一）合格植物生长调节物质的识别

1997年5月8日中华人民共和国国务院发布的《农药管理条例》将调节植物生长的物质归入农药范畴。该条例在2017年2月8日由国务院第164次常务会议修订通过，自2017年6月1日起施行。因此，植物生长调节剂的生产、经销、使用等都应该按农药管理的有关规定执行。

1.植物生长调节剂的三证

三证是指生产批准证书、标准和登记证。三证是以产品为依据发放的，即每种植物生长调节剂产品，同一种产品不同的生产厂家都有各自的三证。

一种产品有了三证，但企业不按三证中规定的技术要求组织生产，产品质量达不到三证的有关规定，即为劣质农药，由此造成不良后果，生产厂要负法律责任。

2015年12月24日国家工商行政管理总局令第81号公布了《农药广告审查发布标准》。

新闻和声像媒体在宣传报道农药产品时亦需注意三证齐全。在报道正处于研制阶段的农药产品（品种）成果时，虽无三证问题，仍应明确指出该成果尚处在研究试验时期，以免让用户误认为其已达到三证齐全的商品生产阶段。

植物生长调节剂属于精细化工产品，生产企业需要具备特定的厂房、生产设施、技术人员和技术工人、卫生环境及管理制度，方能保证产品质量。开办生产企业（包括联营、设立分厂和非农药生产企业设立农药生产车间）需经过审查和批准的程序，经审核批准，发给生产批准证书。未获生产批准证书的企业不得生产。

企业获得生产批准证书后，每出产一种产品，还要经审查上报审核批准后，发放该产品的生产批准证书，方能投产。产品的内包装和外包装的标签上应标明生产批准证书的编号及有效期。

农药标准是产品质量技术指标及其相应检测方法标准化的合理规定。它是经过标准行政管理部门批准并发布实施的，具有合法性和普遍性。通常作为生产企业与用户之间购销合同的组成部分，也是法定质量监督检验机构对市场上流通的产品进行质量抽查检验的依据，还是发生质量纠纷时仲裁机构进行质量仲裁的依据。某厂某个产品在商业流通和农业使用过程中如质量指标未达到标准规定的技术要求，则属于劣质产品，厂家应负责产品的善后处理并赔偿买方（用户）相应的经济损失。

我国的农药标准分为三级：企业标准、行业标准和国家标准。

企业标准由企业制定，经地方技术监督行政部门批准后由企业发布实施。企业标准是新产品中试鉴定、登记、投产的必备条件之一。企业标准只适用于制定标准的企业，其他厂家不能套用。

行业标准由全国农药标准化技术委员会审查通过，由国家有关部门批准并发布实施。当一种产品已不是一家生产，而是多家生产时，必须制定行业标准。一种产品的行业标准一经批准颁布，国内各有关生产厂家都必须遵照执行，原来制定的企业标准即予停止使用。

国家标准由全国农药标准化技术委员会审查通过，由国家技术监督局批准并发布实施。当一种产品质量进一步提高并稳定后，应不失时机地制定国家标准。国家标准为国内最高标准，其技术指标相当或接近国际水平。

农药的每一个商品化原药或制剂都必须制定相应的标准。企业标准、行业标准和国家标准都有编号，产品标签上必须注明标准号。没有标准号的产品不得进入市场，经营单位禁止对其进行收购和销售。

标准中规定有产品质量保证期。农药产品自工厂生产包装之日到没有降质降效的最后日期的这段时期叫质量保证期。

农药在投产、进入市场之前，生产厂家必须向国家主管农药登记机构（如农业部农药检定所）申请登记，经审查批准发给登记证后才能组织生产和销售。任何单位和个人，不得生产、经营、进口或者使用未取得登记证的农药。

我国农药登记制度始于1982年。农药登记分为临时登记和正式登记两种。临时登记是针对在田间药效试验后，需要扩大田间试验示范、试销的农药或者在特殊情况下需要使用的农药。由生产者申请，经有关部门同意发给农药临时登记证后，可在规定的范围内进行田间试验示范、试销。正式登记是针对经田间试验、示范鉴定可以作为正式商品流通的农药，由生产者申请正式登记，经农村农业部相关部门发给农药登记证。取得正式登记证的农药，可在全国销售。

2.植物生长调节剂的标签

标签是紧贴或印制在包装上的介绍产品性能、使用技术、毒性、注意事项等内容的文字、图示式技术资料。如果标签上不能说明上述全部内容，还要随包装附上与标签内容相同或更详细的使用说明书。在使用植物生长调节剂前一定要仔细、认真地阅读标签和说明书。

标签上有关产品性能及用途的每项内容都有足够的研究和试验数据为依据，是生产厂（或公司）试验结果的高度概括和总结。标签也是将有关技术信息传达给用户，指导安全合理用药的最重要、最直接的方法和途径。另外，由于标签上的内容是经过农药登记部门严格审查并获得批准后才允许使用的，因此，在一定程度上具有法律效力。使用者按照标签上的说明使用，不仅能达到安全、有效的目的，而且也能起到保护消费者自身利益的作用。如果按照标签用药，出现了中毒或作物药害等问题，可向有关管理部门或法院投诉，要求赔偿经济损失，生产厂家或经销单位应承担相应的法律责任。反之，不按标签指南和建议使用农药，出现上述问题，则由使用者自己负责。

标签上的内容应准确无误地反映出包装内产品的特点和用途，应告诉用户包装内是什么试剂，其特性及毒性如何，何时、何处以及怎样使用。标签必须包括以下内容。

（1）名称。包括有效成分的通用名、百分含量和剂型；进口农药要有中文商品名。

（2）农药登记号。

（3）净重（克或千克）或净容量（毫升或升）。

（4）生产厂名、地址、邮政编码及电话等。

（5）类别。按用途分类，如杀虫剂、杀菌剂、植物生长调节剂等。

（6）使用说明。①对象、施药时期、用药量和施药方法，如需添加助剂，其添加量也应标出；②限用范围；③与其他农药或物质混用禁忌。

（7）毒性标志及注意事项。①毒性标志；②中毒主要症状和急救措施；③安全警言；④安全间隔期，指最后一次施药至收获前的时期；⑤贮存的特殊要求；⑥生产日期和批号。

农药标签上除了文字说明外，还有一些含有一定意义的标志。

色带。使用农药前首先要判断包装内的农药有何种用途。一般标签上都用简洁明确的语句概括地介绍农药类别及用途，如："稻田用选择性除草剂""蔬菜、果树用广谱杀虫剂"等。阅读标签有困难时，可通过标签下部一条与底边平行的色带颜色来判断。按照我国农药登记部门的规定，色带颜色红色为杀虫剂，绿色为除草剂，黑色为杀菌剂，蓝色为杀鼠剂，深黄色为植物生长调节剂。记住这些颜色分别代表的农药类别，有助于避免误用农药。

毒性标志。农药是有毒的化学品，在标签上都印有毒性标志，以引起使用者的警觉。我国农药急性毒性分为：剧毒、高毒、中等毒和低毒。

在标签上用以下4种标志表示。

剧毒：以骷髅加上骨头组成的十字叉表示，并用红字注明"剧毒"

高毒：以骷髅加上骨头组成的十字叉表示，并用红字注明"高毒"。

中等毒：以叉形图表示，并用红字注明"中等毒"。

低毒：用红字注明"低毒"。

（二）合格植物生长调节物质的规范施用

植物生长调节物质的功效受很多因素影响，如作物品种、生长周期、施药部位、调节剂品种、施用浓度、施用方法及外部自然条件等。所以，对植物生长调节物质的使用技术就有很高的要求，一旦出现误差，就可能对农作物产生药害，造成不必要的损失。药害问题是植物生长调节物质使用过程中突出的问题，一定要按照说明书规范施用。导致药害的原因很复杂，分析如下。

1.使用时期不当

植物生长调节物质的使用时期有严格的要求，一旦施药时期不当，就可能产生药害，轻则减产，重则颗粒无收。如调吡脲（吡效隆）在西瓜上的应用，曾经导致西瓜炸裂，后来发现是因为在不正确的时期使用造成的。正确使用时期是在西瓜开花当天或前后1 d以10~20 μg/g的浓度蘸瓜胎，可以起膨大西瓜、增加糖含量、减少瓜籽数量、促进瓜形均匀和外形美观等作用。当西瓜直径超过15 cm时就不能再用，否则就会产生药害，具体表现为西瓜空心、瓜瓤松散、甜度下降、口感不佳等，更严重的就会导致西瓜炸裂。同时，由于调吡脲不具有传导性，如果蘸瓜不均匀，很容易造成畸形瓜。该用户在不正确的时期使用，不但没有发挥调吡脲的功效，反而造成了药害。

也有人反映其种植的棉花长到20 cm高时就不再生长，形成僵株。经详细询问，得知是因施用矮壮素的时期不正确引起的。矮壮素对控制棉花旺长、促进棉花高产有很好的功效,正确使用时期是在棉花长出6~7个果枝,长势较旺盛时,喷施100~150 μg/g浓度的矮壮素,可以有效控制棉花旺长,使棉花主茎伸长缓慢,植株矮化,果枝缩短,株形紧凑,有利于田间通风透光,促进棉花的光合作用,增产作用显著。但该用户在棉株刚刚长到20 cm时,看到棉株长势旺盛,就喷施了150 μg/g浓度的矮壮素,从而导致棉花停止生长,造成僵株。

2.使用剂量不正确

每种植物生长调节剂的使用剂量都有严格的限制,用低了达不到效果,用高了会产生药害。曾经有人在温室大棚里的桃树上使用了2.85%硝钠·萘乙酸水剂,导致6个温室大棚的所有桃树幼桃脱落,有些连叶子也脱落了。调查发现,出现此现象的原因就是使用浓度不正确。在桃子幼果期喷施2.85%硝钠·萘乙酸水剂时,应该稀释4000倍进行整株喷施,才可以起到膨果、美果、提升口感的作用,但该用户使用时仅稀释了1500倍,使用浓度过高,从而导致幼桃全部脱落,6个温室大棚的桃子基本绝收。

也有人反映其种植的葡萄施用乙烯利导致未完全成熟就脱落了。乙烯利对促进葡萄着色有很好的功效,葡萄品种不同,使用浓度稍有差别。比如巨峰葡萄,在开始成熟时以250~300 μg/g浓度喷施果穗,可以提早成熟6~8 d,统一着色好。但使用乙烯利后果粒与果柄之间会产生离层而导致落粒,因此要掌握好浓度,分期喷药、分期采收、分期销售,以免造成损失。经过了解,该用户盲目增大使用浓度,对不同品种、不同生长周期的葡萄统一喷施500 μg/g浓度的乙烯利,结果导致大量落粒。

3.同种植物生长调节物质对不同农作物品种的使用剂量不同

由于不同的农作物品种对同一种植物生长调节物质的敏感度不同,因此在使用时要先做试验,然后再推广应用。有人反映其种植的西瓜在直径长到10 cm左右时,喷施了10 μg/g浓度的α-萘乙酸后西瓜叶在一夜之间全部翻了过来。α-萘乙酸是一种很好的保花、保果、膨果剂,是我国最早使用的植物生长调节剂之一。在20世纪60年代,我国就开始合成使用α-萘乙酸,其在棉花的保花、保铃,果树的保花、疏花、疏果方面起很大作用。在棉花、大多数果树(桃树除外)和瓜类(西瓜除外)上使用10 μg/g浓度的α-萘乙酸可以起到保花、保果、膨果、着色的作用,但西瓜对其比较敏感,最高使用浓度为8 μg/g,若超过8 μg/g就会出现药害,使用10~15 μg/g浓度时西瓜叶会翻转过来,使用15~20 μg/g浓度时西瓜出现萎蔫,使用20 μg/g浓度以上时个别西瓜品种就会死亡。该用户按照说明书上瓜类10 μg/g的使用浓度进行喷施,忽略了西瓜的特殊性,从而导致西瓜翻叶现象。

有一地区桃树种植面积为1万多亩,在幼桃期统一喷施10 μg/g浓度的胺鲜酯,结果对蟠桃、寿桃品种加深叶片浓绿、保果、膨果效果显著,但油桃叶片出现豆粒大小的斑点,后经试验证实胺鲜酯在油桃上的最大使用浓度是6 μg/g,使用10 μg/g浓度时就会出现叶片斑点。

4.使用方法不正确

即使是同种植物生长调节物质应用于同一种作物，如果使用浓度不当，也会产生不同效果。有人在温室大棚种植的西葫芦全部出现了畸形瓜，瓜形均为葫芦状，把小头大。经查实是因氯吡脲的使用方法不当造成的。氯吡脲在西葫芦上的正确使用方法是当西葫芦开花1~2 d时，以10 μg/g的浓度浸蘸瓜胎，可以起到明显的膨果、均果作用，从而提早上市。该用户用一次性纸杯盛放药液进行蘸果，由于杯口小，蘸果时仅蘸到瓜胎的下半部分，由于氯吡脲不具有传导性，蘸到的部位细胞分裂快，膨大快，没有蘸到的部分持续正常生长，因此所有蘸过药的西葫芦都长成了葫芦状，把小头大。

也有人反映其种植的葡萄使用赤霉素后果粒非常不均匀，严重影响产量和质量。经查实是因赤霉素的使用方法不当造成的。赤霉素应用在葡萄上有拉大穗长、增大果粒、提早成熟、增加糖和果酸含量的显著效果，性能也比较稳定，其正确使用方法是在葡萄盛花期后10~20 d，以150 μg/g的浓度蘸果穗。该用户则是用喷雾器对果穗进行喷施，结果导致受药的穗面果粒大，未受药的穗面果粒小，同一果穗上的葡萄果粒大的大，小的小，不同果穗上的葡萄果粒也大小不一，严重影响了葡萄的产量和品质。

5.随意复配使用

植物生长调节剂的复配使用技术是经过严格的配方筛选和田间试验验证出来的，可以起到增效作用，但不是所有的植物生长调节剂都可以复配使用。曾经有人反映其种植的5亩金针菜在盛花期同时喷施了复硝酚钠和噻苯隆，导致金针菜全部萎蔫凋落。经过调查了解到，在金针菜上喷施6~9 μg/g浓度的复硝酚钠可以增强细胞质流动，促进其他药剂及肥料在作物体内的吸收和运转，使花朵均匀、肥大，起到增产作用；喷施1 μg/g浓度的噻苯隆可以使金针菜植株健壮，减少花蕾脱落。但是两者复配使用在金针菜上，在不利的气候条件下，就会产生萎蔫凋落甚至杀死金针菜等副作用。

也有人反映其种植的10亩棉花同时喷施了矮壮素和缩节胺后生长缓慢且叶柄变脆。分析其原因发现，矮壮素、缩节胺均有促进棉花主茎伸长缓慢、矮化植株、缩短果枝、使株形紧凑，从而有利于田间通风透光，促进棉花的光合作用，增加产量的功效，但两者复配使用时要在适宜的浓度范围内才能起到控旺增产的作用。该用户在棉花上同时使用正常浓度的矮壮素和缩节胺，产生了累积效应，从而导致棉花停止生长、叶柄变脆。

6.其他不规范应用

同种药剂的不同使用方法、使用时间、使用浓度都会起不同的作用，若错误使用就会产生药害。如多效唑用在苹果树上，当苹果树已经长成产株时，在秋季每株用2~3 g多效唑在树周边1.5 m左右根施一周，可以有效控制苹果树第二年梢的生长，第三年仍有效；当苹果树梢长至5~10 cm时，用300 μg/g的浓度喷施，可以控制梢的生长；在春季苹果树开花后20~30 d将树干刮去粗皮，用1000 μg/g的浓度环刷树干，可以控制当年梢的生长，第二年仍有效。若用法用量不正确，就起不到效果甚至会产生药害，如对苹果树喷施1000 μg/g的多效唑，就会严重阻碍生长，导致减产，使果实品质下降。

环境条件也直接影响植物生长调节剂的使用效果，如萘乙酸用在番茄保果上，若气温低于20 ℃或高于35 ℃，效果均不好；气温在25~30 ℃时，保果效果很好。再如氯吡脲用在黄瓜上，应在黄瓜开花当天施用，若在黄瓜瓜长已长到10 cm左右或更晚时再用，就会出现放置在冰箱里的黄瓜仍在生长，但口感差，品质下降的现象。

第六节

合理应用植物生长调节物质

一、综合分析生产中的问题

农业生产实践告诉我们，要应用生长调节物质去控制植物生长发育过程，解决生产上存在的问题，必须先了解问题的实质。表面上是生长发育现象，实质上是植物新陈代谢问题，代谢引起细胞结构变化，最终表现在生长发育上。因此，要把握问题的实质。例如，要保花保果，就要使花果得到充足的养料，抑制花（果）柄基部离层细胞的分化，重点落在离层形成问题上。又如，要使花生增产，必须要荚果多、荚果饱满，加强荚果发育。可是荚果长在泥土中，如何使它得到更多光合产物呢？那就要用生长延缓剂控制营养生长，即改变光合产物运输分配方向，使光合产物集中运输到正在生长的荚果，荚果就多且饱满，重点就落在光合产物分配规律上。要使移栽的水稻秧苗健壮，就需要促进根的发生。由于发根主要依靠贮存于叶鞘的养料，所以促进茎基粗壮的调节剂就很重要，这样秧苗的根原基多，发根力就强，返青分蘖也快。

不同的作物和品种，由于本身遗传特性的差异和体内植物激素含量及平衡状态的不同，植物生长调节物质的反应也是不同的。例如，同是禾谷类作物的小麦、水稻、玉米和大麦对矮壮素的反应就不同，以小麦最敏感，降高防倒效果最好；而其他则反应迟钝，降高效果较差。在小麦中，不同品种对矮壮素的反应也有差异，其品种分为不敏感型（矮壮素降高0~5 cm）、敏感型（矮壮素降高6~10 cm）和极敏感型（矮壮素降高10 cm以上）三种类型。不管哪种作物，凡株体表面茸毛多、蜡质层厚、表皮结构紧密、叶片直立的品种类型对生长调节物质的反应较迟钝，所需浓度较大。反之，较敏感，所需浓度较小。不同的作物种类和品种，其生长发育有差异，在生产中的表现亦不同，需要调控的方面也有差异。因此，必须找出生产中所存在问题的实质，发现制约产量和品质的关键所在，对症下药，选用适宜的试剂，以充分发挥生长调节物质的调节效果。例如，对于叶菜类作物，为了提高产量，宜选用促进类生长调节剂；为了防止叶菜类过早抽薹开花，可选用生长延缓剂和生长抑制剂；对分蘖力弱的禾谷类作物品种类型，可选用生长延缓，如矮壮素和多效唑等，以提高分蘖力。

二、进行一定规模预备试验

有许多试剂会产生同一类效果，如化学整形，有很多植物生长延缓剂可供选择，如丁酰肼、矮壮素、多效唑、嘧啶醇等。各种不同植物对不同试剂反应不同。根据所拥有的试剂，最好做一次对比试验，1周后就能观察到效果。选择一种效果显著、没有副作用、使用简便、价格便宜的试剂大面积应用。有的试剂药效期短，往往需要多次处理。那就选择药效期长的一次处理即可，可以节省劳力。但如一次使用后出现药害，如叶色发黄、有枯萎现象等，则应选用低剂量、多次处理。

我国地理气候土壤条件各地相差很大，文献上即使有同样的试验报告，由于作物种类不同、品种不同，即使同一作物同一品种，由于南北地区气候条件不同，甚至每年条件不同，土壤类型不同，不做预备试验是会有危险的。此外，同一试剂，由于厂家不同，批号不同，存放时间长短不同，都有可能出现问题。因此，在大规模试验或处理作物之前，一定要做预备试验（处理）。以供试药液供试浓度处理供试作物3~5株（或果树的1~2个枝条），观察3~5 d，如无烧伤或其他异常现象，就可以大规模应用于田间，植物如有异常反应，则应降低浓度或剂量等，再行试验，直到安全无害为止。这个措施就可以保证不会大面积伤害植物。这个环节非常重要，生长调节物质因浓度不同，效果完全相反，甚至有烧死作物的危险。

三、选定适宜的使用时期

使用植物生长调节物质的时期至关重要。只有在适宜的时期内使用植物生长调节物质才能达到应有的效果。使用时期不当，则效果不佳，甚至还有副作用。植物生长调节物质的适宜使用期主要取决于植物的发育阶段和应用目的。如乙烯利催熟棉花，在棉田大部分棉铃的铃龄达到45 d以上时，有很好的催熟效果。如果使用过早，会使棉铃催熟太快、铃重减轻，甚至幼铃脱落；使用过迟，则棉铃催熟的意义不大。果树使用萘乙酸，如作疏果剂则在花后使用；如作保果剂则在采前使用。黄瓜使用乙烯利诱导雌花形成，必须在幼苗1~3叶期喷洒，过迟用药，则早期花的雌雄性别已定，达不到诱导雌化的目的。施用抑制禾谷类徒长的试剂，应在拔节期初施药较好，过迟则无效，过早效果也差。

作物生育的不同时期对外施生长调节物质的敏感性不同。为了防止果蔬的落花落果，必须在发生落花落果前处理，过迟则起不到防止脱落作用。抑制夏梢发生，应在夏梢发生前或生长初期处理，才有明显的抑制作用，若处理过迟不仅不能抑制夏梢生长，反而会抑制秋梢的生长。对果实的催熟应在果实转色期处理，可提早 7~15 d 成熟，若处理过早，果实品质受影响，反之催熟作用不大。水稻和小麦的化学杀雄，以单核期(花粉内容充实期)施药最佳，不实率在 95% 以上，杀雄率高，过早过迟用药，其杀雄效果差，甚至无效。此外，植物吸收生长调节物质之后，运输到作用部位，需经一定时间，并要经过一系列的生理生化变化，到表现出形态变化尚需一定时间，因此，喷药时间也应提早几天。

另外，使用植物生长调节物质的时期还要考虑试剂种类和药效持续期等因素。如在苹果上使用药效期较长的比久，于花后喷洒，可防止采前落果，增加果实硬度，但对当年果实生长有抑制作用；于果实发育后期喷洒，虽对当年果实生长的抑制作用不大，但防止采前落果、增加果实硬度的效果不明显，而且还会影响第二年果实的发育。因此，既要达到应有的效果，又要尽量降低副作用，它的适宜用药期，据各地试验认为，宜在果实采收前 45~60 d。

综上所述，植物生长调节物质的适宜使用时期不能简单地以某一日期为准，而是要根据使用目的、生育阶段、药剂特性等因素，从当地实际情况出发，经过试验确定最适宜的用药时期。

四、正确的处理部位和施用方式

要根据问题的实质决定处理部位。例如用 2，4-D 防止落花落果，就要把药剂涂在花朵上，抑制离层的形成，如果用 2，4-D 处理幼叶，则会造成伤害。又如以乙烯利促进橡胶树排胶，应将乙烯利油剂涂在树干割胶口下方宽 2 cm 处，刺激乳胶不断分泌出来，提高产胶量，否则就收不到预期效果。又如用萘乙酸或乙烯利刺激凤梨开花，可将药液注灌入筒状心叶中，直接刺激花序分化，而不是全株喷洒或土壤浇灌。植物的根、茎、叶、花、果实和种子等对同一种生长调节剂或同一剂量的反应不同。同样的浓度对根有明显的抑制作用，而对茎则可能有促进作用；对茎有促进作用的浓度往往比促进芽的浓度高一些。如 10~20 mg/L 2，4-D 药液对果实膨大生长有促进作用，而对于幼芽和嫩叶却有明显的抑制作用，甚至引起变形。因此，使用时必须选择适当的用药器具对准所需用药的部位施药，否则会产生药害。一般生长调节物质可通过叶面被吸收，常用叶面喷洒。有的生长调节剂较易被根吸收，则以土壤施用效果较好。还有一些生长调节物质既可通过叶面吸收，又可通过根系吸收，两种方法均可采用。

不同生长调节物质进入植物体的途径不同，施用方式也就不同。例如多效唑进入植物体主要是通过根部吸收，所以可施入土中。一般生产上是喷施多效唑，其实多效唑通过叶面吸收分量很少，主要是药液落在土中，被根部吸收。因此建议喷洒多效唑溶液时要适当增加药液量，使过多药液落到土壤中。比久则不同，它是从叶面进入植物体，药液用量可比多效唑少些。又如扦插生根，小规模科研可以用浸泡法，大规模生产用沾蘸法或粉剂较恰当。

另外，根据应用目的和处理对象，可以对叶、果实等或全株进行喷雾。喷雾法可以达到方便、快捷和均匀的效果。比如要求快捷处理，在最短时间内处理大量花卉苗木等作物或处理较高大的绿化大苗，用其他方法不方便时，例如，在移栽云杉、落叶松、樟子松、红松及某些阔叶树时，可以在用药前将根周围的杂物除尽，露出根系或根的表面，喷上生根剂，稍晾干后即可移栽。

五、适当的施用浓度和次数

植物生长调节物质的应用效果与施用浓度密切相关。适宜的施用浓度是相对的，并不是固定不变的，不同情况下(如不同的地区、作物、品种、长势、目的、方法等)有不同的使用浓度，应用中要合理掌握。如果浓度过低，不能产生应有的效果；浓度过高，会破坏植物正常的生理活动，甚至伤害植物。

植物生长调节物质的浓度效应远比一般农药复杂。不同作物施用同一植物生长调节物质的浓度有很大差别。如乙烯利促进橡胶树排胶要用百分之几的浓度；对番茄、香蕉等果实催熟，一般用0.1%左右的浓度；而黄瓜诱导雌花，只需0.01%~0.02%的浓度即可。

相同作物不同品种所需植物生长调节剂的浓度也不一样。如乙烯利诱导瓠瓜产生雌花，早熟品种用0.01%；中熟品种用0.02%；晚熟品种用0.03%。

由于目的不同，使用植物生长调节物质的浓度也不一样。如用矮壮素处理小麦，用于培育壮苗采用闷种，使用浓度为1%；用于防止倒伏在拔节前喷洒，使用浓度为0.3%左右。

由于处理方法不同，施用植物生长调节物质浓度也不一样。如用生长素处理插条生根，采用低浓度慢浸法只需百万分之几十即可，而采用高浓度快浸法，则要用到百万分之1000~2000。

在考虑使用植物生长调节物质的浓度时，还必须同时考虑实际用药量。这是因为相同的用药浓度药液量不同，实际上用药总量也不一样，这也会影响到植物生长调节物质的应用效果。

比如植物生长调节物质进行叶面喷雾处理与叶面积大小、浓度、喷洒方向、药液量等因素有关。首先要确定叶面积指数，即单位地表面积上植物叶片的总面积。通过适当取叶样放在方格纸上，大致算出叶面积大小和叶面积指数。一般叶面积指数在3以下的，可以按常用药量喷洒；如叶面积指数为4~6时，则药液量要增加1倍；而叶面积指数超过6~10时，药液用量要增加2.5倍。喷洒方向可以是叶的正面，也可以是叶的背面。一般认为喷洒在叶的背面效果较好，因为叶的背面角质层薄，气孔多，药液进量多。

另外，处理时喷洒药液的湿润性也是非常重要的，如果药液缺乏湿润能力，喷到叶片表面后往往容易滚落。

喷雾时间和喷洒次数对植物生长调节物质的效果也有影响。喷雾时间应尽量避开烈日、降雨前、高温、大风等天气，傍晚或晨露刚干时施药会有较好的效果。如果施药后短期内下雨，则需要补喷。外施的植物生长调节物质进入植物体后，影响植物组织细胞的代谢和生长需要一定的时间，一般为 10~15 d，为了巩固生长调节物质的药效有时应考虑多次喷洒，效果才会明显。

使用次数还与生育期长短等有关，一般一二年生的作物生育期较短，使用生长调节物质的最适时期较短，一般只施用一次，就会有明显的效果，多次施用不但费药费工，而且效果不一定比一次施用好。而一些多年生作物，生育期较长，使用生长调节物质的最适时期亦较长，需要保持较长时间的药效，则可用一定的低浓度连续分次处理，一般 2~3 次，可延长使用效果，其作用大于高浓度一次处理。

施用浓度和次数也与作物长势有关。长势旺盛的作物，使用延缓剂的浓度可以高一些，如徒长还抑制不住，也可增施 1~2 次。长势一般的作物施用延缓剂的浓度就要降低，一次即够。长势不良的作物，没有延缓生长的必要，所以不必施用生长延缓剂，如果施用，植物过矮，生长量不够，必定会减产。此外，由于天气不同，作物对生长调节物质的反应也不同，温度低时反应慢，温度高时反应快。所以，夏季（或南方）一般施用浓度低些，冬季（或北方）施用浓度可高些。总之，除参考书本或文献上的浓度和施用次数外，还应结合试验实际情况，拟订适宜的浓度和次数。

如果试图混合两种以上的药剂进行处理，或与农药混用，要先了解它们的性能。如互相不起化学反应，可以混用，并可起到扬长避短，事半功倍的效果。但有的药剂，如丁酰肼不宜与其他碱性药剂混合使用，否则影响效果。

此外，使用的容器必须洗净。如喷过碱性药剂的容器，未经过清洗不能盛酸性药液，如丁酰肼或乙烯利等，以免影响有效浓度。又如使用过抑制植物生长调节物质的容器，使用浓度较高，如有残留，不经清洗而用来处理低剂量防止落果的果树，将引起果树落叶落果。

六、选用合格的植物生长调节物质

生产效果与经济效益的高低决定于是否正确选用和合理使用生长调节物质。市场上植物生长调节物质的种类较多，为了避免伪劣药剂的危害，使用时应该注意以下问题。购药前，首先弄清目的，即用植物生长调节物质解决什么问题。在经过严格检验合格的单位购买。购药时，根据目的选购药剂。确认"三证"，仔细阅读使用说明书，了解其主要作用、使用对象和使用方法，认清产品商标、生产厂家和出厂日期。切忌购买陈旧过期药剂和那些未经研究应用和毒性鉴定的无商标的未注册产品。对于市场上销售的新药剂或应用效果还有争议的药剂，不要盲目购买，更不宜大面积推广应用，以免造成不必要的浪费或起反作用。而应由农业技术部门进行多点试验，确定有效浓度与剂量后，并经示范验证确有效果再进一步推广应用。

不同年份、不同栽培措施和不同环境条件下，生长调节物质的效果有差异，这是使用效果受诸多因素制约的缘故。因此，必须正确选用试剂，合理使用，才能发挥其效果，提高经济效益。否则效果不稳定，甚至无效，有时还可能产生药害。

此外，还要严格按照有关规定施用，注意安全，防止污染，保护环境。

第七节 植物生长调节物质的配制方法

一、植物生长调节物质配制的一些基本概念

（一）稀释液

生长调节物质的粉剂或水剂加水稀释配成所需浓度的药液称为稀释液。

（二）稀释倍数

称取一定量的粉剂（或一定量的水剂），按同样的质量单位（或容量单位）的倍数计算加水稀释成稀释液，加水量相当于药剂用量的倍数，叫稀释倍数。如1 mL水剂用1000 mL水稀释就是1000倍，1 kg粉剂用250 kg水稀释就是250倍。

（三）有效成分浓度

有效成分浓度指生长调节物质稀释液中有效成分的含量之比，习惯用百分数（%）、毫克/克（mg/g）、克/升（g/L）、毫升/升（mL/L）、毫克/千克（mg/kg）、毫克/升（mg/L）或微升/升（μL/L）等来表示。如千分之二用0.2%表示，万分之三用0.03%来表示。

（四）原液

未加水稀释的生长调节物质水剂或油剂统称原液。

（五）母液

水剂、油剂、粉剂或其他植物生长调节物质原液先加较少量的水稀释成高浓度的稀释液，但还不能使用，尚待继续加水稀释成所需要的浓度后才能使用的这种高浓度药液统称母液。

二、植物生长调节物质的配制

固体制剂常采取小包装的办法（每小包质量固定），但由于直接使用的农田面积变化很大，往往小包装也不能恰好符合实际农田的需要，所以在分装时一定要精确称量，要用符合标准的称或天平，避免出现误差。

液体制剂的量取，有的是用瓶盖或包装里附带的量具来量取原液，最方便的是采用容量器，主要有量筒、量杯、吸液管（或称移液管）等。塑料容量器具安全方便，不易破损。我国曾经专为剧毒农药有机磷的量取生产过一种带有吸球的吸液管。不过，在量取用药量很少的农药时仍然很方便，并且此种量器在使用中往往很容易发生污染且较难清洗。吸取试剂后，吸液管外面已沾有很多药液，如不注意就会污染人体或其他工具，并且吸取药液后如把吸液管平放，则药液会倒流入吸球内，所以使用时不太方便。应该配备1支塑料粗管，有底，长短与吸液管相似。吸移药液后即把吸液管插入塑料管中，这样可避免污染。

量筒、量杯比较好用，但也应避免使药液流到筒或杯的外侧。量杯比量筒更好用，因为其上口很大，药液不易倒在外面。1个刻度准确的50 mL量杯在量取试液时就较为方便。

用量筒或量杯量取，要注意筒或杯要处于垂直状态，避免因倾斜而导致的药液体积偏差。

配制用水的量取，很多用户习惯于用水桶来计量，如把常用水桶1次装15 L水作为计量依据，实际上这种水桶不是量器，不能用于计量；还有用勺直接量取的（如南方稻区）；也有以喷雾器药箱作为计量标准的。所有这些办法都不能作为计量方法。如果在水桶内壁用油漆画出1条水位线，并用标准计量器具进行校准，就比较可靠。

配制乳剂或水悬液的两步配制法效果较好。两步配制法是先用少量水把可湿性粉剂调成浓稠母液，然后再稀释到所需浓度。这种方法可保证药剂在水中分散均匀。因为可湿性粉剂的粉粒往往团聚在一起成为粗团粒。如果直接投入水中一次配成，则粗团粒尚未充分分散，即沉入水底，此时再进行搅拌就很困难。因此，先用少量水配成较浓的母液，进行充分搅拌（此时湿润剂浓度较大利于粉粒的分散），然后再倒入药水桶中进行最后稀释。

三、一些常用的配制方式举例

（1）用1 g含量100%的某试剂配制成40 mg/L的溶液，需要加水多少千克？

代入公式：稀释液浓度（mg/L）∶植物生长调节剂重（g）=1000∶用水量（kg）

$$用水量=\frac{植物生长调节剂重(g)\times 1000}{稀释液浓度(mg/L)}$$

$$=\frac{1\times 1000}{40}$$

$$=25(千克)$$

即用1 g试剂加入25 kg水，就配成40 mg/L的该试剂溶液。

（2）配制500 mL 20 mg/L溶液需要多少克原粉（含量100%）？

$$用药量(g)=\frac{稀释液浓度(mg/L)\times 用水量(L)}{1000}$$

$$=\frac{20\times 0.5}{1000}$$

$$=0.01(克)$$

即用0.01 g原粉加入500 mL水即配成20 mg/L的溶液。

（3）配制20 mg/kg 2，4-D溶液100 kg，需要80%的2，4-D粉剂多少克？

已知2，4-D含量为80%，相当于800000 mg/kg，使用浓度为20 mg/kg，使用药液量为100 kg，相当于100000 g。

设：用药量为x g。

代入公式：原药含量×原药用量=使用浓度×使用药液量

$$800000\,x=20\times 100000$$

$$x=2.5$$

即需要用80%的2，4-D粉剂2.5 g。

（4）配制100 μL/L乙烯利溶液100 kg，需要含量为40%的乙烯利原液多少毫升？

已知乙烯利含量为40%，相当400000 μL/L，使用浓度为100 μ/L，使用药液量为100 kg，相当于100000 g。

设：用药量为x g。

代入公式：原药含量×原药用量=使用浓度×使用药液量

$$400000\,x=100\times 100000$$

$$x=25$$

即需要用40%乙烯利原液25 g。

由于乙烯利是水剂，称重不方便，因此还需要根据原液密度换算成体积。计算公式如下：

$$体积(mL)=\frac{质量(g)}{相对密度}$$

乙烯利的相对密度为1.25，代入公式，则

$$体积(mL)=\frac{25}{1.25}=20$$

即需要乙烯利原液20 mL。

ppm是百万分的浓度，即一百万份质量的溶液中所含溶质的质量分数。由于ppm不是法定单位，现已不使用。但考虑到一些文献资料上常用ppm表示，以及习惯用法，现将其与百分浓度的换算方法介绍如下。

ppm浓度与百分浓度的换算关系：

$$ppm浓度=百分浓度\times10000$$

(5) 2%相当多少ppm？

解：$x(ppm)=2\times10000$

$x=20000$

即相当于20000 ppm。

(6)1000ppm相当多少百分浓度？

解：$1000=x(\%)\times10000$

$x=0.1\%$

即相当于0.1%。

(7)将粉剂配成百分浓度溶液。

例如要配制1%的2，4-D溶液，可称取含量100%的原粉1 g加入酒精50 g，然后再加入49 g水搅匀即成。

(8)将粉剂配成摩尔浓度表示的溶液。

摩尔浓度指1 L溶液中含某溶质的摩尔(mol)数，用摩尔/升(mol/L)表示。

$$摩尔浓度(moL/L)=\frac{溶质的克分子数}{1\ L溶液}$$

例如要配制500 mL 0.5 mol/L矮壮素溶液。

① 0.5 mol/L的矮壮素溶液就是1000 mL溶液中含矮壮素0.5 mol。

② 设配制该溶液所需的矮壮素的克分子数为x，即

$$1000:500=0.5:x$$

$$x=\frac{500\times0.5}{1000}=0.25$$

③矮壮素的分子式是$C_5H_{13}Cl_2N$，相对分子量是158.08，即需用矮壮素的质量(g)为：

$$0.25\times158.08=39.52(克)$$

由此算出，把39.52 g矮壮素先加少量水使其溶解，然后稀释到500 mL，即得500 mL 0.5mol/L矮壮素溶液。

(9)将较浓溶液配成较稀溶液。

可按下列公式计算(十字交叉法):

浓溶液浓度　　　　　　　需用浓溶液数

　　　　　需要浓度

稀溶液浓度　　　　　　　需用稀溶液数

如稀溶液为水,则稀溶液浓度为0。

上式可写成公式:

浓溶液浓度-需要浓度 = 需用浓溶液数

需要浓度-稀溶液浓度 = 需用稀溶液数

例如,要将500 mL70%酒精稀释为45%酒精,要加水多少?

70　　　　45

　　45

0　　　　25

左上角数字(70)和中间数字(45)之差是右下角数字(25),中间数字(45)和左下角数字(0)之差是右上角数字(45)。即用45份70%酒精加水25份,就可以配成70份重的45%酒精。现有500 mL70%酒精,需加水多少毫升?

设:需加水 x mL。

$$45:25=500:x$$

$$x=\frac{25\times 500}{45}=277.8$$

由此算出,在500 mL70%酒精中加水277.8 mL,即配成45%酒精溶液。

(10)计算不同面积上植物生长调节物质总用量的公式。

调节剂取用总量(g或mL)=单位面积上调节剂用量(g、mL/667 m^2或hm^2)×施药面积(667 m^2或hm^2)

已知某促进生长的调节剂每公顷用9 g,8 hm^2稻田共需要多少克?

计算:共需调节剂=9 g/hm^2×8 hm^2=72(克)

(11)计算不同面积上植物生长调节物质有效成分总用量公式。

$$\text{调节剂取用总量(g或mL)}=\frac{\text{单位面积上调节剂有效成分用量(g、mL/667}m^2\text{或}hm^2\text{)}}{\text{调节剂的有效成分含量(\%)}}\times$$

施药面积(667 m^2或hm^2)

用20%含量的某调节剂控制生长,每公顷用药有效成分为12 g,30 hm^2田块共需多少?

$$\text{计算:需用20\%含量的调节剂}=\frac{12\ g/hm^2}{20\%}\times 30\ hm^2$$

$$=1800\text{(克)}$$

$$=1.8\text{(千克)}$$

四、试剂用量与使用浓度和用水量查对表

根据试剂用量(有效成分为100%)和使用浓度求需水量可查表4-1。

例1:现有100%原药0.5 g,欲配制使用浓度为10 mg/L的药液,应加水多少?查表4-1可知,需加水50 kg。

例2:现有100%原药1 g,欲配制使用浓度为40 mg/L的药液,应加水多少?查表4-1可知,需加水25 kg。

表4-1 试剂用量、使用浓度和用水量查对表

试剂用量/g	使用浓度/(mg/L)											
	0.5	1.0	10	20	30	40	50	60	70	80	90	100
	用水量/kg											
0.1	200	100	10	5	3.4	2.5	2	1.7	1.5	1.3	1.1	1
0.2	400	200	20	10	6.7	5	4	3.4	2.9	2.5	2.2	2
0.3	600	300	30	15	10	7.5	6	5	4.3	3.8	3.3	3
0.4	800	400	40	20	13.4	10	8	6.7	5.7	5	4.5	4
0.5	1000	500	50	25	16.7	12.5	10	8.4	7.2	6.3	5.6	5
0.6	1200	600	60	30	20	15	12	10	8.6	7.5	6.7	6
0.7	1400	700	70	35	23.4	17.5	14	11.6	10	8.8	7.8	7
0.8	1600	800	80	40	26.7	20	16	13.4	11.4	10	8.8	8
0.9	1800	900	90	45	30	22.5	18	15	12.9	11.3	10	9
1.0	2000	1000	100	50	33.5	25	20	16.5	14.5	12.5	11	10

注:试剂用量按有效成分100%计。

五、稀释倍数和试剂用量查对简表

根据原药含量和使用浓度,求需用药量或稀释倍数,可查表4-2。

例1:现有10%原药,欲配制50 kg5 mg/L的药液,应加水多少?查表4-2可知,取原药2.5 g,兑水50 kg即成。

例2:现有5%原药,欲配制30 mg/L药液100 mL,应加水多少?查表4-2可知,取原药30 g,兑水50 kg,成为50 kg浓度为30 mg/L溶液。但现只需100 mL,设取5%原药x g,则

$$50000:30=100:x$$

$$x=\frac{30\times 100}{50000}=0.06$$

取5%原药0.06 g兑水100 mL,即得100 mL浓度为30 mg/L的溶液。

表4-2 稀释倍数和试剂用量查对简表

使用浓度/(mg/L)	稀释倍数与用数量/g	原药含量/%												
		5	10	15	20	25	30	40	50	60	70	80	90	100
1	稀释倍数	50000	100000	150000	200000	250000	300000	400000	500000	600000	700000	800000	900000	1000000
	用药量/g	1.000	0.500	0.333	0.250	0.200	0.167	0.125	0.100	0.083	0.071	0.063	0.056	0.050
2	稀释倍数	25000	50000	75000	100000	125000	150000	200000	250000	300000	350000	400000	450000	500000
	用药量/g	2.000	1.000	0.667	0.500	0.400	0.333	0.250	0.200	0.167	0.143	0.125	0.111	0.100
3	稀释倍数	16700	33000	50000	66700	83000	100000	133000	167000	200000	233000	267000	300000	333000
	用药量/g	3.000	1.500	1.000	0.750	0.600	0.500	0.375	0.300	0.250	0.214	0.188	0.167	0.150
5	稀释倍数	10000	20000	30000	40000	50000	60000	80000	100000	120000	140000	160000	180000	200000
	用药量/g	5.000	2.500	1.667	1.250	1.000	0.833	0.625	0.500	0.417	0.357	0.313	0.278	0.250
10	稀释倍数	5000	10000	15000	20000	25000	30000	40000	50000	60000	70000	80000	90000	100000
	用药量/g	10.000	5.000	3.333	2.500	2.000	1.667	1.250	1.000	0.833	0.714	0.625	0.556	0.500
20	稀释倍数	2500	5000	7500	10000	12500	15000	20000	25000	30000	35000	40000	45000	50000
	用药量/g	20.000	10.000	6.667	5.000	4.000	3.333	2.500	2.000	1.667	1.429	1.250	1.111	1.000
30	稀释倍数	1700	3300	5000	6700	8300	10000	13000	16700	20000	23300	26700	30000	33000
	用药量/g	30.000	15.000	10.000	7.500	6.000	5.000	3.750	3.000	2.500	2.143	1.875	1.667	1.500
50	稀释倍数	1000	2000	3000	4000	5000	6000	8000	10000	12000	14000	16000	18000	20000
	用药量/g	50.000	25.000	16.667	12.500	10.000	8.333	6.250	5.000	4.167	3.571	3.125	2.778	2.500
70	稀释倍数	700	1400	2100	2900	3600	4300	5700	7100	8600	10000	11400	12900	14300
	用药量/g	70.000	35.000	23.333	17.500	14.000	11.667	8.750	7.000	5.833	5.000	4.375	3.889	3.500
100	稀释倍数	500	1000	1500	2000	2500	3000	4000	5000	6000	7000	8000	9000	10000
	用药量/g	100.00	50.000	33.333	25.000	20.000	16.667	12.500	10.000	8.333	7.143	6.250	5.556	5.000

注:配制药液量为50 kg。

本章小结

植物化学调控的效果与温度、湿度和光照等外界环境条件有着密切的关系。要使植物化学调控在生产上获得理想的效果,一定要配合其他栽培措施。施用植物生长调节物质应对症下药。植物生长发育的不同时期对生长调节剂的反应有很大的差别。植物生育状况不同对植物生长调节物质的反应也不一样。生长调节物质对植物的不同器官作用也不一样。

剂型与植物生长调节物质的效果关系密切。各种剂型都有一定的特点和使用技术要求,使用时必须根据这些特点和技术要求认真加以处理,不宜随意改变用法。

植物生长调节物质的施用方法较多,要根据实际情况灵活选择。如溶液喷洒、浸泡法、涂抹法、土壤浇灌、点滴法、注射法、气体熏蒸法、签插法、高枝压条切口涂抹法、拌种法与种衣法等。

植物在生长发育过程中,多种激素间的平衡作用更为重要。生长调节物质之间也存在着相互作用,包括增效作用、颉颃作用、诱导作用、反馈作用等。因而植物生长调节物质可配合使用,如同时混用、先后施用、与其他试剂混用。

植物生长调节物质要发挥其作用,必须采用各种处理方法让药液首先存留于植株表面,然后以各种方式进入植物体内,并传导到作用部位发挥其效应。试剂性质与吸性关系密切,试剂在植物体内往往会代谢与转化。

要注意植物生长调节物质的残留,注重环境保护、防止污染。按照我国有关管理法规植物生长调节剂归属于农药类。要用合格的植物生长调节物质,做到规范施用。

合理应用植物生长调节物质需要综合分析生产中的问题,进行一定规模预备试验,选定适宜的使用时期,正确的处理部位和施用方式,适当的施用浓度和次数,选用合格的植物生长调节物质。同时,需要掌握植物生长调节物质的正确配制方法。

复习思考题

1. 植物化学调控与环境条件有何联系?
2. 植物化学调控能代替栽培措施吗?试举例分析。
3. 各种植物生长调节物质的剂型有何特点?
4. 植物生长调节物质的施用方法有哪些?
5. 你如何理解植物生长调节物质间的相互作用?
6. 在合格植物生长调节物质的识别与规范施用方面要注意什么问题?
7. 你认为怎么样才能合理应用植物生长调节物质?
8. 如果要对某种植物的育苗过程进行化学调控,谈谈你的设计思路与对策。

第五章 粮棉油的化学调控技术

第一节 粮棉油生产特点与调控策略

一、粮棉油生产的特点

粮棉油等作物生产在国民经济发展中具有重要的战略地位，是人类社会赖以生存和发展的基本产业，人们吃、穿、用及文化生活用品的生产，都同作物生产发展有着非常密切的关系。我国人民衣食需求的95%和纺织工业原料的65%左右，直接或间接来自作物生产，食品工业中的糕点、糖果、罐头及酿造业的原料，绝大部分也来自作物生产。因此，作物生产发展的快慢，对于国民经济各部门的发展有举足轻重的影响。

作物是活的有机体，每一作物都有自身的器官建成和产量形成等一系列生长发育规律，先要研究和掌握它的生育规律，才能为栽培措施与调控策略的合理运用提供可靠依据。每一作物生长发育的各个过程，对土、肥、水、温、光、气等外界环境条件都有一定要求，任何一种条件的变化都会影响作物的产量和品质。若能更完善地供给作物生长发育所需要的一切条件，有效地调节控制生长进程，作物产量就会越高。作物栽培的对象是群体，而群体是由各个体所组成，在作物生长发育过程中，群体与个体间存在着一定的矛盾，主要表现在争夺外界环境条件的矛盾，通过不断分析这些矛盾，创造一个群体和个体能协调发展的生态体系，就可以发挥作物的最大增产潜力。作物栽培的目的不仅着眼于一株作物、一季作物的高产，还必须考虑到季季高产和全年高产。

粮棉油生产是作物、环境与技术措施三者共同作用的结果，多种多样的作物都是有生命的有机体，而且各自又有其不同的特征特性。每种作物还有不同的品种，不同品种具有不同的特征特性。环境条件（气候条件、土壤条件和生物条件）不同、栽培措施不同也会给作物的生长发育带来不同的影响。由此可见，作物生产是一个极其错综复杂和变化多端的过程。调节粮棉油生长发育必须综合考虑内外环境条件,不能简单化。

作物的生长发育需要一定的温度、光照、水分、气候条件。季节不同,其温度、光照、水分、气候条件不同,因此,粮棉油生产具有严格的季节性。自然条件下,天时和农时不可违背,违背了天时农时,就是违背了自然规律,就会使产量和质量下降,单位面积和全年的收入就会减少。调节粮棉油生长发育不能违背其基本规律。

粮棉油生产又具有严格的区域性。不同的土壤和气候条件,适宜种植的作物也不同,所要达到高产优质的栽培措施也不尽相同。只有根据不同地区的特点,种植适宜的作物,采取相应的栽培措施和调节方式,才能达到高产优质和增加收入的目的。

二、作物的生物产量与经济产量

作物产量通常包括两个概念:一是生物产量,指作物在整个生育期间生产和积累的有机物质总量,即整个植株(一般包括根系)总干物质的收获量。在组成整个植株的总干物质中,有机物质占90%~95%,矿物质占5%~10%,可见有机物质的生产和积累是形成产量的主要物质基础;其次是经济产量(即一般所指的产量),是指栽培目的所需要的产品收获量。由于作物种类和栽培目的不同,被利用作为产品的部分也不相同。如禾谷类、豆类作物的产品是籽实;薯类作物是块根、块茎;棉花为种子纤维;黄麻、红麻、大麻、苎麻等为韧皮纤维;甘蔗为茎秆;烟草、茶叶为叶片;绿肥作物为鲜草等。当玉米作为粮食作物时,其产品收获物是籽实,作为饲料作物时,茎、叶、果穗可作青饲,而青饲的全部有机物都包括在收获产品之内。可见,栽培目不同,其经济产量所指的产品也就不一样,植物调控的重点也不一样。

作物的经济产量是生物产量的一部分,经济产量的形成以生物产量即有机质总量为物质基础。没有高的生物产量,也就不可能有高的经济产量。但是有了高的生物产量,究竟能获得多高的经济产量,还要看生物产量转化为经济产量的效率,这种转化效率称为经济系数(经济产量/生物产量)。经济系数越高,说明对有机物的利用越经济。经过人类长期的选择和培育,作物的经济系数已经达到一定的水平。例如薯类作物为0.7~0.85,水稻为0.5左右,小麦为0.3~0.4,玉米为0.25~0.4,油菜为0.28,大豆为0.3左右。从上述内容可以看出,不同作物的经济系数差异很大,这与所利用的产品器官及其化学成分有关。一般来说,凡是以营养器官作为收获目的物(如薯类),其产品形成过程较简单,经济系数常较高;凡是以生殖器官作为收获目的物(如禾谷类、豆类等),其有机物要经过复杂的转运,因而经济系数较低。在收获产品中以碳水化合物为主的,在形成过程中需要的能量较少,其经济系数较高;而产品中含蛋白质、脂肪较多的,其形成过程中必须由碳水化合物进行进一步转化,需要能量较多,因而大豆、油菜的经济系数较稻、麦更低,但是大豆、油菜等单位质量所含能量较高。可见,当调节作物从营养生长向生殖生长转化时,要充分注意经济器官的特点,了解植物生长调节物质对经济器官的影响,以达到最佳调节效果。

作物的生物产量、经济产量和经济系数三者间的关系十分密切。在作物正常生长的情况下，各作物的经济系数是相对稳定的，因而生物产量高的，经济产量一般也较高。所以，提高生物产量是获得高产的基础。从作物经济产量形成过程来看，在作物营养生长阶段，光合作用产物大部分用于营养体的形成，为以后形成产品器官奠定基础；转入生殖生长后，光合作用产物主要形成生殖器官(或贮藏器官)，即形成产量。因此，作物生育后期的光合作用产物与经济产量有重要关系。后期产品器官已大量形成，需要获取多量有机质，而叶面积的增加已达一定限度，若能保持适宜的叶面积，并维持一定强度的净光合生产率，是提高经济产量和经济系数的关键。植物生长调节物质在粮棉油上的合理施用，就是以运用综合农业技术措施为基础，在作物生育前期，促进生根壮苗，建立起强大的营养体，为制造较大的生物产量打基础；生育中期要促使营养器官与产品器官间的协调生长，以积累大量有机质，并形成足够数量贮存产品的器官；生育后期为防止植株早衰和贪青，要保证有充足数量的有机物向产品器官运转。这就是说，要获得作物高产，不仅要求同化产物多，运转能力强，同时还要有与之相适应的贮存产品的器官，即要求在应用化学调控技术时，需处理好“源”“库”“流”三者之间的关系。

如禾谷类作物的产量决定于三个因素：单位面积穗数、平均每穗实粒数和平均粒重(一般用千粒重表示)。如果这三个因素的数量都大，则产量就高。但不同品种或同一品种不同生产条件下的产量虽相同，结构可能不同，有的是其中1个或2个因素较好，也有3个因素同时得到发展的。以小麦为例，我国北方高产地产量构成因素是以穗多为特点；南方高产地的穗数比北方少，而每穗粒数较多。因此，不同地区、不同栽培条件下，有各自不同的产量因素的最好组合。植物化学调控的对象是作物的群体，群体常有这样一种现象，即在一定的栽培条件下，构成产量各因素之间存在着一定程度的矛盾关系。以禾谷类作物为例，当单位面积上穗数增加时，每穗粒数就有减少的趋势，千粒重也会有所降低。这是因为作物的群体是由各个体组成，当单位面积上密度增加时，各个体所占营养面积(包括空间)就减少，个体的生物产量就有所削弱，因而表现为每穗粒数等构成经济产量的一些器官也减少。密度增加，个体变小是普遍现象。但个体变小，不等于最后的产量低，因为作物栽培的最终目的是单位面积上的产量，即要求单位面积上的穗数×粒数×粒重达到最大值。如单位面积上的穗数增加能弥补并超过每穗粒数减少的损失，仍表现为增产。当三因素中某一因素增加不能弥补另两个因素减少的损失时，就表现为减产。

密度超过一定范围后，造成经济系数下降的根本原因是叶面积系数过大，严重影响了干物质的生产和积累。任何作物达到高产，在具体的栽培条件下都有一个最适叶面积范围。在这个范围以下，增加密度可增加单位面积上的绿色面积，从而有效地提高光能利用率，增加干物质生产和积累。当密度超过了一定范围，叶面积继续增大时，田间遮光严重，光合产物不再增加，呼吸消耗则随叶面积的增加而增大，因而干物质积累反而减少。各种作物在整个生育期中，各生育阶段的最适叶面积指标是协调产量构成因素间的矛盾，增加干物质积累，提高经济系数的重要条件，也是植物化学调控在调节粮棉油生长中要解决的重要问题。

第二节

植物生长调节物质在粮棉油中的应用

一、粮棉油化学调控的作用

植物化学调控技术在粮棉油生产中有多种生理效应和增产效应。例如，打破休眠或延长休眠，调控种子萌发；控苗、促根、增蘖，培育矮壮苗；控制徒长，降高防倒伏；改善光合产物的分配，促进块根、块茎生长或籽粒灌浆，提高经济产量；防止落花落果，促进豆类结实；调节花期，提高杂交水稻制种产量；促进成熟，提早收获，改善品质或提高全年产量；改善作物的生长发育状况，提高作物的抗逆抗病能力。植物生长调节物质的这些作用在粮棉油生产中发挥了不可估量的增产作用，一些作用还是一般栽培技术所不能代替的，可以解决由环境和品种本身（遗传因素）所造成的生产上迫切需要解决的问题。如用赤霉素可解决杂交水稻制种过程中父母本花期不遇问题，从而大大提高杂交水稻制种产量；施用多效唑可解决连作晚稻秧龄长，秧苗素质差的难题，为连作晚稻的丰产创造条件。植物生长调节物质作用面广，应用领域多，从发芽到成熟的每一个阶段都可以用植物生长调节物质处理，调控作物的生长和发育进程。

植物化学调控不仅能大幅度提高作物产量，改进农产品品质，而且能增强作物抗逆性（耐旱、耐涝、耐盐、抗寒、抗病、抗倒、抗穗发芽等），提高机械化水平，使农业生产省工化和高效化。

植物生长调节物质的应用浓度极低，仅需少量的药剂及费用，所需的物质、劳力和能量的消耗与其他措施相比都非常少。植物生长调节物质可影响植物的几乎每一个生理代谢过程，产生的效应快而强烈，可以解决环境和遗传因素所造成的生产上迫切需要解决的问题。大多数植物生长调节物质在植物体和土壤中可被迅速分解，对人类及环境一般没有副作用。

植物化学调控的应用大大强化了传统栽培措施的作用力度，实现外部条件与内部激素水平双重调控。即根据作物生长发育的需要，通过应用植物生长调节物质持续地影响植物内源激素系统，在修饰基因表达的基础上，从种子萌发开始对植物的生长发育进行定向诱导。

植物生长调节物质的应用由单一的调节技术发展为系统的“化控栽培工程”。具体而言，是指在实施“系统化控”的条件下，主动变革种植密度、水肥管理等措施，实现“系统化控”对植株自身和栽培措施对植株生育环境的双重调控，最大限度地提高产量和品质。在未引入化控技术之前，缺乏有效而简便的主动调控植株生长的手段，常常在种植密度上、水肥运筹上留有余地，以防作物群体与个体、营养生长与生殖生长的矛盾在不利的气候条件下被激化。在作物应用了“系统化控”技术后，可以对植株个体和群体的发育进行定向诱导，消除了先前的顾虑，因而为常规栽培措施变革提供了可能性。

植物化学调控技术可以调节整个作物生长发育过程，能够解决其他学科难以解决的作物生产中和生长发育过程中的问题，所形成的成果是物化了的商品，具有巨大的经济效益。应用植物生长调节物质可使农业生产愈来愈接近于有目标设计和可控制生产流程的工业工程，使传统农业向可调控农业迈进，并且可以更好地将自然资源，物质投入与产出比得到提高。因此，植物化学调控技术在粮棉油中的应用具有广阔的前景。

二、粮棉油化学调控的方法

植物化学调控技术在粮棉油生产中发挥了很大作用，如在促进种子发芽生根、培育壮苗、促进生长发育、延缓叶片衰老、提高光合效率、增强抗性、调节营养生长与生殖生长关系、提高收获指数、增加产量等方面都有许多成功的经验。下面举一些例子。

（一）麦类

ABT增产灵溶液于小麦播种前均匀喷洒，可使植株提前出苗，初生根增加，促进幼苗长出胚芽鞘分蘖，单株分蘖增加，抗倒伏，增加产量。在防止小麦倒伏和整形方面，用叶面喷洒多效唑的方法，可起到防倒、整形、除草、减轻白粉病、赤霉病、锈病等病害的多重效应。

在小麦幼苗期用乙烯利溶液喷洒叶面，有打破顶端优势的作用，可促进侧芽生长。并且可缩短节间长度、防止倒伏，增加分蘖或侧枝，作物可提早成熟。

矮壮素处理可防止冬小麦倒伏，使麦苗健壮，增加总分蘖数，使茎秆粗壮、叶片短宽而挺立。由于不倒伏，结实穗数和每穗粒重均有增加。除喷施外，还可沟施或洒施。

油菜素内酯处理可增加小麦旗叶叶绿素含量，提高光合作用效能，增加小麦结实粒与千粒重，并能增强小麦抗低温、盐碱及青枯病的能力。

赤霉素溶液浸泡大麦种子可促进种子萌发，提高大麦的萌发率。在大麦5~7叶期，叶面施用2,4-D异丙酯加铜、硼、锰、锌、铁、硫元素的粉剂，可提高产量。喷施缩节胺和乙烯利混合药剂可防止冬大麦倒伏。在大麦开花期或孕穗期用6-苄基氨基嘌呤溶液喷洒整个植株，可以促进大麦灌浆，使籽粒饱满，增加产量。

(二)水稻

多效唑、烯效唑等溶液浸泡水稻种子,可使单株分蘖数提高,绿色叶片数增多,叶色浓绿,白根数增加,抗逆性增强。用6-苄基氨基嘌呤处理可防止稻秧衰老,并保持水稻的根系活力,提高插秧成活率。

用几种生长调节剂与肥料混合在水稻上使用(包括赤霉素、氯化胆碱、6-苄基腺嘌呤、乙烯利与尿素、磷酸二氢钾、硫酸锌等),可延缓水稻抽穗灌浆期叶片的衰老,增强光合作用,增加干物质积累,促进茎叶同化产物向穗部输送,延长柱头寿命,提高花粉活力,使抽穗整齐,增加有效穗数和每穗实粒数及千粒重,增加产量,尤其是对大穗型晚粳水稻品种和两系杂交稻,增产效果更显著。

多效唑或烯效唑在水稻防拔节期(抽穗前30 d)喷施,可有效控制节间伸长,增加节间质量,控制株高,起到良好的抗倒伏作用。

在水稻抽穗始期用三十烷醇溶液喷洒植株,可促进光合作用产物向水稻穗部运送,增加穗粒数,提高千粒重。

在水稻抽穗期喷洒增产灵(4-碘苯氧乙酸)溶液,可提早抽穗,提高成穗率,增加单穗粒数。灌浆期喷洒增产灵溶液可提高结实率,降低空秕率,增加千粒重与出米率,且能使稻谷提早成熟。

杂交水稻制种过程中,由于母本穗包颈或父母本花期不遇,影响结实率。在母本穗分化时,用赤霉素等处理,可促进穗轴伸长,有助于克服穗包颈现象,可促进抽穗,使花期相遇,以利于制种,提高结实率。

丰产素与赤霉素混用可提高杂交稻制种田产量。在杂交稻制种田第一次使用赤霉素时,在已配好的赤霉素稀释液中按比例加入丰产素(复硝钠)药剂后喷雾。混合使用既可发挥各自的调节作用,又起到互相促进的作用。赤霉素具有减少包颈,增加有效穗、促进早熟的作用,丰产素可增强细胞活性,促进细胞分裂,有利于蛋白质的合成,有利于授粉,增加千粒重,防止早衰,保持青秆黄熟。

(三)玉米

用增产灵、三十烷醇、6-苄基氨基嘌呤、吲哚乙酸等溶液浸玉米种子,均可增加玉米次生根数和单株根重,并且穗行增加,行粒数和千粒重增加,秃尖度降低。

在玉米雌穗小花分化期,用乙烯利喷施可促进玉米根系向下发展,有利于提高玉米的抗旱和耐盐能力。随着处理浓度的增加,玉米气生根的层数、条数和总质量呈上升趋势,有利于玉米抗倒伏和生育后期吸收水分和养料。

玉米开花受精后用赤霉素处理,能促进玉米灌浆,减少玉米的空秕粒,提高玉米结棒率。

在玉米大喇叭口期喷施助壮素等,可使植株叶片颜色加深,叶绿素含量增加,增强光合作用,促进光合产物增加并向生殖器官输送,促小穗小花分化,增加穗粒数和千粒重,提高出籽率,进而促进增产。

在玉米苗期和抽穗期使用喷施宝,能够促进茎秆粗壮,提高抗倒伏能力,并可增强光合作用,使籽粒饱满,达到高产效果。

在夏玉米密植条件下,在拔节中期以混合喷施乙烯利加赤霉素,可产生株矮穗大的株形,控制中部节间及上部叶片生长,可抑制营养器官生长,促进雌穗生长分化,有利于形成大穗,增加产量。在1%玉米抽穗时,喷施乙烯利水剂能促进根系发育,起到矮秆、壮秆、增强田间通风透光的作用,促早熟,提高产量。

(四)薯类

用适宜浓度的矮壮素、赤霉素、吲哚乙酸等浸泡,可打破马铃薯休眠,促进萌发;出芽快而整齐,出芽率高,腐烂率低,播种后田间出苗率亦高,生育繁茂,产量提高。用增产灵浸种或均匀喷雾马铃薯,处理后可使单株分枝数、叶片数、根数增多,株高增加,大、中薯块增加,淀粉含量增加。

用矮壮素喷施马铃薯地上部分,可使块茎连续增大,周皮数大量增加,细胞壁中木质素出现较早,同时细胞间隙明显缩小,从而限制了组织内马铃薯晚疫病源——真菌的蔓延,提高抗病性。

多效唑喷洒可抑制马铃薯茎秆伸长,促进光合作用,改善光合产物在作物器官的分配比例,起到“控上促下”作用,促进块茎膨大,增加产量。

多种植物生长调节剂可显著促进甘薯的发根,根长、根数及根鲜重和根干重明显增加。因为根系好,从而可增强前期地上部分的长势,促进分枝数增多,生长整齐,叶片数增多,叶色深绿,茎蔓粗壮,增加产量。

在甘薯块根膨大初期用水杨酸进行处理,可提高植株抗逆能力,叶绿素含量增加,减少水分蒸腾,增加产量。

在甘薯扦插后1个月左右,使用矮壮素进行叶面喷施,隔1个月后再喷施第二次,可抑制地上部薯茎的生长,导致节间缩短,基蔓粗壮。据测定,叶片光合能力较对照增强,提高了干物质的积累和植株同化物分配中地下部所占的比例,有利于块根干物质积累和膨大,产量比对照显著提高。

(五)油料作物

乙烯利处理可打破花生正常的1~3个月的休眠期;可使刚收获的花生种子立即播种出苗,加速世代,缩短育种年限。

在花生苗期喷施三十烷醇溶液,可明显促进生长发育。植株高度缩短,但分枝数、叶片数、地上部及地下部干重、侧根数、根瘤数均有较大的增加,并能使开花数增多,开花期缩短，开花高峰期提前，花期相对集中，能促进花生的生殖生长，单株花果数、饱果数、单株生产力和百果重分别增加，达到增产效果。

多效唑处理能使花生植株矮化，叶片增厚，叶色浓绿，增加分枝，抑制花生徒长，协调营养生长与生殖生长的关系，显著提高花生产量。

在油菜二叶一心至四叶期，用多效唑喷施，可使叶柄变短，根茎增粗，根系发达，秧苗素质明显提高，移栽后具有活棵快，冬壮春发效应。尤其是抗冬旱能力大大增强，分枝与有效荚增加，提高产量。在油菜盛花期，将赤霉素溶液均匀喷于花序，可减少油菜空荚率，提高结实率。

在油菜盛花期，将赤霉素溶液均匀喷于花序，可减少油菜空荚率，提高结实率。

用诱抗素于可油菜幼苗移栽前3 d和移栽后3~5 d进行喷施，开花前2 d再喷一次。经处理，移栽苗返青快，增强素质，提高移栽成活率；提高幼苗抗低温、抗干旱能力，保障在逆境条件下正常生长；促进花芽分化，提高坐果率，提早成熟。

用ABT增产灵浸种，可使大豆幼苗早出土，全苗期提前，根系增多，单株根重增加，株高增加，分枝与有效分枝增加，株荚数增加，空荚率减少，株粒数与株粒重增加，百粒重增加，倒伏株率降低，最终增产显著。

在大豆枝叶生长旺盛的初花期喷洒三碘苯甲酸，有效控制株高，促使植株矮化，减少倒伏，并控制营养生长，加速生殖生长，从而使结荚数提高，增加产量。

在大豆苗期、始花期和结荚期，用丰产素稀释液各喷雾一次，不仅可促进地上部植株的生长，提高结实率和增加百粒重，而且可增加大豆根瘤数量，提高固氮能力，促进地上部分生长。

（六）棉花

在棉花播种前，以吲哚乙酸、三十烷醇、萘乙酸等溶液浸泡种子，可提前萌发，且苗全苗壮，根深根多，抗性增强，促进棉花根的生长。

在棉苗移栽前，用矮壮素叶面喷洒，用可使棉苗茎节短而粗，根系发达，取得较好的蹲苗效果，矮壮而敦实。

在棉花蕾期用2，4，5-T溶液进行喷洒，能防止棉花落蕾落铃，促进植株生长，并增加棉铃数，棉铃干重也有提高。

在棉花盛花期，用赤霉素喷洒，对棉花幼铃的生长有明显的促进作用，尤其对铃壳的生长具有更强的作用，处理后的幼铃成熟后，比对照显著增重。

在棉田喷施乙烯利后，可加速植株营养物质向棉铃输送，提高铃重和衣分，加快棉铃成熟。据试验，成熟期可提前7~10 d。

第三节 粮棉油化学调控案例

数字资源
扫码学习

植物化学调控技术在粮棉油中的应用广泛，下面介绍约300个各种类型的调控案例供学习参考。

一、麦类作物的化学调控

二、水稻的化学调控

三、玉米的化学调控

四、薯类作物的化学调控

五、油料作物的化学调控

六、大豆的化学调控

七、棉花的化学调控

本章小结

粮棉油生产是作物、环境与技术措施三者共同作用的结果，调节粮棉油生长发育必须综合考虑内外环境条件，不能简单化。在调控中需要考虑作物生物产量与经济产量的关系，提高经济系数与产品质量。

植物化学调控技术在粮棉油生产中有多种生理效应和增产效应，应用领域广泛，从种子发芽到成熟收获的每一个阶段，都可以用植物生长调节物质进行处理，调控作物的生长和发育进程。这一调控已经从单一的调节技术发展成系统的“化控栽培工程”，具有广阔的应用前景。

化控技术在促进粮棉油种子发芽生根、培育壮苗、促进生长发育、延缓衰老、提高光合效率、增强抗性、调节营养生长与生殖生长关系、提高收获指数、增加产量、改善品质等方面都有许多成功的经验，包括麦类、水稻、玉米、薯类、油料作物、棉花等。

更多的粮棉油化学调控案例（约300个）可以通过扫码学习本书的数字资源。

复习思考题

1.你认为如何利用粮棉油生产的特点进行化学调控?

2.在化学调控中怎样平衡作物的生物产量与经济产量?

3.化学调控在种子发育成熟与萌发生根中的作用有什么不同?试举例分析。

4.举例分析化控技术调节作物营养生长与生殖生长的关系。

5.举例分析化控技术在培育矮壮苗与控制徒长、降高防倒伏中的作用。

6.查阅文献资料举例分析粮棉油生产中利用化控技术调控的成功案例。

第六章 蔬菜的化学调控技术

第一节 蔬菜生产特点与调控策略

一、蔬菜的营养品质与生长发育特性

蔬菜主要是可以食用的一、二年生及多年生草本植物，具有多汁的产品器官，如柔嫩的茎叶、未成熟或成熟的花、果、种子和已变态成为肥大的储藏器官的肉质根、肉质茎、块茎、块根、鳞茎、球茎、根状茎等。这些变态器官不但形态解剖结构发生了很大的变化，在生理上也由原来的物质吸收、运输和光合等功能转变为物质储藏功能。蔬菜也包括香椿、竹、枸杞等许多木本植物的嫩芽、嫩梢和嫩叶；蘑菇、香菇、猴头菇、草菇、木耳、紫菜、海带等菌、藻类植物的子实体或其他产品器官；还有黄豆、绿豆、豌豆、苜蓿、荞麦等许多作物的种子萌发的芽和幼苗；驯化和半驯化的野生蔬菜。根据统计，全世界的蔬菜种类大约有860种，我国栽培的蔬菜约有200种，而普遍栽培的有60~70种。每种蔬菜都有许多品种，许多蔬菜还包括若干变种，每个变种又有许多生态类型和品种。所以，蔬菜是一类多种多样、丰富多彩的植物性食物。

经过长期的选择、驯化和培育，蔬菜已成为世界上栽培范围最广、栽培种类最多、栽培方式和方法最丰富的一类作物。原产于发源地小范围的番茄、大白菜、马铃薯、甘蓝、洋葱已成为全世界人民最喜欢种植的蔬菜，而且都已成为品种资源非常丰富的蔬菜类群。作为蔬菜重要起源地之一的中国，蔬菜栽培的历史可以追溯到6000年前的仰韶文化时期，甲骨文中的园、圃就是当时栽培蔬菜的地方。远在南北朝成书的《齐民要术》、西汉成书的《氾胜之书》就已总结和记载了许多蔬菜作物的栽培技术。数千年来，我国培育了诸如章丘大葱、益都银瓜、北京心里美萝卜、福山包头大白菜、莱芜生姜、荔浦芋、兰州百合、四川榨菜、南湖无角菱、武汉紫菜苔、汉中雪韭等大量举世闻名的优良蔬菜品

种。在种植蔬菜的生产实践中,我国总结和掌握了菜地土壤选择、改良、蔬菜作物的种植、耕作、排灌、施肥、调控、田间管理、病虫防治、采收、储藏和采种等系统的栽培技术和耕作制度。

蔬菜是人们每日每餐必不可少的食物,是人们日常获得维生素、矿质元素、碳水化合物及其他营养元素的重要来源。蔬菜中水溶性的维生素含量丰富,特别是维生素C。绿叶蔬菜、辣椒、青花菜、豌豆苗、雪里蕻、落葵、芹菜叶、甘蓝、苦瓜等维生素C的含量特别丰富。蔬菜中脂溶性维生素的含量较少,但有些蔬菜类胡萝卜素的含量非常丰富,如胡萝卜、南瓜、甘薯、黄花菜、豌豆苗、苜蓿等。薯蓣类蔬菜的淀粉含量高。豆类蔬菜,特别是毛豆中含有较多的蛋白质和氨基酸。新鲜蔬菜也是人们日常获得钾、钠、钙、铁等矿质元素的主要来源。纤维素能加速胆固醇的降解;大肠杆菌能利用纤维素合成泛酸、尼克酸、维生素K等人体必需的维生素;纤维素还能增加肠的蠕动,降低肠癌的发病率。人类每日必需的膳食纤维,主要靠蔬菜提供。粮食、禽、鱼、肉、蛋和油脂都是酸性食物,蔬菜作为碱性食物,可以调节人体内食物的酸碱平衡。蔬菜还含有许多保健和食疗的有益成分,合理而科学的蔬菜搭配可以治疗或避免许多疾病,增强体质,提高人体免疫功能。蔬菜是各类食物中品种花色最多,色、香、味、形、烹调花样最丰富的食物,因而有改善饮食结构,提高食物风味,增进食欲的作用。

蔬菜种类多,产量高,种植周期短,改变种类、品种结构容易;产品可鲜销、储藏、加工;可内贸,也可外销,市场伸缩能力强,潜力大,经济效益丰厚,对增加广大农民的收入、改善农村经济和全面提高我国农业现代化水平都有重要意义。因此,我国在多次种植业结构调整中都把种植蔬菜、改善蔬菜种植环境和优化蔬菜种植种类和品种的组合作为提高农业生产效益的重要途径。

蔬菜的加工品如酱菜、腌制菜、干菜是我国人民传统的佐餐食品,速冻菜、脱水菜、蔬菜罐头等是我国重要的出口产品,加上汁、泥、酱、沙司、烘片等蔬菜制品,蔬菜成为我国重要的食品加工产业。近年来,随着我国国际贸易的发展,农产品结构的调整和产品质量的提高,保鲜、包装、采后处理、运输技术和能力的加强,鲜菜出口也大幅度增加。种类和品种繁多的蔬菜含有多种生物化学成分,从中可以提取许多医药和化工的原料,或直接加工成产品。许多产量高的蔬菜是畜牧业的优质饲料。

蔬菜的种类很多,因而生长发育的特性也各不相同。如起源于地中海沿岸的甘蓝,适合在相似于地中海冬季冷凉的环境条件下生长,以便在更低温度到来之前形成保护生长点的叶球,从而抵御不良环境对其延续后代的威胁,待到气候温和、光照充足时,抽薹开花产生种子,完成世代交替。起源于近东地区的洋葱,适宜在冬季有少量积雪,春季融化仅能湿润浅层土壤的地区生长,进而使其形成仅在湿润浅层土壤中分布的、不发达的弦线状根系和充分利用春季生长的特性,在高温干旱的夏季到来之前,形成和外界接触面积最小的球形的、革质包庇的鳞茎,以抵御不良环境对其延续后代的威胁,一直等到第三年春季温暖和积雪融化的环境条件下,才抽薹开花产生种子,完成世代交替。

每种蔬菜的生物学特性都是这种植物在起源和驯化地长期同化环境条件和自然选择而形成的,因而用植物生长调节物质调节蔬菜时,一定要考虑各种蔬菜特有的生育习性。

蔬菜栽培和调控必须在充分掌握各种蔬菜系统发育和个体发育特性的前提下,选择合适的栽培季节、自然环境或创造合适的人工环境,合理安排蔬菜作物的个体发育和产量形成过程。按照个体生长发育所经历时间的长短,可把蔬菜作物分为:①一年生蔬菜,播种当年开花结实,产生种子,如茄果类、瓜类和豆类;②二年生蔬菜,播种当年进行营养生长,形成叶球,如大白菜、甘蓝,肉质直根萝卜、胡萝卜等,经过一个冬季,到第二年抽薹开花产生种子;③多年生蔬菜,一次播种种子或营养体,可以采收多年,如黄花菜、芦笋等。

蔬菜的产量是由蔬菜作物可食用的产品器官构成的。蔬菜作物产品器官的形成是经过一系列发育过程实现的,蔬菜作物种类多,起源和驯化地环境复杂,食用器官多种多样,如根(萝卜、胡萝卜、甘薯等)、茎(竹笋、芦笋、球茎甘蓝、榨菜等)、叶(菠菜、苋菜、芹菜、蒜苗等)、花(黄花菜、朝鲜蓟等)、种子、种荚(毛豆、菜豆、豇豆等),以及由这些器官高度特化所产生的变态器官。如根菜类的肉质直根,薯蓣类的球茎、块茎、根状茎、块根;由叶鞘肥大而形成的洋葱、百合鳞茎;花椰菜的花球等,这些蔬菜的食用部分都是储藏着大量营养物质的特化器官。许多叶菜类的产量形成没有明显的生长与分化的界限,如菠菜、苋菜、芹菜、蒜苗等;有叶球、球茎、块茎、根状茎、块根、花球、鳞茎等储藏器官形成的蔬菜作物,则有明显的同化器官生长、储藏器官分化和储藏器官膨大的界限;茄果类、豆类的生长和器官分化相间进行;瓜类还有花器的性别分化。蔬菜的产量决定于各项栽培措施是否恰当地安排和控制了这些作物的发育过程。合理的种植密度、田间群体结构、叶面积指数和包括间作、套种、复种、轮作在内的优良耕作制度都是提高蔬菜产量的基本要求,也是用植物生长调节物质调控蔬菜所必须注意的问题。

蔬菜的营养品质是指蔬菜产品器官中维生素、碳水化合物、蛋白质等各种营养成分的种类和含量。随着人们经济、文化、科学知识水平的提高,特别是营养学知识水平的提高,人们对蔬菜营养品质的要求也越来越高。

营养品质是蔬菜一个重要的品质因素,但这是一个不直观的内在品质。人们在对蔬菜品质进行评价时,往往是通过对感官品质进行评价,凭视觉、嗅觉、味觉、触觉等感官对蔬菜的色泽、大小、形状、个体间的整齐度、质地、气味、风味、有无畸形、病疤、虫害、裂、伤、污染、缺陷等外在感官品质进行评价来确定蔬菜的等级。

蔬菜的品质除了受品种影响外,还和气候、土壤、肥水管理、环境设施、耕作制度、病虫防治、采收的方法和采收时期、储藏运输等条件密切相关。对蔬菜的调节控制必须在高产的同时保证品质不降低,否则就失去了调控的意义。

二、环境条件对蔬菜生长发育的影响

蔬菜作物对温度的要求很复杂。按照对温度的不同要求，蔬菜可分为五类。①耐寒的多年生宿根类，如黄花菜、芦笋、茭白、韭菜、辣根等，夏季地上部抗热能力较强，冬季地上部枯死，以地下宿存的根茎越冬，能忍耐-15~-10 ℃的低温。②耐寒蔬菜，如大葱、大蒜、菠菜、乌塌菜、羽衣甘蓝等，能耐-2~-1 ℃的低温，短期可耐-5~-10 ℃的低温。③半耐寒蔬菜，如甘蓝类、白菜类、萝卜、胡萝卜、蚕豆、豌豆、芹菜、莴苣、荸荠、莲藕等，不能忍耐较长时间-2~-1 ℃的低温，长江以南均可露地越冬，华南冬季可露地生长，最适的同化温度是17~20 ℃，20 ℃以上同化减少，超过30 ℃同化产物几乎被呼吸所消耗。④喜温蔬菜，如黄瓜、菜豆、番茄、辣椒、茄子等，最适的同化温度是20~30 ℃，超过40 ℃生长几乎停止，10 ℃以下授粉不良，易发生落花。⑤耐热蔬菜，如冬瓜、南瓜、丝瓜、甜瓜、豇豆等，在40 ℃高温下仍可生长，总被安排在当地温度最高的季节种植。

同一种蔬菜在不同发育时期对温度的要求也不一样。一般来说，种子发芽要求温度高，幼苗期要求温度低些，营养生长阶段比幼苗期要求高些，大白菜、甘蓝的结球期、花椰菜的花球形成期要求温度又要低些，但果菜类的结果期要求温度又要比营养生长阶段高。每一种蔬菜的不同生长发育时期都有不同的温度要求，因而蔬菜的栽培和调节控制过程必须考虑温度因素。

限制蔬菜分布地区和栽培季节的主要因素是温度。因此，过低或过高的温度都会对蔬菜产生危害，寒害和冻害分别是冰点以上和冰点以下低温逆境对蔬菜作物的危害，轻则生长迟缓或停止，重则冻死。乌塌菜、羽衣甘蓝等蔬菜的细胞液浓度很高，结冰的温度很低，因此非常耐寒。低温还能引起茄果类蔬菜的畸形花果，影响瓜类蔬菜的雌雄花比例和果实发育。高温及强光引起作物剧烈蒸腾失水，进而导致原生质脱水和原生质蛋白质凝固；高温还易引起落花、落果。

春化作用主要是指一段时间的低温对植物由营养生长转为生殖生长的诱导作用。白菜、萝卜、菠菜、莴苣等种子处在萌动状态，就能感受低温的诱导而通过春化阶段，称为种子春化型。如白菜在0~8 ℃都有春化效果，萝卜在5 ℃左右效果最好，处理时间为10~30 d，菜心、菜薹的栽培品种，春化5 d就有效果。有些植物如甘蓝、洋葱、大蒜、大葱、芹菜等，要求植物长到一定大小，才能感受低温的诱导，通过春化阶段，称为绿体春化型。种子春化型的植物在幼苗时往往对低温更加敏感。植物必须通过"春化阶段"后，再通过"光照阶段"才能完成阶段发育转入生殖生长。以花、果、种子及其附属部分为产品的蔬菜植物要促进"春化阶段"的完成；以叶球、花球、肉质根、鳞茎为产品的蔬菜植物要防止越冬及早春和晚秋的低温通过"春化阶段"引起"先期抽薹"而丧失商品价值。植物生长调节剂如赤霉素对蔬菜的抽薹开花有很好的调控作用。

光照强度通过影响光合作用和温度影响作物的生长发育。按照对光照强度的要求不同，可以把蔬菜分为三大类。①要求较强光照的，如瓜类，茄果类的甜瓜、南瓜、黄瓜、番茄、茄子、薯芋类的芋、豆薯等。我国西北、西南光照充足的地区，不但瓜类很甜，白菜、萝卜的含糖量也较高，风味浓。②要求中等光照的，如白菜类、根菜类和葱蒜类。③要求较弱光照的，如生姜及菠菜、莴苣、茼蒿、芹菜等绿叶菜类。南方冬、春季的保护地栽培，弱光往往是影响蔬菜生产的重要因素。

光周期是指日照长短的周期性变化对植物生长发育的影响。日照的长短与季节和纬度有关，夏至每年6月22日前后，阳光直射北回归线，北半球白昼最长，其后白昼渐短；到冬至每年12月22日前后，阳光直射南回归线，北半球白昼最短，其后白昼渐长。纬度越高，季节之间日照的长短相差越大，如哈尔滨冬季日长8~9 h，而夏季可达15.6 h，广州冬季日长10~11 h，而夏季为13.3 h。光周期对蔬菜生长发育的影响主要集中在以下两个方面。一是影响花芽分化和生殖生长。由此将植物分为如下几类：①长日照植物，在12~14 h以上光照或延长光照促进开花，而在较短的光照下不开花或延迟开花，包括白菜类（大白菜和白菜）、甘蓝类（甘蓝、球茎甘蓝、花椰菜等）、芥菜类、萝卜、胡萝卜、芹菜、菠菜、莴苣、蚕豆、豌豆、大葱和大蒜等蔬菜，都在春季长日照下抽薹开花；②短日照植物，在12~14 h较短光照或缩短光照促进开花结实，而在较长的光照下不开花或延迟开花。如扁豆、刀豆、茼蒿、苋菜、蕹菜、毛豆的晚熟品种等大都在秋季短日照下开花结实；③中日性植物，开花结果对日长的选择不严格，菜豆、黄瓜、番茄、辣椒、茄子等在理论上属于短日照的蔬菜及毛豆的早熟品种，适应日照长短变化的范围很大，只要温度适合，春季、秋季和保护环境中都能开花结实。同种而不同品种和生态类型之间，在光周期反应上可以有很大的不同。二是影响蔬菜产品器官的形成。马铃薯、菊芋的块茎，甘薯的块根，芋、荸荠、慈姑的球茎的形成要求较短的日照，但其中的早熟品种对日照长短的要求不严格；洋葱、大蒜的鳞茎形成则要求较长的日照。北方的长日型洋葱品种引种到南方，由于不会遇到要求的日长，叶丛生长茂盛不形成鳞茎；反之南方的短日型洋葱品种引种到北方，由于很容易遇到要求的日长，植株来不及充分生长就形成很小的鳞茎。因此，在进行化学调控时必须注意蔬菜的光周期特性。

大气中的氧气和二氧化碳通过影响呼吸和光合作用影响蔬菜作物的生长发育，密闭的设施中增加二氧化碳的浓度，可以增强光合作用，增加蔬菜产量。工矿区放出的二氧化硫、氨气、氯、氟化氢等有毒气体因浓度不同会对植物产生不同程度的危害。一氧化碳和乙烯影响瓜类蔬菜花的雌雄分化。

土壤的种类、肥力、降水和水利资源是影响蔬菜产量和品质的重要因素。而土壤和水源污染不仅影响蔬菜作物生长发育，还影响蔬菜品质，危害人类的健康。必须尽量使用经过充分腐熟的有机肥料，保持土壤肥力、良好的质地和结构，严格执行保证蔬菜品质和食用安全的各项法规。蔬菜的化学调控也必须严格执行这些法规。

第二节
植物生长调节物质在蔬菜生产中的应用

一、蔬菜化学调控的作用

近年来,蔬菜生产有了长足的发展。在品种方面,早、中、晚熟性的品种配套,能适应四季栽培;在栽培方式上,各种类型的保护地栽培和露地栽培并重,基本上做到了四季生产,周年供应。特别是地膜,中、小棚大面积推广,日光温室在我国迅速发展,对中国北方喜温果菜类的供应具有重大意义,基本解决了冬季品种单一的问题。利用植物化学调控技术防止器官脱落、打破休眠、控制徒长、促进成熟、提高坐果率以及嫁接育苗、保鲜贮藏等已成为蔬菜生产的重要措施。

细胞分裂素、丁酰肼、矮壮素、萘乙酸等常用于蔬菜保鲜贮存,但不同种类和品种的蔬菜具有不同的遗传特性,由此决定了它们不同的新陈代谢方式和强度,因而表现出不同的品质特征和生长特性,并且在植物生长调节物质的施用上也各有特点。如叶菜类富含多种维生素,但体表面积大,代谢旺盛;块茎、球茎等类蔬菜,有一个生理上的休眠阶段。又如菠菜以尖叶有刺品种耐寒,适宜冻藏;圆叶品种叶肉厚,丰产,但耐寒性差,不耐贮藏;圆叶与尖叶杂交品种既耐寒又丰产,是耐藏的优良品种。

蔬菜生理性状与耐贮性的关系极为密切,其中成熟度是蔬菜生理性状的主要标志。因而常根据需要用乙烯释放剂或抑制剂来调节蔬菜的成熟度。成熟过度或成熟不足的蔬菜不耐贮存,因为过熟的蔬菜已处于生理衰老状态,贮存器官的贮存特质已经消耗;而不到成熟期的幼嫩蔬菜,其中的内容物不充足。各种蔬菜的成熟度常以风味品质的优劣作为采收的首要依据。对某些果菜类如茄子、黄瓜等,是按开花后的天数作为采收标准,过早采收果嫩,营养与风味淡薄,易萎蔫;而过晚采收,皮厚子老风味差,贮藏时易老化。植物生长调节剂赤霉素、助壮素等可用于调节生长速度,以确定最佳的采收时间。

生长在不同纬度及海拔的同一种蔬菜,由于温度、雨量、光照等气候条件的差异,其结构、成分、生理特性也随之改变。蔬菜对温度的要求范围,与原产地及其整个系统发育过程中形成的生物学特性有关。温度高,生长快,产品组织柔嫩,可溶性固形物含量低。昼夜温差大,生长发育良好,可溶性固形物含量高。不同季节的气温差异也会使产品特性发生变化。不同年份气温条件不同,影响产品的组织结构和成分的变化,这也是影响蔬菜生长发育的重要原因。

空气湿度和雨水对蔬菜成分和组织结构有很大影响。高湿多雨会使番茄干物质含量减少;气候潮湿,特别是接近采收季节阴凉多雨,常使瓜类含糖量降低,缺乏应有的色泽、风味和香气。但在一定生长阶段的降雨过少，常会影响某种矿物质元素的吸收，导致缺素病症。降雨多少还关系到土壤水分、土壤pH以及土壤中可溶性盐类的含量，从而也影响蔬菜的化学组成与品质。一些植物生长调节物质可以用于提高蔬菜对温度、湿度变化的抵抗力。

采前按照规定时间喷洒一些植物生长调节剂、杀菌剂或其他矿物质营养元素，是栽培上改进蔬菜品质，增强耐藏力，防止某些生理病害和真菌病害的辅助措施之一。常用的植物生长调节物质，如萘乙酸和二氯苯氧乙酸，高浓度对植物生长起抑制作用，低浓度时则有促进作用；比久(B_9)和矮壮素(CCC)是生长抑制剂；赤霉素(GA)促进植物细胞分裂和伸长；乙烯和乙烯利促进果实成熟等。

与其他农业种植学科相比，蔬菜栽培有蔬菜种类繁多，食用器官多样等突出特点。据粗略统计，目前我国栽培的蔬菜种类（包括种、亚种及变种）共有210种，列属于32个科。而且食用器官多样化，可食用嫩叶（菠菜、油菜等），叶球（如大白菜、甘蓝、结球莴苣等）、嫩茎（如莴笋、菜薹、茎用芥菜等）、块茎（如马铃薯、山药等）、球茎（如芋、荸荠等）、鳞茎（如大蒜、洋葱等）、根状茎（如生姜、草石蚕等）、肉质根（如萝卜、胡萝卜、芜菁等）、新鲜的果实（如瓜类、茄果类、荚果类等）、花和花球（如金针菜、花椰等）。食用器官的多样化要求较高而复杂的栽培技术，因而对植物生长调节物质控制的时期、部位、方式等都提出了不同的要求。

由于蔬菜生长快、产量高，要求产品鲜嫩，加之各种蔬菜生长习性的差异，这就要求菜园土壤肥沃、疏松透气、保肥保水。要有充足的水源并实行精耕细作，如作畦、垄、支架、绑蔓、整枝、打杈、摘心、疏花蔬果与保花保果等技术。许多植物生长调节物质就用于此，如防落素、6-BA、萘乙酸用于黄瓜保花保果；2,4-D、赤霉素、防落素用于茄子的保花保果等。

育苗移栽是集约化蔬菜栽培的主要特点之一，除个别蔬菜外，绝大多数蔬菜均需育苗。其优点一是苗期集中便于管理；二是可在不适宜蔬菜生长的季节，利用设施创造适宜的环境条件先进行育苗，等大田环境条件适宜时再定植，这样可增加露地栽培的适宜生育时间，不但可以提前上市，还可提高产量和经济效益。吲哚乙酸、萘乙酸、矮壮素等常用于培育壮苗，提高移栽苗的发根力。

保护地栽培也是蔬菜栽培的特点之一。保护地的设施有地膜，塑料棚（大、中、小），温室，软化栽培场地，遮阳网等。保护地栽培一方面可以四季生长，使蔬菜全年均衡供应，丰富人们淡季的菜篮子，一方面可以增加菜农的经济收入。用植物生长调节物质三十烷醇、芸苔素内酯、喷施宝、石油助长剂等来调控保护地蔬菜的生长也有许多例子。

此外，乙烯利、草甘膦等可用于番茄、马铃薯等的催熟、茎叶的干燥；青鲜素、细胞分裂素等可用于抑制叶菜、根菜类的抽薹；赤霉素可用于促进胡萝卜、菠菜、甘蓝等的花芽分化和抽薹；乙烯利、吲哚乙酸、矮壮素、激动素等可用于调控瓜类的性别。植物生长调节物质在蔬菜中的应用十分广泛，效果明显。

需要注意的是，随着人们对环境保护和食品安全的日益重视，我国也在实施“无公害食品行动计划”，无公害蔬菜、绿色食品蔬菜、有机食品蔬菜的概念正在被人们接受，蔬菜的化学调控技术在实施时，必须严格遵循相关的使用准则和国家标准。

二、蔬菜化学调控的方法

植物化学调控技术在蔬菜生产中发挥了很大作用，如在促进种子发芽生根、培育壮苗、促进生长发育、延缓衰老、提高光合效率、增强抗性、调节营养生长与生殖生长关系、调控雌雄花比例、增加产量、提升品质、储藏保鲜等方面都有许多成功的经验。下面举一些例子。

（一）瓜类

黄瓜用芸苔素内酯、三十烷醇、爱多收、油菜素内酯等植物生长调节剂浸种，可促进黄瓜种子早出苗、出齐苗、出壮苗，促使其根系发达、增强芽和幼苗的抗性，结果早、果形正，提高产量。

萘乙酸浸蘸可促进黄瓜扦插生根，使每株扦插苗的生根数增加。用三十烷醇在黄瓜苗期淋灌一次，初花期喷施叶面一次，可增加植株干重，使开花提早而集中，促使黄瓜早熟和增产。

在黄瓜幼苗期间，用赤霉素进行叶面喷洒，可抑制雌花发育，促进雄花发生。反之，乙烯利、萘乙酸、吲哚乙酸可诱导黄瓜雌花增多，以黄瓜幼苗1~3张真叶时为适宜用药期，增加雌花数可提高黄瓜产量。

在黄瓜定植后用细胞分裂素液喷洒，植株枯萎病病情指数比对照减轻，霜霉病减轻，产量显著增加。

正在生长的黄瓜由于果实发育不良或外界环境条件不良，往往会停止生长，并由先端逐渐变黄而枯萎，这个现象叫黄瓜化瓜。用适当浓度的6-BA于黄瓜开花前后喷施雌花子房柱头，可防止黄瓜化瓜，促进坐果。

甜瓜用赤霉素、复硝盐或生根剂（吲哚丁酸+萘乙酸）进行种子处理，可促进种子快发芽，根系发达，苗壮。

用矮壮素或助壮素药液喷施甜瓜幼苗叶面，可使其节间短，叶片增厚、增绿，抗旱，抗寒。用6-BA溶液涂抹甜瓜子房或花梗或用萘乙酸溶液喷花，可以使甜瓜坐果率提高50%，增产35%。

在甜瓜基本长足而尚未成熟时，用乙烯利喷果，或在甜瓜采收后用乙烯利浸果，均有明显的催熟作用。

在西葫芦播种前，用吲丁萘合剂或爱多收水剂浸种，可提高西葫芦发芽率，促进生根。在西葫芦3~4片夏叶展开后,用比久或助壮素溶液进行叶面喷洒,可使节间缩短,叶片增厚、增绿,抗寒,抗旱。

在开花授粉时,以萘乙酸溶液用毛笔涂抹南瓜雌蕊柱头或花托,可防止其幼瓜脱落,还可诱导形成无籽南瓜。在南瓜中瓜期,用叶面宝均匀喷洒南瓜茎叶,能促进南瓜生长,改善品质,提高产量。

三十烷醇浸泡冬瓜种子后进行播种(或必要时进行保温催芽),可提高冬瓜种子发芽率,且幼苗粗壮。冬瓜于初花期开始喷叶面宝或喷施宝,喷施后具有增强植物新陈代谢,加速植物养分运转的功能,其中用叶面宝喷洒增产34.5%,喷施宝喷洒增产36.6%。

乙烯利与三十烷醇可以促进瓠瓜雌花形成,使用方法有如下几种。喷雾法:在瓠瓜有5~6片真叶时,使用乙烯利溶液喷施,经7~10 d后(约有10片真叶时)再喷第二次,若采用大苗移栽的,可于定植前2~3 d对苗床喷施乙烯利,在定植活棵后再喷第二次,这样可使全株从第10~11节开始着生雌花,一直连续到第23~24节均有雌花着生。采用喷施法的整个植株均转为雌花,为了雌花的授粉,须留有不经乙烯利处理的植株以利蜜蜂或人工授粉。沾顶法:当瓠瓜秧苗有6~8片真叶时,将乙烯利溶液滴于瓠瓜的心叶或将瓠瓜苗的顶端在盛有乙烯利溶液的盆中浸一下,使乙烯利仅作用于顶端心叶,而对下端萌生的侧蔓不发生影响。这样在主蔓上因受乙烯利的作用均转化为雌花,而下端侧蔓,则留有雄花,且以雄花居多,有利于授粉,并可省去对照行,有利于单位产量的提高。用乙烯利和三十烷醇混合喷施,能很好地调节瓠瓜的“源”(叶)与“库”(花、果)的矛盾,使植株分枝增多,生长健壮,还可明显提高结瓜数和单瓜重。

(二)茄果类

番茄用细胞分裂素、石油助长剂或增产灵浸种或幼苗浸根,均可促进生根壮苗,加速幼苗生长,提高抗性,增加产量。

植物生长调节剂可以促进番茄插条生根。利用番茄侧枝8~12 cm作插条,伤口经自然干燥愈合后浸在萘乙酸或吲哚乙酸中,经此处理后,水插温度白天为22~28 ℃,夜间为10~18 ℃,7 d左右即可发根成苗。

在番茄苗期或在大田期用芸苔素内酯作叶面喷施,可抑制猝倒病和后期的炭疽病、疫病和病毒病的发生,提高坐果率并使果形增大、产量增加,并能延缓植株的衰老。

在番茄生长期及花蕾期用细胞分裂素处理,对促进生长、提高坐果率、改善品质、提高产量等有显著效果。

防落素、萘氧乙酸、2,4-D或萘乙酸均可诱导番茄形成无籽果实,能刺激子房迅速膨大,减少落花落果,果实生长快,无籽,味好,而且提早成熟5~7 d,产量提高30%以上。

番茄果实经乙烯利处理有明显的催熟效果。一般乙烯利浸果比对照可提早转红3~4 d,植株上处理可提早6~8 d。浸果后,对堆放的大量番茄要保持适当通风,以免湿度过大而造成烂果。植株上喷洒时要喷在植株下部的果实上。在番茄果穗大部分果实进入绿熟期时，用油菜素内酯喷果，也有转色催熟的作用。

番茄喷施矮壮素可以防徒长，使用方法如下。①喷雾法：在番茄秧苗有2~4片真叶时，用矮壮素对秧苗叶面喷雾，可促使秧苗矮壮，增加花数。②浇根法：当秧苗移栽大田之后，植株生长至30~50 cm时，对出现徒长现象的番茄植株，可在每一植株的根部浇施矮壮素，防止番茄植株徒长。③浸根法：在番茄假植和定植前，用矮壮素浸根20 min，然后植于苗床，可以提高秧苗素质、促进花芽分化，有利于早熟高产。因为处理后使植株体内的细胞伸长受到抑制，但不影响细胞分裂，因而使节间缩短、茎秆变粗、叶色变深、植株矮壮，同时叶片缩短、增宽、加厚，提高了叶绿素含量，增强了光合作用，有利于花芽分化，从而达到防徒长、增产的效果。

（三）甘蓝类

用细胞分裂素、石油助长剂等浸甘蓝种子，可提高甘蓝种子发芽率，对促进植株壮苗早发具有明显效果。萘乙酸溶液在甘蓝移栽前蘸根，可明显促进甘蓝生根。

用比久或乙烯利溶液均匀地喷洒甘蓝幼苗叶面，以叶面充分湿润为宜，可抑制植株徒长，培育壮苗，可增强植株的抗逆性，明显增加甘蓝产量。而在甘蓝幼苗长到4~5片真叶时，在低温期间用邻氯苯氧乙酸（CIPP）进行叶面喷洒，可抑制甘蓝早期抽薹。

用芸苔素、三十烷醇等处理甘蓝，可使其包球早，球苞大且紧，叶片增大，产量增加，提早成熟和提高品质。

在花椰菜播种前，用石油助长剂溶液浸种可提高种子发芽率。用增产灵溶液于花椰菜移栽时浸根，可缩短移栽缓苗期，促使根茎粗壮，叶片数增多，增加产量。

在花椰菜展开12~14片叶时均匀喷洒整形素，可提早花椰菜成熟，使花椰菜采收提早5~7 d。在花椰菜长到6~8片叶时，用赤霉素喷洒植株，可提早花球形成，提前10~25 d采收。特别是对晚熟品种的效果更明显，增产更显著。

用三十烷醇或石油助长剂处理花椰菜，可提高植株产量，其叶球干重、Vc与可溶性糖含量均增加，而纤维素含量降低。

（四）绿叶蔬菜

用赤霉素、苄基腺嘌呤或激动素溶液浸莴笋种子，可打破种子休眠，提高发芽率，促进发根。

对留种的结球莴苣，在4~8叶期用GA_3喷洒植株，可增加种子产量，种子提早2周成熟，成熟度整齐，质量更佳。

增产灵溶液浸莴笋根可使幼苗根系发达，笋茎粗壮，一般增产25%~30%；在莴苣植株叶片充分生长后，用矮壮素药液喷洒叶面，可使莴苣茎部粗壮，提高其商品质量和产量。莴笋用赤霉素处理，也可提早10 d收获，增产12.0%~44.8%；对食用嫩茎和叶的莴笋，可增产10%左右。适当浓度的三十烷醇、芸苔素处理莴苣也有增产效果。

三十烷醇浸菠菜种子，可以提高发芽率，促进生根。

用增产灵、赤霉素、叶面宝等溶液处理菠菜，可促进菠菜生长，增强抗逆性，改善品质，提高产量。

用整形素在春菠菜抽薹前喷洒植株，可抑制抽薹，提高品质。用6-苄基氨基嘌呤喷洒植株，可延缓菠菜叶变色和衰老，起到保鲜作用，延长运输和贮藏时间，提高菠菜的食用品质和商品价值。

细胞分裂素浸芹菜种子，对促进壮苗早发具有明显效果。

用三十烷醇、叶面宝、增产灵、赤霉素、油菜素内酯等处理芹菜，均可促进芹菜生长，增强抗性，提高产量和品质。

在低温诱导开花以前花原基尚未分化时，用邻氯苯氧丙酸喷洒芹菜植株，能显著抑制芹菜的抽薹，从而促进产品器官的形成和产量的增加。

用赤霉素、绿兴植物生长剂等溶液喷洒芫荽植株，可促进芫荽生长，使茎叶有光泽，口味好，产量提高。

用芸苔素、赤霉素或三十烷醇溶液处理苋菜，可使其植株长势旺盛，叶片肥厚，有增产效果。

用芸苔素处理藤菜、生菜等，可使其植株生长快，鲜嫩，口感好，增加产量。

（五）根菜类

用细胞分裂素、增产灵溶液等浸泡萝卜种子，可提高其发芽率，加速萝卜幼苗生长，提高抗旱性，增加产量。

用石油助长剂、绿兴植物生长剂等对萝卜进行叶面喷洒，能促进萝卜生长和肉质根肥大，品质细嫩，一般可增产10%~24%。

在萝卜肉质根形成初期，用多效唑药液进行叶面喷洒，可抑制萝卜植株徒长，并使植株叶色加深，叶片短而挺立，光合作用增强，促进光合产物向肉质根输送，一般可增产10%~15%。

用芸苔素在萝卜莲座期进行喷洒，可使块根成熟早，味甜，抗软腐病，增产15%~50%。用羟季铵·萘合剂在萝卜初花期或块根开始膨大时进行叶面喷雾，也可提高萝卜光合作用效率，促进有机物质的运输，增加块根产量。

用增产灵浸胡萝卜种后播种，可促进胡萝卜生长和肉质根肥大，增加产量，改善品质。

用石油助长剂或绿兴植物生长剂药液对胡萝卜进行叶面喷洒，可促进胡萝卜生长和肉质根肥长，品质细嫩，一般可增产10%~24%。

（六）白菜类

用细胞分裂素液浸大白菜种子，在暗处晾干后播种。经处理，对促进大白菜壮苗早发具有明显效果。

用绿兴植物生长剂、细胞分裂素、叶面宝、增产灵溶液等处理大白菜，可促进生根，减轻病害，促进生长，改善品质，提早成熟，增产。

对夏秋种植的耐热大白菜，在采收叶球后，用赤霉素处理，可使始花期提早到10月底，12月份即可采收，这样就可翌春加代繁殖。

用芸苔素在大白菜苗期、莲坐期进行喷施，经处理，封垅早，包心早，菜质嫩、甜，抗软腐病、晚疫病，增产10%~30%。

用细胞分裂素对大白菜进行叶面喷施，可增加产量，并使霜霉病的发病率降低。在大白菜的莲坐期施用喷施宝后，可促进大白菜的生长发育，提高光合作用，使植株生长健壮，结球快而结实，单株产量高。在大白菜莲坐期和包心初期用三十烷醇处理，植株生长势强，叶色鲜嫩，抗病性增强，可提早成熟，增产10.8%~16.3%。

在不结球白菜长到4片真叶时，用赤霉素处理，叶的长、宽均较对照增大，可增产40%左右。于小白菜移栽后用绿兴植物生长剂叶面喷布2~3次，可促进生长，增加产量10%~20%。三十烷醇溶液在黄芽白定植后，莲坐期、包心期进行叶面喷施，可使黄芽白叶色嫩绿，生长加快，增产效果很好。ABT溶液于白菜幼苗“拉十字”期处理，可加速白菜幼苗生长，提高抗旱性，增加产量。

（七）葱蒜类

用三十烷醇或2，4-D药液浸泡大蒜种瓣后播种，出苗率比对照高，大蒜株高和单株重都比对照增加，蒜头增产37%。

三十烷醇、绿兴植物生长剂、羟季铵·萘合剂或丰产素处理，可促进大蒜生长，叶绿，提高光合作用效率，促进有机物质运输，减少病害，促进蒜头肥大，增加产量。

洋葱于播种前用石油助长剂浸种12 h，可提高洋葱种子发芽率。在洋葱葱头生长早期用乙烯利水溶液喷洒1~2次，处理后，能加速洋葱葱头鳞茎的形成。

对于当年刚收下的新鲜洋葱鳞茎，可用赤霉素溶液浸泡洋葱鳞茎底部。经处理后，20 d左右洋葱鳞茎即可长出很多新根，处理后利于萌发生长。

用羟季铵·萘合剂在洋葱地下开始膨大时进行地上部喷雾，可提高光合作用的效率，促进有机物质的运输，增加块茎的产量。

用韭菜经赤霉素、三十烷醇或增产灵对韭菜进行叶面喷施，可使韭菜生长加快，叶片深绿，叶面大而肥厚，肉质鲜嫩，提高食用价值，增产10%~20%。

(八)豆类

用防落素喷洒四季豆已开花的花序,可提高荚重,可增产8%~22.5%。而用萘氧乙酸喷洒四季豆花序,可防止四季豆落花。

三十烷醇、芸苔素、丰产素等在四季豆生长期、开花期进行喷施,可使植株茂盛,开花结荚多,提早收获并且增加产量。

在毛豆开花结荚盛期用4-碘苯氧乙酸处理后,可减少毛豆花、荚脱落,并提高种子百粒重。

在矮菜豆出苗后,用赤霉素处理,植株茎枝伸长,分枝数目增加,开花结果提早,提前3~5 d采收,能增加产量。

在播种前,用吲哚乙酸溶液浸泡蚕豆种子。经处理,可增加植株果荚数和种子质量,增加种子中多糖的含量,提高蚕豆产量。

三十烷醇溶液在豆角开花期、结荚期均可喷施,对豆角的生长、开花、结荚均有明显促进作用。

芸苔素或三十烷醇在豇豆生长期、开花期进行喷洒,可使植株茂盛,结荚早且多,增加经济收益。

(九)食用菌与其他蔬菜

增产灵、三十烷醇等溶液在平菇菌丝期均匀喷雾,使平菇生长旺盛,色泽洁白,粗壮,抗寒,耐热,子实体喷施出菇多、快,菇体肥硕,商品率高,增产显著。

用适当浓度的萘乙酸、三十烷醇与尿素、磷酸二氢钾混合液在平菇进入菌盖分化期后交叉喷洒,可提早成熟,使菇体肥大,柄短,增产明显。

用乙烯利溶液在凤尾菇的菌蕾期、幼菇期和菌盖伸展期进行喷施处理,有促进现蕾和早熟的作用,一般增产20%。而赤霉素与三十烷醇混合液,在凤尾菇拌料时加入,可以缩短生长期、使菇体抗高温能力增强,提高产量45%左右。

金针菇在头潮菇采后,于现蕾、齐蕾和菇柄伸长期用三十烷醇、乙烯利、赤霉素进行喷洒,可促进金针菇早出菇、出齐菇。

在裙带菜育苗疏散养殖时,用三十烷醇处理,可以促进其生长,使叶片大而厚,可增产20%以上,同时提早15 d成熟,提高盐渍品的成品率,提高养殖的经济效益。

三十烷醇处理还可明显促进紫菜假根和叶状体的生长,延长生长期,增加干物质积累和无机元素吸收,一般增产20%左右,同时紫菜品质明显提高。

三十烷醇处理可使海带长、宽、厚和制干率增加,商品等级提高,外观和营养品质均有明显改善。

多效唑、三碘苯甲酸处理香椿嫩芽,可使植株矮化,减少养分的损失和浪费,增强光合作用,提高嫩芽的产量和品质。

在雪里蕻长到6~8张叶片时，用赤霉素喷洒植株，可促进植株生长，增产30%左右。

用赤霉素溶液喷洒茴香植株2~3次，可促进茴香生长，提高其产量。

第三节 蔬菜化学调控案例

数字资源
扫码学习

植物化学调控技术在蔬菜中的应用广泛，下面介绍约340个各种类型的调控案例供学习参考。

一、瓜类的化学调控

二、茄果类的化学调控

三、甘蓝类的化学调控

四、绿叶蔬菜的化学调控

五、根菜类的化学调控

六、白菜类的化学调控

七、葱蒜类的化学调控

八、豆类的化学调控

九、食用菌与其他蔬菜的化学调控

本章小结

蔬菜的种类多、栽培方式和方法丰富，生长发育的特性也各不相同。蔬菜栽培和调控要在充分掌握各种蔬菜系统发育和个体发育特性的前提下进行。对蔬菜的调节控制必须在高产的同时保证品质不降低，否则就失去了调控的意义。环境条件对蔬菜生长发育影响巨大，蔬菜的化学调控要严格执行保证蔬菜品质和食用安全的各项法规。

植物化学调控技术在蔬菜生产中发挥了很大作用，如在促进种子发芽生根、培育壮苗、促进生长发育、延缓衰老、提高光合效率、增强抗性、调节营养生长与生殖生长关系、调控雌雄花比例、增加产量、提升品质、储藏保鲜等方面都有许多成功的经验。

蔬菜化学调控的介绍包括瓜类、茄果类、甘蓝类、绿叶蔬菜、根菜类、白菜类、葱蒜类、豆类、食用菌与其他蔬菜。

更多的蔬菜化学调控案例(约340个)可以通过扫码学习本书的数字资源。

复习思考题

1.你认为如何利用蔬菜生产的特点进行化学调控?
2.在化学调控中怎样根据蔬菜生产的多样性选择技术方法?
3.化学调控在蔬菜保护地栽培中有什么作用?试举例分析。
4.举例分析化学调控技术调节蔬菜营养生长与生殖生长的关系。
5.举例分析化学调控技术在培育蔬菜壮苗中的作用。
6.举例分析化学调控技术在蔬菜保鲜储藏中的作用。
7.查阅文献资料举例分析蔬菜生产中利用化学调控技术调控的成功案例。

第七章

果树的化学调控技术

第一节

果树生产特点与调控策略

一、果树与果品的生产特点

所谓果树，按照字义来说是指能生产人类食用果实的木本植物，果实包括水果和坚果。随着科学和生产的发展，人们把能产生果品的一些草本、藤本植物（如香蕉、草莓、西瓜等）也归入果树。按照实际状况，果树主要指能生产人类食用的果实、种子及其衍生物的木本、草本或藤本植物。

果品是人们获得维生素、矿质元素、碳水化合物及其他营养元素的重要来源。鲜果不但色、香、味俱佳，而且富含多种维生素、矿物质、糖、酸、果胶和纤维素；干果则含有丰富的脂肪、蛋白质和碳水化合物，还可作为木本粮油作物。在生活日益改善的情况下，人们对果品的需求，不论种类品种，还是数量质量，都在不断提高。

与粮食作物相比，果树种类较多，它们的生物学特性、对环境条件的要求和栽培技术差异很大。

许多木本果树生产周期长，栽植当年不能结果，一般要3~5年才进入结果期，此后产量逐年上升，5~7年达到最高产量。果树用植物生长调节物质处理的目标之一就是提早结果，尽早收益。果园建立之前不仅要选择种类、品种和相应的适生条件，还要对未来市场变化作出判断，因为一旦栽植就要经营数十年。

果品及其加工品属高值农产品，即单位面积投入人力、物力较多，管理环节多而精细，收益也较大，我国早就有“一亩园十亩田”的谚语。适当应用植物化学调控技术可起到省工省力，高效高产的效果。

果树是农业的重要组成部分。随着我国人民生活水平的不断提高，果品生产变得日益重要，它对振兴农村经济、促进粮食生产、繁荣市场、发展外贸和提高人民生活水平都具有重要意义。人均果品消费水平往往可以反映一个国家的经济状况，我国水果面积和产量每年都有极大的增长，进入21世纪后，干果(如杏仁、大枣、扁桃、核桃、腰果和板栗)生产越来越受到重视。我国已成为世界果品第二大生产国，苹果、梨、大枣、板栗的种植面积和产量均居首位，柑橘种植面积居世界第一位。

发展果树生产不仅能因地制宜地利用山地、丘陵、旱塬和沙荒，也有利于保持水土和改善生态环境。

果品营养丰富，是人民生活的必需品，富含脂肪、蛋白质、糖类、矿物质、维生素和食物纤维素。当然，不同种类的果品各种营养物质含量也不一样，核桃和山核桃的脂肪含量分别为58.8%和50.4%；杏仁和榛子含蛋白质20%~25%；荔枝、甜橙、猕猴桃、枣和番石榴都是Vc高含量水果，大体为40~100 mg/100 g；各种果品除含有钾、锰、铁、锌等矿质元素外，蒲桃、桂圆肉、杏仁含硒量很高，是缺硒地区人民的保健食品。食物纤维素包括纤维素、半纤维素、果胶、藻胶和木质素等，可以促进肠的蠕动，有利于健康，这些物质在枣、椰子、苹果和梨中含量较高。

许多果品还可以预防和治疗疾病，促进人体生长、发育和健康、长寿，如大枣补脾胃；梨果清热、化痰；肝炎、肾炎宜多吃苹果；山楂消食；荔枝健脾养血；香蕉润肠、降压；柑橘润肺理气；猕猴桃Vc含量很高。

果品除鲜食外还可加工成果干、果脯、果茶、果冻、蜜饯、果汁、果粉、果酒和糖水罐头等，柑橘皮可提炼香精和果冻，核桃、梨、枣的木材可以加工。

果树除了作为商品外，在改善生态环境、降低污染、促进人民身心健康(如观光果园、庭院绿化)等方面的作用也不可低估。

二、果树的发育与果品保鲜

通常在生产实践中，根据果树生命周期的特点，可划分为五个阶段，不同阶段宜采用不同的调控对策。(1)幼年期即营养生长时期，实生树从种子萌发到第一次结果前，无性系苗木从栽植起到第一次结果之前这一阶段称幼年期，这一时期主要是营养生长，其特点是根系和树冠生长快，光合和吸收面积迅速扩大，特别表现在垂直根迅速下扎和树冠主干与中央主枝的同上生长。(2)结果初期即生长结果时期，从第一次结果到开始有一定经济产量为止，这一时期营养生长仍很旺盛，树冠和根系继续扩大，侧枝大量增加，主枝逐渐开张，树冠明显横向扩大，水平根发展迅速，直至布满全园。(3)结果盛期是指从有一定经济产量开始，经过高产、稳产，到产量开始显著下降之前为止，是果树经济效益最高的时期。(4)结果后期是指从高产、稳产状态被破坏，产量显著下降，直至无经济效益为止。(5)衰老期是指从大部分植株不能正常结果，以至死亡为止，这时骨干枝、骨干根大量死亡，已无经济栽培价值，应砍伐清园，重新栽植。

在一年中，果树随着四季气候变化，有节奏地进行萌芽、抽梢、开花、结果、花芽分化、休眠等一系列生命活动，需要不同的调控对策。果树单位面积产量低的原因之一是落花落果严重，保花保果提高坐果率是争取果树丰产的一个中心环节。另一方面，花果太多会使果实个头小、品质降低，是果树丰产的障碍，这时需要适当地疏花疏果，除手工疏除外，也可化学疏除。

果实品质包括内在品质和外观品质。外观品质主要从果实大小、色泽、形状、洁净度、整齐度、有无机械损伤及病虫害等方面评定；内在品质以肉质粗细、风味、香气、果汁含量、糖酸含量及其比例和营养成分为主要评价依据。利用化学调控技术改变果实的大小、形状、色泽和成熟期等，已成为果树生长中的常规技术。

果实采收后，仍然是活的有机体，继续进行呼吸、蒸腾等一系列生理生化过程，不断地消耗体内的营养物质。这时，由于果实已脱离母体，水分、养分得不到补充，因而引起果实质量减轻，风味减退，营养成分降低，其内在因素主要是呼吸作用和水分的蒸散等。由于呼吸作用等生命活动，果品不断地分解消耗体内贮存的有机物，品质逐渐变劣，机体趋于衰老，所以果品的保鲜贮藏寿命是有限的。但另一方面，这种生命活动对于果品抵抗病原物的侵袭，延长贮藏寿命又是不可缺少的。化学调控可以促进或延迟果实的成熟和衰老，以适应市场的需要。杀菌保鲜剂的应用对抑制微生物的繁殖生长，保持果实鲜度，延长贮藏期可起到一定的辅助作用。如低温冷害对很多果实损伤严重，有些化学物质可以通过降低水分损失、修饰细胞膜脂类的化学组成及增加抗氧化物活性来增加果实对冷害的忍受力，以有效地减轻冷害。许多果品在贮藏前都可用化学制剂处理，能减轻冷害的影响。植物生长调节物质会影响各种各样的生理和生化过程，其含量和平衡还会影响果实对逆境的抗性。

第二节

植物生长调节物质在果树中的应用

一、果树化学调控的作用

植物化控技术可用于促进种子萌发，培育壮苗，调控果树的营养生长，控制新梢（尤其是冬梢）生长量，相应地减少新梢营养生长的养分消耗，有利于促进开花结果等生殖生长，从而达到早结丰产的目的。通过调节树体内源激素的平衡变化，解除对有关成花基因的抑制作用而促进花芽分化形成花芽，增加花数。调节果实坐果和果实生长发育所需的激素含量而减少落花落果，提高坐果率，并加速果实的膨大生长。

植物生长调节物质可调控果实的成熟期。如香蕉属于呼吸跃变型果实，在运输过程中常很快成熟。因此，必须延迟其成熟以保证新鲜上市。可用GA来延长香蕉保持绿色的时间。用苯菌灵悬浮液制备的GA溶液浸蘸，可延迟呼吸跃变的出现及色泽的变化，降低贮藏运输期间由于过早成熟和真菌侵染的损失，并提高果实品质。用乙烯利有效地诱导成熟而不降低品质。

有些柑橘品种在干旱条件下由于果皮内促进生长的激素水平太高易产生又厚又粗的粗皮果而影响外观，降低品质。在花后3~6周应用比久或矮壮素来拮抗果皮中的高含量促生长激素。在花后1个月左右喷布GA可减少果实浮皮的发生，在果实20%着色、内部品质达到一定要求时，喷施乙烯利，可增进果实色泽。采前20 d喷洒增糖灵，可使全糖提高，全酸量降低。在柑橘果实迅速膨大期，如遇上久旱不雨的天气，可用尿素或GA喷洒果实，每周1次，连喷3次，可刺激果皮生长，使果肉和果皮的生长保持平衡来防止裂果的发生。

生长延缓剂能延缓新梢生长，增进新梢成熟度和木质化，提高细胞液中溶质的浓度，从而增强抗寒性。如2年生枳砧温州蜜柑晚秋梢生长季节，用矮壮素和$CaCl_2$混合液喷洒树冠，可有效提高幼树的抗寒力。秋季对幼年未结果树喷洒青鲜素可诱导休眠，避免3~6℃低温的冻害。另外，还可利用脱落酸、水杨酸等使气孔关闭，减少水分蒸腾，从而增强果树的抗旱性。

植物生长调节物质可用于调控苗木的繁殖，多、快、好、省地提供优质苗木。由于多数果树基因的杂合性，必须进行无性繁殖才能保持它们的优良特性。目前大多数果树通过使用成年植株的营养器官进行嫁接繁殖，以克服实生繁殖幼年期长的问题。嫁接用的砧木可通过播种实生繁殖、扦插、压条等无性繁殖方式获得。生产中常利用赤霉素能打破种子休眠促进萌发，萘乙酸等生长素能促进插条生根等特点来加速砧木苗繁殖。例如用GA+BA的混合溶液浸泡枳壳种子，可提高种子发芽率，而且幼苗的根、茎长度和粗度均明显增加；用萘乙酸液浸泡葡萄绿枝，可促进插条生根，明显提高苗木质量和扦插成活率。

植物生长调节物质已被广泛用于促进果树的花芽分化，增加花数和促进开花。利用植物生长调节物质促进采种母株开花和坐果，可提高产量；还可利用各种手段调控植物的花期，已经在许多果树上得到应用，并且克服了光温处理成本高的问题。

单一的植物生长调节物质处理有时存在着一定的弊端，或是处理效果不理想，或是在解决了一个问题的同时又引发另一个问题，例如应用植物生长调节物质促进开花的同时，常会引起花朵质量的下降。混合施用是解决这些问题的有效途径，现在已经有了这方面的许多例子。此外，植物生长调节物质的混合施用，常常会获得使人意想不到的效果，开发出在果树和林木上使用植物生长调节物质的新用途。

在果树从种子（或种苗）到成品的整个生长过程中，适时适量地利用各种化学调控技术，可以达到协调植株的生长发育，满足果树生产的各种需要。

二、果树化学调控的方法

植物化学调控技术在果树生长与果品保鲜中发挥了很大作用，如促进种子发芽生根、培育壮苗、促进生长发育、延缓衰老、提高光合效率、增强抗性、调节营养生长与生殖生长关系、调控雌雄花比例、增加产量、提升品质、储藏保鲜等方面都有许多成功的经验。

化学调控技术在促进果树种子萌发与壮苗培育中的作用特别明显。

将柑橘种子在萘乙酸、赤霉素等溶液中浸泡处理后，可明显提高种子发芽率，加快生长，并且此法对发芽率较低的品种更有效。用萘乙酸、赤霉素等处理葡萄种子，可以代替低温层积作用，打破休眠促进萌发。

当年采收的毛桃脱肉，砸去外壳，放入清水中浸泡3~4 h，使种皮吸水后，人工去掉全部或种子尖端（占种子长度的1/3）种皮，放入适当浓度的赤霉素溶液中浸种，用清水洗净后播种。经处理的种子发芽率高，幼苗生长迅速，可提前一年培育出标准桃苗。

将桃的种子先在接近0 ℃条件下和湿沙中层积35 d，然后取出种子并用赤霉素溶液浸泡24 h，再进行发芽。未处理的发芽率仅30%，而处理过的发芽率为70%~80%。

将樱桃种子在7 ℃湿沙中处理20~30 d后，再浸泡在赤霉素溶液中24 h，然后发芽，发芽率可达75%~100%。而通常在3 ℃条件下，樱桃种子至少要6个月的后熟期才能发芽。

当年采收的毛樱桃种核，除去核壳，剥去种皮，清水浸种12 h后，用赤霉素溶液浸种5 h。处理后的种子进行夏播，种子出苗率可达56%，比仅用清水浸种的出苗率高16%。

将成熟的山楂果实采回，及时进行脱肉和破壳处理。然后，用赤霉素溶液浸泡处理。经处理的种子，出苗率提高8%以上。

萘乙酸可促进柑橘插条生根，可以显著提高成活率。吲哚丁酸也能促进柑橘插条生根，效果好，且较安全。吲哚丁酸加苄基腺嘌呤混合后能促使四季柚生根，还可处理枳、橙、柠檬等插条，同样效果显著。

吲哚丁酸促进葡萄扦插生根有三种方法。一是快浸法，采用高浓度溶液，把配制好的溶液放在平底盆内，药液深度3~4 cm，然后将一小捆一小捆的插条直立于容器内，浸5 s种后取出晾干即可扦插于苗床中。二是慢浸法，采用低浓度溶液，将插条基部浸入药液中8~12 h后取出扦插。三是蘸粉法，先把吲哚丁酸配制成粉剂，扦插时先将插条基部用水浸湿，再在准备好的吲哚丁酸粉剂中蘸一蘸，抖去过多的粉末，插入苗床中。上述方法均可诱导葡萄根原基的形成，促进插条根的发生量，提高插条的成活率，促进苗木生长健壮。

使用吲哚丁酸促使山楂生根效果较为显著。处理幼树半木质化插条生根率为93.3%。处理成年树木质化插条的生根率也有66.7%，均比对照处理的生根率增加23.3%。山楂中段绿枝插条经生根粉处理后，枝段生根率达76.7%，苗木生长健壮，而清水浸泡则不生根。

用适当浓度的赤霉素溶液浸泡猕猴桃种子24 h，发芽率达到70.2%，而对照种子几乎不发芽。

用适当浓度的三十烷醇或生根剂（吲哚丁酸加萘乙酸）浸泡西瓜种子，可提高西瓜种子发芽率和幼苗素质，增加产量，改善品质。

用增产菌拌西瓜种子或进行叶面喷施，可促进植株生长发育，增强抗逆性，提高产量和品质。在西瓜幼苗移栽前3 d以生根剂（吲哚丁酸+萘乙酸复合剂）灌根、淋苗或叶喷，经处理，都有良好的促长、壮苗作用。

选用中华猕猴桃一年生半木质化嫩枝插条，适当留1~2片叶，将插条基部浸于萘乙酸溶液中3 h，取出后用消毒湿沙保湿培养。处理后插条生根率比对照不用药生根率显著提高。

吲哚丁酸可以促进猕猴桃嫩枝扦插生根。在6月中旬用当年生半木质化枝条，剪成2~3节一条，上部留1~2片叶，插枝基部用200 mg/L吲哚丁酸浸泡3 h。处理后生根率高达83.3%，插条发根数高达65条，均显著高于对照。

果树生产中的一个重要环节是枝条的修剪。采用生长调节物质来代替部分修剪技术叫化学修剪，这方面的成功案例也很多。

化学调控技术可以抑制生长，促进花芽形成。比久（B9）在落叶果树上已广泛应用。不少树种，如苹果、梨、葡萄、桃、杏等果树，在夏、秋季以500~2000 mg/L浓度喷布，可有效地抑制新梢生长，促进花芽形成，从而代替人工缓势促花修剪方法。

矮壮素（CCC）对苹果、梨、柑橘、葡萄有抑制新梢生长，提高幼树抗寒性的作用，还有促进苹果、梨、桃等果树花芽分化的效应。

500~1000 mg/L青鲜素（MH）或50~2000 mg/L三碘苯甲酸（TIBA）均有抑制生长和促进成花的能力，能代替部分人工修剪。

用萘乙酸（NAA）高浓度涂布大锯口，可抑制萌蘖发生，对苹果、梨、桃、石榴、核桃、无花果等都有效，可以代替除萌工作。用40%白乳胶加0.5%~1.0%萘乙酸乙酯涂剪口可以大大减少剪口及其下的芽萌发或发生徒长枝。

多效唑（PP333）是一种生长延缓剂，对赤霉素有拮抗作用，能抑制果树新梢生长，促进花芽形成，并能提高果树的抗寒能力。可以树上喷、干上涂，也可以土壤施。

用0.15%~0.2%浓度的乙烯利喷布3~5年生的幼树和花少的旺树，有良好的控制生长、促进花芽形成的作用。喷布时间宜在果树落花后10 d左右进行，也可间隔20 d左右再喷一次。7月下旬用0.1%~0.15%的浓度连喷2~3次，对控制秋梢生长，促进长果枝和腋花芽的形成有较好的作用。

在抑制营养生长的实际应用上，单次高浓度的效应常不如多次低浓度更为理想。因此，在生产上要根据果树的生长势，以及当地的气候条件或者通过预备试验来确定浓度、次数和喷布适期，以期获得最好的效益。

化学调控可以促进萌芽与开张角度。如6-卞基氨基嘌呤(BA)在不易发副梢的国光幼树上喷布,与不喷的人工摘心对比,有促进侧芽萌发,增加枝量和新梢总长度的效应。处理后萌发副梢数为同期人工摘心的2.3~8倍。

己酮呋喃钠盐(代剪灵)可以抑制顶芽生长,促进侧芽生长,与摘心作用相似。对核桃在落叶前6周进行处理,可使其次年发芽延迟,促进侧枝生长;萌芽后3周应用,可延缓其新梢生长,促使分枝,但对幼叶有伤害。使用浓度为0.25%~0.1%。

化学摘心剂可使苹果、梨、李顶芽死亡,促进侧芽萌发,增大角度,效果比人工摘心好。PP528也是一种化学摘心剂,用25~50 mg/L在初夏喷布元帅系苹果、梨的一年生幼苗,可以促使其发生副梢,喷两次时,效果更好。

在苹果幼树上,用1000 mg/L三碘苯甲酸(TIBA)喷布可以开张角度,使元帅直立特性改为斜生、开张。紧凑型或短枝型的元帅系苹果,当新梢生长5~10 cm时,喷400 mg/L TIBA,可使枝条角度开张,但叶变小。

乙烯利可促进苹果侧芽萌发,增加副梢的生成。喷布时间在接近生长高峰时,如当地夏秋高温多湿,应在20~30 d后再喷一次。秋梢如再旺长,还可再喷一次。适宜的浓度为100 mg/L左右。

赤霉素(GA)也可以开张角度。萘乙酸(NAA)涂于新栽幼苗上部(留一芽不涂),可使下部发生的枝条角度开张。在新梢生长开始时,在夹角内侧涂以NAA,也有开张角度的效应。800 mg/L吲哚丁酸(IBA)有类似效果。

花果数量是果树优质高产稳产的重要前提。如果花果太多会使果实个头小、品质降低,是果树丰产的障碍,需要适当地疏花疏果。除手工疏除外,也可化学疏除。生产上应用的疏花疏果化学调控物质如下几种。

西维因,本是一种杀虫剂,对花、果有疏除作用。有效浓度范围广,从250~2000 mg/L都有效;使用较安全,不会出现药害和疏除过度现象,有效使用期较长,便于生产上应用。具体应用时,可根据不同树种、品种选用适宜的浓度和时间。苹果树主要在盛花后20 d以内喷布。金帅适用浓度为1000~2000 mg/L;红星适用浓度为1500~2000 mg/L;国光在盛花后10 d喷布,适用浓度为2000 mg/L;红富士苹果宜在幼果纵径为10~12 mm时喷布,适用浓度为1200倍液。

梨应用1000~1500 mg/L西维因于花期喷布,可降低花序坐果率9%~12%,使平均每百序坐果数减少18%~20%。秋白梨从盛花期到盛花后14 d,用500~2500 mg/L西维因喷布,均有较好的疏除效果。其中以盛花期后7 d左右喷布1500 mg/L效果最好,平均疏果率达30%左右,在一定程度上缩小了大小年,增加了果重并提高工效6倍,还可以兼治梨蚜危害。

萘乙酸(NAA)和萘乙酰胺(NAD)在花期或花后喷布均有疏除作用。萘乙酰胺的作用比萘乙酸温和,使用比较安全。所以,对萘乙酸比较敏感的品种可用萘乙酰胺。对苹果树大部分品种,萘乙酸的使用浓度比较低,为10~20 mg/L,而萘乙酰胺的浓度比较高,为25~50 mg/L。早熟品种宜在落瓣期使用,中、晚熟品种宜在盛花后10~20 d使用。金冠苹果在盛花后14 d喷布20 mg/L萘乙酸,疏果量在40%以上。鸭梨在盛花后14 d喷施20 mg/L萘乙酸钠疏果量可达30%以上。

萘乙酸对果树的结实有双重效应。低浓度喷布会促进坐果。盛花期喷布10 mg/L萘乙酸有提高坐果率的趋势。在果实直径为10~13.5 mm时处理可以疏果,特别是在10~11 mm时落果最多,但在7~8 mm时处理,反而会促进坐果。处理时间不同,处理效果相反。因此,应用时必须十分注意。

乙烯利既能疏花也能疏果。苹果树从盛花期到其后7周内喷布乙烯利都可起疏除作用,使用浓度为300 mg/L左右。国光苹果于盛花期喷300 mg/L乙烯利,盛花期后10 d再喷20 mg/L的萘乙酸+300 mg/L的乙烯利,每百序坐果数仅为对照的44.7%,平均单果重较对照增加9.2%,一级果较对照增加28.7%,平均株产较对照增加9.7 kg。不同品种对乙烯利的疏除作用反应不同,如金冠就比国光敏感。所以,一个果园中如果品种较多,使用乙烯利时要特别注意区别对待。

疏花疏果调控由于品种、树势、气候条件的不同,效果变动很大。因此,生产上大面积应用时应就地进行试验,寻找适宜的浓度及施用时间。如施用不当,有减产的可能。化学疏除能节约大量人力,但只是人工疏除的辅助手段,不能用来完全替代人工。因此,化学疏除的适当疏除量应是必要疏除量的1/3~3/4,其余用人工补充疏除。有的品种坐果率高,有的单用一种药剂疏除效果不好,可把几种药剂相结合,如把西维因和萘乙酸混合喷可取得良好的效果。

杨梅是果树中大小年结果比较严重的一种果树。大年时成花坐果过多,不但果小质劣,延迟成熟,而且抑制当年春、夏梢的抽生,导致翌年花量和产量锐减。为了使杨梅连年稳产,宜行疏果。疏果后可促进春、夏梢抽生,增大果实,减少大小年结果差异。杨梅果小量多,采用人工疏果费工费时,难以在生产上推广应用。对杨梅喷施多效唑能有效地疏花疏果,于盛花末期喷施,疏花果率高于对照16.7%,春梢发生率高于对照36.2%,从而使当年果实提早成熟、果实增大和可溶性固形物增加,显著提高了品质,并调节了大小年产量差异。

在调控果品成熟、储藏保鲜中,化学调控技术也发挥了积极作用。

如乙烯利喷洒对柿催熟脱涩效果明显。当果实达到可采成熟度时,用适当浓度的乙烯利喷洒树上柿果,10 d内果实全部转黄,15 d软化脱涩。也可将达到可采成熟度的果实采下,浸入乙烯利溶液中,几秒钟后即取出,晾干后按常规存放。经3~5 d即可脱涩食用上市。

在杧果谢花后和幼果似橄榄大小时各喷1次赤霉素,可明显提高杧果坐果率,增加产量10%~15%。杧果在果实如豌豆大小时喷布乙烯利,可使果实提前成熟10 d。

对7~8成熟的绿色香蕉喷洒乙烯利溶液,48 h后开始着色和软化,4~5 d后果肉进一步松软,甜度增加并有香味。

在菠萝预定采收前20 d左右，用乙烯利液均匀喷湿整个果面（以有少量药液流下为度）。处理后果实可提前成熟，且成熟度一致。

采收山楂是生产过程中保证丰产丰收的重要环节。采收质量直接关系到果实品质和以后的贮藏效果。采用竹竿打、摇树干使果实振落再拣的方法造成果实摔伤严重，影响品质和贮藏，同时常打坏枝叶，对翌年结果不利。直接用手采摘品质虽好但费工费时。用乙烯利处理可以使山楂提前成熟，加速脱落便于采收，可代替人工采摘，节约劳力，又可改进品质。

乙烯利可使枇杷提早成熟5~8 d，保持果实原有品质，提高果实的商品价值，延长其市场供应期。乙烯利还可防止枇杷裂果。在果实退绿期（果实由青绿转淡黄，约成熟前1个月）的晴天，用乙烯利溶液进行全树喷洒或喷果，可使枇杷裂果明显减少。喷乙烯利的裂果率为1.51%~10.89%，比对照低17%~30%。另外，还有催熟、增进品质等作用。

使用乙烯利对枣有催熟助落作用。可在采收前7~8 d喷施乙烯利，应在施药后3~4 d适当摇树，集中收获。枣树如果用人工采，或用杆打落，不仅工效低，而且有损树体。使用乙烯利处理，4~5 d落果率可达80%~95%，5~6 d可使成熟果全落。用乙烯利催熟的果实，品质有所提高，可溶性固形物增加。

第三节

果树化学调控案例

数字资源
扫码学习

植物化学调控技术在果树中的应用广泛，下面介绍300个各种类型的调控案例供学习参考。

一、柑橘的化学调控

二、苹果的化学调控

三、葡萄的化学调控

四、桃的化学调控

五、樱桃的化学调控

六、梨的化学调控

七、枣的化学调控

八、草莓的化学调控

九、荔枝和龙眼的化学调控

十、梅、李、杏、枇杷、山楂的化学调控

十一、菠萝、香蕉和杧果的化学调控

十二、西瓜的化学调控

十三、猕猴桃、柿和其他果树的化学调控

本章小结

果树种类较多，它们的生物学特性、对环境条件的要求和栽培技术差异很大。许多木本果树的生产周期长，果品及其加工品属高值农产品，适当应用植物化学调控技术可起到省工省力，高效高产的效果。

植物化学调控技术可用于促进果树的种子萌发与生根、培育壮苗、调控营养生长，有利于促进开花结果等生殖生长，减少落花落果，提高坐果率，加速果实的膨大生长，还可调控果实的成熟期、保鲜储藏、提高果实品质。在果树从种子(或种苗)到成品的整个生产过程中，适时适度地利用各种化学调控技术可以达到协调植株的生长发育，满足果树生产的各种需要。

果树化学调控的介绍包括柑橘、苹果、葡萄、桃、樱桃、梨、枣、草莓、荔枝、龙眼、梅、李、杏、枇杷、山楂、菠萝、香蕉、杧果、猕猴桃、柿和其他果树。

更多的果树化学调控与果品保鲜储藏案例(约300个)可以通过扫码学习本书的数字资源。

复习思考题

1.你认为如何利用果树生产的特点进行化学调控?

2.在化学调控中怎样根据果树生产的多样性选择技术方法?

3.化学调控在果树落花落果与保花保果中各有什么作用?试举例分析。

4.举例分析化学调控技术调节果树营养生长与生殖生长的关系。

5.举例分析化学调控技术在培育果树壮苗中的作用。

6.举例分析化学调控技术在果品保鲜储藏中的作用。

7.查阅文献资料举例分析果树生产与果品保鲜中利用化学调控技术调控的成功案例。

第八章

花卉的化学调控技术

第一节

花卉生产特点与调控策略

一、花卉及其生产特性

我国是世界花卉种质资源宝库之一，悠久的栽培历史、丰富的经验和精湛的技艺享誉中外，被世人称赞为“世界园林之母”。人们在创造物质财富的同时，也渴望享受高度的精神文明。养花种草，绿化园林，既有广泛的经济效益，为人们提供必要的生活和生产资料，更有深邃的精神内涵和环境效益。花卉鲜明的色彩和沁人心脾的芳香能令人赏心悦目，心旷神怡，使人得到高尚的精神享受。与此同时，花卉还可以陶冶情操，增进健康水平，提高工作效率，起到绿化、美化、香化人们工作和生活环境的效果。

《辞海》称花卉为“可供观赏的花草”。广义的花卉除草花之外，还包括木本花卉和观赏草类——即观花、观果、观叶和姿美的所有具观赏价值的植物。

人类的生活和生产活动对被覆地表的绿色植物造成了严重的破坏，引起了生态平衡失调，导致自然灾害频频发生。人类从受到的惩罚中逐渐认识到，大力推行园林绿化，植树种草，改善和恢复自身的生存环境，已成为刻不容缓的事业。花卉是绿色植物，因此它具有绿色植物调节空气温度、湿度和各种成分，吸收有害气体，吸附烟尘，防止水土流失等功能。色彩绚丽的花卉还有美化环境的作用，具有广泛的环境效益。

观赏花草，能使人精神焕发，消除疲劳，以充沛的精力和饱满的热情投入工作。仅以观花植物而论，有的花形整齐，有的奇异；有的花色艳丽，有的淡雅；有的花朵芬芳四溢，有的幽香盈室；有的花姿风韵潇洒，有的丰满硕大。千变万化，美不胜收。更有许多观叶、观果、姿美的种类给人以美的享受。

花卉生产的区域化、专业化已成为发展趋势。在最适宜的地区生产最适宜的花卉，以收事半功倍之效。如荷兰主要生产香石竹、郁金香和月季花，哥伦比亚主要生产香石竹、月季花、大丽花，以色列主要生产月季花、香石竹，日本为百合花和菊花，丹麦为观叶植物。我国许多地区也涌现了特色花卉生产基地，这样既有利于栽培技术的提高和大规模的调节控制，也便于商品化生产。

花卉生产的现代化包括耕作灌溉和化肥农药洒布的机械化，栽培环境的自动调控，适应植物的要求充分利用空间采取立体种植等。

花卉产品的优质化引人关注。人们培育和引进各种良种，运用选育手段使供生产的种和品种保持优质，保证纯正，不断更新，从而使产品常处畅销不衰的地位。

花卉生产、经营、销售的一体化格局已经形成。鲜花是生活有机体，为了保持新鲜状态，减少中间环节，尽快到达消费者手中，花卉的栽培、采取、整理、包装、贮藏、运输和销售各个环节紧密配合，形成一个整体，以减少可能发生的损失。

从花卉生产发展的趋势来看，切花市场需要逐年增加。国际市场对月季花、菊花、香石竹、满天星、唐菖蒲、六出花以及相应的配叶植物，还有球根类的种球、小型盆景和干花的需求有逐年增长的趋势。植物生长调节物质用于切花保鲜的调控技术也正在普及。

观叶植物发展迅速。随着城镇高层住宅的修建，室内装饰条件的提高，室内观叶植物普遍受到人们的喜爱。这类植物属喜阴或耐阴的种类，常见栽培的如豆瓣绿、酢浆草、秋海棠、花叶芋、龟背竹、花烛、姬凤梨、绿萝、鸭跖草、文竹、吊兰、朱蕉、玉簪、肖竹芋、竹竽等。

现在人们可以采用控制水分、光照、温度、养分等条件，计算好播种、扦插、修剪、打顶的时间，掌握好使用植物生长调节物质的种类、时间与浓度，满足花卉的生长和开花要求，让那些经过人为处理的花卉在其自然花期之外的时间开花，或者达到延长观赏期，贮藏保鲜等目的，以满足人们的各种需要。适时提供大量的鲜花，可以美化我们的工作、学习以及生活环境，使之变得整洁优雅，赏心悦目；在盛大的节日和隆重的欢庆仪式中，可以提供种类各异、数量繁多的鲜花，装饰和美化节日，增加欢乐气氛；还可以确保鲜花的周年供应与调节，推动现代花卉生产的发展。另外，旅游业的兴起，以花为媒，用举办花卉展销吸引海内外游客和客商，同样离不开调控技术。例如，每到国庆节各大城市展出百余种鲜花，集春、夏、秋、冬各花开放于一时，极大地增强了节日气氛。一年中节日很多，元旦、春节、劳动节、母亲节、情人节……都需应时花卉。目前不少花卉，如月季花、香石竹、菊花等重要种类，采用调节控制和保鲜贮藏等措施，已能达到周年供花的目标。另一方面，在调节控制的过程中，由于准确安排栽培程序，可缩短生产周期，加速土地利用周转率；准时供花还可获取有利的市场价格。因此，花卉调节控制技术具有重要的社会意义与经济意义。

二、环境条件与花卉生长发育

花卉的生长发育除受遗传特性影响外,还与各种必需的外界环境因素有关。这些因子中任何一种都是不可缺少的,也是不可代替的,它们既影响着花卉,也互相影响着。在各种因子不断变化的情况下,有时还很难区分哪些因子直接或间接影响了花卉的生长发育。

花卉只有当温度和持续的时间在最适宜的情况下,才生长得健壮。在适宜的温度范围内,温度愈高,生长愈快;温度愈低,花期愈长。一般种子萌发所要求的温度高于苗期,而低于生长期。

温度直接影响花卉一系列的生理过程,特别是花器官的形成更要求一定的温度。牡丹、杜鹃甚至在花芽形成之后,必须经一定低温(2~3 ℃),才能在适温(15~20 ℃)下开放。

栽培的各种花卉,原产于不同的气候区,应尽可能给予其与原产地近似的生态条件。对于温度应经常考虑到3种情况:一是极端最高、最低温度和持续的时间;二是昼夜温差的变化幅度;三是冬夏温差变化的情况。这些都是促成或限制花卉生长发育和生存的条件。

通常认为影响花卉正常生长和开花结实的有三种温度,即年平均温度、生长期的积温和冬季最低温。而对每一种花卉又有最适温度、最高温度和最低温度,生态学上称温度三基点。在最适点花卉生长发育良好,超逾最高点和最低点便生长不良甚至引起死亡。花卉一般可在0~35 ℃较宽的温度范围内生长,并且随温度上升而迅速生长,随温度下降而生长减缓。不同种的花卉对温度的要求也不同,例如热带原产的一些种类在日平均温度18 ℃以上才开始生长,亚热带原产的种类在15~16 ℃才开始生长,而温带花卉在10 ℃甚至更低温度下就开始生长了。

花卉对温度的要求与其地理分布密切相关。原产温带及冷凉地区耐寒力强的花卉能忍耐-10~-5 ℃的低温,例如大花三色堇、二月兰、金盏菊、雏菊、紫罗兰、桂竹香等。在长江流域一带,露地栽培都可保持绿色越冬,继续生长,有的还可继续开花,其开花适温为5~15 ℃。此外,有的地上部枯萎,以宿根或球根地下越冬,如玉簪、紫萼、萱草、蜀葵等,开花的适温为15~25 ℃。

原产暖温带及亚热带耐寒性较差的花卉一般能耐-5 ℃以上的低温。例如美女樱、香豌豆、福禄考、非洲菊、石蒜等,在长江流域一带可以露地保持绿色越冬。地上部枯萎,以地下部球根越冬的有百合类、大花美人蕉等。

原产热带及亚热带地区的花卉不耐寒。要求温度不低于8 ℃,一般不得低于5 ℃。例如牵牛花、凤仙花、鸡冠花、茑萝、半支莲等花朵开放必须在25~30 ℃;秋海棠类、彩叶草、吊兰、大岩桐、文竹、茉莉、变叶木、扶桑等要在10~15 ℃才能正常越冬;而王莲要25 ℃以上才能越冬。

热带高原原产的花卉，要求冬热夏凉的气候。例如百日草、大丽花、唐菖蒲、波斯菊、仙客来、倒挂金钟等。

高温导致花卉停止生长，甚至造成伤害。一般花卉在35~40 ℃时生长逐渐受到抑制。绝大多数花卉当温度升高达50 ℃以上时便会死亡。

花卉在不同生育阶段对温度的要求不同。一般种子萌发期需要较高的温度，而苗期则要求较低的温度，这种情况在二年生花卉中尤为显著。当营养生长开始后又需温度逐渐升高，但开花结果时大多又不需要很高的温度。种子绝大多数能耐0 ℃以下的低温，生活营养体的耐寒力通过锻炼也可得到明显提高。

花卉生活的环境中，土壤温度与大气温度具有同等重要的意义。土温影响土壤水分和空气的移动，有机物质的分解，盐类的溶解以及根系的吸收和种子发芽的能力。

有些花卉开花之前需要一定时期的低温刺激，这种需要低温阶段才能开花的过程称为春化阶段。冬性愈强的花卉要求温度愈低，持续时间也愈长。一些秋播花卉如金盏菊、雏菊、金鱼草、飞燕草、黑种草、花菱草、虞美人、石竹类、蜀葵、三色堇、羽衣甘蓝、桂竹香、紫罗兰、香豌豆、大花亚麻、美女樱、毛地黄等都要求在低温下进行花芽分化。在必要的时候可用赤霉素等植物生长调节剂代替低温春化，促使花芽分化。

温度的高低还会影响花色。如蓝白复色的矮牵牛，蓝色或白色部分的多少受温度的影响：在30~35 ℃高温下，花呈蓝色或紫色；而在15 ℃下呈白色；在上述两种温度之间时，则呈蓝和白的复色花。此外，还有月季花、大丽花、菊花等在较低温度下花色浓艳，而在高温下则花色暗淡。喜高温的花卉在高温下花朵色彩艳丽，如荷花、半支莲、矮牵牛等。而喜冷凉的花卉，如遇30 ℃以上的高温则花朵变小，花色黯淡，如虞美人、三色堇、金鱼草、菊花等。

多数花卉开花时如气温较高，阳光充足，则花香浓郁，不耐高温的花卉遇高温时香味也淡。这是由于参与各种芳香油形成的酶类的活性与温度有关。花期遇气温高于适温时，花朵提早脱落。高温干旱条件下花朵香味持续时间短。

光是花卉必不可少的生存条件之一，是制造有机物质的能源。光能影响花卉的生长、形态建成、内部结构、蒸腾作用及营养物质的吸收，并能催延花期及影响花卉的地理分布等。光还能影响空气和土壤的温湿度以及土壤微生物的活动等。

花卉对光照强度的要求大致分为3种类型。

阳性植物或称喜光植物，在全光照下才能正常生长，不能忍受遮阴。喜光的花卉包括大部分露地栽培的一二年生草花、宿根花卉、球根花卉、木本花卉以及多浆植物等。如半支莲、牵牛花、茑萝、鸡冠花、百日草、蜀葵、荷花、大丽花、芍药、唐菖蒲、仙客来、茉莉、月季花、扶桑等，以及多浆植物中的多数观赏植物。因此，栽培这类花卉应选阳光充足之地，在全光照下光合效率才最高。它们中的多数还具抗高温干旱的能力。

阴性植物或称喜阴植物，多半原产于山背阴坡、山沟溪涧、林下或林缘，只有在遮阴条件下才能正常生长。喜漫射光，不能忍受强烈的直射光。光补偿点低，平均不超过全光照的10%,体内一般含水分多。如蕨类、兰科、苦苣苔科、姜科、秋海棠科、鸭跖草科、天南星科以及文竹、玉簪、石蒜、大岩桐、八仙花、柴金牛、肺心草、杜鹃花属、山茶等。

耐荫植物对光照有较广的适应力,虽适于全光照下生长,但在形态上和生态上可塑性强,其所需最少光量可达全光照的1/15~1/10。耐荫性的强弱常因土壤营养条件、温度和水分状况不同而异,在营养丰富、温度适宜、水分充足的条件下,耐荫性也强。这类花卉有麦冬草、沿阶草、红花酢浆草、玉竹等。

更多数的花卉对光强弱要求不严格。还有一些花卉花朵开放与光照有关,如半支莲、大花酢浆草在强光下开花,晚香玉、紫茉莉在光照由强变弱的傍晚开花,牵牛花、大花亚麻在晨曦光照由弱渐强条件下开花,而昙花是在夜晚9时之后的黑暗中开放。

强光下紫外线强,能促进花青素的形成,因而花色、果色艳丽。强光还有抑制植物生长的作用,使花卉节密矮化。斑叶植物如花叶常春藤、花叶绿萝在弱光下斑叶减少、斑块变小,甚至全部呈浓绿色。

光照时间的长短也会影响开花。唐菖蒲是典型的长日照花卉,只有在日照长达13~14 h才进行花芽分化,而一品红与菊花是典型短日照花卉,光照时间每日要减少到10 h以下才进行花芽分化。以贮藏器官进行休眠的花卉,有的在短日下促进贮藏器官的形成,如唐菖蒲、晚香玉、大丽花、美人蕉等;有的是在长日下进入休眠,如水仙、石蒜、仙客来、郁金香、小苍兰等。这是由于块茎和鳞茎的形成受光周期诱导与调节的关系。但在温度适宜、水肥条件良好的情况下休眠期常会推迟。一些植物生长调节物质的施用也可代替光照时间的长短,促进花芽的分化。

水在花卉的生长发育、生理生化过程中有着重要的作用,能影响花卉产品的品质和产量。在花卉栽培中应根据不同花卉的需水量,采取相应措施为花卉供水,以满足其对水分的需求,这也是培养优质高产花卉的重要手段之一。

花卉对水分的需求大致可以分为4种类型。

水生花卉是在水中才能正常生长的一类花卉,如荷花、睡莲、王莲、大花凤眼兰、水葱、荇菜、伞草等。这类花卉一般还需要较强的光照。

湿生花卉是适于生长在水分比较充裕,甚至积有浅水条件下的一类花卉。其中喜阴的如海芋、华凤仙、翠云草、合果芋、龟背竹等;喜光的如水仙、燕子花、马蹄莲、花菖蒲等。

中生花卉对水分的需求介于湿生与旱生花卉之间,能在适量供水条件下正常生长,大多数栽培花卉属于此类型。常见的花卉其中不怕积水的如大花美人蕉、栀子花、凌霄、南天竹、棕榈等;怕积水的如月季花、虞美人、桃花、辛夷、金丝桃、西番莲、大丽花等。

耐旱花卉常有持水和保水的结构,多半原产于干旱、沙漠或雨季与旱季有明显区分的地带。有的能忍受较长时期水分亏缺,有的是因为不同生育阶段对水分的需求量不一。常见栽培的如仙人掌类、仙人球类、石生花、大芦荟、日中花、泥鳅掌、青锁龙、龙舌兰等。

花卉生产与土壤条件关系密切。质地不同的土壤，肥力差异也大，因此对其管理利用和改良各具特点。沙土类粒间孔隙大，通透性好，但蓄水保水力差，保蓄养分能力低，土温变幅大。根据这些特点应种植耐旱的花卉种类和品种，及时多次少量灌水施肥，多施未腐熟或半腐熟的有机肥以改良土壤。黏质土类含矿质营养丰富，保水保肥能力强，有机质分解缓慢，有利于腐殖质积累和肥效持久，但土壤胀缩性强，干时坚硬，通透性差，早春土温上升缓慢，土温变幅小。场圃遇到这类土壤应适时耕作，种植多年生深根性花卉或混掺沙土以改良土壤。壤土类所含沙粒与黏粒比例适当，通透性和耕性良好，蓄水保肥力强，是多种花卉栽培生产的理想土壤。

土壤肥力的高低，除去自然因素外，还决定于人对土壤的管理，通过合理耕作和施肥培肥措施改良土壤，土壤肥力还会提高。土壤有机质提供花卉生长所需要的养分，土壤有机质所含的营养元素不仅丰富，而且全面，既有碳、氮、硫、磷、钾、钙、镁、铁、硅，还有微量元素硼、铜、锌、钼、钴、锰等，并且随着土壤有机质的矿化，分解成简单的无机盐类，供花卉吸收利用。

生产花卉的土壤是经人类生产活动和改造的农业土壤，是花卉生产最基本的生产资料。在合理利用和改良条件下，土壤的肥力得到不断提高。土壤的肥沃主要表现在能充分供应和协调土壤中的水分、养料、空气和热能以支持花卉的生长和发育。土壤中含有花卉所需要的有效肥力和潜在肥力，采用适宜的耕作措施，如精耕细作、冬耕晒垡、排涝疏干、合理施肥，能使土壤达到熟化的要求，并使潜在肥力转化为有效肥力，把用土、养土、保土和改土密切结合起来。

土壤中含有多种多样的微生物，当栽培的花卉进入这个环境后，微生物的状况会发生激烈的变化，特别在根际会聚集大量微生物。有的微生物区系能产生生长调节物质，这类物质在低浓度时刺激花卉的生长，而在高浓度时则抑制花卉的生长。

土壤微生物对花卉的生长履行着一系列重要功能。如氮素的循环，有机物质和矿物的分解成为花卉的营养物质，固氮微生物增加土壤中的氮素，菌根真菌则有效地增加根的吸收面积。

花卉的繁殖方式有多种类型。种子植物的有性繁殖是经过减数分裂形成的雌、雄配子结合后产生的合子发育成胚再生长发育成新个体的过程。有性繁殖的后代，细胞中含有来自双亲各一半的遗传信息，故常有基因的重组，产生不同程度的变异，也有较强的生命力。它具有简便、快速、量大的优点，也是新品种培育的常规手段。

种子植物的有性繁殖都是通过种子来完成，故又称为种了繁殖，也是种子植物特有的、主要的自然繁殖方式。但有许多花卉包括野生与栽培种类，常因各种原因不能产生种子，仅能进行营养繁殖。

无性繁殖又叫营养繁殖，其产生的后代群体称为无性系或叫营养系，它在花卉生产中有重要意义。许多花卉，如菊花、大丽花、月季花、唐菖蒲、郁金香等，栽培品种都是高度杂合体，只有用无性繁殖才能保持品种的特性。另一些花卉，如香石竹、重瓣矮牵牛及其他重瓣品种，不能产生种子，必须用无性繁殖。一般情况，无性繁殖是一种快速、简捷而又能保持品种特性的繁殖方法。

无性繁殖如扦插繁殖，具有简便、快速、经济、大量的优点，花卉生产中应用十分广泛。扦插的类型有枝插、叶—芽插、叶插及根插。一些木本花卉，如山茶花、桂花、月季花、杜鹃花、白兰、樱花、梅花、桃花等常用嫁接繁殖。因砧木和接穗的取材不同，嫁接又分为根接、枝接、芽接以及根茎接、高接、靠接等。

分株繁殖简便可靠，是那些易从基部产生丛生枝的花卉适用的方法。常见用于牡丹、芍药、皱皮木瓜、日本木瓜、蜡梅、紫荆、棕竹、菊花、萱草属、玉簪属、蜘蛛抱蛋属等许多花卉上。

具贮藏作用的变态器官含有丰富的养料，常与植物自然繁殖有关，也是花卉栽培上常用作繁殖的材料。它的种类很多，块根、球茎、块茎、块状茎、小块茎、根茎、鳞茎、小鳞茎、假鳞茎等均可用于繁殖。

化学调控技术在上述花卉繁殖中均有许多成功案例。

三、花卉化学调控的方法

花卉上植物化学调控技术的应用取得了很大进展，包括扦插生根、打破种子休眠、控制开花、矮化造型、切花保鲜等。

（一）在调控开花方面的应用

矮壮素、比久、嘧啶醇等可促进多种植物的花芽形成。矮壮素浇灌盆栽杜鹃与短日处理相结合，比单用药剂更为有效。矮壮素促秋海棠花芽形成，适温为18℃，如果温度高于24 ℃则花朵变小。矮壮素在短日条件下促进叶子花成花。矮壮素促进红羽大戟成花，即使在盆土干燥状况下亦有效。比久可促进木本花卉花芽分化，促使新梢停止生长，从而增加花芽分化数量。

乙烯利、乙炔、β-羟乙基肼（BOH）对凤梨科的多种植物有促进成花作用。凤梨科植物的营养生长期长，需2.5~3年才能成花。BOH对果子蔓属、水塔花属、光萼荷属、彩叶凤梨属、巢凤梨属、花叶兰属等植物，在4~5周内可诱导成花，之后在长日条件下开花。乙烯在非光周期诱导条件下也可诱导凤梨属和水塔花属成花，而对花叶兰属和光萼荷属则需与短日条件配合诱导效果最好。对田间生长的荷兰鸢尾喷施乙烯利可提早成花并减少盲花百分率。

赤霉素对部分植物种类有促进成花作用，可代替二年生植物所需低温而诱导成花。已知有17科30余种长日植物的成花诱导可由赤霉素代替。赤霉素对少数短日植物成花也有促进作用，如波斯菊、凤仙花。赤霉素对一些观叶植物有促进成花作用，用赤霉素喷施亮丝草可在21周内开花，未喷施的则仍保持营养生长状态，还可诱导花叶万年青、白鹤芋和朱蕉成花。叶子花在高温中需短日条件能成花,在中温(15 ℃)条件下则无论长日或短日均能成花,如应用赤霉素处理则在长日或低温条件下都有促进成花的作用。

细胞分裂素对多种植物有促进成花效应,可促进金盏菊及牵牛花成花。细胞分裂素和赤霉素组合对部分菊花可在短日诱导的后期代替光周期诱导成花。

不少花卉通过应用赤霉素打破休眠从而达到提早开花的目的。宿根花卉芍药的花芽需经低温打破休眠,用5 ℃至少需经10 d。促成栽培前用赤霉素处理可提早开花并提高开花率。蛇鞭菊在夏末秋初休眠期用赤霉素处理,经贮藏后分期种植分批开花。桔梗在10~12月为深休眠期,在此之前于初休眠期用赤霉素处理可打破休眠、提高发芽率,促进伸长,提早开花,10月种植可于1月开花。

夏季休眠的球根花卉,花芽形成后需要低温使花茎完成伸长准备。赤霉素常用作部分代替低温的生长调节剂。

郁金香需在雌蕊分化后经过低温诱导方可伸长开花。促成栽培时栽种已经过低温冷藏的鳞茎,待株高达7~10 cm时用赤霉素处理,这种处理对需低温期长的品种,以及在低温处理不充分的情况下效果更为明显,起了弥补低温量不足的作用。

小苍兰球茎经低温后方能正常伸长开花。未经低温处理的球茎在种植前用赤霉素浸球处理,然后假植于10 ℃环境中作冷藏处理,经35 d后定植。经浸球处理球比未处理提早开花约3周,花朵亦较大。一些宿根花卉在经过越夏高温后生长活力下降,在凉温中转向莲坐化而停止生长,须经过低温期后方可恢复生长活力。在生产中可将即将要进入莲座化的锥花丝石竹株苗栽种到15 ℃和长日照条件下,同时喷施赤霉素或细胞分裂素溶液,能防止其莲座化而继续保持生长状态,从而提早开花。

夏季休眠的球根花卉起球时已进入休眠状态,在休眠期中花芽分化。促成栽培中常应用高温处理打破休眠和促进花芽分化,而应用生长调节剂也有同样的效应。

荷兰鸢尾及多花水仙鳞茎采用乙烯利气浴或熏烟法,香水仙乙烯气浴,均可提高开花率。

(二)在插条生根和调控休眠中的作用

植物生长调节剂常用于花卉的插条生根。对草本或木本花卉最常用的是茎插条,根据茎的木质化程度可分为软材(针叶材)与硬材(阔叶材)两种。一般长度以15~20 cm为佳。

不同植物品种生根效果不同,对难生根的植物,若从幼年植株上取插条,生根效果好。在生长活跃时期处理的插条比休眠期处理的生根好。插条处于黄化条件下较易生根。除用生长调节剂处理外,还应注意插条生长的环境条件,如光照、温度、湿度等。选用茎插条除茎上带芽外,还要具有足够的未分化的组织,可以诱导分化成根原基。许多植物，如菊花、麝香石竹、秋海棠、一品红、倒挂金钟、杜鹃、栀子、木兰、丁香、猬实、松树、冷杉、桧树等均可用生根剂促进插条生根。

插条也可用包含有新生出的嫩芽与几片幼叶，或者具有附生腋芽的嫩芽顶端的一小段茎。插条基部可以长出根，有利于快速繁殖，每一带芽的节，都可用作一个插条。常用于繁殖菊花、大丽花、香石竹、竹节海棠、橡皮树、山茶花等，芽插条用植物生长调节剂处理后生根效果更好。

根插条加上植物生长调节剂有利于繁殖和栽培。在植株新的生长期开始前，冬末或春初采挖根，把根剪成10 cm左右作根插条。由于根中贮存有丰富的营养物质，分割栽培后容易产生新的植物。如蜡梅、多年生宿根福禄考、泡桐、核桃等。

大多数种子萌发前有一个休眠期。种子休眠的主要原因一是胚发育不健全，如兰花、银杏、冬青等，当种子脱离母体时，胚的发育并未完成，因此，胚需要继续发育才能萌发。二是胚虽然已经发育完全，但在生理上尚未成熟，种子还需要在低温下有一个后熟期才能萌发，如繁枝苋、菊、矮牵牛、香豌豆、四季樱草、三色堇、一品红等，需将种子放在低温下保存一段时间再行萌发。三是由于种子具有坚硬的种皮，透气性和透水性差，只有把种皮划破或锉去一小片种皮，才能促使种子萌发，如蜀葵、三色旋花、月光花、羽扇豆、三色牵牛等。四是种子中存在着抑制萌发的物质，如脱落酸等。在实践中赤霉素是最有效的萌发促进剂。赤霉素可以代替低温，使一些需经低温贮藏的种子和球茎发芽。如麝香百合的鳞茎，贮存在21 ℃温度下6周，再经66 d后才发芽；如在4 ℃下贮存6周后，发芽时间可减少到37 d；用赤霉素处理，在21 ℃温度下贮存6周后，只需10 d就以发芽。赤霉素也能使一些喜光的种子在暗环境中发芽。

细胞分裂素可促进一些喜光种子萌发。激动素处理可以打破唐菖蒲休眠，还可以诱导麝香百合、鹿子百合和竹叶百合在叶腋中长出芽珠，供繁殖用。萘乙酸甲酯可有效地延长百合鳞茎的休眠期。二氯乙醇可用于打破唐菖蒲球茎休眠。乙烯可以打破鸢尾科花卉球茎休眠。

外施植物生长调节剂6-苄基腺嘌呤或赤霉素可以打破球根休眠，促进球根发育。用萘乙酸加上6-苄基腺嘌呤处理野百合，可促进小鳞茎的形成，并促进开花。乙烯、氯仿、甲醇、氰氨化钙，都可用于打破球根休眠，使之提早开花。脱落酸、青鲜素等可以用来延长休眠，推迟开花。有报道，预先在低温下贮存唐菖蒲可以抑制或延缓发芽，用乙烯利处理可以促进休眠的唐菖蒲球茎发芽，并能改善唐菖蒲切花的品质。

植物生长延缓剂丁酰肼、矮壮素、多效唑、嘧啶醇等，由于延缓植物营养生长，使叶色浓绿，可使花梗挺直，增加花数，促进开花，可广泛应用于木本观赏植物如杜鹃、山茶花、玫瑰等。用矮壮素土壤浇灌盆栽茶花，可以促进花芽形成。用矮壮素处理土壤，可以促进天竺葵提前约7 d开花。矮壮素可以促进唐菖蒲、月季、秋海棠、叶子花、木槿等开花，并减少败育。多效唑浇灌土壤，可促进龙船花开花。丁酰肼喷洒杜鹃蕾部，可延迟杜鹃开花达10 d。

（三）在保鲜和整形方面的作用

提高盆栽植物或切花、切叶植物的观赏寿命是花卉生产中的重要问题。然而，植物生长发育过程中，衰老是一个必然规律。尤其是切叶或切花，从植株上切取下来后，由于缺少从根部输送上来的细胞分裂素的供应，就会使原有的核酸和蛋白质降解，引起叶片与花朵衰老。植物生长促进剂（6-苄基腺嘌呤、激动素、2，4-D、赤霉素）和植物生长延缓剂（矮壮素、丁酰肼）是常用的延缓植物衰老的化合物，主要作用于延缓蛋白质和叶绿素的分解，减慢呼吸速率，维持细胞的活力。

在植物的正常生活中，衰老或成熟的叶片、花和果实的脱落对种的保存与繁殖是个有利的进程。然而，对观赏盆栽花卉来说，最有效地延长观赏部分的寿命，如使观叶植物的叶片较长时期地保持鲜美和健壮，观花植物延长花期，观果植物较长期坐果等，有十分现实的意义。

植物体内各种激素的水平，影响花卉的观赏寿命。生长素、赤霉素和细胞分裂素，可抑制或延缓离层形成，从而降低脱落酸与乙烯的产生水平，阻止离层区纤维素酶与果胶酶活性的提高。正常生长的叶片、果实的器官脱落，主要受生长素和乙烯的调节控制。在植物体内生长素可以防止离层形成，随着叶片和果实的衰老，生长素浓度降低，而乙烯大量积累，就会引起叶柄、果柄形成离层而使叶片、果实脱落，但是，脱落不一定仅限于老龄的器官，复杂的激素间的相互作用也影响器官的脱落。高浓度的生长素能诱导内源乙烯生成，因此，盛花期高浓度生长素能间接地导致幼花、幼果脱落。

盆栽植物的生长环境一般在室内，如家庭、厅堂、温室，通常是光照强度低，空气干燥，人为地浇水不当，时干时涝，很容易缩短植物的寿命。在实践中除改善植物的生长环境，加强管理外，合理协调植物营养生长与生殖生长的关系，并配合使用植物生长调节剂，可有效地延长盆栽植物的寿命。生长素类调节剂可以延迟花蕾与果实脱落，常用的有萘乙酸，2，4-D，若与6-苄基腺嘌呤或赤霉素混合使用，效果更好。

应用植物生长促进剂，可有效防止室内盆栽植物落叶、落花和落果。如盆栽金橘，在幼果期用2，4-D加赤霉素喷叶和果，可延长挂果期，可防止在运输途中落果。冬季室内盆栽的冬青叶片暴露在潮湿的空气中经常脱落，用萘乙酸叶面喷洒，叶片与浆果保留在树枝上的时间会长得多，即使叶片发黑也不脱落。萘乙酸可以减少秋海棠花的脱落，当花芽在叶腋中出现时，用萘乙酸喷洒，可延长观花时间。6-苄基腺嘌呤和吲哚乙酸可防止叶片衰老，延长观赏期；也可以增加仙人掌类植物叶状枝的数目。

利用生长促进剂，除促进矮化的一品红品种长高外，还可以延缓一品红叶片、苞片、花序的脱落。在10月中旬用赤霉素或6-苄基腺嘌呤处理，可以防止在温室与家庭条件下生长的一品红脱叶。

植物生长延缓剂矮壮素、丁酰肼、嘧啶醇和多效唑等，可用于控制观叶植物的株形，提高和延长观赏价值。丁酰肼、多效唑处理一品红，可加快繁殖，在小盆中生长茂盛，并能在不良条件下生长良好。

利用植物生长调节剂修饰株形，控制植物的生长发育，改变植株内同化产物的分配，在花卉商品化生产中具有较大的潜力。如生长素在器官建成中所起的作用主要表现在器官的相关性上，如果将一棵植物的顶芽切去，就会看到下面的叶腋处发出许多腋芽。这种顶芽在整株植物生长中占有优势的现象，称为顶端优势。这种相关性不仅表现在顶芽与侧芽之间，也表现在主根与侧根之间。对有些植物来说，赤霉素也参与顶端优势的作用，用外施赤霉素处理整株植物，会使侧芽的生长进一步受抑制。因此，利用植物生长抑制剂破坏观赏植物的顶端优势，可使植株侧枝增多，株形紧凑，根系发达。此外，根部合成的细胞分裂素，通过输导组织运送到地上部，也能解除生长素对侧芽的抑制作用，促进侧芽生长。利用生长抑制剂抑制植株地上部的营养生长，进而促进生殖生长，可使开花的部位集中，促进花增大、数目增多，甚至提前开花。如处理时期不同，也可用于抑制开花。

如案头菊的造型，要求株形矮小，一般为20 cm左右，花朵大，花期长，培育时间较短。实践中除注意品种（矮化型）与适时育苗外，还可应用丁酰肼处理，其效果良好。菊花于7月下旬至8月初扦插，1周后用丁酰肼喷插枝或将丁酰肼滴在插枝顶心上。丁酰肼除促使株形矮化外，还有促进生根的作用。在菊花摘心后2周，用丁酰肼叶面喷洒，能得到矮化的盆菊。美国、荷兰等一般夏季喜用嘧啶醇土壤浇灌盆菊，冬季则用丁酰肼叶面喷洒盆栽的菊花，都能得到较好的矮化效果。低浓度多效唑对菊花茎秆矮化也有效。

落地生根在短日照开始后3~5周进行叶面喷洒丁酰肼，过4~5周进行第二次处理；也可以在打尖后，侧枝生长达4~5 cm时处理。用丁酰肼处理后，可形成生长均匀、株形理想的植物，但盛花期被延迟约1周。用嘧啶醇在落地生根定植后4~5周进行叶面喷洒或土壤浇灌，可以比不处理的矮7.5~10 cm，但延迟开花几天。

矮壮素可控制蒲包花的株高，当花芽约1.5 mm时，用矮壮素处理1次，间隔2周再处理1次，可降低株高1.5 cm。

嘧啶醇可减少五色椒或圣诞樱桃树的株高，促进开花。嘧啶醇可代替人工短日照处理。盆栽百合在冬季多阴天气，光照不足，茎秆生长过高，开花植株高度超过商品的规格，用生长延缓剂叶面喷洒或土壤浇灌，都会降低株高。如将百合球茎浸在矮壮素或嘧啶醇溶液中12 h，矮化效果比土壤处理好。

乙烯利可用于抑制水仙花茎的伸长，当水仙花茎长15 cm时，用乙烯利土壤处理，可以降低茎与叶的长度。乙烯利叶面喷洒天竺葵、香豌豆，可以促进分枝和提早开花。

植物生长延缓剂的应用可以提高花卉的抗逆性。矮壮素可以提高唐菖蒲球茎的耐旱力，在叶片充分露出球茎后，用矮壮素的水溶液灌入土壤，1个月后重复1次，效果较好。氯化膦、丁酰肼、矮壮素具有拒食剂的效应，将菊花插在氯化膦溶液中，可以防止棉叶虫幼虫的侵害。丁酰肼在切花保鲜剂中的杀菌作用可提高抗病性。

矮壮素、丁酰肼等处理后，可使叶片小而厚，植株紧凑粗壮，根系发达，增加根系干重，缩小冠根比例，延缓叶绿素衰老，使生长速度减慢，光合净同化率高，增加干物质积累，这都与提高花卉对不良环境的抗性有关。多效唑能增加植物抗旱、抗寒和抗弱光的能力。在切花保鲜剂中使用矮壮素、青鲜素、丁酰肼等，可增强切花对不良环境的抗性。

在培育特殊株形和切花栽培中使花茎达到一定商品高度标准时也可应用调节剂促进植株生长。

标准菊切花生产中要求花茎达到足够高度，可于栽种后1~3 d开始喷施赤霉素，重复3次，每次相隔1周。栽培多朵型的切花小菊，要求各花朵有较长的花梗，可在短日照诱导开始后21~28 d，或顶花破蕾期用赤霉素喷施顶部，使花梗伸长而不影响开花期。

为培养切花月季花枝长度，可用赤霉素和细胞分裂素混合液喷施。为增加切花郁金香花茎高度，可在通过低温期应用萘乙酸或吲哚丁酸处理。为增加百日草、紫罗兰、金鱼草等植株的高度，可用赤霉素和萘乙酸处理。

八仙花的一些高型品种可用比久矮化，宜于种植后2~4周应用；或依植株生长状态作指标，当出现4~5对叶片时喷施，稍高时喷第二次。嘧啶醇效果也好，应用时期与比久相同。一串红矮化可用矮壮素、比久、多效唑喷施。

用多效唑于水仙栽前浸球或栽后浇灌，可使其花茎矮化。大丽花上盆后用密啶醇浇灌，可矮化而对花朵大小及花期无影响。麝香百合的高度一般不易控制，应用嘧啶醇速浸鳞茎，与冷藏有同样的效果，如用已经过冷藏的鳞茎在稀液中浸泡效果亦佳。盆栽郁金香作为室内装饰往往因花茎过高而降低观赏品质，为控制高度可用嘧啶醇在栽种前浸球，乙烯利也有控制郁金香花茎高度的作用。非洲紫罗兰应用多效唑或烯效唑配合适当遮阴条件矮化效果良好。

人工摘除顶尖是克服顶端优势，促发侧枝，调整株形常用的措施。为减省这一费工的烦琐劳动，可用化学药剂抑制或杀伤顶端生长点。双缩酮古龙酸钠在花卉植物上的应用，较成功的有蟆叶海棠、蒲包花、伽蓝菜、豆瓣绿、一串红、马鞭草等草本植物。木本花卉上有效的有叶子花、倒挂金钟、海州常山、花叶常春藤等。在杜鹃花上应用双缩酮古龙酸钠与人工摘心相结合，于人工摘心后1周喷施，可增加侧枝发生量，使株形丰满。

栽培上有时需要促进植物某部分器官脱落，例如八仙花在花蕾发育之后需放置冷藏场所，如不经至少6周1~4 ℃低温冷藏就不能正常开花。由于在无叶状态更能感应低温，可采用化学除叶。在植株开始低温贮藏之前2周喷施乙烯利，处理后8~9 d落叶，冷藏后即可促成开花。

未成熟之前花和叶脱落是栽培上的禁忌。例如天竺葵未开放前花瓣脱落，秋海棠落花，金鱼草在低浓度乙烯环境中小花脱落，蒲包花、蟹爪兰在缺水时落花。这些由于环境胁迫而造成的脱落现象常与诱导产生乙烯有关。应用乙烯抑制剂有防止脱落效果，如在花蕾期喷施蟹爪兰可以减少脱落，在蒲包花开花前喷施也可减少落花，甚至在黑暗无光条件下也可大大减少脱落。总之，植物生长调节剂在花卉生产与栽培中应用非常广泛，效果也十分明显。

第二节
花卉化学调控案例

数字资源
扫码学习

植物化学调控技术在花卉中的应用广泛，下面介绍约260个各种类型的调控案例供学习参考。

一、一年与二年生花卉的化学调控

二、木本花卉的化学调控

三、球根花卉的化学调控

四、宿根花卉的化学调控

五、多浆植物的化学调控

六、兰科花卉的化学调控

七、观叶植物的化学调控

八、其他花卉的化学调控

本章小结

我国是世界花卉种质资源宝库之一，有悠久的栽培历史，丰富的经验。现在人们可以采用控制水分、光照、温度、养分等条件，计算好播种、扦插、修剪、打顶的时间，掌握好使用植物生长调节物质的种类、时间与浓度的方法，满足花卉的生长和开花条件，让花卉在其自然花期之外的时间开花，或者达到延长观赏期、贮藏保鲜等目的，以适应人们的各种需要。

环境条件与花卉生长发育密切相关。花卉上植物化学调控技术的应用取得了很大进展，包括扦插生根、打破种子休眠、控制开花、矮化造型、切花保鲜等。

花卉化学调控的介绍包括一年与二年生花卉、木本花卉、球根花卉、宿根花卉、多浆植物、兰科花卉、观叶植物以及其他花卉。

更多的花卉生长化学调控与切花保鲜案例（约260个）可以通过扫码学习本书的数字资源。

复习思考题

1.你认为如何利用花卉生产的特点进行化学调控？

2.在化学调控中怎样根据花卉生产的多样性选择技术方法？

3.化学调控技术在花卉的花期调控中有什么作用？试举例分析。

4.环境条件对花卉生产有何影响？举例分析如何利用化学调控技术来减轻这些影响。

5.举例分析化学调控技术在培育花卉壮苗中的作用。

6.举例分析化学调控技术在切花保鲜储藏中的作用。

7.查阅文献资料举例分析花卉生产与切花保鲜中利用化学调控技术调控的成功案例。

第九章
林木与其他植物的化学调控技术

第一节
林木与其他植物生产特点与调控策略

一、林木的生长特性与调控

我国的树木资源可概括为三多，即种类多、特有种多和种质资源多。

据不完全统计，我国原产的树木约有7500种，远远超过许多国家，并且不少已久经栽培利用。例如，全属中每个种均有观赏价值的山茶属，全球共约250种，其中90%以上产于我国；杜鹃花属共约800种，其中85%以上产于我国。又如在林木中占有极重要地位的裸子植物（不包括矮小的麻黄科及草本的百岁兰科），全世界共有10科69属约750种，我国原产的有9科33属约170种，分别占世界总数的90%、47.8%及22.7%。其中有9个属，半数以上的种产于我国，如油杉、落叶松、杉木、台湾杉、柳杉、侧柏等。

我国树木的第二个特点是特有的科、属、种众多，且多具观赏价值又已被栽培利用。我国特有的科有银杏科、水青树科、杜仲科、珙桐科等。特有的木本属有金钱松属、银杉属、水杉属、白豆杉属、青钱柳属、青檀属、拟单性木兰属、宿轴木属、蜡梅属、串果藤属、石笔木属、牛筋条属、枳属、金钱槭属、梧桐属、喜树属、通脱木属、鸦头梨属、秤锤树属、香果树属、双盾木属、猬实属等，不少已有栽培。至于我国的特有种则不胜枚举。

我国树木的第三个特点是种质资源丰富，为世界性宝贵财富。许多资源已在世界性的观赏植物育种工作中作出了卓越的贡献。例如，我国的资源在月季花、山茶花、杜鹃花的育种工作中已作出了不可取代的作用，功不可灭。当今世界上风行的现代月季、杜鹃花及山茶花，虽然品种上百逾千，但大多数都含有中国植物的血缘。又如以中国原产的玉兰和辛夷，19世纪在巴黎杂交育成的二乔玉兰，生长更旺，抗性更强，已广泛应用于许多国家的庭园中。

除了广阔的森林、高山、荒坡、自然保护区等种植着大量的林木外，树木还广泛用于城乡绿化及名胜、古迹、寺庙、风景区的各类绿地中，包括各类公园、植物园、街头绿地、道路、企事业单位、住宅等场合。观赏树木是城市绿化的主体材料，在庭园中具特殊的功能，起着不可取代的作用。

林木可改善生态环境。地球上人口不断增加，工业污染日趋严重，森林大面积遭到破坏所造成的后果，使保护地球的良性生态环境，维护人类赖以生存的空间已成为当今世界普遍的呼声与行动。随着城镇的日益扩大与增加，人口密度的不断加大，维护和净化生活空间已成为当务之急，刻不容缓。一方面应从减少各种污染着手，另一方面必须大力绿化以提高环境的生态质量。观赏树木在改善生态环境上起着重要的作用。

树木浓密的枝叶，除吸收CO_2，放出O_2，给以新鲜空气外，还有降低气温、增加湿度、遮蔽强光、减少噪声、阻滞粉尘、防沙固土、吸收有毒特质等多方面改善生态环境的作用。

植物化控技术可用于调控林木的生长，如利用生长延缓剂能延缓新梢生长，增进新梢成熟度和木质化，提高细胞液中溶质的浓度，从而增强抗寒性。用于调控苗木的繁殖，多、快、好、省地提供优质苗木。生产中常利用赤霉素能打破种子休眠促进萌发、萘乙酸等生长素能促进插条生根等特点来加速繁殖。

植物生长调节物质可控制林木株形，这项技术已经在林木上得到很广泛的应用，其省时、省力、快速、廉价的特点已经被人们所接受。另外，许多林木均为多年生植物，使用植物生长促进剂成为林业速生丰产的重要手段，也是林业现代化的重要途径。在桉树育种方面通过施用多效唑使9年生才首次开花结实的桉树，提前2年开花结实，而且使开花节位降低到2 m以下，便于人工授粉。

用乙烯利处理橡胶、漆树、松树、印度紫檀、安息香等重要工业原料林树种，均可促进次生物质的排泌，从而提高林化产品的产量。例如，在橡胶树干割胶口下方约2 cm宽的割面上用乙烯利油剂涂抹，可刺激排胶量增加。另外，用乙烯利处理安息香树，可提高产脂量。

在林木从种子（或种苗）到成品的整个生长过程中，适时适量地利用各种植物生长调节物质，可以达到协调植株的生长发育，满足林业生产的各种需要。例如，对于某些需求量极大的林木可运用植物生长调节物质及其他配套技术，以保证其不同批次和不同季节产品质量的均衡和稳定。另外，在优质、高产高效和稳定性的人工林技术体系方面，在配合科学施肥、节水灌溉等实用技术基础上，广泛应用植物生长调节物质，促进林木生长质量和数量的大幅度提高，以少量土地生产更多的木材和林特产品。植物生长调节物质在林木的生产中发挥着越来越大的作用。

二、林木等植物的化学调控方法

植物化学调控技术在林木等植物生产中发挥了很大作用，如促进种子发芽、插条生根、培育壮苗、促进生长发育、刺激植物次生物质积累、延缓叶片衰老、提高光合效率、增强抗性等方面都有许多成功的经验。下面举一些例子。

赤霉药液浸泡松树种子，可提高其种子萌发率，减少幼苗落叶。落叶松种子不去种皮的情况下，用吲哚丁酸药液浸泡种子，可比常规播种提前9个月出苗，且出苗率高。用吲哚丁酸混拌黄泥浆对马尾松进行蘸根处理，可使造林成活率显著提高，最高可达97%，同时可提高幼树生长量，降低造林费用。

红松生长期停止处于夏休眠状态时，采穗的质量比较稳定时，用萘乙酸药液浸泡24 h，扦插在以沙为主的苗床上，扦插成活率大大提高。萘乙酸溶液浸插条基部，还可促进龙柏苗扦插繁殖，经90~150 d生根，成活率达70%~80%。

早春用芸苔素内酯水溶液淋灌处理湿地松一年生苗，可促进茎的加粗生长，还可提高湿地松的耐热性和抗寒性。

用赤霉素浸泡种子，可打破南方红豆杉种子休眠；提高杉木种子发芽率和田间出苗率，并可提高杉木的苗木出圃率；多出壮苗，为苗木早期丰产打下良好的基础。

用烯效唑药液浸泡云杉种子12~24 h，可使其出苗快而齐，苗木生长健壮。

用萘乙酸和吲哚丁酸促进毛白杨扦插生根有3种方法。一是深窖埋藏。在背风向阳，排水良好的地方挖窖，保持沙土湿度为6%~7%，温度为4~7 ℃，将插穗基部速蘸萘乙酸和吲哚丁酸，入窖贮藏一冬。二是温床催根。插前12~16 d将插穗速蘸萘乙酸和吲哚丁酸后，放入10~25 ℃的温床。三是流水浸条，插条可浸在流水中4~6 d，使插穗吸足水分，溶去生根抑制物，插时速蘸萘乙酸和吲哚丁酸。

烯效唑处理可加速杨树苗木木质化过程。青鲜素能控制白杨树疯杈和枝条生长。

在银杏成熟时，将乙烯利药液均匀喷洒在树冠上，15 d后果实脱落率可达90%以上，提高银杏收获效率。

在春季悬铃木花开放早期用乙烯利喷洒植株，可抑制球果生长，使球果萎缩，有效减少种毛的扩散，减轻环境污染。

在早春对橡胶树用调节膦对其丛生叶由上向下喷洒，可以抑制顶芽生长，诱发侧芽，防止高大橡胶树被大风吹折。乙烯利能促进橡胶树产胶量。乙烯灵是将乙烯利与微量元素等复配而成的试剂，涂橡胶树可减少橡胶树死皮，加快再生皮生长，提高产胶量，增强割面抗寒力。越冬前用乙烯利喷洒橡胶树，使其提前落叶，第2年新叶也提早长出，可以避开白粉病发病期。

乙烯利可促进漆树产漆量增加，也能增加安息香树脂产量，不影响质量。

用萘乙酸和吲哚丁酸混合溶液处理米兰的空中压条，先将试剂纸包于米兰的环剥处，再在外面包裹苔藓或泥土，外套塑料小袋，经2~3个月后，即可在环剥处生长出新根，使育苗时间缩短，根数比对照增加3倍、根长比对照增加1~4倍。

用吲哚丁酸、生根粉等溶液处理桑树扦插条，能提前并促进桑树发根，当年扦插，当年成苗，当年采叶养蚕。

在桑树旺盛生长期，用三碘苯甲酸溶液进行叶面喷洒，可以促进植株侧枝生长，增加叶片数量和桑叶产量。

用赤霉素浸泡茶树种子24 h后播种，可以促进种子萌发，幼苗根系发达，生长快速，提前出圃。

用萘乙酸或萘乙酸+维生素 B_1 浸泡茶树插穗，可以提早发根17~22 d，与维生素 B_1 混用优于单用萘乙酸，可增加发根数目。

在茶苗移栽时，用三十烷醇浸根处理，茶苗发根力强，移栽成活率提高30.6%，还可缩短苗期，提高移栽苗的素质。

在茶树盛花期喷洒乙烯利，一般2~3 d能见效，促进花蕾脱落。由于减少了花果对营养物质的消耗，翌年茶叶产量可增加16.15%。

用赤霉素浸泡黄连种子，同时用5 ℃低温处理48 h，可以打破休眠，促进发芽，发芽率达到60%~67%。

把干藏的杜仲种子用30 ℃热水浸泡15~20 min，捞出后用赤霉素药液浸泡，立即播种。可代替低温处理，有效促进种子萌发，发芽率可达到80%以上，而且出苗整齐，一般在播种后12 d内出苗率可达70%左右。

用多效唑处理枸杞树，能控制徒长，促进生殖生长，达到丰产、稳产和产品优质的目的。

用矮壮素溶液于傍晚时均匀喷洒叶片表面，7~10 d喷洒1次，共处理2~3次，能使番红花球茎的质量增加，贮藏性增强。

白芷分根繁殖时，用赤霉素药液浸泡种苗，然后定植。经处理，可促进白芷开花，能提前8~10 d开花。

在栽培前将百合鳞茎浸泡于赤霉素中，然后定植，有助于鳞茎萌芽更齐，从而缩短整个生育期。

当归出苗后、进入生长盛期之前，用矮壮素喷施，一般苗小少喷，苗大多喷。经矮壮素处理的当归植株矮壮，株形紧凑，叶色浓绿，叶柄变短，叶片变小、变宽、变厚，降低了早期的抽薹率，提高了抗根腐病的能力，使产量提高，质量变佳，使一级当归比对照增多，二、三级当归比对照减少，并且使当归的有效成分含量比对照增加。

在高粱拔节期用矮壮素溶液进行叶面喷施，可使植株矮壮，有效防止倒伏，并且可使高粱提前成熟，以防止或减轻霜冻危害，增加产量。

在甜菜播种前用三十烷醇浸种，或定苗后至封垅前，用三十烷醇喷洒叶面。处理后，根腐病发病率降低，甜菜含糖量及产量均提高。

用增产灵苗期喷洒甜菜叶片，对甜菜根系及地上叶片生长具有一定促进作用，可增加甜菜叶片及块茎的质量，使甜菜增产。

对在短日条件下留种的甜菜，用赤霉素喷洒植株，可促进甜菜的抽薹开花。

用嗪酮·羟季铵合剂在甜菜收获前2~3周进行全株喷洒，可抑制甜菜发芽。在甜菜块根窖藏时，喷洒适当浓度的矮壮素溶液，能抑制块根呼吸作用和萌发腐烂，减少块根糖的损失，日平均损失减少30%~40%。

在甘蔗分蘖末期至拔节初期喷施赤霉素，可调节甘蔗生理机能，改善植株的碳氮比。蔗叶明显增大，叶色加深，叶面积扩大，叶片群体密度增加，提高了光合作用效能，加速了甘蔗茎秆生长，且增糖效果显著。

ABT生根粉能促进甘蔗发根，茎的伸长提早，并能增加单茎重，增产15.2%。三十烷醇在甘蔗的育苗期、分蘖期、伸长期、糖分转化期作叶面喷施，经处理的甘蔗含糖量增加。

羊草和针茅均是重要的饲料植物，分布广泛。用300mg/L的赤霉素浸泡种子24 h后羊草种子发芽率最高可以达到57.8%，发芽势为34.43%，活力指数为48.66%，分别比对照增长57.6%、122%、134%，促进生长。用300 mg/L GA_3浸种48 h，发芽率为45.70%，发芽势为28.33%，分别比对照增长8倍、28倍。

干旱显著抑制羊草的生长，而适当浓度的油菜素内酯（BR）处理能有效减缓干旱胁迫对羊草造成的伤害。对干旱胁迫处理的幼苗喷施不同浓度的BR溶液，其中以BR浓度为0.1mg/L时的抗旱效果最好。

适当浓度的5-氨基乙酰丙酸（5-aminolevulinic Acid，ALA）处理能有效缓减干旱胁迫对羊草造成的伤害。对干旱胁迫处理的幼苗喷施不同浓度的ALA溶液，其中以ALA浓度为50 mg/L时的抗旱效果最好。连续3 d进行叶面喷施发现，适当浓度的ALA处理后，羊草膜脂过氧化产物丙二醛（Malondialdehyde，MDA）含量明显降低，脯氨酸（Proline，Pro）、可溶性蛋白、可溶性糖等渗透调节物质含量明显增加，同时增强了超氧化物歧化酶（SOD）、过氧化氢酶（CAT）、过氧化物酶（POD）、抗坏血酸过氧化物酶（Ascorbate Peroxidase ，APX）、谷胱甘肽还原酶（Glutathione Reductas，GR）等抗氧化酶的活性。

烟草用增产灵药液浸种后催芽播种；或浸根（以浸泡至第一叶茎部为宜），然后取出移栽至大田或移植在营养袋内，经过处理，可使烟草返青期提前2~3 d，根条数、株高、叶数、叶宽、叶长等增加；烘烤出的烟叶可提高0.5~1个等级；烤烟增产9%~16.2%。

用适当浓度的芸苔素内酯、石油助长剂或赤霉素浸烟草种，或在烟苗移栽后叶面喷洒，可以提高种子发芽率，增强种子发芽势和幼苗抗寒性，促进烟苗生长。苗期喷洒也可促进烟苗生长和提高抗性。

在烟草打顶后摘除所有长于2 cm的腋芽，用除芽通从烟草茎顶部淋下，并浸润每个腋芽，可有效抑制烟草腋芽发生，抑芽率在90%以上。

使用抑芽敏抑制烟草萌芽有良好效果，可显著提高烟草产量和烟叶质量。抑芽效果均在98%以上，平均增产烟叶6.8%~9.0%。经抑芽敏处理后，烟叶总糖增加10.61%，蛋白质增加4.1%，使烟叶等级有了提高。

在烟草产区，烟草迟熟常引起烟叶品质下降，因烟草迟熟，用绿叶烤烟，引起青绿或枯焦，品质低劣；而使用乙烯利，可使迟熟烟叶由绿变黄，促进成熟。对中、迟熟烟草若在烟草成熟期遇不利气候条件，可在不良气候到来之前用乙烯利喷洒茎叶，一般中熟烟草喷500~700 mg/L，迟熟烟草喷1000~2000 mg/L。

在黄麻施肥上泥期后，用三十烷醇药液喷施；或在幼苗期、育苗期二次或在幼苗、齐苗、纤维转化期三次进行叶面喷施。经以上处理均可增加黄麻产量，前者可增产15%~38%，后者可增产3.87%~6.2%。

于黄麻收获前25~30 d，用乙烯利药液喷洒植株中下部，经处理，能促进黄麻的脱叶，从而促进麻类的后期成熟，加快纤维的发育。

在黄麻株高50 cm左右，花序刚开始发育时，喷洒赤霉素可增加雄株比例，减少结籽株，促进茎秆伸长和增粗，增加纤维产量和品质。

黄、红麻生长后期，叶茂荫蔽，田间通风透光条件差，抗台风能力弱，可用乙烯利处理，使植株中下部叶片脱落，显著改善麻田通风透光条件，提高抗台风能力。在黄、红麻收割前7 d，用适宜浓度的乙烯利处理，可以提高脱叶率，可以代替人工采叶，降低劳动强度，节省劳动时间，效果十分显著。

第二节

林木与其他植物化学调控案例

数字资源
扫码学习

植物化学调控技术在林木与其他植物中的应用广泛，下面介绍约170个各种类型的调控案例供学习参考。

一、林木的化学调控

二、桑树和茶树的化学调控

三、药用植物的化学调控

四、其他植物的化学调控

本章小结

我国的树木资源种类多、特有种多、种质资源多。植物化学调控技术在林木等植物生产中发挥了很大作用，如在促进种子发芽、插条生根、培育壮苗、促进生长发育、刺激植物次生物质积累、延缓叶片衰老、提高光合效率、增强抗性等方面都有许多成功的经验。

本章的化学调控技术介绍了在林木、桑树、茶树、药用植物以及其他植物中的应用。

更多的植物生长化学调控案例（约170个）可以通过扫码学习本书的数字资源。

复习思考题

1. 你认为如何利用林木生产的特点进行化学调控？
2. 在化学调控中怎样根据林木生产的多样性选择技术方法？
3. 化学调控技术在林木的种子萌发与壮苗培育中有什么作用？试举例分析。
4. 查阅文献资料举例分析林木或其他植物利用化学调控技术调控的成功案例。

常见植物化学调控汉英名词

矮健素(2-氯丙烯基三甲基氯化铵)(2-chloroprepenyl) trimethyl ammonlum chloride

矮抑安(优草胺) mefluidide

矮壮素(2-氯乙基三甲基氯化铵,氯化氯代胆碱,三西,西西西,稻麦立) chlormequat chloride (CCC)

L-2-氨基-4-反式-己炔酸 L-2-amino-4-trans-hexynoic acid(ATHA)

L-2-氨基-4-己炔酸 L-2-amino-4-hexynoic acid(AHA)

1-氨基环丙烷-1-羧酸 1-aminocyclopropane-1-carboxylic acid (ACC)

1-氨基环丙烷-1-羧酸合酶(ACC合酶) 1-aminocyclopropane-1-carboxylic acid synthase, ACC synthase (ACS)

1-氨基环丙烷-1-羧酸氧化酶(ACC氧化酶) 1-aminocyclopropane-1-carboxylic acid oxidase, ACC oxidase (ACO)

氨基氧乙酸 aminooxyacetic acid (AOA)

氨基乙氧基乙烯基甘氨酸 aminoethoxyvinyl glycine (AVG)

5-氨基乙酰丙酸 5-aminolevulinic acid (ALA)

胞间信号 intercellular signal

胞内信使 intracellular messenger

贝壳杉烯 ent-kaurene

苯乙酸 phenylactic acid(PAA)

比久(N-二甲氨基琥珀酰胺酸,丁酰肼,B_9) daminozide

6-苄基腺嘌呤 6-benzyl adenine (BA,6-BA)

变异电位 variation potential(VP)

表观基因组学 epigenomics

表油菜素内酯 epibrassinolide (epi-BR)

丙二醛 malondiadehyde (MDA)

N-丙二酰-ACC N-malonyl-ACC (MACC)

病原相关蛋白 pathogenesis related protein(PR)

菜油甾醇 campesterol

超氧化物歧化酶 superoxide dismutase (SOD)

成花诱导 flowering induce

程序化细胞死亡 programmed cell death(PCD)

次级反应基因 secondary response gene

赤霉酸 gibberellic acid (GA_3)

赤霉素 gibberellin (GA)

赤霉烷 gibberellane

初级反应基因 primary response gene

初级信使 primary messenger

蛋氨酸(甲硫氨酸) methionine (Met)

蛋白激酶 protein kinase (PK)

蛋白酶抑制剂 proteinase inhibitors (PIs)

G蛋白偶联受体 G protein-coupled receptor(GPCR)

G蛋白(GTP结合调节蛋白) GTP binding regulatory protein

蛋白磷酸酶 protein phosphatase (PP)

蛋白质组学 proteormics

2,4-D丙酸(防落灵)(2,4-dichlorophenoxy) propionic acid (2,4-DP)

第二信使 second messenger

电波 electrical wave

电信号 electrical signal

第一信使 first messenger

4-碘苯氧乙酸 4-iodophenoxyacetic acid

顶端优势 apical dominance, terminal dorminance

动作电位 action potential(AP)

多胺 polyamine(PA)

多聚半乳糖醛酸酶 polygalacturonase (PG)

多效唑(氯丁唑, PP_{333})paclobutrazol

独脚金醇 strigol

独脚金内酯 strigolactone (SL)

二甲戊乐灵(除芽通) pendimethalin

2,4-二氯苯氧乙酸 2,4-dichlorophenoxyacetic acid (2,4-D)

二氢红花菜豆酸 dihydrophaseic acid

二氢玉米素 dihydrozeatin

二酰甘油 diacylglycerol(DG,DAG)

二乙基二硫代氨基甲酸酯 diethyldithiocarbamate (DIECA)

法呢基焦磷酸 farnesylpyrophosphate(FPP)

反式肉桂酸 trans-cinnamic acid

放线菌素D actinmycin D

放线菌酮 cycloheximde

防落素(对氯苯氧乙酸) 4-chlorophenoxyacetic acid (PCPA, 4-CPA)

分裂原激活蛋白激酶 mitogen-activated protein kinase(MAPK)

粉锈宁(三唑酮) triadimefon

丰啶醇 3-(α-pyridyl)-propanol

氟节胺(抑芽敏) flumetralin

复硝钠 sodium nitrate mixture

4-呋喃氨基嘌呤 N^6-furfurylaminopurine

呼吸峰 respiratory climacteric

过氧化氢酶 catalase (CAT)

过氧化物酶 peroxidase(POD)

钙调素 calmodulin (CaM)

钙依赖型蛋白激酶 calcium dependent protein kinase(CDPK)

高梁内酯 sorgolactone

根冠比 root-top ratio(R/T)

功能基因组学 funcational genomics

共质体 symplast

谷胱甘肽还原酶 glutathione reductas(GR)

寡糖素 oligosacharin

核苷酸 nucleotide

红花菜豆酸 phaseic acid

后熟作用 after ripening

化学信号 chemical signal

环丙嘧啶醇(三环苯嘧醇,嘧啶醇) ancymidol

环核苷酸 cyclic nucleotide

环核苷酸磷酸二酯酶 cAMP specific cyclic nucleotide phosphodiesterase (cAMP-PDE)

负化学信号 negative chemical signal

黄腐酸(富里酸,抗旱剂一号,旱地龙) fulvic acid

黄质醛 xanthoxal

腐胺 putrescine(Put)

脯氨酸 proline(Pro)

激动素 kinetin(KT)

肌醇三磷酸 inositol 1,4,5-trisphosphate(IP_3)

肌醇磷脂 inositol phospholipid

激素受体 hormone receptor

极性运输 polar transport

己酸二乙氨基乙醇酯(胺鲜酯) diethyl aminoethyl hexanoate (DA-6)

甲萘威(胺甲萘,西维因,疏果安,N-甲基-1-萘基氨基甲酸酯 1-naphthalenyl methyl carbamate(NAC)

5′-甲硫腺苷 5′-methylthioribose (MTA)

甲瓦龙酸 mevalonic acid (MVA)

甲氧基乙烯基甘氨酸 methoxyvinyl glycine (MVG)

结合蛋白 binding protein

精胺 spermine(Spm)

抗坏血酸 ascorbic acid

抗坏血酸过氧化物酶 ascorbate peroxidase (APX)

栗甾酮 typhasterol

离子通道 ion channel

离子通道连接受体 ion-channel-linked receptor

列当醇 orobanchol

氯苯胺灵 chlorpropham

氯吡脲[N-(2-氯-4-吡啶基)-N-苯基脲,吡效隆] forchlorfenuron, N-(2-Chloro-4-pyridyl)-N′-phenylurea (CPPU)

氯化胆碱 choline chloride

4-氯吲哚乙酸 4-chloroindole-3-acetic acid(4-Cl-IAA)

磷脂酶C phospholipase C (PLC)

磷脂酰肌醇 phosphatidylinositol (PI)

磷脂酰肌醇-4-磷酸 phosphatidylinositol-4-phosphate (PIP)

磷脂酰肌醇-4,5-二磷酸 phosphatidylinositol-4,5-bisphosphate (PIP_2)

莽草酸 shikimic acid

酶连受体 enzyme-linked receptor

茉莉素 jasmonates (JAs)

茉莉酸 jasmonic acid (JA)

茉莉酸甲酯 methyl jasmonate (JA-Me)

木葡聚糖内转化糖基化酶 xyloglucan endotransglycosylase(XET)

萘基邻氨甲酰苯甲酸 naphthyphthalamic acid(NPA)

萘氧乙酸 naphthoxyacetic acid (NOA)

萘乙酸胺 1-naphthylacetamide (NAAm,NAD)

α-萘乙酸 α-naphthalene acetic (NAA)

萘乙酸甲酯 naphthaleneacetic acid methyl ester (MENA)

逆境乙烯 stress ethylene

尿囊素 allantoin

硫脲 thiourea

胚胎晚期丰富蛋白 late embryogenesis abundant protein (LEA)

配体 ligand

棓酸丙酯 propyl gallate (PG)

膨压素 trugorin

壳聚糖(甲壳素,甲壳胺) chitosan

去极化 depolarization

噻唑隆(噻苯隆,脱叶灵,脲脱素,脱叶脲) thiazolone

三重反应 triple response

2,3,5-三碘苯甲酸 2,3,5-triiodobenzoic acid(TIBA)

2,4,5-三氯苯氧乙酸 naphthoxyacetic acid (2,4,5-T)

三十烷醇 triacontanol (TRIA)

色氨酸 tryptophan

伤害乙烯 injury ethylene

生命周期 life cycle

生长素 auxin (IAA)

生长素梯度学说 auxin gradient theory

水孔蛋白 aquaporin

水流 water mass flow

水信号 hydraulic signal

水压 hydraustatic pressure

四氢吡喃苄基腺嘌呤(多氯苯甲酸) tetrahydropyranyl benzyladenine (PBA)

尸胺 cadaverine(Cad)

受体 receptor

水杨酸 salicylate (SA)

束缚型赤霉素 conjugated gibberellin

束缚型生长素 bound auxin

酸生长理论 acid growth theory

双信号系统 double messenger system

顺丁烯二酸酰肼(青鲜素,马来酰肼,抑芽丹) maleic hydrazide(MH)

胎萌现象 vivipary

羰基氰化物-间-氯苯腙 carbonylcyanide - m - chlorophenyl hydrazone (CCCP)

调节安 4,4-dimethyl-morpholinium chlorid (DMC)

调节膦(乙基氨甲酰基磷酸盐,蔓草膦,膦铵素) fosamine-ammonium

调嘧醇 tune ethyl alcohol

脱落酸 abscisic acid (ABA)

物理信号 physical signal

晚期基因 late gene

细胞分裂素 cytokinin (CTK,CK)

细胞分裂素氧化酶 cytokinin oxidase

细胞外基质 extracellular matrix

(ECM)

细胞组学 cytomics

烯效唑(高效唑,优康唑,S-3307) uniconazole

系统素 systemin (SYS)

S-腺苷蛋氨酸 S-adenosyl methionine (SAM)

效应调节蛋白 response-regulator protein(RR)

小分子多肽类 small peptides

胁迫激素 stress hormone

信号转导 signal transduction

形态发生 morphogenesis

形态素 morphactin

亚胺环己酮 cycloheximide

亚精胺 spermidine(Spd)

亚麻酸 linolenic acid

乙二氨四乙酸 ethylenediamine tetraacetic acid (EDTA)

乙二膦酸 ethyl-diphenyl-propenylamine (EDPA)

乙烯 ethylene (ETH)

乙烯利(2-氯乙基膦酸,一试灵,乙烯磷) ethephon, 2-chloroethyl phosphoric acid (CEPA)

乙酰水杨酸(阿司匹林) acetylsalicylic acid

异戊烯基腺苷 isopentenyl adenosine (iPA)

异戊烯基腺嘌呤 isopentenyladenine (iP)

异戊烯基焦磷酸 isopentenyl pyrophosphate(iPP)

异戊烯基转移酶 isopentenyl tansferase

抑芽唑 triapenthenol

吲哚丙酸 indole propionic acid (IPA)

吲哚丁酸 indole butyric acid (IBA)

吲哚乙酸 indole-3-acetic acid (IAA)

吲哚乙酸氧化酶 IAA oxidase

吲熟酯(丰果乐,富果乐) figarin, ethychlozate (IZAA)

油菜素 brassin

油菜素内酯 brassinolide (BR)

游离型生长素 free auxin

玉米赤霉烯酮 zearaienone

玉米黄质 zeaxanthin

玉米素 zeatin(Z,ZT)

玉米素核苷 zeatin riboside

增产灵(4-碘苯氧乙酸,对-碘苯氧乙酸) 4-iodophenoxyacetic acid

增甘膦(催熟膦,草双甘膦) glyphosine

正化学信号 positive chemical signal

整形素(2-氯-9-羟基芴-9-羧酸甲酯) chlorflurenol-methy

甾醇-5-α-还原酶 steroid-5-α-reductase

甾醇羟化酶 steroid hydroxylase

早期基因 early gene

质外体 apoplast

植物化学调控 plant chemical regulation

植物激素 plant hormone, phytohormone

植物生长促进剂 growth promoter

植物生长调节剂 plant growth regulator

植物生长延缓剂 growth retardant

植物生长抑制剂 growth inhibitor

植物生长物质 plant growthsubstance

植物细胞图谱 Plant Cell Atlas (PCA)

仲丁灵(止芽素) butralin

组氨酸蛋白激酶 His protein kinase (HPK)

助壮素(皮克斯,Pix,DPC,甲哌啶,甲哌鎓,调节啶,缩节安,壮棉素,健壮素,棉壮素,1,1-二甲基哌啶鎓氯化物) mepiquat chloride (mepiquat 1,1-dimethylpiperidinium,1,1-dimethyl-piperidiniuchloride)

转录因子 transcription factor

主要参考文献

[1] 陈晓亚，薛红卫．植物生理与分子生物学(第4版)[M]．北京：高等教育出版社，2012.

[2] 段留生，田晓莉．作物化学控制原理与技术(第2版)[M]．北京：中国农业大学出版社，2011.

[3] 毛景英，闫振领．植物生长调节剂调控原理与实用技术[M]．北京：中国农业出版社，2005.

[4] 潘瑞炽，李玲．植物生长发育的化学控制(第2版)[M]．广州：广东高等教育出版社，1999.

[5] 孙大业，崔素娟，孙颖．细胞信号转导(第4版)[M]．北京：科学出版社，2010.

[6] 王三根，苍晶．植物生理生化(第3版)[M]．北京：中国农业出版社，2020.

[7] 王三根，梁颖．植物生理学(第2版)[M]．北京：科学出版社，2020.

[8] 王忠．植物生理学(第2版)[M]．北京：中国农业出版社，2009.

[9] 武维华．植物生理学(第3版)[M]．北京：科学出版社，2018.

[10] 许智宏，薛红卫．植物激素作用的分子机理[M]．上海：上海科学技术出版社，2012.

[11] 张石城，刘祖祺．植物化学调控技术与原理[M]．北京：中国农业科技出版社，1999.

[12] Smith A M. 植物生物学[M]．瞿礼嘉，译．北京：科学出版社，2012.

[13] Taiz L，Zeiger E. Plant Physiology (5th ed). Sunderland：Sinauer Associates Inc.，2010.